선을 넘는 일본 간첩대 —— 그 기막힌 교활함

선을 넘는 일본 간첩대, 그 기막힌 교활함

All rights reserved.
All the contents in this book are protected by copyright law.
Unlawful use and copy of these are strictly prohibited.
Any of questions regarding above matter, need to contact 나녹那碌.

이 책에 수록된 모든 콘텐츠는 저작권법에 의해 보호받는 저작물이므로 무단전재와 무단복제를 금합니다.
나녹那碌 (nanoky@naver.com)으로 문의하기 바랍니다.

펴낸 곳 | 나녹那碌
펴낸이 | 형난옥
지은이 | 박해순
편집 | 김보미
디자인 | 김용아
초판 1쇄 인쇄 | 2022년 8월 10일
초판 1쇄 발행 | 2022년 8월 15일
등록일 | 제 300-2009-69호 2009. 06. 12
주소 | 서울시 종로구 평창 21길 60번지
전화 | 02- 395- 1598 팩스 | 02- 391- 1598

ISBN 979-11-91406-17-7   (93910)

선을 넘는 일본 간첩대 — 그 기막힌 교활함

1883년부터
1894년까지
큰 길에서
샛길까지
샅샅이
정탐
―
―
조선식민을 겨눈
일본 간첩대의
전모

박해순 지음

나녹
那碌

차례

지은이의 말　　8

1부 메이지 원년, 신의 나라 선포하다

1. 메이지 정부, 시작부터 조선침략 기획　　16
　　조선은 낮추고, 일본은 높이고　　19

2. 조선, 꼭 먹어야 할 '도마 위의 고기'　　22
　　쓰시마번, 조선 외교에서 밀려나다　　22
　　"조선은 반독립국"　　23

3. 일본정부, 조사정찰단 특파　　27
　　침략의 명분 쌓기 사전조사　　27
　　외무성 조사정탐보고서 『조선국 교제 시말 내탐서』　　33
　　외교 조사정탐원의 속내　　36

4. 메이지 정부의 은밀한 조선침략 준비　　41
　　먼 나라는 친하게, 가까운 나라는 발밑에　　41
　　일본이 청국에 묻기를 "조선은 속국?"　　44

2부 일본정부, 간첩대를 두다

1. 간첩대, 첩보활동 시작　　50
　　참모국, 일본 최초 군사정보조직　　51

2. 1872년, 첩보원들 조선과 청국으로 뱀의 눈으로 스며들다　　59
　　1871년, 미국의 군사력을 등에 업으려는 일본　　60
　　첩보장교의 업무 매뉴얼을 만들다　　62
　　1872년, 칼 차고 동래 왜관 밖으로　　63
　　일본 외무성, 동래 왜관 장악 준비　　64
　　조선의 정세, 정확하게 간파하라　　67
　　미국 군함에서 조선 항해지도를 빌리다　　69
　　첩보원들의 활동비 책정　　71
　　육군성·해군성·외무성·대장성, 첩보원들 전폭 지원　　73

「만주시찰복명서」	83
조선침략을 둘러싼 일본 수뇌부의 집안싸움	85

3. 육군 참모국, 조선침략의 발톱을 달다   90

1873년, 간첩대 조선·청국 특파	90
첩보원들의 은밀한 첩보 수집	97

4. 1873년, 고종의 집권과 외교정책의 변화   104

대원군, 뒤로 밀리다	104
1875년, 일본 군함 군사력 과시	113

5. '친일파 1호' 김인승   123

외방도의 본얼굴	123
조선침략 준비지도를 만들다	128
외무성 첩보원 세와키 히사토, 조·러 국경지대로 특파	132
일본 외무성, '친일파 1호' 조선인 김인승 고용	134
강화도조약 체결단 속으로 들어온 첩보원	144
일본 해군성, 조선 연안 측량	149

6. 농락당한 통상 교섭   159

미야모토 고이치, 첩보원과 동행	159
일본 외무성·육군성·해군성, 조선침략 준비현황 보고	166
서울로 들어가는 길 알아내기 위한 밀탐	172

3부 일본 첩보원들, 활개를 치다

일본, 해외 침략으로 방향을 틀다	178

1. '늑대의 탈'을 감춘 하나부사   180

측량을 위장한 조선 정탐	180
서울로 들어가는 지도 만들어 조선 압박	186
조선 침략 준비를 위한 사전측량	195
하나부사, 조선을 간보다	198

2. 1878년, 개항장을 핑계로 들쑤신 조선의 해안   201
    아마기 군함에 실린 일본의 속내   201
    약탈무역에 맞선 해관세 징수   212

3. 1879년, 전략의 요충지 원산항 뚫리다   216
    외교관 야마노조 스케나가의 조선 염탐보고   216
    열고 싶지 않았던 원산항 열다   219
    하나부사, 철저하게 계획한 오만방자   222
    하나부사와 동행한 첩보원들   232
    가이즈 미즈오, 정탐 내용 수뇌부에 보고   239
    곤도 마스키의 「진강기」와 『조선팔역지』   244
    도쿄지학협회 속내, '동아시아는 내 것'   248
    해군성, 조선 해안을 장악하다   253

4. 공사관부 무관, 공인 첩보원   258
    공사관부 무관의 실체   258
    공사관부 무관의 첩보원 관리   259
    첩보원 관리 시스템 구축   264
    조선어·중국어 유학생의 현지 첩보원화   274
    일본공사관 서울 개설과 어학생의 첩보원 활동 시작   276

5. 임오군란, 일본에겐 다시 없는 기회   281
    첩보원이 본 임오군란의 첫날   282
    일본 참모본부 창립 후 첫 동원령 발동   287

4부 일본 간첩대, 이겨 놓고 침략한다

1. 1883년, 어둠 내리깔린 한반도   296
    '외방도', 비밀에 싸인 침략지도   296
    '조선털이 허가증' 호조와 간행이정   299

2. 자근자근 조선밟기   303
   '간행이정' 확대를 최대한 활용   303
   조선의 특별 보호 아래 대놓고 정탐   306
   희생으로 포장된 이소바야시 신조   313
   가이즈 미즈오, 조선을 속속들이 파고들다   317
   식물·광물 조사를 위장한 첩보원   329
   해군 첩보요원의 정탐보고서   334

3. 첩보원들 '한반도 침략준비지도' 완성   339
   1884년   339
   1885년   343
   1886년   350
   원산 생생의원 원장 고마쓰 스스무 부임   361
   의료행위의 탈을 쓰고 민간인까지 염탐   364
   일본정부, 1886년부터 중국을 넘어 베트남과 인도로 첩보요원 파견   365
   1887년~1888년   367
   1888년, '알려지면 정말 안 되는 책'『조선지지략』   375
   『조선지지략』 완성 이후 더 치밀해진 첩보 수집   377

4. 조선, 외세의 일본 침략을 막아주는 방벽   387
   최초의 일본총리 야마가타 아리토모, "조선은 일본의 생명선"   387
   '새 사냥'을 빙자한 무력침략 루트 확정   391

5. 일본, "가즈아, 조선을 먹으러"   397
   참모본부 최고 사령탑, 이름까지 바꾸고 조선 정세 재정탐   397
   조선 무력침략 전 대놓고 한반도 정밀 측량   400
   해군성 쓰쿠바함, 1893년 12월 발동 걸다   405

   부록 '조선털이 허가증' 호조   411

   주   418
   그림출처   430
   찾아보기   432

지은이의 말

동서고금을 막론하고 어느 시대나 반드시 첩보원은 있었다. 정보자산이 없으면 적에 대해 알 길이 없다. 첩보원을 해외로 파견해 미확인 사실과 확실치 않은 풍문을 직접 보고 듣고 확인해서 취득한 첩보를 모아 정보화시킬수록 적에 대해 더 많이 알게 된다. "적을 알고 나를 알면 백번을 싸워도 위태롭지 않다."고 했다. 전쟁에서 적을 굴복시킬 수 있는 신묘한 계략은 적의 정보를 더 많이 아는 자만이 짜낼 수 있다. 상대를 모르고 싸움을 거는 것만큼 어리석은 일이 없는 것처럼, 나도 모르고 상대도 모르는데 싸움을 걸어온다면 백전백패만이 기다리고 있을 뿐이다.

최상의 전쟁 기법은 싸우지 않고 이기는 것이 상책이다. 일본은 조선을 상대로 최선의 전쟁 승리를 거두었다. 1894년 조선을 무력침략해 싸우지 않고 조선 왕을 사로잡았다. 어떤 희생조차 없는 완벽한 승리였다. 이때 조선의 수도, 궁궐은 철저히 약탈당했다. 무엇을 약탈당하고 무엇을 빼앗겼는지 기록 하나 남아 있지 않다. 느닷없는 침략에 항거한 지 10년 뒤 조선 전체를 일본에 넘겨주고 망국민이 되어야 했다.

조선을 침략하기 위한 준비는 언제부터였을까. 완벽한 지배를 위해 저들은 무엇을 했을까. 우리는 과연 일본 침략의 단계적 분석을 행한 역사교육을 제대로 받은 적이 있는가. 일제강점기를 공포정치, 문화정치, 민족말살정치 시기로 구분하면서 배운 적은 있다. 하지만 조선침략 전 일본이 어떤 준비과정을 거쳤는지 가르치고 배운 적이 있었던가.

우리 민족에게 씻을 수 없는 상처를 입힌 임진왜란이라는 가공할 침략을 당하고도, 또다시 대비하지 않은 조선은 일본의 끊임없는 도발을 무시하다 강제 병합을 당하며 망국의 수치와 고통을 겪어야 했다. 코앞까지 닥쳐온 쓰나미를 무시하며 "왜놈들은 늘 우리를 넘보아 왔고 왜구들은 수시로 해안으로 들어와 도적질을 해갔다."며 안일하게 대응하다 휩쓸려 버렸다.

　강제병합에서 벗어나고 77년이 지난 지금, 우리는 일본을 얼마나 알고 있을까. 오늘의 세상은 한일간의 화해, 한반도의 진정한 평화를 이야기하고 있다. 케케묵은 옛날 일 자꾸 들춰 시끄럽게 할 필요가 있냐고 말하기도 한다. 유사 이래 우리가 이렇게 평화롭고 전쟁도 없으며 국력과 병력을 갖춘 때도 없었다. 그렇다. 지금 우리는 그런 축복받은 세상에서 태어나 살고 있다.

　지난 18, 19세기 때 우리는 힘없는 약소국이었고 세계는 정벌과 약탈의 시대였다. 나라를 돌보지 않고 부패한 정치판에서 자기 배만 불린 위정자로 인해 나라가 망했는데, 일본이 조선을 침략하고, 식민지배까지 하게 된 과정이 뭐 그리 중요하냐고 말하기도 한다. 조선이 망한 데는 정치 부패로 인한 사회적 혼란이 일조하기도 했다. 하지만 그 근본에는 일본의 침략이 자리잡고 있다. 임진왜란이 일어나기 전 침략의 조짐을 보고도 끝내 대비하지 않아 조선이 도륙당했다. 그 전쟁 이후 일본의 침략 본성과 전쟁의 과정을 복기하는 것은 물론이고, 저들이 어떻게 준비하고 계획했는지를 파헤치고 연구한 것이 과연 얼마나 되는가. 우리는 일본에 대한 자료를 저들만큼 갖고 있는가.

　임진왜란 이후 다시 밀어닥친 일본군으로 한반도 전체가 고통을 당한 지 128년이 지난 지금, 일본 방위대신의 집무실에는 침략의 상징인 욱일기 뒤로 한반도 지도가 자기네 나라의 것인양 걸려 있다. 앞에서는 화해와 진정한 평화를 이야기하고 있는 일본의 검은 속내를 보란 듯이 보여주는 하나의 상징이 아닐 수 없다. 가해를 가한 일본은 화해를 먼저 말해서는 안 된다. 한국인 역시 쉽게 화해를 말해서는 안 된다. 식민지배를 겪은 우리가 추구해야 할 것은 일본의 진정한 사죄를 바탕으로 한 평화이고 화해이어야 한다. 그것을 완성하기 위해서는 보다 근본적인 문제가 해소되어야 한다.

　혹자는 이렇게 말하기도 한다. "나라가 힘이 없어서 침략당해 지배받게 된 과정이 뭐 그리 중요해? 그래 우리 식민지배 받았어. 그런데 지금 이렇게 잘살고 있잖아. 조선 말기 정보체계 별거 없어. 일본이 보낸 첩보원에 대한 연구 그

거 뭐 대단할 게 있겠어. 찾아낸다 해도 기록도 별로 없고, 찾아내 확인하고 글로 쓴다 해도 노력한 만큼 성과가 있는 것도 아니고 누가 알아주는 것도 아니야. 쓰임도 많지 않은데 그런 일을 왜 해." 공개되지 않은 자료를 찾아내 이 세상 사람 몇몇만이 알고 있는 사실을 밝힌다 해도 읽어주는 이가 없으면 무슨 소용인가. 저들이 이런 일까지 했었다고 알려 줘도 놀라고 분노하기는커녕 관심조차 주지 않는다. 인공위성을 통해 적국의 상황을 손바닥 보듯 보고 읽으며, 인간정보를 포함한 감시정보 체계의 발달로 정보자산이 넘쳐나는 지금의 세상에, 그까짓 발로 걸으면서 조금씩 확보했을 첩보와 정보쯤은 그리 중요하게 받아들이지 않는다.

　이것이 지금의 현실일까. 역사교육을 제대로 받지 못해 그런 생각을 하고 있는 것은 아닐까. 모르기 때문은 아닐까. 숨기고 싶어 하는 일본의 속내에 발을 맞추고, 먹고 사는 일상의 평온함과 안일로 길들어져 있는 것은 아닐까. 부끄러운 침략과 학살의 모든 기록은 지워지고 숨겨져 역사로 남지 않는다. 이것이 모든 인류의 공통된 실상이다.

　일본 방위대신의 집무실에 버젓이 걸려 있는 한반도지도는 저들의 근본 깊숙이 배어있는 한반도 지배에 대한 무서운 집념이 아로새겨져 있다. 지금도 여전히 영토분쟁으로 시끄러운 독도, 역사 왜곡, 강제징용 문제가 왜 지속되고 있을까. 역사를 왜곡해 일본 제국주의의 지배가 한국의 근대화를 이끌었다고 주장하는 이가 여전히 많이 있음에 놀라지도 않을 만큼 일상화되어 있다. 그것은 있는 그대로의 역사를 제대로 보여주지도, 교육하지도 않은 탓이 크다. 지금의 역사는 지나간 역사를 되돌아본다 한들 영향력이 크지 않을 수 있다. 패배의 역사는 힘이 없다. 승리자가 은폐하고 왜곡한 기록만이 역사에 남아서 얼마나 많은 세계사 속에 아로새겨져 있는가. 지금의 역사는 여전히 역사의 구체적 사실을 당대의 역사적 맥락과 연관지어 검토하고 규명하는데 미흡한 면이 많다.

　메이지 원년부터 태평양전쟁 패전까지 태생부터 조선을 비롯해 아시아를 넘어 태평양 전역에서 수많은 학살과 약탈, 전쟁을 자행한 가해자 일본은 여전히 책임을 지지 않고 있다. 책임은커녕 피해자인 척 자신들의 치부를 감추고 덮는 데 날이 갈수록 더 집중하고 있다. 이 역시 같은 선상에서 보아야 한다. 저들이 자행한 역사의 부끄러운 행위를 제대로 밝혀 일본의 거짓 역사를 반박하고 알리는 일에 소홀했던 우리에게도 책임이 있다. 일본의 진정한 사죄와 전쟁 책임 의식은 부끄러운 역사를 제대로 가르치지도 배우지도 않은 일본인에 대한 교육과 더불어 우리의 올바른 역사교육과 인식이 자리를 잡아야 가능해지는 일이다.

1894년 6월 일본의 조선 무력침략과 1905년 통감부 설치, 1910년 강제병합은 하루아침에 벌어진 일이 아니다. 메이지 원년(1868년)부터 차근차근 준비하며 시간과 공력을 쏟아 치밀하게 계획한 큰 그림이 있었다. 저자는 이 증거를 찾는 작업을 수년간 해오고 있다. 이 책은 일본 군대가 처음 창설된 1871년 병부성 창립 당초부터 군사정보, 정세 파악, 지도제작, 측량을 담당했던 참모부 내 간첩대의 활동에 주목했다. 일본 정부는 물론이고 참모본부가 주력했던 핵심 분야는 전쟁 수행의 핵심이자 군사기밀에 속하는 국정조사, 주변국(조선, 중국, 러시아)의 정세 파악, 첩보 수집, 지도 제작이었다. 참모본부 역사초안과 육군성 내 참모본부 일기, 내각의 전신인 태정관, 외무성 기록 등은 그들이 파견한 첩보원의 활동을 살필 수 있는 근거를 제공하고 있다.

메이지유신 뒤 일본 정부가 취한 대외외교에서 구미 열강을 비롯한 서양 제국과 중국, 조선에 대한 외교의 틀은 명확히 다른 모습을 보인다. 특히 일본 정부 초기부터 조선은 존중받아야 하는 이웃 나라가 아니라 '정복해야 할 땅'으로 취급했다. 다른 나라들보다 조선의 국격을 한두 등급 낮춰야 한다는 멸시관이 담겨 있다.

이런 인식 아래 1876년 조선과 일본 정부의 수교가 이루어졌다. 1878년 세이난 전쟁으로 일본은 내란이 종식되자 대외정책을 바꾸기 시작했다. 이 책은 메이지 정부 초기 최고행정기관인 태정관 기록과 외무성 기록 등 정부문서를 토대로 조선을 어떻게 침략하고자 했는지를 살폈다. 그런 다음 침략의 핵심 역할을 맡은 참모본부의 활동이 기록되어 있는 공문서를 바탕으로 하면서 내용을 보충해 줄 육군성, 해군성, 내각, 외무성의 공식기록을 날짜와 인물을 따라 교차해서 살폈다. 또한 개인들의 문집, 자료, 기록들도 함께 보았다. 이로써 간첩대와 첩보원이 일본 정부와 어떻게 협력하고 일을 추진했는지 확인할 수 있었다.

『참모본부 역사초안』은 참모본부에서 편찬한 사료로, 메이지 초기부터 1903년까지의 참모본부 역사, 대외 정보활동을 위해 파견된 첩보장교들의 기록임을 확인할 수 있었다. 하지만 이들이 조선, 중국, 러시아, 동남아시아 등으로 파견되어 탐지한 첩보활동과 내용에 대해서는 알릴 건 알리고, 숨길 건 숨긴 것으로 보인다. 따라서 해당 인물이 소속되어 있는 육군성의 참모국, 함께 파견된 외무성 관리, 파견 군함을 움직인 해군성 사람들과 그들이 남긴 기록, 내각문서인 『공문잡찬』 등의 공문서를 교차하면서 첩보원과 간첩대의 정황을 살폈다.

군사용으로 사용하기 위해 측량·지도를 제작하고, 지속적으로 수정을 가해 완성도를 높여 지금의 네비게이션처럼 면밀한 조선 침략지도를 만들어낸 데 대해서는 경악을 금치 못했다. 이후 참모본부 내 육지측량부가 제작한 지도는 시간이 흐를수록 치밀하고 정확도가 높아졌음을 확인했다. 이 땅에서 일본의 침략에 대항해 맨몸으로 항일 투쟁을 하던 우리 민중은 일본군과 달리 극비와 특비로 다루던 지도 한 장조차 손에 넣기 어려웠던 현실 속에서 어떻게 맞대면해 싸울 수 있었겠는가. 조선과 중국, 러시아도 일본의 계획된 첩보활동과 정보에 무너졌다고 볼 수 있다. 조선 패망의 원인을 단순히 나약하고 무능한 조선의 왕, 부패한 정부 관료에게만 떠넘기기에는 일본 정부가 관리해온 당시 자료를 종합해 보면 일본의 책략과 술수, 정벌하고자 하는 의지가 강력했고 집요했음을 알 수 있다.

이 책은 일본정부 수립 초기부터 활동하기 시작한 첩보원들이 조선을 침략하기 위한 사전 첩보활동으로 어떤 일을 행했는지를 담고 있다. 침략의 정서를 가장 집약적으로 보여주는 집단이 일본정부의 참모국 즉 참모본부와 소속 첩보원들이었다. 엄청난 양의 첩보를 축적해낸 이들의 정보활동은 우리가 굳이 알 필요 없는 하찮은 정보가 아니다. 저들의 시작은 청일전쟁, 대만병합, 러일전쟁으로 가는 디딤돌 역할을 했고, 한국병합, 만주국 건설, 중일전쟁, 태평양전쟁으로 치닫는 주춧돌 역할을 했다. 우리가 무시하고 넘어가야 할 만큼 사소하고 미미한 것이 아니었다. 저들이 만든 인문정보, 지리정보는 우리가 무엇을 상상하건 그 이상으로 막강하고 방대하다.

이제부터라도 일본을 제대로 알자, 조선을 어떻게 짓밟았는지. 역사를 모르는 민족에게는 장래가 없다.

2022년 7월
박해순

1부

메이지 원년, 신의 나라 선포하다

1. 메이지 정부, 시작부터 조선침략 기획

1854년 도쿠가와 막부가 열강의 무력에 굴복해 불평등조약을 체결했다. 1858년 영국, 프랑스, 미국, 네덜란드, 러시아와 수호통상조약을 조인하자 이를 비판하는 반막부 세력의 불만이 확대되기 시작했다. 1866년 굴복 외교를 비난하며 막부와 대립해왔던 사쓰마번과 조슈번이 동맹을 맺고 막부 타도를 추진했다. 1867년 10월, 도사번과 아키번이 쇼군將軍 도쿠가와 요시노부에게 국가통치권을 천황에게 돌리라고 압박, 수락을 이끌어냈다. 12월 9일, 이와쿠라 도모미 등의 왕정복고파와 사쓰마와 조슈의 막부타도파가 연합해 쿠데타에 성공한 뒤 강력한 조슈, 사쓰마, 도사, 에치젠 번의 세력이 연합해 메이지 신정권을 수립했다.

1868년 1월 1일, 메이지 신정권은 도쿠카와 막부로부터 외교 권한을 넘겨받았다. 1월 10일, 막부는 서양 열강 6개국 대표와 회담을 열어 기존 조약 체제의 준수를 약속하고 쿠데타가 불법이 아님을 강조하며 신정부의 지지를 부탁했다. 1월 15일, 외무성의 전신인 외국사무취조괘[外國事務取調掛, 1868년 1월 9일 설치. 외국관으로 명칭 변경] 히가시쿠제 미치토미東久世通禧는 프랑스, 영국, 이탈리아, 미국, 프러시아, 네덜란드 6개국 공사와 고베항에서 만나 왕정복고를 선언하고 국서를 교환했다.[1]

이로써 막부의 쇼군을 대신해 천황이 직접 통치하게 되었음을 알리고 절차를 밟아 신정부에서 외교 권한을 접수했다. 1월 17일, 서양의 열강이 불평등조약 체제 유지라는 자국의 이익 확보와 자국민 보호를 보장하는 조건으로 국외중립을 선언하고, 신정부는 외국과의 화친을 국내외에 알렸다.

일본정부는 시작부터 조선의 외교를 열외에 두었다. 신정부 수립을 외국에 알리며 외교관계 재정립에 착수한 외국관(外國官, 이후 외무성)은 조선 외교만 떼어내 오래전부터 그 일을 총괄해오던 쓰시마번에 넘겼다. 3월 23일과 4월 22일, 쓰시마 번주 소 요시아키라(宗義達, 1847~1902)에게 외국사무국보의 직함을 주고, 새로 들어선 메이지 정부가 조선 외교를 맡게 된 사실을 알리라고 명했다. 5월 27일(윤4월 6일), 쓰시마 번주는 조선과의 외교를 맡게 된 기원, 연혁, 절차를 정리해서 「조선국과의 통교 쇄신의 건」을 외국관에 제출했다. 쓰시마번은 2백 년 넘게 조선과의 외교를 맡아 노하우를 축적하고 있는데, 갑자기 외교 노선을 바꿀 경우 폐해가 생길 수 있으니 이 업무를 계속하게 해달라고 요청하며, 외교의 개혁과 쓰시마번의 역할은 불가분의 관계임을 역설했다.²

구막부 세력과 신정부 세력이 치열하게 대립하는 가운데 전국에서 내란이 벌어지고 있었다. 쓰시마 번주의 문서를 접수한 외국관은 쓰시마의 요청을 묵살하고, 조선과의 외교 노선을 어떻게 바꿀 것인가에 대해 고민했다. 그 결과, 5월 8일에 다음 명령을 쓰시마번에 내렸다.

"조선과 관련된 사무는 당분간 오사카의 외국관에서 취급할 예정이다. 담당자 부지사 다테 무네나리(伊達宗城, 1818~1892), 판사 고마츠 다테와키(小松帶刀, 1835~1870)와 상의하고 그들의 지휘에 따르라."

5월 12일, 쓰시마번 교토 파견 번사이고 정부교섭 담당자 오시마 도모노조(大島友之允, 1826~1882)는 오사카의 외국관에 나와 17일까지 세 번에 걸쳐 판사 고마츠 다테와키, 권판사 나카이 고우조(中井弘藏, 1839~1894)와 ▲ 왕정복고로 새 정부 수립 ▲ 새로 만든 일본정부의 인장 사용 ▲ 쓰시마 번주의 지위 격상 ▲ 세견선에 대신할 쓰시마의 구제책 등에 대해 협의했다. 조선 정부와 어떠한 협의도 없이 외교 인장을 바꾸고, 쓰시마 번주의 지위를 높였다. 쓰시마번의 살아남으려는 몸부림과 신정부의 외교정책은 시작부터 틀을 깨고 있었다. 고마츠 판사는 신정부의 외교 쇄신에 중점을 두고 있었고, 쓰시마번은 자신들의 궁핍한 상황을 호소했다.

6월 들어 오시마는 쓰시마번이 누려왔던 조선과의 특별한 권익과 지위, 기득권을 주장하며 ▲ 외국관이 설치되어 각국과 교제를 관할하게 되었으니 정부관리를 조선에 파견하는 것은 타당하다. ▲ 조선은 옛 규칙을 고수하는 나라이므로 정부가 직접 교섭에 나서면 위험성이 있다며 기존의 외교방식을 고집했다. 하지만 외무성은 쓰시마번을 제외하고 조선과의 외교권을 일원화하려고 했다.

신정부를 수립한 삿초〔薩長, 사쓰마번과 조슈번〕와 이에 반대하는 세력들이 보신전쟁〔戊辰戰爭, 1868년 1월~1869년 6월, 왕정복고를 거쳐 신정부를 수립한 메이지천황 측과 구막부군이 싸운 일본 내전〕을 일으켰다. 일본 전역에서 전쟁 중인데도 쓰시마번은 집요하게 신정부에 조선과의 교역을 계속하게 해달라고 요청했다. 신정부는 국내 정세가 안정될 때까지 쓰시마번이 하던 대로 하라는 미봉책을 내놓았다.

"종전에 조선국에서 쓰시마번에 교부한 도서圖書는 지금 일본의 국격과는 맞지 않는다. 이번 외교 쇄신을 기회로 '평조신의달장平朝臣義達章'이라는 문장으로 바꾸어 인장을 새로 만든다. 국서의 양식에 천황의 명칭을 쓰게 되었으니, 청나라와의 관계를 고려하여 조선 국왕의 지위는 낮춘다."

쓰시마 번주에게 '좌근위소장左近衛少將', '종사위상從四位上'의 관직을 내렸다. 1868년 12월 19일, 쓰시마번의 가로〔家老, 번주를 도와 번 정치를 행했던 중신〕 히구치 데쓰시로樋口鐵四郎가 정부의 명령을 받고 정식사절로 조선에 들어가 일본에 신정부가 들어섰음을 알리는 국서를 동래부사에게 전달했다.

1870년 1월 14일, 동래부사 정현덕은 의정부에 이 정황을 정리해서 장계를 올렸다. 의정부에서는 고종에게 다음과 같이 아뢰었다.

"대마도주 평의달平義達이 서계에 '좌근위소장'이라고 썼습니다. 비록 전례가 있지만 평平자 아래에다 조신朝臣이라는 두 글자는 이전에 쓸 수 없었던 것입니다. 격식에 크게 어긋나 있습니다. 임역任譯 등의 책임을 엄하게 추궁하고 타일러 수정해서 바치겠습니다."[3]

조선은 그동안 쓰지 않던 용어를 쓰는 것은 서계〔書契, 외교문서〕의 격식에 맞지 않다며 받지 않아서 1년 동안 교섭이 지연되었다. 『고종실록』에는 용어 문제를 들어 일본정부에서 서계를 받지 않아 교섭이 지연되었다고만 했지, 일본이 주장하고 있는 용어〔'황皇'과 '칙勅'〕, 새로운 인장 주조 문제 등은 언급하지 않았다. 다만 "직명職名이 이전과 다르게 된 것은 일상적인 규례가 아닌 만큼 300년 동안 약조를 맺어온 본의가 어찌 이렇단 말입니까. 특별히 말을 만들어 개유開諭해서 서계를 수정하게 하라는 뜻으로 분부하는 것이 어떻겠습니까."는 말이 전부다.

서계 양식의 변경은 단순한 형식의 문제가 아니다. 국제사회의 규범을 어떻게 보느냐에 따라 달라지는 것이다. 일본은 국제사회의 규범을 한순간에 허물었고, 조선은 국제사회의 흐름을 보는 안목이 전혀 없었다.

조선은 낮추고, 일본은 높이고

일본정부가 취한 조선정책은 동아시아에서 작동하던 국제질서의 규범 파괴와 개편에 집중되어 있었다. 조선과 수교하기 전까지 일본에서 들끓었던 '정한론〔征韓論, 조선침략 논리〕'은 이후 더 집요하게 이어졌고 넓어졌다. 신일본 정부의 핵심 세력들은 조선을 '꼭 되찾아 와야 할 속국'으로 보고 있었다.

천황 중심정부를 내걸고 수립한 신일본 정부의 실체를 조선 정부는 너무 쉽게 보고 있었다. 일본정부는 왕정복고로 천황이 직접 통치하게 되었으니, 도쿠가와 막부의 쇼군과 대등한 관계를 유지한 조선은 아래에 둬야 한다는 생각을 깔고 있었다. 오래전부터 허구이고 가상인 '진구황후神功皇后 삼한정벌설'과 '도요토미 히데요시의 조선침략'을 앞세워 조선을 손아귀에 넣어야 한다는 망상을 뼛속까지 각인하고 있었다.

이때 이러한 생각을 정치적으로 이용하려 했던 자가 마츠야마 번의 야마다 야스고로(山田安五郞, 1805~1877)다. 1865년 야마다는 청국에 사절을 보내 복속하지 않으면 호전적인 다이묘에게 '조선·만주·대만 등'을 쳐들어가 빼앗자는 대외팽창론을 주장했다.[4] 야마다의 정한론을 계승한 쓰시마번의 오시마 도모노조는 도요토미 히데요시가 내세웠던 정한론을 이어가자고 목소리를 높이고 있었다. 그는 쓰시마번의 특수 권리와 이익을 유지하기 위해 조선 정벌설을 무기로 삼았다. 오시마의 정한론에 동조한 자가 조슈번의 번사였던 기도 다카요시(木戶孝允, 1833~1877. 막부말 가쓰라 고고로桂小五郎로 활약)다. 기도는 메이지유신의 핵심인물로 오쿠보 도시미치, 사이고 다카모리와 함께 '메이지유신의 3걸'로 불리는 자였다. 일본정부 수립 뒤 실권을 장악하고 최종 정책결정 책임자로서 세계를 받지 않고 있는 조선을 응징해야 한다며 여론을 몰아갔다.[5]

1868년 12월 14일 일기에서 그의 조선관을 명확하게 읽을 수 있다.

"속히 천하의 방향을 하나로 정하고 조선에 사절을 파견해 그 무례함을 물어야 한다. 만약 조선이 따르지 않을 경우, 잘못되었음을 추궁하고 공격해서 천황의 위엄을 신장시켜야 한다."[6]

위의 생각을 정리해서 우대신 이와쿠라 도모미(岩倉具視, 1825~1883)에게 건의했다. 이것은 신정부 수립 뒤 처음 1868년 12월 19일, 쓰시마번의 히구치 데쓰시로가 정부의 명령을 받고 조선에 사절로 파견되기 전에 쓴 것이다. 기도의 일기 속 "무례함을 물어야 한다."는 말은, 조선과 막부가 교린 관계를 맺고도 천황에게 조공을 바치지 않은 것 자체를 무례함으로 본 것이다.[7] 일본정부는 시작부터 조선을 얕잡아보고 속국으로 만들려고 작정하고 있었다.

오쿠마 시게노부(大隈重信, 1838~1922)는 정권 초기부터 뛰어난 외교 수완으로 정부에 발탁되어 참의, 대장경 등 최고 수뇌부를 거치며 외교, 재정, 경제에 막강한 영향력을 행사하고 있었다. 그는 "조선은 중고 이전에는 우리에게 완전히 신하국으로 예속되어 예를 갖추고 찾아와 조공을 했다. 이후에 교류가 끊어졌다가 이어지고 있지만, 여전히 일본에 예속되어 있는 신하의 나라다."는 생각을 버리지 않고 있었다. 대부분의 신정부 수뇌부들도 이 그릇된 역사 인식을 공유하고 있었다.

오쿠마는 1873년 '정한론 정변'이 일어났던 무렵을 돌아보며 일본 국민이 느끼고 있었던 감정을 이렇게 표현했다.

"조선은 2천여 년이 넘도록 우리에게 신하의 나라로 예속되어 있었다. 하루아침에 우리 외교 당국자의 행위가 잘못됐다고 지적하며 거만하고 난폭하게 굴고, 신정부 관료를 우유부단한 자로 여기며 우리 사절단을 무시했다. 더욱이 중국을 믿고 우리에게 적의를 드러내기에 이르렀다. 울컥하는 성정의 일본 국민들이 옛날에는 조공을 바치며 숙였던 조선이 이렇게 신일본 정부를 무시하며 나오는 작태에 대해 비분강개하는 것은 당연하다."[8]

특히 정한론자들은 천황의 부상과 함께 "조선은 일본의 속국이었다."는 억지 주장을 정한론의 첫머리에 배치해 두었다. 정변으로 내각이 분열되고 일선에서 물러난 것처럼 보이던 정한론자들은 도요토미 히데요시처럼 조선 무력침략과 정벌을 다시 꿈꾸고 있었다. 앞으로 전개될 조선과 일본의 수교 과정에서 '조선은 정복해야 할 대상'이라는 일본의 침략 야욕을 명확하고 구체적으로 행동에 옮기고 있었다.

2. 조선, 꼭 먹어야 할 '도마 위의 고기'

쓰시마번, 조선 외교에서 밀려나다

1869년 6월 17일, 일본 전국의 영주들은 번의 소유 토지와 인민을 천황에게로 돌렸다[판적봉환版籍奉還]. 이날부터 전국의 번주들은 봉건제후의 직위를 잃고 정부에서 임명하는 지방관으로 바뀌었다. 당연히 쓰시마 번주 소 요시아키라의 봉건제후의 직위와 조선과의 독점 외교권도 사라져 버렸다.

9월 23일, 외무성은 쓰시마번이 갖고 있던 조선과의 모든 외교와 교역권 일체를 장악하려고 나섰다. 10월 14일, 태정관[최고 행정기관]에서 외무성과 쓰시마번이 협의해서 조선 외교를 공동관리하라는 명령을 내렸다. 10월 23일, 외무성은 쓰시마번이 외교 업무를 계속해 나가는 것은 옛날 막부의 폐단을 그대로 이어가자는 것이므로 반드시 바꿔야 하고, 급변하는 러시아를 비롯한 강대국의 움직임에 대처하기 어렵다는 의견서를 제출했다. 10월 27일, 쓰시마번에서 이에 항의하는 의견서를 제출했다. 11월 10일, 일본정부는 외무성이 감독하고 쓰시마번이 조선 외교를 관장하라고 업무를 재배치했다.

쓰시마번으로서는 느닷없이 2백여 년 동안 맡아오던 외교권을 빼앗긴 꼴이 되었다. 그동안 조선과의 외교 창구로 누려오던 온갖 혜택이 사라지고, 섬 전체의 생존도 걸려 있는 일이어서 결사적으로 항의하고 저항했다. 그렇게 얻어낸 결과가 몇 차례의 명령과 특별지령을 통해 외무성과 공동으로 조선 외교권을 유지해 나가라는 것이었다. 하지만 조선에서 서계를 받지 않는 순간 쓰시마번에서 외교 과정의 모든 책임을 떠안아야 하는 불안 요소는 여전히 남아 있었다. 한편으로 조선과의 외교는 외무성 내에서도 천황이 사절을 파견하고 업무를 외무성이 담당해야 한다는 쪽과 별 이득도 없고 힘드니까 쓰시마번에 그대로 두자는 쪽으로 의견이 갈리고 있었다.

조선 외교를 둘러싸고 외무성과 쓰시마번의 양보 없는 힘겨루기가 이어졌다. 하지만 즉각 조선 외교를 인수할 자신이 없었던 일본정부는 조선과 통교를 하지 못한 현시점에서 쓰시마번이 담당했던 업무를 갑자기 멈추면 조선의 의심을 사게 되므로 먼저 쓰시마번의 관리를 교섭담당자로, 외무성의 관리를 조사원으로 파견해서 추이를 살피기로 했다. 조선과 수교한 다음 외무성이 본격적으로 업무를 장악하겠다는 복안이었다. 이런 과정을 거쳐 외무성 관리를 조선에 파견해서 조선과 쓰시마와의 외교·무역 관계, 조선의 국내외 정세 등의 정탐이 끝날 때까지는 기존대로 쓰시마번에 맡겨두게 되었다.

"조선은 반독립국"

1869년 10월 29일, 외무성은 먼저 외교관을 조선에 파견해 현지 상황을 조사한 다음, 보고 여하에 따라 군함을 앞세워 신정부 수립 통보와 외교관계를 재설정하자는 내용의 「조선국일건사서朝鮮國一件伺書」를 정부에 제출했다.

"첫째, 세상의 흐름이 바뀌고 있다. 신일본과 조약을 체결하지 않고 애매하게 쓰시마번에 조선 외교를 맡겨두면 서양 강대국들이 「만국공법」을 내세워 집요하게 물어올 것이다. 그러면 대답할 명분이 없다. 둘째, 2백여 년간 조선과의 외교를 독점해온 쓰시마번 중심의 외교를 중단하고, 군함 한두 척에 사절단과 외교관을 태워 보내야 한다. 셋째, 조선은 이미 옛날에 우리가 정벌했던 나라다. 지금 러시아를 비롯한 열강들이 군침을 흘리며 꼭 먹어야 할 '도마 위의 고기'로 보고 있다. 이러한 때 「만국공법」을 지키고 잘못을 바로

잡아 줄 수 있는 나라는 일본밖에 없다. 군함 한두 척에 사절단과 외교관을 태워 조선에 급파, 일본과의 수교의 대의명분을 전해주어야 한다."⁹

이 의견서 뒤에 외교성 관리 미야모토 고이치〔宮本小一〕¹⁰가 조선국 정책 의견서「조선론」을 덧붙였다.¹¹ 미야모토의 정책 의견은 이후 조선정책의 기본 매뉴얼로 자리매김했다. 그는 강화도조약 이후 조선과의 외교무대에 행정실무관으로 등장해서「조일수호조규」조항의 이행과 처리, 규칙 등을 상의하고 결정하는 일을 추진했다. 다음은「조선론」의 전문.

첫째, 속히 황사를 파견해 그 부정〔不庭, 속국이 종주국에게 예물을 바치지 않음〕을 책망하고 포모〔苞茅, 공물〕를 바치게 해야 한다. 상고시대에는 일본의 용맹한 무력에 굴복당했으므로 그 땅도 일본의 영지였던 것으로 보인다.

둘째, 조선에 메이지유신을 알렸는데 정성껏 받지도 않고 회답도 하지 않고 있다. 들리는 말에 의하면 이전에는 막부와 동등하게 외교를 펼쳤는데, 지금의 신정부와 교제한다면 막부는 쇼군〔將軍〕으로 천황 폐하의 신하이므로 조선의 격을 2, 3등 내려서 대우해야 한다.

셋째,「만국공법」에 독립국과 반독립국에 대한 정의가 들어 있다. 이에 따르면 조선은 반독립국이다. 따라서 국가의 정체를 바르게 정리하지 않으면 논의하기 어렵다. 서양인이 보는 국가의 정체를「만국공법」에서는 "본국과 속국의 정의는 만약 속국이 다른 외국과 전쟁할 때 본국이 그 전쟁에 관여하지도, 원병을 보내지도, 화목하지도 않으면 다른 외국에서는 속국이 아니라 독립국으로 인정한다."고 되어 있다. 이 정의에 따라 분석해 보면 청국과 조선은 종주국과 속국의 관계가 아니라는 것이 명확하다.

넷째, 조선은 외교관계를 가져도 이익이 없고 교제하기도 무척 힘들다. 조선과 막부가 교린할 때는 정성과 신의로 교제했다. 오늘날 서양 각국을 아무리 융성하게 대접한다 해도 막부와 조선이 교린한 것에 비하면 매우 간단하고 쉽다고 할 수 있다. 오늘날 이렇게 외국과 외교의 길이 열리고 서로 공사를 두어 간편하게 외교 업무를 보고 있는데 조선은 그것을 쉽게 이해하지 못하고 있다. 가령 조선에서 사절이 와도 옛날처럼 정중하게 대하지 않으면 이상하게 여길 것이다. 옛날처럼 대접하지 않음을 유감으로 생각한다고 해서, 서양 강대국 공사와 동등한 대우를 하면 거꾸로 각국 공사들이 불평을 제기할 것이다. 또 「만국공법」에도 반독립국의 사절을 강국과 똑같이 접대하는 것은 부적절하다고 여기니 반드시 각국 공사보다 3, 4등 낮추어 대접할 수밖에 없다. 그러면 조선은 더욱 불평하게 될 것이고, 화목할 날은 없을 것이다. 이것이 조선과 교제하기 어려운 이유다.

다섯째, 외교의 개혁 방법은 조선의 수도에 1년 내내 일본의 하급관리 3명을 상주시켜 업무를 보게 한다. 이것은 지금의 서양 각국의 공사가 하는 일과 같다.

여섯째, 조선과의 외교가 이익이 없다고 해도 이대로 내버려 두면 러시아가 잠식할 것이다. 이는 일본에 매우 큰 손해다. 조선을 돕는 것은 조선을 사랑해서가 아니라 일본을 사랑해서다. 그런데 아직 일본은 병력과 곡식이 부족하므로 조선을 병탄할 힘이 없다. 헛되이 일을 벌이다가 중간에 그만두면 천하의 웃음거리가 될 것이다.

「조선론」은 당시 외무성 고위직 관리가 조선을 어떻게 보고 있는지를 극명하게 보여준다. 도무지 이해할 수 없었던 그들의 정서를 파악할 수 있는 단서가 담겨 있다. 한마디로 조선은 상고시대부터 일본에 공물을 바치던 나라였고, 도요토미 히데요시가 친히 정벌한 나라로 보고 있다. 놀랍게도 조선과의 이후 외교는 미야모토 고이치의 「조선론」을 그대로 반영한 수순을 밟고 있다. 일본이 보기에 조선은 반독립국이었다. 도마 위에 올려놓은 꼭 먹어야 할 고기였다. 하지만 열강의 침략으로부터 조선을 사수해 일본의 안위를 도모해야지, 조선이 러시아를 포함한 열강의 손에 넘어가게 두면 일본도 위태로워진다는 생각을 분명히 드러내고 있다.

뿌리 깊은 조선 멸시관과 정복해야 할 대상으로만 여기던 인식에 더해,

19세기 유럽 강국의 동양 침탈과 경쟁적인 식민지 건설의 세계관은 일본에 날개를 달아주었다.

3. 일본정부, 조사정찰단 특파

조선과 일본의 외교 루트를 외무성으로 변경하려면 오랫동안 외교를 중개해온 경험으로 조선 사정에 정통한 쓰시마번의 조력이 절대적으로 필요했다. 외무성은 일시적으로 기존의 틀을 유지하는 한편, 조선과의 정체된 외교 정황을 파악하고 쓰시마번의 이중외교에 대한 책임을 추궁하기 위해 정탐대를 꾸려 쓰시마와 조선으로 보냈다.

침략의 명분 쌓기 사전 조사

1869년 9월, 외무성은 조선에 공식사절을 파견하기 전에 먼저 외무성 관리들을 보내 현지 상황을 파악해야 한다고 태정관에 의견서를 제출했다. 10월 초, 태정관의 인가를 받고, 사전 조사 차원에서 쓰시마 도주와 동래 왜관과의 관계, 조선 정부와 교역 내력 등의 질문사항을 보내고 답변을 요구했다.

10월 15일, 에도막부를 연 도쿠가와 이에야스의 고향이고 가문의 영지가 있는 시즈오카번静岡藩에 공문을 보내, '조선국과 교린에 관해 도요토미 히데요시가 조선에 진격한 뒤 강화를 맺을 때 항복을 의미하는 문서나 증거를 찾아내 반드시 보고할 것', '통신사가 도쿠가와 가문에 알현한 횟수, 연월일, 사절의 성명, 관작, 예전禮典에 관한 것', '통신사에 관한 기원, 조선에서 보내온 물품, 오고 간 문서' 등을 꼼꼼히 조사해 신속하게 제출하라고 했다.

미토번水戸藩에는 도쿠가와 이에야스의 아들 이에미츠가 정이대장군으로 봉직하고 있을 때 조선에서 파견한 통신사 사절이 일본에 번속의 예를 갖추

없는지를 묻고, 접대는 어떻게 했는지를 상세히 조사해 서면으로 보고하라고 명령했다.[12]

외무성의 사전 조사가 갖는 의미는 쓰시마번에서 보고한 내용과 다른 번에서 보내온 내용을 대조하는 동시에, 자료와 문헌수집을 통해 조선에 대한 지식 부족을 메꾸고 외교정책 입안에 활용하려는 의도가 깔려 있었다.

파견 준비는 빠르게 진행되었다. 정탐요원을 뽑고 오사카, 가나가와, 나가사키, 효고현에 조사정찰단이 타고 갈 증기선을 준비하고 도중에 연료가 부족하다고 도움을 요청하면 바로 해결해주라고 지시했다.

조사정찰단의 임무수행 지침서
공문록(제305권) 「조선강신록朝鮮講信錄」 속의 자료

외무성은 대장성에 조사정찰단의 제경비〔준비금, 뱃삯, 조선에서 쓸 비용, 일당, 수당 등〕를 청구했다. 대장성에서는 처음에는 비용 처리에 난색을 드러냈으나 외무성의 끈질긴 요구를 받아들여 준비금으로 대용지폐 금화 1,500냥, 조선 체류경비 1,500냥, 돌아올 때 나가사키에서 이용할 뱃삯 500불을 지급했다.[13]

11월 13일, 태정관의 인가를 받은 조사정찰단의 임무는 다음과 같다.[14]

- 임진왜란 이후 조선국에서 이따금 막부에 사절을 파견한 것은 도요토미 히데요시의 진격으로 무력에 굴복하여 번속의 예를 이행한 것인지, 조선은 소국이고 일본은 대국이므로 조선이 사절을 보내 일본은 앉아서 예를 받은 것인지 그 기원과 확실한 증거를 조사할 것
- 쓰시마에서 조선에 파견하는 사절의 예우와 조선에서 쓰시마로 파견하는 사자의 예우를 조사할 것
- 쓰시마와 조선의 교역품 여부, 문명이 미개한 쓰시마가 조선에 접근하면서 조공의 예를 취했는지 여부를 확인할 것
- 조선 정부가 청나라의 책력을 준수하고 번속의 예절을 고수하고 있는데 조선 국왕 스스로 외국과 조약을 체결할 의사가 있는 국가체제인지 은밀하게 정탐할 것
- 조선에 사절을 파견할 때 군함을 부산포 초량항으로 보내겠지만, 그곳은 수도를 왕복하기에 멀고 불편하므로, 군함을 입항시킬 수 있는 양항의 유무를 탐색할 것
- 조선국이 러시아의 독이 묻은 입술에 심취해 몰래 보호를 의뢰한다는 소문의 진의와 국경 분쟁 유무의 사실을 탐색할 것
- 조선 육해군의 역량과 무기의 정밀함 여부를 탐색할 것
- 조선 국내 정치 사정과 대신들에 대한 풍문이 과연 「초량기문」과 같은지 확인할 것
- 조선과 무역을 개시할 경우, 일본에게 유망한 수출 품목과 국익이 될 수입품의

품목조사와 물가의 고저, 화폐의 선악, 향후 무역 절차 전망을 조사할 것
- 쓰시마의 세견선 존폐 여부에 대한 전망
- 쓰시마가 양국 사이에 중개하며 표류민 인도, 무역 이윤 등을 취하며 경제를 유지했는데, 향후 외교와 무역의 일원화가 추진되면서 종래의 이익이 줄어드는 데 대한 전망과 처분 방법을 조사할 것
- 조선은 초량항 외 육지는 일본인의 여행이 어려운데, 쓰시마 소 씨의 알선으로 수도까지 오가며 볼 수 있는지 없는지를 조사하고, 왕복하면서 그들의 풍속과 제도 등을 특별히 자세하게 보고할 것
- 각 조항을 조사하는 것을 최우선으로 삼고, 추후 사절이 파견될 때까지 거류하며 더욱 깊이 타국과의 정황을 탐색할 수 있으면 형편에 따라 편의를 도모할 것

특히 첫 번째 명령안인 통신사와 관련된 내용이 중요하다. 일본정부는 통신사 사절의 기록에서 조공의 흔적을 찾고 있었다. 임진왜란 뒤 조선과 일본의 외교관계가 끊어졌는데 도쿠가와 이에야스가 쓰시마번을 통해 국교 재개를 요청, 1607년 강화조약을 맺고 국교회복과 포로의 쇄환을 목적으로 포로쇄환사가 파견되었다. 1607년부터 1624년 제3차까지는 일본과의 강화와 조건 이행 확인, 내정 탐색, 포로와 유민 송환이 주목적이었다.

그 뒤 조선과 일본의 교린 관계는 형식상 조선이 한 단계 높은 위치에서 진행되었으며, 일본 사신은 도성에 들어오지 못하고 동래의 왜관에서 실무를 보고 돌아갔다. 국교 수립 이후 1636년부터 1811년까지 9차에 걸친 통신사는 에도 막부의 쇼군이 취임할 때마다 막부의 요청으로 취임 축하 형식으로 파견되어 당시 현안에 대한 논의가 이루어졌다. 조선 후기 통신사는 양국의 평화를 유지하는 수단이면서 선진문물의 전달창구로서 기능했다.

통신사는 양국의 신뢰 관계 속에서 견고하게 교류가 이루어지고 있었으나 제9차(1719년) 때부터 일본의 통신사를 대하는 태도가 돌변했다. 통신사의 사행길은 왕복 6개월에서 1년이 소요되었다. 부산에서 오사카까지는 배로,

도쿄까지는 육로를 지나갔으므로 일행이 통과하는 지역에서 들어가는 접대 비용과 성대한 향응에 대한 불만이 지속적으로 제기되고 있었다. 4, 5백 명에 이르는 통신사 일행을 맞이하는데 들어가는 접대비가 한 번藩의 1년 경비가 소요될 정도로 성대하게 치러졌다. 당시 막부정치를 실질적으로 주도하고 있던 유학자 아라이 하쿠세키(新井白石, 1657~1725)는 "통신사 접대비가 막부의 재정을 압박한다."며 통신사 대우의 간소화를 실행에 옮겼다. 또 조선과의 관련 문서에 쓰는 쇼군将軍의 칭호를 '일본국 대군大君'에서 '일본 국왕國王'으로 바꾸었다. 이후 1811년 쓰시마에서 일본 본토로 들어가지 않고 멈춘 채로 통신사의 왕래는 끊어졌다. 통신사를 보낸 주목적은 교린과 문화교류였지 사대는 아니었다.

임진왜란 이후 조선정부는 침략군들이 일본 사신의 상경로로 치고 올라온 데 대한 응분의 조치로 일본 사절단의 상경을 거부했다. 일본 사신이 서울에 들어오는 것도 허락되지 않아 왜관에서 실무만 보고 돌아갔으므로 통신사에 대응할 만한 사절단 파견이 없었던 것을 두고 신일본 정부는 통신사가 조공사절이었다고 여론몰이를 하며 악용했다. 도쿠가와 가문에 교류의 흔적이 아닌 조공으로 삼을만한 문건을 찾아내라고 명령을 내려보내고, 조선에 조사 정찰단을 보내면서 이 부분을 가장 먼저 확인하라고 강조했다. 도요토미 히데요시의 조선 침략 이후 끊겼던 국교가 회복되었는데, 이것은 일본의 무력에 굴복해 번속의 예를 취한 것인지를 조사하라는 것으로 답을 정해놓고 과정을 만들겠다는 것이었다. 통신사 사절의 왕래에 대한 상세한 조사는 조선이 일본에 조공한 것으로 결론짓기 위한 사전계략의 일환이었다.

이 일은 이미 예견되어 있었다. 통신사로 파견된 조선인 가운데 일본 내에서 흐르고 있는 정한론의 기류와 일본의 이중적인 권력구조를 파악하고 우려의 목소리를 낸 학자들도 있었다. 조선 후기 실학자 성호 이익(李瀷, 1681~1763)은 조선과 일본 간 외교문서에 사용하던 용어 문제를 심각하게 다루었다.

"왜국의 천황이 실권한 지 6, 7백년이 지나지 않았는데 이것은 그 나라 사람들이 바라는 바가 아니다. 충의로운 마음을 지닌 자들이 차츰 나오고 있다. 명분이 바르고 주장이 이치에 맞으니 훗날 한 번은 그 뜻을 펼칠 날이 올 것이다. 만일 그들이 에조인蝦夷人과 연대해 천황을 보좌해서 제후들에게 호령한다면 반드시 대의를 펼치게 될 것이다. 66개 주의 태수들 가운데 뜻을 같이 하는 자가 어찌 없겠는가. 만일 이렇게 되면 저쪽은 황제이고 우리는 왕이니 장차 어떻게 대처하려는가. 죽은 아들 맹휴盟休가 '통신사가 갈 때 글과 폐백에 쓰는 문자는 우리나라 대신이 대등한 예로 행함이 옳은데, 국사를 도모하는 자가 조심성 없이 눈앞의 미봉책만 행하고, 또 관백關白이 왕이 아닌 줄을 알지 못해 이 지경에 이르렀으니 몹시 애석하다.'고 했다."[15]며 우려의 글을 남겼다.

1763년 제11차 통신사 서기로 일본을 다녀온 체험을 일기 형식으로 쓴 『승사록乘槎錄』과 객관적인 시각으로 서술한 백과사전식 견문록 『화국지和國志』를 쓴 원중거(元重擧, 1719~1790)도 있다. 그는 통신사의 사행길에 일본 문인들과 필담을 나누며 그들의 학술과 문예 수준을 파악하고, 이를 바탕으로 일본을 왜놈이라며 얕잡아 보아서는 안 된다는 인식을 지니고 있었다. 그는 이렇게 예견했다.

"비록 상징적이지만 국가의 상징으로 되어 있는 천황의 존재를 의식하여, 후일에 막부를 타도하고 군주로 옹립하려는 움직임이 일본에서 일어나면 형식상 군주의 신하인 쇼군과 동등한 지위를 맺고 있는 조선 국왕에 대해 외교 의례 문제가 반드시 발생할 것이다."[16]

메이지 정부가 수립되면서 우려는 현실이 되고 있었다. 외무성이 조선에 조사·정탐을 위해 파견한 인물의 면면을 보면 일본의 속내를 정확하게 확인할 수 있다. 인선을 거쳐 최종 선발된 자는 정한론의 앞잡이 사다 하쿠보(佐田白茅, 1833~1907)였다. 정한건백서「조선교제사의朝鮮交際私議」를 태정관에 제출하고 1869년 11월 외무성 판임으로 선발되어 막 외무성에 들어온 그를 책임자로 선정했다. 모리야마 시게루(森山茂, 1842~1919)는 메이지유신 뒤 효고 재판소를 시작으로 1869년 4월 외국관 서기가 되었고 7월 외무성이 창립되자 외무소록에 임명되었다. 이후 모리야마는 조선 외교 갈등의 제일선에서 활약했다. 상업에 밝은 사이토 사카에斎藤榮 외에 5명을 조사정탐원으로 선발해 조선으로 보냈다.

외무성 조사정탐보고서 『조선국 교제 시말 내탐서』

1869년 12월 6일, 조사정찰단은 도쿄를 출발했다. 12월 7일, 요코하마에서 배를 타고, 12월 12일 나가사키에 도착한 뒤 외무성에서 하달받은 업무에 착수했다.

1870년 1월 26일, 조사정찰단은 시마바라번에서 운행하는 온센호溫泉號를 타고 나가사키를 출발, 1월 28일 쓰시마에 도착했다. 쓰시마 지사를 두 번 만나 쓰시마번의 내력, 지형, 경제 상황, 세견선, 세양미 등을 조사했다.

2월 9일, 조사정찰단은 쓰시마 조사를 마치고, 2월 22일 부산 초량의 왜관으로 들어왔고, 2월 25일 외무성에 도착했다고 보고했다. 조선 정부에 교섭 담당자가 바뀌었음을 알리는 국서를 전달하고, 앞서 들어와 있던 선문사를 통해 1868년부터 1870년까지의 교섭 과정에 대한 설명을 듣고, 한 달에 걸쳐 조선의 정세를 조사·정탐했다. 이 과정을 통해 얻은 정보를 종합 정리한 것이 『조선국 교제 시말 내탐서朝鮮国交際始末内探書』[17]다.

『조선국 교제 시말 내탐서』는 중요한 보고서다. 조선 파견 전 사전 준비로 조선과 교류가 있거나 연관이 있던 지역에서 그동안의 역사 내력, 문헌 등을 철저히 수집했다. 이 과정을 거친 다음 정탐, 조사할 내용을 명령서로 하달했고, 이 보고서는 답변서 형식이다.

이들의 주요 임무는 1) 임진왜란 뒤 조선에서 통신사를 파견해 번속의 예를 취한 이유 2) 조선과 쓰시마의 관계, 조선 정부가 쓰시마에 준 감합인(勘合印)의 의미와 세견선의 존폐 여부 3) 조선의 국가체제가 청국에 신하의 예를 받는 나라로 취급되는데 국정은 스스로 결정하는가. 4) 일본에서 사절을 파견할 때 군함이 수도 근해를 순회하고 접근이 원활한 항구의 유무 5) 조선이 러시아에 암암리에 보호를 의뢰한다는 소문과 경계론 확인 6) 조선 해군·육군의 군비 상황과 무기의 정밀함 정도 7) 조선 내정의 치부가 「초량기문(草梁紀聞)」의 내용과 같은가. 8) 일본과 무역이 개시될 경우를 예상한 물품 교환, 물가의 고저, 화폐의 선악 등 9) 독도와 울릉도가 조선에 부속된 내력 조사와 정탐 등이었다. 9개 항목의 보고 내용은 다음과 같다.

1항의 통신사와 관련된 조항에서는 조선이 일본에 조공을 바쳤던 명확한 근거를 찾을 수 없다. 막부와 주고받은 문서에도 조선이 번속의 예를 취한 적이 없다. 조선이 일본의 사절단을 받지 않은 것은 임진왜란 이후 국내의 형세와 지리를 숨기기 위한 것이다.

2항은 조선 국왕이 쓰시마에 준 인장은 조선의 부군현에 주는 도서와 같은 것이다. 그런 인장을 받은 것은 조선의 신하와 같음을 뜻하며, 해마다 받는 세사미 쌀 50석과 콩 50석은 신하의 예를 취하고 있음을 말해주는 것이다. 그릇된 외교의 예를 확실히 바로잡아야 한다. 조선으로부터 쓰시마번이 도서를 받고 세견선을 이용해 공무역과 진상품에 대한 답례품으로 경제적인 이윤을 확보해 왔다. 이것은 조선에 신하의 예를 취한 것과 같으므로 폐지하는 것이 타당하다.

3항은 청국의 맹위에 굴복해 겉으로는 정삭(正朔, 책력)을 받들고 압록강 경계에서 무역하고 있다. 청나라와 교류하는 비용은 평안도가, 일본과 교류하는 비용은 경상도가 부담하고 있다. 외국과 관계된 것은 스스로 결정한다.

4항은 군함이 부산포로 가면 수도와 멀어 신속하게 대처할 수 없다. 최근에 프랑스와 전쟁할 때도 수도에서 가까운 강화부에 정박했다고 들었다. 강화도 외에 적당한 항구는 없다.

5항은 대대로 초량에서 살던 사람에게 탐문하고 훈도와 면회할 때도 넌지시 사정을 물어보았으나 러시아에 보호를 요청했다는 이야기는 전혀 듣지 못했다. 다만 흑룡강과 떨어진 북쪽에서 러시아인이 땅을 개간한다는 풍문이 있지만, 조선의 경계인 압록강과는 멀리 떨어진 곳이다.

6항은 프랑스와 전쟁한 이후 소총의 장점을 알게 되어 총포를 제조하고 있다. 소총은 화승으로 격발하는 장통〔長筒, 소형 철포〕으로 제작이 치졸하다. 수군절도사의 군영에 전선戰船이 갖추어져 있으나 평소 어선으로 쓰고 있으며, 일본 군함에 비해 아주 보잘것 없다. 부산의 큰 만 안에 포대 하나 보이지 않고 성루도 견고하지 않다.

7항은 조선의 내정은 「초량기문」에 기술되어 있는 것과 대략 같다. 대원군은 사치스럽고 음탕하다. 그의 가혹한 정치로 문무백관이 분규를 일으키고 국민은 원한을 품은 모양새다. 외국에서 들어온 표류민은 육로 통행을 할 수 없으며, 외국인을 국내로 들이지 않고 지도를 비밀로 하는 나라다.

8항은 앞으로 조선 내에 항구 두세 곳을 열어 쌍방이 마음대로 무역하려면 먼저 일본의 화폐를 저들에게 유통시키는 정책을 쓰지 않으면 충분히 이윤을 내기 어려울 것이다. 개항지를 물색해 보니 수도 근해에 강화부가 있어 남쪽으로 한강을 이용하면 서울로 들어갈 수 있고, 북쪽으로 한강을 거쳐 개성부로 갈 수 있다. 서울과 개성은 앞으로 상업을 위해 시장을 열어야 하고 강화도는 바로 개항시켜야 한다. 또 조선은 고루하고 옛것을 지키는 풍습이 있으므로 처음부터 약조에 명확하게 넣지 않으면 후일 개항시키기 어려울 것이다.

9항은 마쓰시마〔松島, 울릉도〕는 다케시마〔竹島, 독도〕에 이웃한 섬이며 울릉도에 대해 게재한 서류는 전혀 없다. 임진왜란 이후 조선에서 거류를 위해 사람을 보낸 적은 있으나 지금은 무인도다. 대나무, 굵은 갈대, 인삼이 자생하며, 그 외 어산물도 상당하다고 들었다.

일본정부가 내린 명에 따라 치밀하게 현지 조사와 은밀한 정탐을 마치고 제출한 보고서는 이후 안하무인의 태도로 조선을 대놓고 멸시하면서 일본정부 마음먹은 대로 조선을 희롱하며 꼭 내 것으로 만들고 말겠다는 생각을 구체적으로 실체화하는 불쏘시개로 썼다.

외교 조사정탐원의 속내

조사정찰단은 정탐보고서 외에 조선이 일본에서 보낸 국서를 받지 않은 것은 천황의 나라 일본을 모욕하는 일이므로 군대를 보내 조선을 정벌해야 한다는 요지의 개인 의견서를 첨부해 외무성에 제출했다. 조선과 쓰시마에서 조사와 정탐을 마치고 돌아온 공로를 인정받아 사다는 외무대록, 모리야마는 외무권대록, 사이토는 외무소록으로 승진했다.

사다, "조선은 지키는 것만 알고 공격을 모르는 나라"[18]

메이지 초기 정한론을 앞세운 사다 하쿠보는 의견서에서 "조선은 지키는 것만 알고 공격하는 것을 모른다. 나만 알고 상대는 모른다. 사람들의 성격은 조용하며 교활하고 사납다. 고루하고 오만하며 완고해서 깨우쳐 주어도 깨닫지 못하고, 고무시켜 주어도 반응하지 않는다. 그러므로 단연코 병력으로 다스리지 않으면 일본에 쓸모가 없다. 조선은 황국을 멸시했다."며 강력하게 군사력으로 다스릴 것을 주장했다.

그는 조선이 서계를 받지 않은 것을 두고, "문자에 불손한 것이 있다며 황국에 치욕을 주었다. 군주가 치욕을 당하면 신하는 죽는 법이다. 실로 불구대천의 원수이니 반드시 정벌해야 한다. 정벌하지 않으면 천황의 위엄이 서지 않고, 이는 신하의 도리가 아니다. 속히 천황의 사절 1명, 대장 1명, 소장 3명을 선발하여 30개 대대를 인솔하게 해야 한다. 천황의 사절이 마땅히 지켜야

> 皇國豈可不下
> 皇使以問其罪乎哉。
> ○朝鮮知守不知攻知己不知彼其人深沈
> 狡獰。固陋傲頑覺之不覺激之不激故斷
> 然不以兵力征焉則不為我用也況朝鮮
> 蔑視
> 皇國謂文字有不遜以興恥辱於

사다 하쿠보의 조선 출병을 주장한 문건. "조선은 지키는 것만 알고 공격하는 것을 모르며, 자기만 알고 상대는 알지 못한다."고 썼다..

할 도리를 내세워 천황의 나라를 욕보인 까닭을 묻는다면 저들은 반드시 주저하면서 항복도 사죄도 하지 못하고 오직 명령만 따르겠다고 할 것이다."며 병력으로 바로 침략해야 한다고 역설했다.

"10개 대대를 강화부로 보내 곧바로 수도를 공격하되 대장이 인솔한다. 소장 1명은 6개 대대를 거느리고 경상도·전라도·충청도로 쳐들어가고, 다른 소장 1명은 4개 대대를 이끌고 강원도·경기도로 진격하고, 또 다른 소장 1명은 10개 대대를 이끌고 압록강을 거슬러 올라가 함경도·평안도·황해도로 쳐들어가면 50일 이내에 조선 왕을 사로잡을 것이다."고 호언장담했다.

이 의견서는 1894년 6월, 8천 명이 넘는 혼성여단을 이끌고 인천 앞바다로 들어온 뒤 바로 서울을 무력 점령한 뒤 경복궁으로 밀고 들어가 고종을 포로로 삼은 것이 결코 느닷없이 벌어진 일이 아님을 극명하게 보여준다.

사다는 거듭 "황국(일본) 전체를 하나의 큰 성으로 치면 에조〔蝦夷, 홋카이도〕, 루손〔呂宋, 필리핀 최대의 섬〕, 류큐琉球, 만주와 청, 조선은 모두 황국의 울타리다. 에조는 이미 점령을 시작했고 만주와 청과는 사귀어야 하고 조선은 침략해야 하며, 루손과 류큐는 한방에 먹을 수 있다. 생각하건대 조선을 침략해야 할 큰 이유가 있다. 4년 전 프랑스가 조선을 공격했다가 실패하여 원한이 끝이 없으므로 틀림없이 조선을 오래 두고 보지 않을 것이다. 러시아는 몰래 조선의 동정을 엿보고 있고, 미국도 치고 들어오려는 마음을 갖고 있다. 모두 조선에서 취할 이익에 군침을 흘리고 있다. 황국이 만약 이 좋은 기회를 잃고 다른 나라에 조선을 빼앗기면 실로 우리의 입술을 잃은 격이므로 반드시 우리의 이빨이 시리게 된다."며 조선 침략을 주장했다.

조선 출병은 재력 낭비에 불과하다는 반대의견에도 이렇게 반박했다.

"조선을 정벌하면 이익만 있고 손해는 없다. 비록 얼마간은 약간의 돈과 곡식이 들어가겠지만 50일 안에 보상을 얻을 수 있다. 지금 대장성이 에조에 무려 20만 엔을 매년 지출하고 있는데 몇 년이 더 걸릴지 알 수 없다. 조선은 금구덩이고 쌀과 보리도 생각보다 풍부하다. 단숨에 빼앗아 인민과 돈, 곡식을 징발해 에조에 사용하면 대장성은 보상을 충당하고도 남는다. 몇 년이 걸릴지 모르는 에조 점령의 비용을 줄일 수 있다. 어찌 이익이 크다고 하지 않겠는가. 따라서 조선을 침략하여 부국강병을 이루려는 정책을, 재화를 허비하고 나라를 좀먹게 하는 논리라고 쉽게 버려서는 안 된다."

사다는 은밀하고 치밀한 정탐으로 군사력이 열등한 조선의 상황을 간파하고, 무력으로 점령할 수 있다고 확신했다. 그의 의견은 일본정부에서 곧바로 채택되지는 않았지만, 조선 침략으로 막대한 이익을 손아귀에 넣고 부국강병을 이룩할 수 있다는 기대감을 일본열도에 퍼뜨렸다.

모리야마, "조선 침탈은 일본 국력 확장의 사다리"[19]

모리야마 시게루는 이후로도 한동안 조선과의 외교에서 빠지지 않고 등장하는 조선통이고 갈등 유발자였다. 그는 조선과의 외교를 쓰시마번에 맡겨 왔던 적폐를 나열하고, 조선이 사절을 받지 않으면 일본을 모독한 것이니 침략할 권리가 일본에 있다며 무력 외교를 거침없이 내뱉고 있다. 임진왜란을 일으킨 도요토미 히데요시를 다시 불러내, 일본 내 내란에 쏠린 눈길을 조선 침략으로 돌려놓자고 대놓고 말했다. 몇 개월이면 끝장낼 수 있는 조선 침략으로 불변의 국가 이익을 얻게 될 것이라고 장담했다.

"쓰시마번이 맡아왔던 조선과의 통교에 폐단이 너무 많아 일일이 나열할 수 없을 정도다. 조선은 신하에 가까운 나라이니 이를 바로잡아야 한다. 쓰시마 번주를 부사로 앞세우고 군함 몇 척을 동원해 부산 동래로 들어간 다음 열흘 뒤 강화도를 거쳐 서울로 들어가야 한다. 그들이 만약 우리의 서계를 거절하고, 공명정대한 약속을 받아들이지 않고, 건방지게 사절을 모독하며 군대를 동원한다면, 우리가 전쟁을 원하지 않아도 침략할 권리가 생긴다. 우리가 침략할 권리를 갖고 군대를 급파해서 단숨에 점령하면 조선이 어찌 항복하지 않겠는가."

조선이 대외정세에 어둡고 과중한 세금으로 백성들에게 고통을 주는 관리에 대해 언급하며, 수교한 뒤 일본의 국위를 확장할 수 있는 사다리로 쓰라고 주장했다.

"조선은 완고하며 자기를 높고 크게 여긴다. 문☆의 나라라 칭하고, 헛되이 오래된 서적만 뒤적일 뿐, 세계의 흐름을 파악하지 못하고 있다. 후생에 힘쓰지도 않고 재물을 탐내고 과중한 세금을 부과하고 마구 거둬들여 백성을 괴롭히고 있다. 흉년이 든 해에는 굶어 죽는 자가 길바닥에 널려 있다. 문관과 무관이 서로 다투어 국론이 일정하지 않다. 이 기회를 노려 교린을 약속하고 국위를 확장할 사다리를 확보해야 한다. 조선 현지를 정탐하고 차마 입을 다물고 있을 수 없어서 이 의견서를 쓴다."

이런 조선 인식을 가진 모리야마는 외무성이 왜관을 접수한 뒤 바로 조선 실무 담당자로 부임했다.

사이토, "서양 신경쓰지 말고 바로 조선을 침략하자"[20]

사이토 사카에는 조선과 쓰시마의 관계에 대해 "쓰시마 번주는 조선과 통교를 한다고 하지만 이는 이름뿐이고 실제는 수백 년 동안 저들에게 먹을 것을 구하고 신하의 예를 취하며 굴욕을 당했다."며 당장 바로잡아야 할 그릇된 외교로 결론지었다.

"속히 황사를 파견해 쓰시마 번주가 사사로이 통교한 그릇된 사례를 바로잡고 이에 상응하는 처분을 내려야 한다. 번주를 천황이 파견하는 사절의 부사로 삼아 부산 초량과 강화도로 들어가 화和를 주로 하되 무력으로 국위를 보이고, 순서를 밟아 잠시 황조의 위덕을 선포하면 그들이 진실로 일본의 강함을 알고 필시 목을 빼고 화해를 구할 것이다. 저들이 만약 저항하면 우리가 저들을 모조리 죽여도 「만국공법」에 있어 무슨 꼬투리를 잡히겠는가."

쓰시마 현지 조사와 조선에서 은밀하게 정탐을 마친 외무성 관리는 하나같이 무력을 앞세워 조선을 침략해야 한다고 주장했다. 이들은 당시 일본정부 수뇌부의 생각이 어디에 있는지를 정확하게 간파하고, 정부의 입맛에 맞춘 의견을 내놓고 있다. 신정부 수립 뒤 이어지고 있던 일본 국내 정세의 불안을 도요토미 히데요시가 일본을 통일한 뒤 불만 세력의 관심을 조선으로 돌렸던 것처럼 다시 한번 조선 침략을 통해 민심을 바꾸자는 이들의 목소리에 힘을 실어주고 있었다.

4. 메이지 정부의 은밀한 조선침략 준비

먼 나라는 친하게, 가까운 나라는 발밑에

1870년 4월, 외무성은 조사정찰단의 보고서와 개인 의견서를 검토한 뒤, 지금까지 조선과 외교가 단절된 정도의 일만 갖고 전쟁의 단서를 열 까닭이 없다며 향후 세 가지 중 하나를 선택해 조선정책으로 삼아야 한다고 태정관에 의견서를 제출했다.

> 첫째, 조선의 거절을 기회로 조선과의 외교를 끊고 쓰시마와의 사적 교류도 폐쇄하고, 러시아가 조선을 병탄하는 것을 수수방관할 것인가. 도요토미 히데요시와 도쿠가와 이에야스가 주도한 천년의 교린 관계를 하루아침에 끊는 것은 안타까운 일이지만 부득이 일본의 국력을 신장시킬 동안만 이렇게 내버려 두는 건
> 둘째, 기도 다카요시를 정사正使, 이즈하라번[嚴原藩, 쓰시마]의 지사를 부사副使로 임명하고 군함 2척[닛신함日進艦과 류조함龍驤艦]을 끌고 가 신정부가 수립되었다고 알렸는데도 이를 거부한 것에 대해 힐난하고, 개항과 개시開市, 양국 왕래의 자유를 규정하는 조약을 맺고, 조선이 복종하지 않을 경우 무력으로 압박하는 건
> 셋째, 조선은 청국에 복종하고 그 정삭正朔과 절도節度만을 받는 나라이니, 먼저 청국에 천황의 사절을 파견해 통신조약을 맺고 돌아오는 길에 조선으로 가 일본이 청과 동등하게 조약을 맺었으니 조선을 한 등급 내려 취급해도 이의를 주장하지 못할 것이다. 청과 외교관계를 맺은 뒤에는 임진란 때 명나라가 조

선을 도운 것처럼 하기 쉽지 않다. 이는 먼 곳과 화친하고, 가까운 곳을 공격하는 전술이라 할 수 있다.[21]

일본정부는 외무성의 **세 번째 의견**을 조선정책으로 채택했다. 즉 청국과 조약을 체결해 조선을 한 등급 낮춘 다음 조선에서 청국을 배제시키고 공격의 기회를 잡겠다는 것이다.

1870년 7월 28일, 외무대승 야나기하라 사키미쓰柳原前光는 모리야마 시게루, 히로쓰 히로노부 등이 조선 현지에서 직접 정탐했고, 이후 업무를 담당하고 있는 관리들과 긴밀하게 연락을 주고받으며 느낀 점을 정리해 우대신 이와쿠라 도모미에게 「조선론」을 제출했다.

지정학적 리스크에 대해 우려를 드러내며, "육지에서 멀리 떨어진 외로운 섬 일본이 앞으로 군대와 병력을 갖추더라도 국위 확장의 어려움이 있다. 하지만 조선은 만주로 이어지고 중국과 접해 있으니 먼저 이곳을 정복해 통치한다면 만세토록 나라를 보존할 수 있는 기초가 된다."며 침략 이유에 대해 설명했다. 이어서 만주 동북까지 진출한 러시아를 가벼이 보지 말라고 강조했다. 지금 속히 쓰시마 번주를 길잡이로 삼아 출병하면 큰 전쟁 없이 조선을 먹을 수 있다는 자신의 견해를 거침없이 피력했다.[22]

이러한 외무대승의 적극적인 조선정책은 당시 복잡했던 일본의 정치 상황과 내치우선을 주장하는 참의 오쿠보 도시미치의 반대에 부딪혔지만, 야나기하라의 「조선론」도 미야모토 고이치의 「조선론」과 크게 다르지 않았다. 일본 국가 존립의 큰 그림으로 보아 조선은 반드시 침략해야 할 땅이자, 러시아의 남하가 시작된다면 위협을 막아줄 변방의 울타리로 활용해야 한다는 인식이 일본정부의 관료들에게 깊게 뿌리박혀 있었다.

1870년 9월 14일, 일본정부는 외무성을 통해 왜관 통역관 우라세 사이스케浦瀬最助에게 조선 정부와 교섭할 때 주의사항을 전달했다.

"조선 문제는 근원부터 손대야 하는 중요한 일이다. 지금 청국과 조약을 맺기 위해 기도 다카요시가 사절로 바다를 건너고 있다고 한다. 조선과 교섭의 큰 줄기는 청국과 조약을 맺은 뒤 정하게 될 것이다. 진행 상황을 살핀 뒤 행하는 것이 순서다."

쓰시마번의 정부교섭 담당자 오시마 도모노조는 우라세 사이스케에게 다시 특별기밀을 전달했다.

"속마음을 은밀하게 얘기하면서 세계 중에 교제의 체재와 방식은 잘 참작해서 두 나라 간의 편의에 따라 의논, 결정하자는 식으로 말해도 괜찮다. 하지만 청국과 교섭이 진척되어 제반 규칙이 정해질 때까지는 문서를 직접 건네주며 대응하지 말 것"[23]

조선과의 외교관계는 청국과 수호조규를 맺기 전까지 겉으로는 쓰시마번에 맡겨두고, 공식적으로는 외무성이 총괄하면서 일을 지체시키고 있었다.

1871년 7월 27일, 청국과 조약 체결을 위해 야나기하라 사키미쓰와 하나부사 요시모토를 보내 예비협상을 진행했다. 9월, 톈진에서 청나라의 리훙창〔李鴻章, 1823~1901, 직례총독으로 외교문제 담당〕과 일본 전권대사 다테 무네나리의 교섭이 시작되고 수호조규·통상조약·해관세칙이 체결되었다.

청국과 담판하여 대등하게 조약을 맺은 뒤 조선의 일은 순서에 따라 좋은 대책을 찾아내겠다는 일본정부의 목적은 달성되었다. 동등한 조건으로 수교를 맺었으니 청나라 황제와 일본 천황은 대등해졌다고 여겼다. 일본정부는 천황을 내세우며 조선 국왕의 격을 낮추어 수교를 맺기 위해 움직이고 있었다. 청일수호조규가 체결되었으나 비준서 교환 교섭이 예상외로 지체되고 있었다. 조선을 한 등급 낮추어 처우한다는 일본의 계획은 뜻대로 이루어지지 않고 국교단절 상태가 지속되었다.

일본정부 초기 조선정책에서 가장 우선시한 것은 조선과 청국의 분리였다. 청국과 일본의 비준서 교환이 지체되고 있던 1871년 말, 조난당한 류큐인을 대만인이 살해한 '류큐인 조난사건'이 다음 해 일본정부에 알려졌다.

일본정부는 외무경 소에지마 다네오미를 특명전권대사로 임명하고 외무대승 야나기하라 사키미쓰와 외교고문 찰스 리젠더〔Charles. W. Legendor, 1830~1899. '샤를 르 장드르'로도 불리며 조선에서는 '이선득李善得'으로 알려져 있다.〕를 수행원으로 청국에 보냈다. 소에지마의 임무는 비준서 교환과 청나라 황제 동치제(同治帝, 1856~1875)의 직접 통치를 축하하는 일이었는데, 류큐인 살해사건에 대한 교섭도 포함되어 있었다.

찰스 리젠더는 1867년 3월 미국 어선 로버Rover 호가 타이완 해협에서 침몰당해 난파한 선원이 해안에 오르자 구이자이루사龜仔用社의 원주민에게 살해당한 '로버호 사건' 수습을 담당했던 인물이었다. 조난자 살해에 보복 원정을 시도한 미군은 원주민의 강력한 대응으로 실패했다. 리젠더는 청나라 정부의 도움을 요청했으나 "대만 번지는 화외의 땅, 즉 청나라의 세력이 미치는 영역이 아니므로 군대를 쓰기 어렵다."는 답변만 돌아왔다. 청의 도움을 받지 못한 리젠더는 통역인과 함께 직접 대만으로 들어갔다. 파이완족〔대만 남부 산지에 사는 고산족의 주요 종족〕 총두목과 직접 교섭해 향후 조난당한 선원을 살해하지 말 것과 우호 표시를 하면 상륙하게 해주겠다는 합의를 이끌어냈다. 이때 리젠더는 대만과 관련된 자료를 대량 확보했다. 이후 일본의 외교고문으로 발탁되어 대만침공을 돕고, 지도를 포함한 관련 정보를 제공하는 등 주도적인 역할을 했다. 그는 일본에서 외교고문으로 있던 중, 1890년 김가진의 알선으로 조선에 와서 내무협판이자 외교고문이 되었다.

일본이 청국에 묻기를 "조선은 속국?"

1872년 3월 12일, 요코하마를 출발한 소에지마 일행은 3개월간 청국에 머물렀다. 4월 30일 톈진에서 리훙창〔李鴻章〕과 소에지마는 비준서를 교환하고 베이징으로 이동했다. 이들은 5월 이후 대부분의 시간을 동치제와의 알현 예법을 두고 갈등했다. 청 황제를 알현하려면 머리를 바닥에 붙이고 절하는 배궤의 예를 행해야 했으나, 간략하게 선 채로 인사할 것을 주장하며 타협점을 찾지 못하고 있었다. 6월 20일, 소에지마 일행은 교섭을 중단하고 귀국하겠다는 의사를 총리아문에 알렸다.

　6월 21일, 외무대승 야나기하라를 총리아문에 보냈다. 이 자리에서 대만 원주민의 류큐인 살해사건과 청국과 조선의 관계에 대한 질문이 오고 갔다. 야나기하라는 "청국이 조선의 내정교령에는 간섭하지 않는다는 것이 사실인가."라고 총리아문대신에게 질문했다. 이에 대해 "조선을 속국이라 칭함은 옛 조례를 준수하고 봉책헌공封冊獻貢하는 것에 불과하며 화전권리和戰權利에는 관여하지 않는다."고 답했다. 이어 "대만 원주민이 류큐인을 살해했는데 왜 문책하지 않았느냐."고 물었다. "토번지〔土蕃地, 원주민 땅〕는 청나라 영토에 속하지 않는 화외의 고립된 땅이라 통치범위에 미치지 않는 곳이다."고 답했다.[24]

　이 자리에서 언급된 류큐인 살해는 1871년 류큐왕국의 선박이 조난당해 표류하다가 대만 동남부 무단서〔牧丹社, '서社'는 원주민을 가리키는 용어〕 부근에 이르렀는데, 대만 원주민이 조난자 54명을 살해한 사건을 말한다. 일본정부는 이때의 짧은 응답을 근거로 대만의 토번은 '청나라 영토에 속하지 않는 땅〔화외의 땅〕'임을 인정한 것으로 간주하고 이를 활용해 대만침략을 정당화했다.

　한편으로 강화도조약 체결 때 조선을 '자주국'으로 규정함으로써 청나라와 분리하는 데 써먹었다. 기회 있을 때마다 조선이 자주국임을 강조했고, 역사의 물결은 일본의 의도대로 흘러가고 있었다.

　1874년 일본 내부의 내란으로 어지러운 시기에 출병 반대론을 꺾고 불평사족의 불만을 잠재우는 돌파구로 대만출병이 결정되었다. 사쓰마번 출신들이 출병을 주도하고 있었다. 사이고 다카모리의 동생 사이고 쥬도는 중심으로 원정군을 징집했다. 구마모토진대의 보병대대, 도쿄진대의 포병대, 규슈를 중심으로 각지에서 모여든 지원병 3,600여 명의 원정 병력이 꾸려졌다.

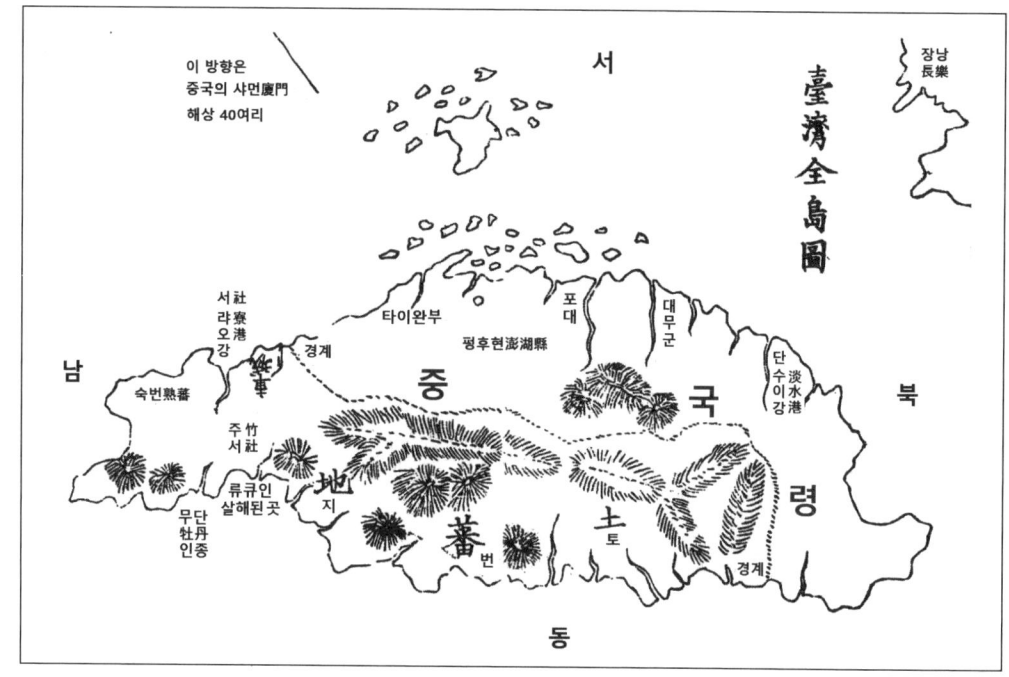

대만전도

4월 7일 해군성과 육군성에 출병 명령이 하달되었다.²⁵ 대만출병 움직임이 드러나기 시작하면서 미국과 영국의 공사는 대만 전역이 청국의 영토라는 입장에서 출병 계획이 청국에 대한 적대행위라며 항의해 4월 19일 출병이 일시 중지되었다. 하지만 사이고 쥬도는 출병 지연이 군대의 사기를 떨어뜨린다며 뜻을 굽히지 않고 출병을 강행했다.²⁶

5월 3일 나가사키를 출발한 1,200여 명의 선발대는 5월 7일 대만 남부에 상륙했다. 사이고 쥬도는 5월 17일 1,800여 명의 군대를 이끌고 선발대의 뒤를 따라 5월 21일 서랴오강〔社寮港〕에 도착, 다음날부터 본격적인 전투가 시작되어 6월 3일 무단서〔牧丹社〕를 점령했다. 병력 3,658명 중 전사 12명, 부상 17명, 풍토병인 말라리아로 병사 561명, 총전쟁비용 771만 여 엔이 들었다.²⁷

출병할 때는 류큐 표류민을 살해한 것에 대한 보복을 명분으로 움직였지만, 뒤에 가서는 토착민은 야만이며 재산권을 행사할 법적 능력이 없다는 '주인 없는 땅〔화외의 땅 = 무주지無主地, terra nullius〕'의 명분을 내세워 식민지 경영으로 국면을 넓혀나갔다. 무주지 개념은 제국주의를 합리화시켜주는 「만국공법」의 논리였다. 일본은 대만출병 때 청나라에 '무주지'에 대해 확인하고, 대만 원주민 토벌은 류큐의 표류민을 살해한 사건에 대한 보복이라며 군사행동을 정당화했다. 대만침략은 일본이 제국주의를 합리화하는 '무주지' 개념을 활용한 대표적인 사례였다.

일본은 대만침략 사실을 청국에 통보하지 않았고, 청국 내 이권을 갖고 있는 영국에도 알리지 않아 강력한 항의와 비난을 받았다. 7월 15일 무렵부터 시작된 청일교섭에서 청국은 대만 전역이 자국의 영토라며 철병을 요구했다. 일본은 대만이 청국의 통치가 미치지 않는 '화외의 땅'이므로 청국의 영토가 아니라고 주장하며 교섭이 결렬되었다. 청국 주재 영국 공사 토머스 프랜시스 웨이드(Thomas Francis Wade, 1818~1895)의 적극적인 중재로 10월 31일 청일 양국 호환조관互換條款이 조인되었다.

대만 원주민이 '일본국의 속민屬民' 등에게 함부로 위해를 가했으므로 '백성을 보호하기 위한 의거로 청국은 이를 옳지 않다고 비난하지 않는다.'는 전문이 들어 있는 호환증명서 발급과, 무휼금 10만 냥, 일본군이 대만 땅에 조성한 도로·건물 등의 시설물 구매금 40만 냥을 청국이 지불 상환하는 조건으로 즉각 철병을 결정했다.[28] 일본정부는 청국이 '일본국의 속민'이라는 문구를 받아들였다며 이를 정치적 무기로 삼아 북경교섭을 마치고 귀국한 뒤 류큐왕국 병합 절차에 들어갔다.[29]

한편으로 일본의 중국을 보는 눈은 메이지유신 이전부터 바뀌고 있었다. 열강의 각축장으로 변해버린 청나라는 내부 혼란까지 더해져서 그동안 유지되어 왔던 동아시아의 전통적인 사대교린 질서는 송두리째 흔들리고 있었다. 일본정부의 수뇌부들은 청나라가 아편전쟁〔제1차 중·영전쟁(1839~42)과 제2차 중·영전쟁(1856~60)이라 부름〕에서 영국에 패하는 것을 보고 우습게 여기면서 언젠가 한 번은 전쟁을 통해 짓밟아 버려야겠다는 야욕을 품고 있었다.

1874년 대만을 침략한 신일본 정부는 1879년 류큐왕국을 강제 점령해 일본의 영토로 편입해 버렸다. 이 일로 중국과 대립하게 된 일본은, 언젠가 조선 문제로 충돌하게 될 경우 전쟁도 불사하겠다는 의지를 불태우고 있었다. 일본정부는 정권 수립 초기부터 적극적으로 조선과 중국에 관한 정보를 수집했다. 조선과의 외교관계에 필요한 정보뿐만 아니라 조선의 국내 사정을 정확하게 파악할 수 있는 정보가 미비해서였다. 간첩대를 통한 첩보 수집과 조선의 지도 확보에 대한 문제가 수면 위로 급부상하고 있었다.

2부

일본정부, 간첩대를 두다

1. 간첩대, 첩보활동 시작

    도쿠가와 막부가 장악하고 있던 통치권을 천황에게 돌려주면서 신정부 창출에 성공한 사쓰마번과 조슈번 출신의 핵심 세력들은 정부 내의 권력을 독식했다. 메이지유신의 주역 사쓰마번 출신인 사이고 다카모리는 삿쵸동맹[사쓰마번과 조슈번의 동맹]을 이끌어낸 뒤 도쿠가와 264년 막부의 문을 닫았다. 정권교체에 저항하는 막부군 평정의 중심에 사이고 다카모리가 있었다.

    1871년 2월, 사쓰마번·조슈번·도사번의 병력으로 천황의 신변을 안전하게 지키기 위한 친병親兵을 꾸리고 병부성을 설치해 정부 직속 군대를 조직했다. 프랑스식 병제로 친위병 1만 명의 상비군으로 도쿄, 오사카, 구마모토, 센다이에 진대를 두어 지방의 군대를 정비했다. 이 병력을 토대로 1871년 8월 이전까지 지방 통치를 담당했던 번藩을 없애고 중앙정부가 통제하는 부府와 현縣으로 일원화하는 폐번치현을 단행, 중앙집권국가로 체제를 변경했다. 폐번치현, 징병령은 새로운 질서 구축을 위한 특단의 조치였다.

    내각과 군부의 권력을 장악한 사쓰마번과 조슈번 출신의 원로들은 의회와 정부의 권한을 넘어서는 육해군에 대한 통수권을 손아귀에 틀어쥐었다. 사쓰마번의 군대와 조슈번의 군대가 기초를 이룬 당연한 결과였다. 오래도록 육군은 조슈번, 해군은 사쓰마번 출신들이 요직을 독차지하게 되었다. 권력 내부로 편입되지 못한 사족과 무사들의 불만이 들끓었다. 대만침공을 불만 표출의 분출구로 삼아 사쓰마번과 다른 번의 사족 중 권력에서 소외된 무사들이 몰려들었다.

참모국, 일본 최초 군사정보조직

1871년 2월, 병무성 안에 육군부가 설치되고, 참모국을 부국으로 두었다. 근대일본 최초 군사 정보조직이다. 참모국의 주요 임무는 기무밀모〔機務密謀, 모든 기밀작전계획〕에 참여, 지도정지〔地圖政誌, 지도편찬을 위한 지리정보 수집과 지도 제작〕 편집, 정보수집·첩보활동 등이었다. 7월부터 정보수집을 위한 첩보활동과 지도를 제작하기 위해 유능한 장교를 가려 뽑아 정보장교로 육성하기 시작했다. 이들은 이후 각국에서 첩보원으로 활동하게 된다.

참모국 내에 '간첩대'라는 이름의 측량과 지도제작부를 두었다. 『참모본부역사초안』과 『육지측량부연혁지』에는 "병부성에 참모국을 신설하여 간첩대를 두고, 평시에는 지리·정탐·지도 편성을 담당하는 하나의 기관을 설치했다. 육군 중좌가 이를 총괄하고 약간의 좌위관, 중록, 화공 등의 부원을 두었다. 이것이 실제 육지측량부의 시초다."[30]고 기록하고 있다.

참모국의 하부기구에 해당하는 간첩대의 주요 임무는 평시에 지리 정탐과 조사, 정보장교를 여러 지방으로 나누어 파견해 지리를 측량하고 지도를 만드는 일이었다. 이에 대해 "1871년 육군 참모국 개설부터 1873년 3월까지 참모국에서 행한 업무는 대략 옛 번의 상비병 해산, 군자금 징수, 병기 수납, 국내의 불온분자 탄압, 각 부현에 있는 성의 조사, 진대鎭臺 병력을 각지에 파견해 지도지지 편찬, 도쿄 궁성 각 문과 관련된 모든 사항은 참모국에서 담당했다."[31]고 언급하고 있다.

1872년 2월 27일, 병부성을 폐지하고 육군성과 해군성으로 분리했다. 육군경으로 기헤이타이奇兵隊 출신 야마가타 아리토모(山縣有朋, 1838~1922), 해군경으로 가쓰 가이슈(勝海舟, 1823~1899)가 취임했다. 육·해군성을 신설하고 참모국은 육군성에 그대로 남겨두었다.

1872년 4월, 육군성은 간첩대 활동의 가장 중요한 요소가 되는 지도 제작과 측량을 위해 지도 편제를 담당할 요원을 뽑는다는 통고문을 전국으로 발송했다. 이때 간첩대의 행동 범위가 명확하게 정해졌다. 일반 지형, 지질, 산악, 하천, 호수, 항만의 분포, 형세, 성안의 촌락 위치, 호구 수, 산물, 교통, 역사에 이르기까지 지도 편성에 필요한 조건을 대부분 망라하고 그와 관련된 분야는 모두 상세히 기재하여 빠르게 제출하라고 규정했다.[32]

참모국은 설치 초기부터 조선, 청국으로 첩보 수집을 위한 간첩대를 보냈다. 향후 중국대륙에서 전쟁을 치르게 될 것에 대비해 군비 상황, 지리, 풍토, 국민의 동향, 기후, 정세 등 장기간에 걸쳐 첩보활동을 지속했다.

1871년 4월, 청일수교조규 조인단을 파견할 때 외무성의 협력을 받아 육해군에서 후쿠시마 규세이(福島九成, 1842~1914) 등 9명의 첩보원을 선발해 중국 유학생으로 함께 보냈다. 후쿠시마가 쓴 「대만견문록」[33]을 보면 1871년 8월 이후부터 현지 정탐을 하고 있었다. 유학생 신분으로 위장한 첩보원의 파견은 이때 시작되었다.[34] 특파 목적은 첩보 수집과 정탐이었다. 첩보원들은 청국의 군사 역량과 대만 현지의 상황을 파악, 최신의 정확한 첩보를 제공해 1874년 대만침공의 군사작전을 지원했다.

참모국 간첩대의 임무

1873년 3월 12일, 참모국을 폐지하고 육군성 내에 제6국을 두어 간첩대와 정보장교 즉 첩보원들의 활동 범위를 넓혔다.[35]

"1873년 2월부터 1874년 2월까지 제6국에서는 참모국에서 행하던 사업 외에 문고와 도서를 주관했다. 공무共武 지지 편찬과 배포 등 인쇄병학료 제4사를 폐지하고 그 사업을 제6국으로 합병, 사진 업무를 포함해 병학 관련 전적, 일본 역사서 간행, 병사兵史 수집에 착수했다."[36]

1874년 2월 22일, 제6국을 폐지하고 육군성 내에 다시 참모국을 설치했다. 6월 18일, 조례를 제정해 기존 제6국에서 시행하던 업무를 인계받고 활동 범위를 넓혀나갔다. 육군성 참모국의 주요 업무는 다음과 같다.

"병어자서兵語字書 편찬, 청국에 장교 파견, 각 영소에 전선 가설 건의, 기선의 수 조사, 자오선 설립, 도쿄 부근 지방 측량 전경, 전국 각지 경위도 측정, 각 지역 포대 존폐 결정, 각 군영 군대소집 등 제반 사항조사, 해도 측량, 군대 행군 연습 규정, 해외 유학생 관리, 보병대에 초병鍬兵[37] 설치, 군용전신과 해안방어 방법조사"[38]

참모국 내에 제5과, 제6과를 두어 다시 확장·충원했다. 지도 제작은 제5과, 측량은 제6과에서 전담하도록 재배치했다.[39]

「참모국 조례」에 명기된 제5과 지도정지과의 주요 업무는 다음과 같다.

"지도는 일본을 주체로 하고 전도全図와 절도切図를 제작한다. 공병과가 만든 성보포루도城堡砲壘図[40]를 점검한다. 인근 제국을 감찰하고 사할린, 만주, 시베리아, 조선, 청국 연해, 남양제도의 지리에 이르기까지 대책을 세우고 지도를 그린다. 정지政誌는 일본 내의 호구 수, 인구, 물산의 많고 적음, 빈부를 조사한 사실을 그대로 기록한다. 이렇게 인근 제국까지 병가정지표를 표시하고, 해마다 상세히 증감하여 서적과 지도, 사진을 관리하여 모두 육군용으로 제공할 것"

「참모국 조례」에 명기된 제6과 측량과의 주요 업무는 다음과 같다.

"일본 각 지역의 측량을 전담한다. 육군경 참모국장과 의결해 한 지역을 측량하려 할 때는 해당과에서 위원 몇 명을 파견해 실지 측량하고, 고료〔料稿〕를 보내 예산을 산정해 성공한 것은 지도과로 이관해 본도本図에 기재하여 보충하고 개정한다. 또 종래의 대측량을 할 때는 해당 과를 확대, 별도 설치하여 참모국 안에 둔다."[41]

이처럼 제5과에서는 지도제작, 주변국 감찰, 군사정보, 인구, 물산, 빈부의 격차 등을 상세히 조사해 해마다 증보했다. 제6과에서는 실지 측량을 주요 업무로 군사 정보수집과 특히 지역 침투에 중요한 임무를 수행했다. 이때부터 지도 제작을 위한 정보수집 체제가 정비되었다. 이후 간첩대와 함께 활동한 첩보원들의 첩보 수집 능력은 향상되고 범위도 넓어졌으며, 측량기술은 발전에 발전을 거듭하게 되었다.

1874년 제5과, 제6과의 첩보원들

『육지측량부연혁지』는 당시 제5과와 제6과에서 활동했던 인물을 나열하고, "초창기 때 제6국의 인물들은 측량법식을 연구하고 기술 전수에 고심하면서 경영한 공로가 실로 크고 많다."며 다음과 같이 기록했다.

"제5과는 과장 보병소좌 기무라 노부사토木村信鄕[42], 7등 출사出仕 와타나베 이치로渡辺一郎, 8등 출사 사카이 요시모토酒井善素, 가와카미 도우가이(川上冬崖, 川上寬)[43], 고바야시 모小林某, 우쓰기 사다오(宇津木貞夫, ?~1891), 야나기타 구니조柳田邦造, 9등 출사 나카네 기요시中根淑, 10등 출사 도쿠오카 슈우키德岡輯凞, 11등 출사 와카후지 무네노리若藤宗則, 기쿠노 시치로菊野七郎, 12등 출사 무라카미 다모쓰村上保, 다카하시 다쿠야高橋琢也, 13등 출사 다케바야시 야스나오竹林靖直, 14등 출사 기시오오지 모치신岸大路持愼, 15등 출사 가토 도시유키加藤利往, 오카베 긴지岡部勤二 외 사진사 3명으로 함. 제6과는 과장 공병소좌 나가미네 유즈루〔長嶺讓, 네덜란드어에 능통〕 휘하에는 과료科僚 공병대위 후쿠다 한福田半, 과원 공병소위 후루카와 노부요시(古川宜譽, 1849~1921), 동同 와타나베 도우지渡部當次, 동同 하야카와 아키요시(早川省義, 1852~1903), 동同 미야이 사다노스케宮居定之助 등이 있다. 육군 축조국 8등 출사 고스게 도모히로〔小菅智淵, 1832~1888, 육군참모본부 초대 육지측량부장 역임〕 동同 고미야마 마사토시〔小宮山昌壽, 1842~1895, 일본 최초 평판측량도 작성〕, 9등 출사 세키 사다테루關定暉, 고용된 프랑스인 샤를 장드르 등이 여기에 참여했다."[44]

사립 측량기술자 양성학교 출신자들이 제5과와 제6과로 대거 편입되었다. 후쿠다 한은 아버지와 더불어 일본정부 최초의 측량기술자가 되었다. 그러고 강화도조약 체결 당시 구로다의 수행원으로 조선에 들어왔다.

세키 사다테루는 공병대의 창설자이며 참모본부 초대 육지측량부장을 역

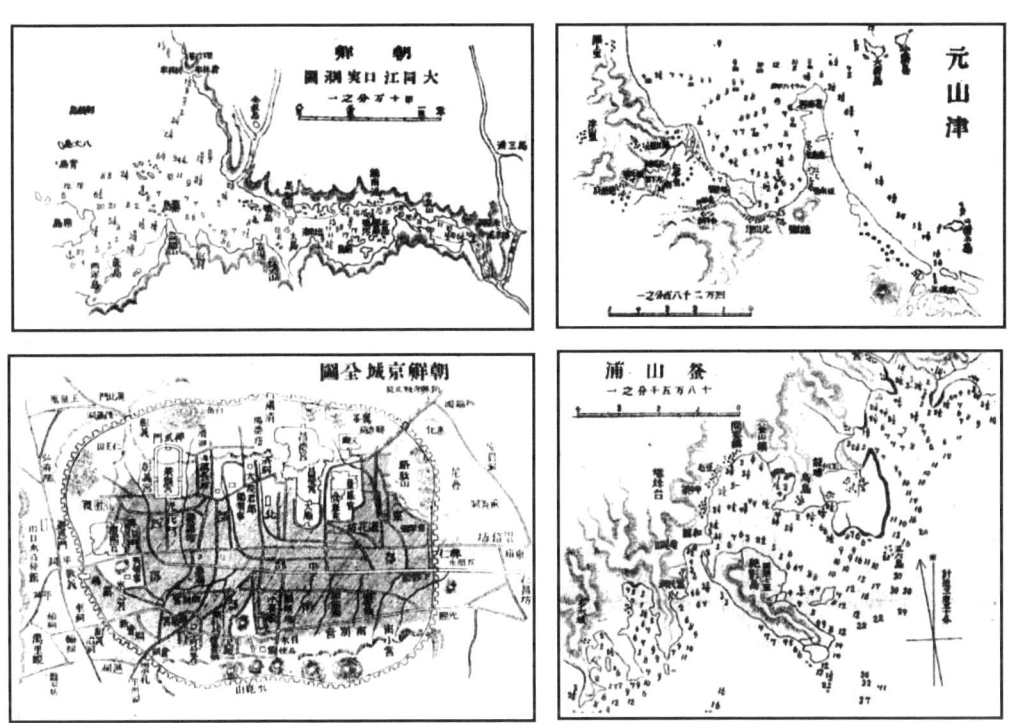

소 다케히로[宗孟寬=기노시타 다케히로]가 제작한 「일청한삼국여지전도」. 이 지도에는 원산진, 조선 대동강구 실측도, 조선 경성전도, 부산포가 들어 있다.

임한 고스게 도모히로의 친동생으로 육지측량부 초대 지형과장이 되었다.

시습의숙時習義塾 출신으로 막부 말부터 신정부 내내 일본 지도 제작의 근본 뼈대를 만든 사카이 가문의 형제들도 참모국으로 편입되었다.

시부에 노부오渋江信夫, ?~1886는 형 사카이 요시오酒井喜雄, 1833~1914에게 지리학, 지도 제작, 측량학을 배운 뒤 시부에가渋江家의 양자로 들어갔다. 이후 육군 참모국 제5과에 근무하면서 1 : 116만 「대일본전도」를 기무라 노부사토와 함께 완성했다. 하지만 1881년 기무라 노부사토 등이 청국에 지도를 팔아넘긴 사건[黃遵憲事件]에 연루되어 구속되었고 형무소에서 자살했다.

시부에 노부오의 동생 기노시타 다케히로木下孟寬, 1840~1917는 기노시타가木下家의 양자로 들어갔다. 이후 육군 참모본부에서 근무했고 지도교습소에서도 교편을 잡았다. 지도 밀매사건에 연루된 뒤 오사카로 옮겨 소 다케히로宗孟寬로 개명한 뒤에도 지도 제작을 이어갔다. 그가 제작한 지도로 1894년 「일청한삼국여지전도日清韓三國輿地全図」,[45] 「최신 실측 병요 조선여지전도最新実測兵要朝鮮輿地全図」, 「실측 조선전도」, 「대조 일청한지도対照日清韓地図」 등이 있다.

여섯째 아들이자 막내인 사카이 효죠酒井彪三는 「일본 분국지도」를 만들었다.[46] 사카이 가문 출신의 여섯 형제 가운데 일찍 죽은 장남을 제외하고 모두 지도 제작에 종사했다.

한편으로 메이지유신 이후 일본 최대의 내란인 세이난 전쟁 때 간첩대의 주요 임무인 지도 제작과 측량을 담당했던 제5과와 제6과의 활약으로 성과를 얻게 되면서 발전에 가속도가 붙게 되었다. 이 전쟁을 치르면서 지도는 국내외를 막론하고 전쟁 수행 때나 군사행동에 가장 중요한 정보임을 인식하게 되었다.

우시고에 구니아키牛月国昭는 "세이난 전쟁이 발발하자마자 제6과는 서둘러 전지로 측량대원을 파견해 측량을 시작했다. 제5과는 지도를 제작 인쇄해 배포했다. 이때의 실전 체험은 군용지도가 꼭 필요하며 없어서는 안 된다는 인식을 심어주었다. 무사들의 봉건시대 전쟁과는 달리 근대전쟁을 수행하려면 군대가 군사행동을 개시할 때 지도는 삶과 죽음, 승패를 가르는 중요한 핵심 정보로 자리매김되었다."[47]고 기록했다.

간첩대의 주요 임무인 지리, 군사, 정세정보 수집, 지도 제작과 측량을 담당했던 제5과와 제6과는 1878년 참모본부 창설 이후 참모본부의 지도과, 측량과로 이름을 바꾸었다. 이 기구는 청일전쟁까지 대외정벌 전쟁 준비를 위한 기구로 개편, 확대되었다.

1878년 12월 5일, 참모국을 폐지하고 태정관 포달 제50호 참모본부조례에 따라 육군성에서 독립한 참모본부를 만들었다. 제1 총무과, 제2 아시아 병제과, 제3 유럽과 아시아 병제과, 제4 병사과兵史課, 제5 지도정지과, 제6 측량과, 제7 문고과로 구성되었다.

최초의 참모본부장 육군중장 야마가타 아리토모는 세이난 전쟁을 끝으로 내전을 대비했던 육군의 임무가 끝났다고 판단하고 해외전쟁을 위한 체제로 전환했다. 그 후 독일에서 귀국한 가쓰라 타로는 군령과 군정의 분리를 정부에 건의했고 정부는 그 안을 받아들여 독일을 규범으로 하는 참모본부를 설치했다. 그러면서 참모본부는 천황 직속이 되어 육군성 내의 참모국에서 분리 독립해 정부의 직접적인 간섭을 받지 않게 되었다. 이렇게 조직을 정비하여 본격적으로 외국 정벌 준비에 들어갔다.

참모본부의 외정에 대한 구상은 1902년 8월에 일부 완성한 『참모본부역사초안』 「참모본부 창립」에 "시운은 점차 일본제국 국방의 대계획을 담당할 참모기관의 독립을 촉구했다. 1878년 12월 5일 대원수 폐하의 직속으로 참모본부를 두었다."[48]고 했다. 이로써 육군성에 예속되어 있던 참모본부는 독립해 천황의 직할조직으로 직접 군사명령을 하달하는 강력한 힘을 갖게 되었다.

참모본부는 천황 직속으로 군대의 종합적인 전략과 작전을 기획하고 입안하는 조직으로 작전계획, 참모장교를 감독·교육하며 천황이 지닌 통수

대권을 보필하게 되었다. 절대 권력을 휘두르며 일본 군대에 관한 모든 정제定制·절도節度를 심의, 병과 병략을 밝히고 기밀업무를 총괄했다. 평시에는 지리를 상세히 정리하고 정지政誌를 심의했다. 전시에는 계책을 짜고 부서를 정하고 노정路程을 제한하는 업무를 맡았다. 이로써 1878년 12월 참모본부 제도가 완성되고 1945년 10월 15일 참모본부가 폐지될 때까지 절대 권력을 휘둘렀다.

측량국은 간첩대의 주요 임무인 지도 제작과 측량을 맡았다. 육군에 소속되어 1889년 육지측량부로 발전해 참모총장 휘하에서 직접 지도 제작을 전담했다. 이것은 일본의 지도가 군사적 이용을 목적으로 만들어졌음을 보여주는 주요 증거이며, 군국주의 국가의 민낯이었다.[49]

1878년 천황 직속의 참모본부를 만든 이후 인근 제국으로 파견하는 첩보원들의 활동 범위는 더욱 확장되었다. 일본정부 수립 초기부터 시작된 조선과 청국을 비롯한 러시아 등지로 파견한 첩보원들의 정탐과 첩보활동으로 수집된 정보는 해마다 증보, 축적되었다. 특히 일본으로서는 조선은 반드시 정벌해야 할 나라였으므로 전쟁 수행에 중요한 요소인 적의 병력, 군사적 취약점, 정치·경제·사회적 약점, 지리, 정세 등 모든 것을 알고 싶어할 수밖에 없었고, 1888년 조선팔도의 정보를 장악할 수 있었다. 이후 조선은 시기만 정하면 언제든 정복 가능하다는 인식이 일본의 정책 결정기관인 내각과 군부 내에 널리 확산되었다. 그들은 때가 오기만 기다렸다.

2. 1872년, 첩보원들 조선과 청국으로
　 뱀의 눈으로 스며들다

　세상에 우연은 없다. 『대지회고록』은 첩보원들의 미화 그 자체다. 우연한 사건이 과연 우연히 벌어졌을까. 도발의 의도가 깔린 것은 아닐까. 계획을 세운 뒤 시비를 걸어 사건을 일으키는 행위가 도발이다. 일본은 정치·경제적 위기, 내부의 혼란이 있을 때마다 언제나, 집요하게 외부에서 그 해결책을 찾아내려고 했다.

　영웅은 멀리서 스러지고 개인은 국가의 통치가 미치지 않는 이름 모를 땅의 유랑민이 되었다. 만주와 몽골에 대한 일본의 관심은 오래되었다. 섬나라 일본의 독립을 좌우할 갈림길. 국력을 비축해 러일전쟁이 끝나고 만주와 몽골은 실제로 일본제국의 대륙적 운명을 지배하는 고리가 되었다.
이 중대한 운명의 땅에 처음으로 발을 들여놓고 땅을 일군 자는 사이고 다카모리가 1872년 파견한 이케노우에 시로 등이다. 사이고 다카모리조차 당시는 옌타이〔煙臺, 즈푸芝罘〕가 어디에 있는 땅인지 몰랐을 정도였으니 대국적인 견지에서 출발한 조사였다.
대륙정책 수립을 위해 일본 육군의 방침을 결정한 것은 '장백산국방제일선長白山國防第一線'설을 주장한 도리오 고야타(鳥尾小彌太, 1848~1905, 조슈번 하기 출신)이며, 중위 시마 히로타케島弘毅의 1887년 만주답사가 구체적인 결실로 나타났다. 일본의 국운과 막대한 관련이 있는 만주의 실제 현장을 답사하고 동양의 영원한 평화를 책정하는데 주안점을 두었다. 훗날 만주국을 건설하는 수미 일관된 국책으로 빛을 보게 되었다. (東亞同文會內對支功勞者傳記編纂會編, 『對支回顧錄』하, 1936, 121쪽)

신정부가 들어선 뒤 조선과의 외교 담당을 둘러싸고 외무성과 기존의 '가역' 존속을 주장하는 쓰시마번의 갈등은 계속되었다.

1870년 10월 12일, 외무성은 요시오카 고키(吉岡弘毅, 1847~1932)를 조선에 보냈다. 요시오카는 조선과 일본의 국교 체결을 위해 쓰시마번에서 외무성으로 인계된 조선과 일본 외교의 최초 담당자로 국교 수립 교섭을 위해 파견되어, 왜관에서 직접 교섭을 시도했다. 1870년 2월 하순부터 3월까지 외무성 관리이지만 쓰시마번의 관리로 위장해서 초량 왜관에 머물며 조선에 관해 은밀하게 정탐하고 그 결과물인『조선국 교제 시말 내탐서』를 외무성에 제출했던 모리야마 시게루, 히로쓰 히로노부도 함께 들어왔다. 12월 24일, 부산 초량 왜관으로 들어와 교섭을 시작했다. 이들은 1871년 5월 17일까지 6개월 동안 왜관에 머물며 일본 통역관 훈도 안동준과 논의를 거듭했다. 조선은 종래와 같이 쓰시마번을 통한 외교관계의 유지를 요구했다. 회담은 쓰시만번 관리들의 은밀한 방해로 결렬되었다. 일본 외무성 관리 모리야마 시게루 등은 조선과 더 이상의 외교교섭은 없다고 선언하고 모두 돌아갔다.

1871년, 미국의 군사력을 등에 업으려는 일본

1866년 7월, 미국은 대동강에 들어와 통상을 요구하던 제너럴셔먼호를 불태운 사건을 꼬투리로 무력으로 조선과의 강제 통상을 계획했다. 1869년 미국은 조선에 책임을 묻겠다며 분위기를 조성하고 있었다. 4월 29일, 일본 정부의 병부성에 고용되어 있던 하우스(A.J.S Hawes)가 요코하마에서 사업을 하고 있던 브로크(J.H. Brooke)를 데라시마 외무대보에게 추천했다. 조선의 형세, 교전이 일어났을 때 군대의 범위, 사용 무기, 담판 상황 등 향후 일본정부가 조선과 교섭할 때 갖추어야 할 특별하고 비밀스러운 정보를 제공해 줄 첩보

원으로 브로크를 고용했다.[50]

    1871년 5월, 미국 정부는 나가사키에 주둔하고 있던 아시아 함대사령관 J.로저스에게 조선 공격을 지시했다. 일본은 교착 상태에 빠져 있던 조선과의 외교관계를 미국의 아시아 함대를 활용해서 풀어나가려고 했다.

    5월 4일, 일본 외무성은 태정관에 미 함대의 조선 출항에 맞추어 요시오카 고키에의 조선 파견에 대한 결재를 받고 비밀훈령을 내려둔 상태였다.[51] 그 사이에 외무경 사와 노부요시는 일본주재 미국공사 드 롱(C.E. De Long)을 초청해서 미국 함대의 조선 공격 풍문에 대한 사실 여부와 이 파병이 제너럴셔먼호 사건에 대한 문책인지를 물었다. 이로 인해 조선에 주재하고 있는 일본 외무성 관리와 왜관의 쓰시마인들이 위험에 노출될 수 있는지에 대해서도 물었다.

    또 외무경은 "조선은 본디 일본의 속국이지만 공물을 바치지는 않고 있다. 완고한 나라로 외국인에게 나쁜 감정을 갖고 있으며 이웃 나라와도 외교관계를 갖지 않고 있다."고 말한 뒤, 일본인 외무성 관리 요시오카와 영어 통역장교 한 명이 동행할 수 있는지에 대해 물었다.[52]

    5월 5일, 드 롱 일본주재 미국공사는 "미 함대가 조선의 어느 지역으로, 무슨 목적으로 가는지 모른다. 외무성 관리 한 명을 내려놓기 위한 정박지를 찾기도 어렵고, 함대가 나가사키로 돌아오지 않고 바로 상하이로 갈 수 있기에 통역장교의 동승은 어렵다."고 거절했다.[53] 미국 함대를 이용해 조선을 염탐하려던 일본정부의 계획은 무산되었다. 5월 16일, 미 함대는 나가사키를 떠났다.

첩보장교의 업무 매뉴얼을 만들다

1872년 3월 15일, 정탐 목적의 현지답사 참모장교의 「순검 참모장교 직무 대략」[54]을 만들었다.

- 각지의 성과 요새 방향, 지형의 험난함과 평탄함을 확인하고 공격과 수비의 편리함과 불편함을 살핀다. 여유가 있으면 그림으로 그려서 보고할 것
- 성안 용수用水의 많고 적음, 가옥의 유무, 평지의 넓고 좁음, 해자의 모양, 충적된 진흙의 마르고 습함 등을 분명하고 자세하게 적어 문서로 기재할 것
- 성과 요새 사방의 지리, 수운의 유무, 산악, 삼림의 방향 등을 그림으로 기재할 것
- 성을 중심으로 한 시가지, 호구 수, 논밭, 말의 수, 물품, 운수, 제조 등의 항목부터 빈루번부(貧陋繁富, 가난하고 누추하며 번영하고 풍요로움)를 각각 기재하고, 그 지역 인민이 무슨 일에 종사하는지를 기재할 것
- 성이 있는 시가지부터 국경까지, 다른 국경으로 서로 통하는 도로의 넓고 좁음, 지름길, 대략의 거리 수(里程)를 확인해서 쓰고 그릴 것
- 지방관리에게 물어 대조하고 어디서부터 어디까지 성에 속한 땅인지 상세하게 쓰고 기록하여 도면으로 작성할 것
- 모두 나중에 만일의 사태가 벌어졌을 때 아군이 성을 취하건 적이 성을 취하건 그 공격과 수비방법 등이 무엇인지를 파악한 뒤 의견을 요약해서 기재할 것

「순검 참모장교 직무 대략」은 1872년 8월 조선으로 보낸 첩보원들의 임무 매뉴얼이 되었다. 상세하고 특수한 임무는 뒤에서 다른 비밀훈령으로 하달되었다.

1872년, 칼차고 동래 왜관 밖으로

1871년 8월 29일, 일본정부는 전국의 번을 폐지하고 현을 설치하는 행정개편을 통해 중앙집권화를 꾀했다. 조선과의 외교는 쓰시마를 제외하고 외무성이 직접 담당하게 했다. 외교권을 일원화하면서 기존 조선과 쓰시마의 관계를 계속 활용하려면 쓰시마 번주 소 요시아키라〔宗義達, 메이지유신 뒤 소 시게마사宗重正로 개명〕를 외무대승으로 임명해서 그가 직접 조선을 설득하게 하자고 요시오카가 제안했다.[55]

1871년 10월, 동래부사 정현덕이 쓰시마번에 보낸 공문[56]에는 "일본이 외무성을 설치하고 관리를 동래에 보내 교린 업무를 맡게 한 것은 전례 없는 일이다. 외무성 관리와는 교섭하지 않겠다."는 내용을 담고 있었다. 조선에서는 일본의 일방적이고 느닷없는 외교 담당자의 변경을 외교 분쟁으로 인식하고 있었다. 조선은 쓰시마번 관리와 해오던 대로 하겠다는 강경한 태도를 유지하고 있었다.

1872년 1월, 쓰시마 도주 소 시게마사는 측근인 사가라 마사키相良正樹를 사절대표로 보내면서 "번을 폐지하고 현을 설치하게 된 내력과 외교 업무가 외무성으로 이관되었으므로 이들과 교섭하기 바란다."는 서신을 조선 당국에 전달하려 했으나 뜻대로 진행되지 않았다.

1872년 5월 26일부터 6월 6일까지 관수왜館守倭와 별차왜別差倭 등이 외무성의 서계를 바치겠다며 제멋대로 왜관을 나와 동래부사와의 면담을 요구했다. 이것이 '왜관난출'로 기록된 사건이다.

왜관은 본디 조선과 일본 막부의 외교 중계역할을 하고 있던 쓰시마 번주와 조선 정부가 만든 기관이다. 1683년 부산의 초량에 설치하며 맺은 "허락 없이 왜관을 벗어난 자는 사형에 처한다."는 약속조항을 무시한 계획된 도발이었다.

일본 외무성, 동래 왜관 장악 준비

1872년 5월과 6월에 발생한 '왜관난출'을 구실로 일본 외무성은 외교권을 일원화하기 위한 수순을 밟기 시작했다.

8월 10일, 현황보고를 받은 외무경 소에지마 다네오미(副島種臣, 1828~1905)는 쓰시마의 외교권을 박탈하고 조선과 직접 교섭하겠다는 이관 처분안을 정부에 제출해서 8월 18일 천황의 재가를 받았다. 이 일의 처리를 위해 외무성 외무대승 하나부사 요시모토(花房義質, 1842~1917)를 파견하기로 했다.

천황의 재가를 받은 그 날, 외무성은 하나부사를 보내 즉각 동래 왜관을 접수해서 외교 교섭권을 장악하고, 육군성은 조선의 정세 파악과 상세 지리 정보의 확보를 위한 간첩대를 꾸리고, 해군성은 이들을 싣고 갈 준비에 들어갔다. 이렇게 일방적인 외교권 접수와 조선으로 들어갈 최초의 첩보원들이 구성되었다.[57, 58]

쇄국정책으로 일관해 왔던 도쿠가와 막부의 뒤를 이은 신일본 정부는 조선과 중국을 둘러싼 주변 정세에 대한 정보가 턱없이 부족한 실정이었다. 이 국면을 타개하려고 조선과 만주, 청국의 첩보 수집에 초점을 맞춘 첩보원 조직은 참의 겸 육군대장 사이고 다카모리(西鄕隆盛, 1828~1877)가 주도하고 있었다.

왜관에서 2백여 년 조선과 외교 사무를 맡아오던 쓰시마를 제외시키고, 일본 외무성으로 외교 루트를 일원화하려고 하나부사를 조선에 보내면서 외무수행원으로 위장한 육군중좌 기타무라 시게요리 외 세 명의 첩보원을 끼워 보냈다. 만주에는 외무성 관리로 위장한 육군소좌 이케노우에 시로 외 세 명의 첩보원을 밀파하기로 했다. 이들은 사이고 다카모리와 이타가키 다이스케(板垣退助, 1837~1919)의 심복이었다. 사이고의 심복은 이케노우에 시로와 벳뿌 신스케, 이타가키의 심복은 기타무라 시게요리와 다케치 마사모토였다.

간첩대를 꾸린 주체는 내각의 참의 사이고 다카모리와 이타가키 다이스

참의 겸 육군대장 사이고 다카모리

외무대승 하나부사 요시모토

외무경 소에지마 다네오미

참의 이타가키 다이스케

케, 외무경 소에지마 다네오미로 구성된 시찰위원들의 협의를 거쳐 현지 조사와 정탐 명령이 내려졌다.[59] 이에 따라 군사, 지리, 국정조사를 위한 일본 최초 외교 수행원으로 위장한 첩보원의 조선 정탐이 시작되었다.

일본정부의 내각을 포함해, 외무성에서는 하나부사 요시모토와 실무 관리원들, 육군성에서는 첩보 수집 능력을 갖춘 정보장교를 밀파했다. 이 밀파를 두고 사이고 다카모리의 단독행동이었다고 물타기를 하는 것은 언어도단이다. 일본의 공식 외교문서와 정부 문서를 보면 첩보 수집을 위한 해외 정탐은 정부의 명령 없이는 불가능한 일이었다. 내각, 외무성, 대장성, 육군성과 해군성의 긴밀한 협조 아래 벌인 작태였다.

일본정부는 겉으로는 정당한 외교를 하고 있다고 너스레를 떨면서도 뒤로는 은밀하게 첩보원을 파견해 정탐과 첩보를 수집하는 데 광분했다. 향후 대륙침략의 전진기지, 러시아의 남하를 막고 일본 방어의 공격기지이자 군사작전지로 써먹을 조선은 반드시 정벌해야 한다는 야욕을 물밑에 깊이 감춰두고 움직였다. 외교적 대치 상황까지 미리 대비해놓고 "만일의 사태"가 벌어지기를 기대하며 먼저 도발하는 작태는 그때나 지금이나 한치도 어긋나지 않는 일본 이중외교의 현주소다. 일본인 특유의 침략 근성의 본모습이다.

1872년부터 조선 외교의 제일선에서 활약하기 시작한 외무대승 하나부사 요시모토는 조선의 정세와 지리정보가 절대적으로 부족했던 당시 일본정부의 사정을 「한국회구담」(1908년)에서 이렇게 이야기했다.

"우리가 처음 조선에 간 곳은 부산이었고, 그때가 1872년이었다. 너무 오래된 일이라 할 말이 별로 없다. 1878년부터 1882년 사이 해마다 경기도, 경상도를 지나 함경도에도 갔다. 당시에는 전혀 조선지도가 없었다. 간략하게 만든 지도라 원하는 정보는 아무것도 없고, 단 한 장도 쓸모가 없었다. 다만 원산 주변만 조금 알 수 있을 뿐이었다. 소안도 주변과 인천에서 한강을 통해 서울로 들어가는 줄기만 조금 알려져 있어 왕복이 가능한 정도였다."[60]

하나부사는 일본정부가 원하는 개항지에 대해서도 이렇게 말했다.

"내가 해마다 조선에 간 것은 **외교를 두텁게 해서 무역을 잘해보려는 것**이었다. 강화도조약에 들어 있는 부산 외 두 곳의 항구를 찾아서 개항하는 일은 최우선 과제였다. 두 곳에 대해 말하자면 정부도 아직 정확하게 어느 곳을 개항하겠다는 목표가 없었다. 어느 곳이 좋은지 둘러보고 괜찮은 곳을 정하라는 훈령을 받은 상태였다. 먼저 서울 근방 한 곳, 함경도 방면 한 곳이 꼭 있어야 했다. 서울 부근은 인천이 마땅했고, 함경도 방면은 원산이 적합했다. 인천은 서울을 왕래하는 데 꼭 필요한 지역이므로 어떻게든 그곳으로 선정하겠다고 마음먹고 있었다."[61]

하나부사는 개항장 선정을 위해 조선팔도를 돌아다니며 정보를 수집한 것을 일본과 조선의 외교를 돈독히 하고 무역을 촉진하기 위한 일이었다고 자랑스레 말하고 있다. 음흉하고 교묘한 언술로 원산과 인천을 개항장으로 선정해 놓고, 침략의 교두보로 삼으려 했던 행위, 외교관의 수행원으로 위장한 첩보원들과 함께 조선을 드나들며 행했던 간첩행위는 드러나지 않도록 말을 아끼고 있다.

조선의 정세, 정확하게 간파하라

1872년 일본정부는 최초의 첩보원으로 외무대승 하나부사 요시모토와 함께 육군중좌 기타무라 시게요리(北村重賴, 1845~1878), 육군소좌 가와무라 히로요河村洋与, 육군대위 벳뿌 신스케(別府晉介, 1847~1877)를 조선으로 특파했다.

육군중좌 기타무라 시게요리   육군대위 벳뿌 신스케

사이고 다카모리와 이타가키 다이스케는 천황의 직접 통치를 내세운 메이지유신 초기부터 심상찮게 일고 있던 정한론의 기류에 대해 무턱대고 논의만 할 것이 아니라 정밀하고 치밀한 조사와 주도면밀한 준비가 필요함을 절감했다. 조선과 국경을 맞대고 있는 만주에 대해 전혀 아는 것이 없었다. 이를 개탄하며 만주의 지리, 풍속, 정치, 병비, 재정, 무역 상황 등의 정탐을 지시했다.

만주와 청국으로 보낼 첩보원 육군소좌 이케노우에 시로(池上四郎, 1842~1877)와 다케치 마사모토(武市正幹, 1840~1874)[62]는 병을 핑계로 사직하게 하고 외무성 관리 외무10등 출사로 위장했다.[63] 통역 외무중록外務中錄 사카키

츄헤이(彭城中平, 1832~1874)와 함께 도쿄를 출발, 9월 1일 상하이, 9월 28일 항구도시 잉커우營口를 거쳐 만주 내륙으로 들어가 상인으로 위장하고 첩보활동을 개시했다.[64]

사이고 다카모리의 심복 이케노우에 시로는 9월 25일 옌타이[煙臺, 1861년 개항 이후 1898년까지 산둥의 유일한 개항장]에서 우편으로 첫 번째 정탐보고를 하며 조선지도를 동봉해서 보냈다.

10월 15일, 사이고 다카모리는 이케노우에에게 답장을 보내면서 개항장의 상태, 경제 상황, 각 지역에서 서양인이 어떻게 살고 있는지의 상황을 상세하게 살피라고 한 번 더 명한 뒤 깊은 신뢰를 표했다. 10월 25일, 사이고는 첫 번째 정탐보고 내용을 외무경 소에지마 다네오미에게 "이케노우에 시로가 옌타이에서 9월 25일 보낸 서간 속에 조선지도를 함께 보내왔다."[65]고 알렸다. 이들을 파견하기 전인 8월 15일, 외무경 소에지마 다네오미는 다음과 같은 '비밀훈령'[66]을 하달했다.

- 조선국은 옛 관례와 같이 소 씨宗氏가 막부 쇼군의 명령을 받들어 사자로 왕래한 지 이미 오래되었는데, 지난 메이지유신을 알린 이후 느닷없이 답이 늦어지고 있다. 이것이 도대체 무슨 의도인지 정탐할 것
- 청국, 러시아, 조선의 외교관계를 상세하게 조사할 것. 조선 변방의 민중이 일찍이 흉작으로 고통받으며, 러시아령에 유랑민으로 들어가는 자가 수만 명이고, 그중에는 러시아에서 배우는 자들도 있다고 들었다. 또 러시아인이 함경도에 들어와 건물을 짓고 생활하며 조선인을 불편하게 한다고 하는데, 있는 사실 그대로를 정탐할 것
- 청국 성경盛京의 봉천부奉天府·여경興京 등은 애신각라씨[愛新覺羅氏, 청나라 태조]가 일으킨 땅으로, 지린吉林·흑룡강·이리伊犁 등 각 곳에 장군을 두고 그 땅을 다스리며 지키고 있다. 구체적으로 군대나 병기 등 군사에 관한 것, 민정, 인심의 동향을 정탐할 것

- 지난해 미국이 조선에 사맹使盟을 요구하다가 성립되지 못하고 전쟁을 벌였다. 이후 조선의 영력사迎曆使가 청국으로 들어갔는데 공친왕이 두 나라를 중재하겠다고 나섰지만, 조선의 사자使者는 거절했다고 들었다. 이에 대한 사실 여부를 정탐할 것
- 각 지역의 지리, 인정, 인민, 산물, 언어(만주어·중국어·러시아어·조선어) 사용의 실태, 강과 바다로 함선의 통과할 수 있는지의 여부, 화폐의 종류, 물가의 고저 등까지 지극히 상세하게 정탐일지를 만들어 복명復命 자료로 삼을 것
- 일찍이 청국, 러시아, 조선의 국경지역을 돌아다니며 눈여겨 자세히 들여다본 청국에 있는 외국인을 찾아내서 그들에게 물어서 정탐의 편의를 꾀할 것
- 길 안내와 통역을 위한 청국인 적임자를 고용할 것
- 이 정탐은 가장 조심성 있고 치밀함이 필수다. 이름을 바꾸고, 변장하여 편의에 맞게 자유롭게 돌아다닐 것
- 정탐으로 확보한 내용은 밀봉해서 그때그때 보고할 것. 또 대원이 돌아와 보고하는 것은 기회를 살펴 임기응변으로 처리할 것

최초의 첩보원을 파견한 이 당시에는 이들의 체계적인 활동 영역이 규정되어 있지는 않았다. 하지만 이 비밀훈령은 이후 파견되는 모든 첩보원들의 첩보활동 매뉴얼이 되었다. 반드시 하달받은 훈령대로 행동할 것을 의무화했다.

미국 군함에서 조선 항해지도를 빌리다

일본정부는 조선을 항해할 해안지도조차 없어서 미국, 프랑스, 러시아가 만든 지리지나 지도에도 관심을 보이고 있었다.

조선으로 들어오기 전 해군성에서는 하나부사와 첩보원들을 태우고 갈

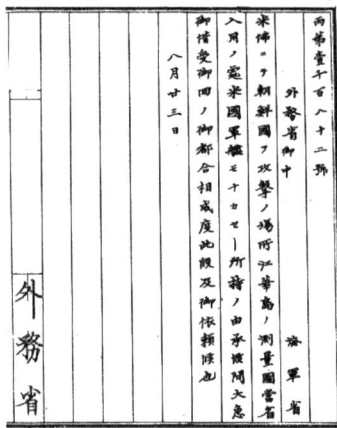

8월 23일, 해군성에서 외무성에 지도 대여 요청

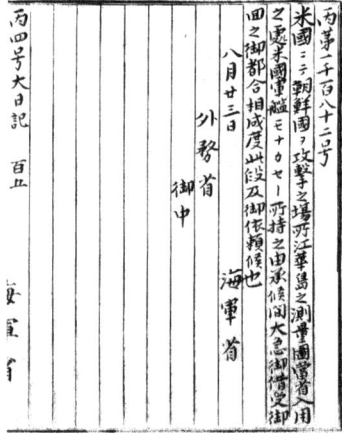

8월 23일, 미국에서 조선국을 공격한 장소 강화도의 측량도

8월 24일, 하나부사 요시모토 해군성에 지도 요청 문서

가스가함春日艦의 항해를 위해 외무성에 협조 공문을 보내 긴급으로 확인해달 라고 요청했다.

- 8월 13일, 정박 중인 러시아 군함에 조선해도, 조선 항구도, 조선 해안 상세지도 등이 있는 것으로 보이는데 대여해 줄 수 있는지 문의할 것
- 8월 23일, 미국 군함에 조선을 공격했던 미국과 프랑스에 조선 관련 지도가 있는지, 있다면 빌릴 수 있는지 확인할 것

외무성은 서둘러 미국 군함에 '조선국을 공격했던 장소인 강화도 측량도'[67]에 대해 문의했다.

8월 24일, 하나부사는 요코하마에 정박 중인 미국 군함에서 「조선국 소릉하구 근방 실측도」[로저스(Rodgers, J.) 아시아 함대 측량 제작] 등 지도 5매를 대여 복사해서 해군성 7등출사 도오타케 히데유키遠武秀行[68]에게 보냈다.[69, 70]

첩보원들의 활동비 책정

8월 14일, 외무성은 조선에 보낼 관리들의 준비금 5,000엔, 8월 18일 하나부사 요시모토 등 관리의 출장비·월급·여비·수당 등의 비용을 대장성에 요청했다. 대장성에서는 출장 인원 4명의 9월부터 11월까지 3개월 월급 외무대승(4등) 하나부사 요시모토 750냥, 외무소기(7등) 모리야마 시게루 300냥, 외무권대록(9등) 사이토 사카에 150냥, 외무소록(12등) 오쿠 요시노리 75냥, 합계 1,275냥. 여비와 수당 외무대승 하나부사 650엔을 지급했다. 상세 내역은 준비금 315엔. 관선官船 탑승 도항 수당(단 1일 4엔90젠 도쿄에서 쓰시마까지 왕복 일수 대략 40일 예상) 224엔. 항해 중 뇌물 54엔(단 뇌물 상등 1인 1일 1엔35젠, 항해일 수 40일 예상), 모리야마 510엔, 사이토 292엔40젠, 오쿠 292엔40젠, 합계 1,747엔89젠

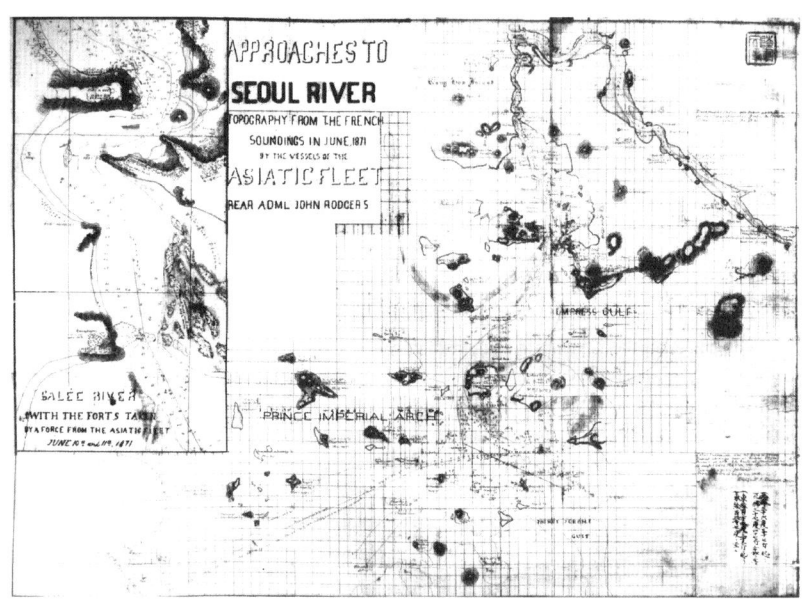

1872년 미국 군함에서 빌려 복사한 것으로 추정되는 「조선국 소릉하구 근방 실측도 Approaches to Seoul River」.

중 1,741엔이었다.[71]

『태정유전』[72]에는 외무성의 하나부사 요시모토를 비롯한 관리와 수행원, 첩보원들의 출입국 날짜가 기록되어 있다.

> 1872년 8월 18일, 외무대승 하나부사 요시모토, 해군성 7등 출사 도오타케 히데유키에게 용무가 있어 조선국 파견을 알림(하나부사는 8월 28일 출발, 도오타케는 11월 6일 귀경)
> 외무소기外務少記 히로쓰 히로노부와 모리야마 시게루, 외무권대록 사이토 사카에에게 알림. 용무가 있어 하나부사 외무대승을 조선국에 파견하므로 수행하도록 할 것(사이토 권대록은 다른 일이 있어 8월 28일 출발, 10월 21일 귀국)
> 육군중좌 기타무라 시게요리, 육군소좌 가와무라 히로요, 육군대위 벳뿌에게 알림(중소좌 연명). 이번 하나부사 외무대승의 조선국 파견에 동행할 것(대위는 도중에

일이 있어 8월 27일 출발, 기타무라와 벳뿌는 11월 7일 귀국 신고 뒤 육군에 알림)

외무성 14등출사 다케우치 세이조竹內精三에게 알림. 정원正院의 용무가 있으므로 조선국에 파견함(9월 24일 출발, 11월 6일 귀국 신고)[73]

육군성·해군성·외무성·대장성, 첩보원들 전폭 지원

가스가함은 사쓰마번[현재의 가고시마]이 1867년 영국에서 구입한 군함으로 1870년 메이지 정부에 헌납했다. 1871년 3월부터 5월에 영국 선박과 함께 홋카이도 해역 측량에 투입되었다가 11월 수로국 관할이 되어 측량선으로 쓰였다. 그해 여름 태풍 피해를 입어 수리했다.

1872년 2월 해군성에 소속되었고, 5월 들어 경호함으로 용도가 변경되었다. 8월 22일 가스가함은 해군성으로부터, 조선국 항해와 하나부사 요시모토

가스가함 함장 이토 유코

일행을 태우라는 명을 받고 28일 출항했다. 함장은 해군소좌 이토 유코(伊東祐亨, 1843~1914)였다.

정한론 사상이 뿌리 깊은 사쓰마번 출신의 이토가 가스가함에 최초의 첩보원들을 태우고 조선으로 들어왔다. 이토는 1894년 6월 일본의 조선 무력침략 때 인천에서 혼성여단의 조선 상륙을 진두지휘, 청일전쟁 바로 직전인 7월 18일 초대 연합함대 사령장관으로 활약했다. 1875년 발생한 운요호사건도 사쓰마 출신 해군이 주도했다. 정한론의 선두에 언제나 사쓰마번(가고시마현)과 조슈번(야마구치현)이 그 중심에 있었다.

해군성의 조선 항해 기록

해군성의 「가스가함 조선 항해일기 및 외무성 응접서 발췌」[74]에는 이때 가스가함의 움직임이 들어 있다. 내용 속에는 '조선 근황', '한국 군기군비韓國軍器軍備', '한국 노정, 산천, 인민, 호수', '한국 정체正體의 개략' 등의 사료가 남아 있다. 다음은 「조선 항해일기」의 일부.

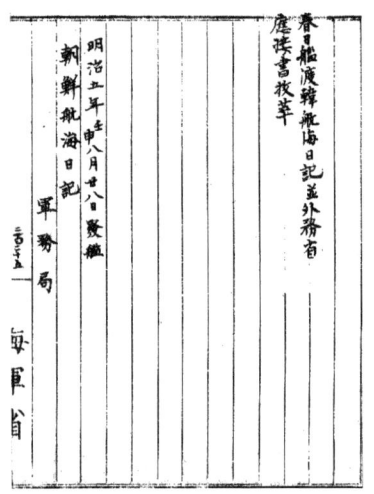

1872년 8월 28일, 가스가함이 조선으로 출항하면서 쓴 「조선 항해일기」의 표지

- 1872년 8월 28일 : 흐림, 오전 5시 시나가와品川 출항
- 8월 29일 : 맑음 기슈紀州, 와가우라和歌浦 일몰 오전 1시 10분 효고항 도착
- 8월 30일 : 아침 맑음, 저녁 비. 무사히 항구에 도착해 우편으로 해군성에 보고
- 9월 1일 : 맑음, 2일 흐름 저녁 비, 3일부터 5일까지 흐렸고, 5일간 이곳에 머물며 석탄 15만 톤과 여러 물품을 싣고 도쿄에서 외무성 관리가 내려오기를 기다림
- 9월 8일 : 어제와 오늘 가스가함의 손상된 곳을 수리하고 석탄 12만 톤, 여러 물품 선적
- 9월 15일 : 흐림, 오전 5시 닻을 올리고 출발해서 오후 3시 조선 부산포 도착
- 9월 16일 : 맑음, 오후 1시 조선인을 승선(乘艦, 春日艦)시키라고 요청. 승선 인원은 이초산李樵山, 최군선崔君善, 박형주朴亨珠, 김중수金重秀, 김기언金其彦, 김치오金致五, 정경우鄭敬宇, 박윤선朴潤善, 하경오河敬五, 김인언金仁彦, 김은백金殷伯 이상 11명 가운데 수영水營의 집사 3명, 소통사小通事 8명
- 9월 17일 : 비, 군함 도착. 금일까지 왜관 관외 주변 산 위로 올라가 화톳불을 피우고 경비는 물론 여기저기 2, 3명의 대원 배치

- 9월 18일 : 평상시처럼 왜관 안으로 들어가 물품 매매

- 10월 5일 : 맑음, 오전 10시 도타케遠武, 이토伊東, 구라미쓰倉滿, 오구라小倉 4명 동반 육지로 걸어서 당진〔경남 사천에 있는 왜성으로 추정된다〕 1박

- 10월 17일 : 오늘 새벽 첫서리가 내려 아주 추위가 심함. 가스가함에 체류 중 지난 9월 8일 외무관원 다케우치〔竹內行貞〕로부터 조선에 기근이 심하다는 보고를 듣고 일본의 미곡을 조선에 매입하는 등의 융통으로 기근을 구조하고 싶다는 취지를 하나부사 대승에게 전달

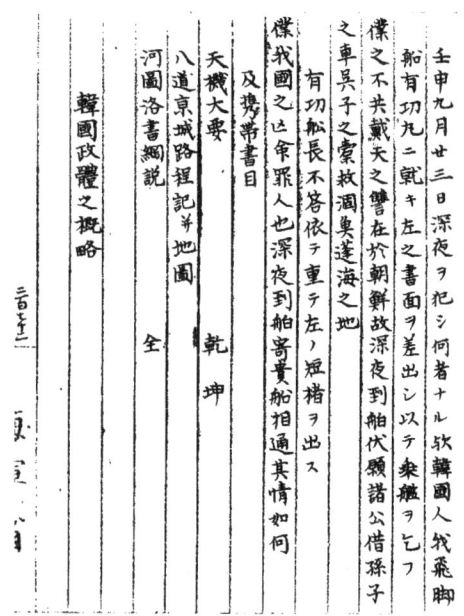

「가스가함 조선 항해일기 및 외무성 응접서 발췌」 내용 중 1872년 9월 23일의 기록

- 10월 21일 : 맑음, 육군성 기타무라 중좌, 벳뿌 대위, 미즈마水間 중속, 외무성 하나부사 대승, 히로쓰 소기少記, 다케우치 세이조 3등 일동 오후 9시 함에 승선. 11시 30분 점화, 22일 오전 2시 출항했으나 동풍이 매우 강해서 기다리고 있다가 저녁에 출발

「가스가함 조선 항해일기 및 외무성 응접서 발췌」 속에 소통사 최재수라는 자가 알려 준 조선 근황과 진술 서류가 들어 있다. 또 9월 23일, 한밤중에 조선인이 가스가함에 몰래 들어와 가스가함과 함께 부산항에 들어온 연락선 유코마루有功丸에 승선시켜 달라고 했다는 것이다. 선장이 응답하지 않자 거듭 호소하며 본인이 갖고 있던 책자와 지도도 전했다고 했다. 조선 정보와 지

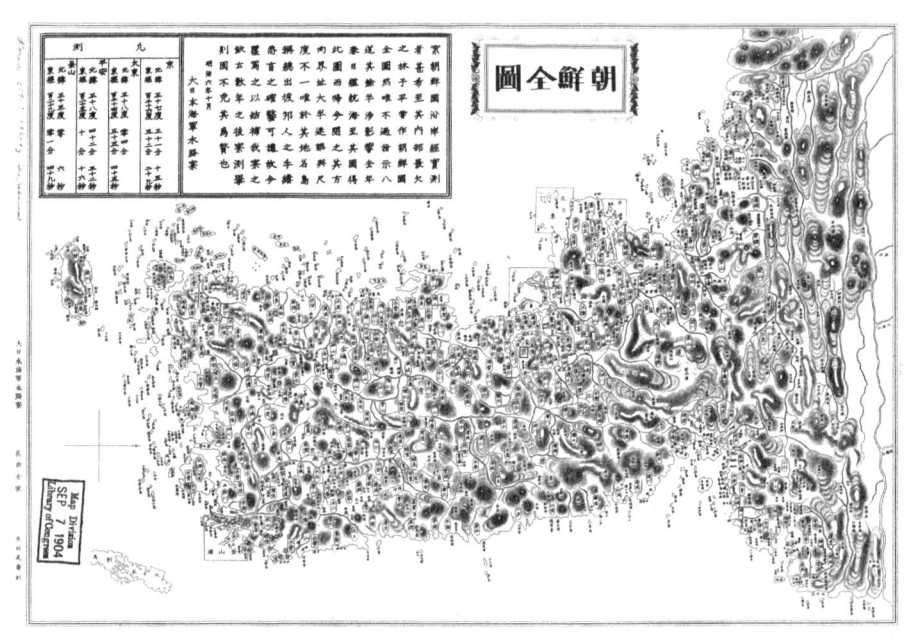

1873년 10월, 일본 해군성 수로료(이후 수로국)에서 만든 「조선전도」

도, 서적과 관련된 특이한 내용이었다. 전달한 것은 『천기대요 건곤天機大要乾坤』, 『팔도 경성노정기와 지도八道京城路程記並地図』, 『하도낙서강설河図洛書綱說 전全』[75]이었다.

그가 전한 지도는 1873년 10월 해군성 수로국에서 만든 「조선전도」에 활용된 것 같다. 지도의 설명에는 가스가함이 조선 항해 때 취득한 것이라 기록되어 있다.

"조선국 연안을 지나며 실측한 자는 매우 드물다. 하야시 시헤이(林子平, 1738~1793)가 만든 「조선팔도지도」는 내용에 결함이 있다. 조선지도도 대부분 그 수준을 넘지 못했다. 지난해 가스가함이 조선에 갔을 때 이 지도를 얻어왔다. 지금 펼쳐보니 그 방향과 경계가 대부분 아리송하고 척도도 일치하지 않는 것이 다반사다. 지명과 섬의 명칭도 조선사람이 손으로 짚어가며 정

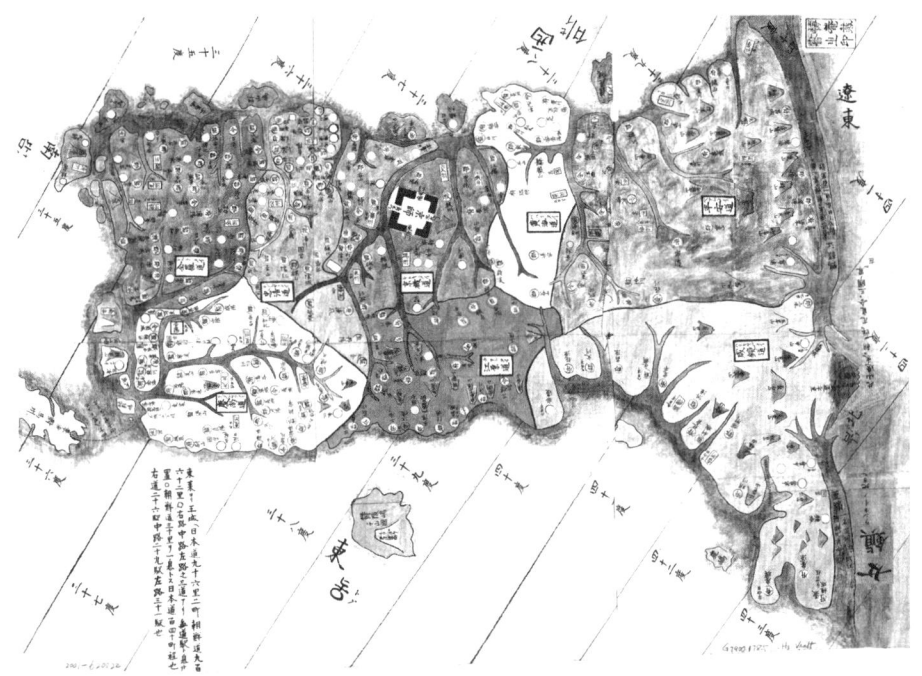

1785년, 하야시 시헤이가 만든 「조선팔도지도」

확하게 설명해야만 확인할 수 있다. 지금 복사해 해군성 수로국에서 보완하려면 몇 년이 걸린다고 했다. 향후 수로국에서 실측하지 않는다면 그 일은 어려울 것으로 본다."

해군성 수로국에서 만든 1873년 「조선전도」에 등장하는 하야시 시헤이의 「조선팔도지도」는 1785년에 쓴 『삼국통람도설三国通覧図説』의 별권에 첨부되어 있다. 하야시는 국방의 중요성을 통감했고, 특히 러시아의 남하정책을 가장 위험하고 두려운 문제로 받아들이고 있었다. 그가 쓴 지리서 『삼국통람도설』은 일본을 둘러싸고 있는 조선, 류큐, 에조(홋카이도), 오가사와라 등의 지리와 풍속을 간략하게 해설한 책이다. 머리말에 "지리는 중요한 것이다. 국사를 맡은 자가 지리를 모를 때는 치란治亂에 임하여 잃는 것이 있다. 군사를 보

• 77

내 정벌을 행하는 자가 지리를 모른다면 안위安危의 자리에서 잃는 것이 있다."며 지리의 중요성을 전면에 내세웠다. 조선, 류큐, 에조는 국경을 접하고 있으므로 이웃나라의 지리와 정세를 아는 것에 중점을 두면서 에조 개발과 방어의 중요성, 러시아의 남하에 대해 경고하고 있다.

『삼국통람도설』에는 조선팔도를 간략하게 다루었다. 조선에서 쓰고 있는 문자는 언문이고, 조선은 대대로 예물을 가지고 일본을 방문했고, 예물 품목에 대해서도 기록하면서, 특히 "진구천황 정벌 이후 대대로 일본에 조공과 노역, 공물을 바쳐왔고, 도요토미 히데요시 정벌은 특별히 기록할 만하다."고 강조했다. 1785년 쓴 글에 벌써 조선이 일본에 대대로 조공을 바쳐왔다는 왜곡된 역사관과 도요토미의 조선 침공을 자랑으로 내세우며 정한론을 주장하고 있다. 일본의 조선 정벌에 대한 꿈은

일본 육군 예과 사관학교 교재 「삼국통람도설」

뿌리가 깊고 끈질김을 확인할 수 있다. 1백 년 가까이 지난 뒤 일본의 육군예과 사관학교에서는 하야시가 쓴 『삼국통람도설』을 교재로 사용했다.

『삼국통람도설』 별권에 부속지도 「조선팔도지도」, 「류큐국전도」, 「에조국전도」, 「삼국통람여지노정전도三国通覧輿地路程全図」, 「무인도지도」 다섯 장이 들어 있다. 하야시는 「삼국통람여지노정전도」 중앙에 "조선·류큐 및 사할린, 캄차카, 랏코 섬 등 여러 나라 접경의 형세를 보기 위한 작은 지도"라 써서 지도를 만든 목적을 밝혀놓았다. 국가의 영역 표시로 조선은 노란색, 일본

은 녹색, 중국은 빨간색, 에조는 등색〔橙色〕으로 구분해 두었다. 동해상에 있는 독도를 다케시마〔竹島〕라 쓰고, 조선 본토와 같은 노란색을 칠한 뒤 밑에 "조선의 것이다〔朝鮮持也〕"고 명확하게 써두었다. 바로 옆에 위치를 알 수 있도록 "이 섬에서 온슈〔隱州, 오키섬〕가 바라다보이고 또 조선도 보인다."고 기록해 두었다. 1785년에 쓴 『삼국통람도설』은 1832년 독일인 클라프로트〔Heinrich Julius Klaproth, 1873~1835〕가 프랑스어로 번역 출간했고, 부도로 수록되어 있는 이 지도는 일본의 권위 있는 고지도로 전 세계에 보급되었다.

「삼국통람여지노정전도」에는 현재 일본이 영유권을 주장하고 있는 분쟁지역 즉 한일 독도 분쟁, 중일 조어도 분쟁〔釣魚島, 중국식 호칭 댜오위다오, 일본식 호칭 센카쿠열도〕, 러일 쿠릴열도 분쟁〔북방영토 문제, 쿠나시르/구나시리, 이투루프/에토로후, 시코탄, 하보마이〕이, 지도가 만들어진 당시에는 일본 영토로 표시되어 있지 않다. 독도와 울릉도는 조선 본토와 같은 노란색, 거해회귀선〔巨蟹回歸線, 북회귀선〕 옆 센카쿠 열도의 다섯 개 섬은 중국 본토와 같은 빨간색, 쿠릴열도는 에조와 같은 등색으로 칠해져 있다. 이 지도는 명확히 독도를 한국 땅이라 못 박고 있다.

이 지도는 보는 시각을 새로운 형태로 바꿔놓았다. 일본을 기준으로 삼아 동쪽이 위로 가게 배치했다. 일본식 질서 의식의 표현이었을까.

한편 『동아선각지사기전』에는 하나부사의 수행원으로 위장해 도쿄를 출발, 부산으로 상륙한 뒤 조선 내륙지역으로 잠입[76]한 첩보원 기타무라와 벳뿌는 한복을 입고 갓을 쓰고 2개월 동안 조선 각지를 돌며 군사 현황과 정세 정탐을 마치고 돌아와 당시 상황을 이렇게 기록해 두었다.

"이로써 일본 군사 책략을 결정하는 기초가 완성되었고, 힘들이지 않고 계림팔도〔조선〕를 남김없이 차지할 수 있는 계획을 세울 수 있었다."

사쓰마 출신 벳뿌 신스케는 사이고 다카모리를 주군처럼 모시던 무사였다. 사이고 문하에 있던 기리노 도시아키〔桐野利秋, 1839~1877〕의 사촌동생이었다. 군사정탐을 마치고 돌아오자마자 기리노에게 달려가 큰 소리로 말했다.

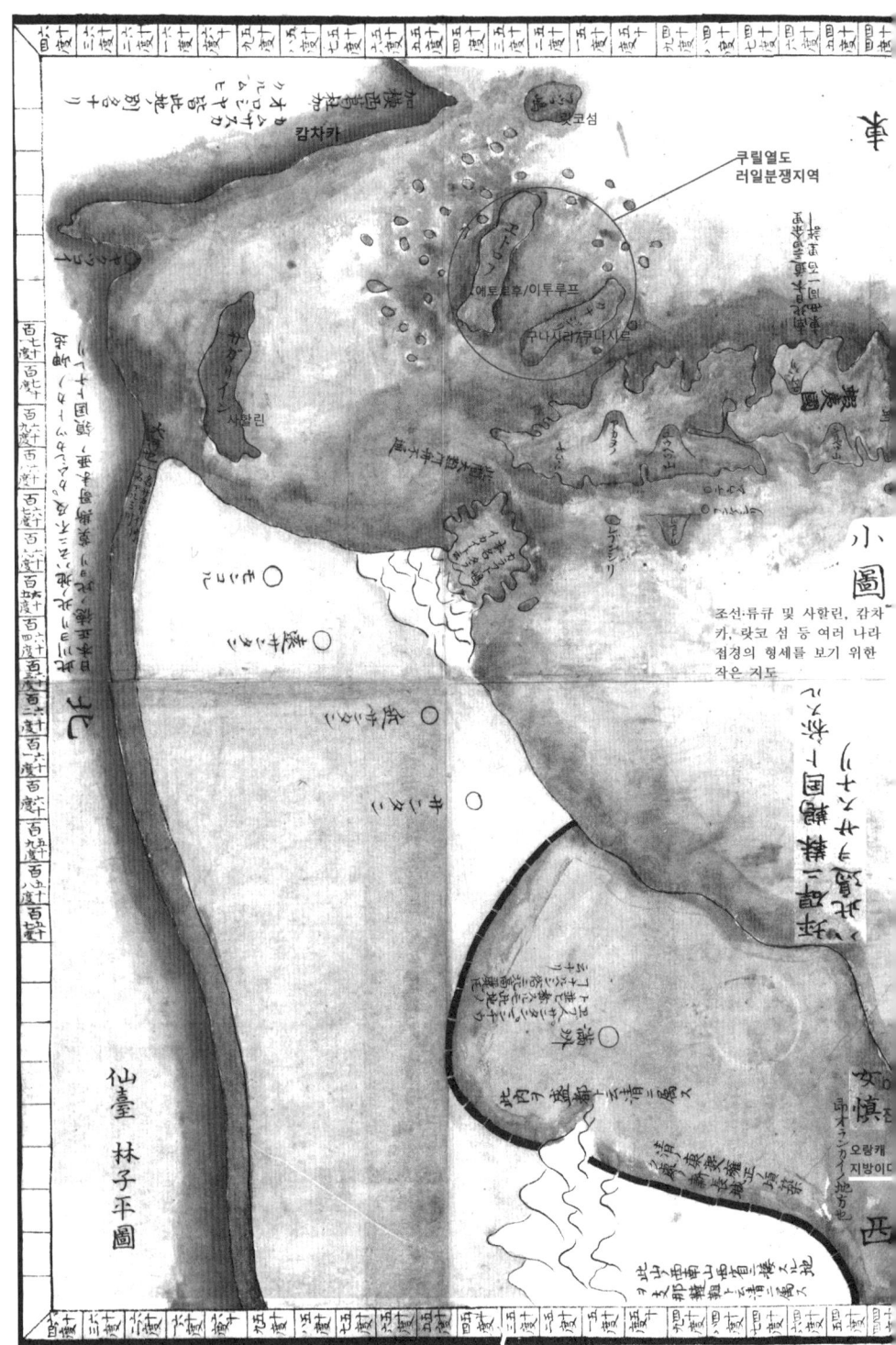

1785년, 하야시 시헤이가 만든 「삼국통람여지노정전도」. "조선·류큐·사할린·캄차카·랏코 섬 등 국경을 접한 여러 나라의 형세를 보기 위한 작은 지도"라고 지도의 목적을 명확히 밝혀놓았다.

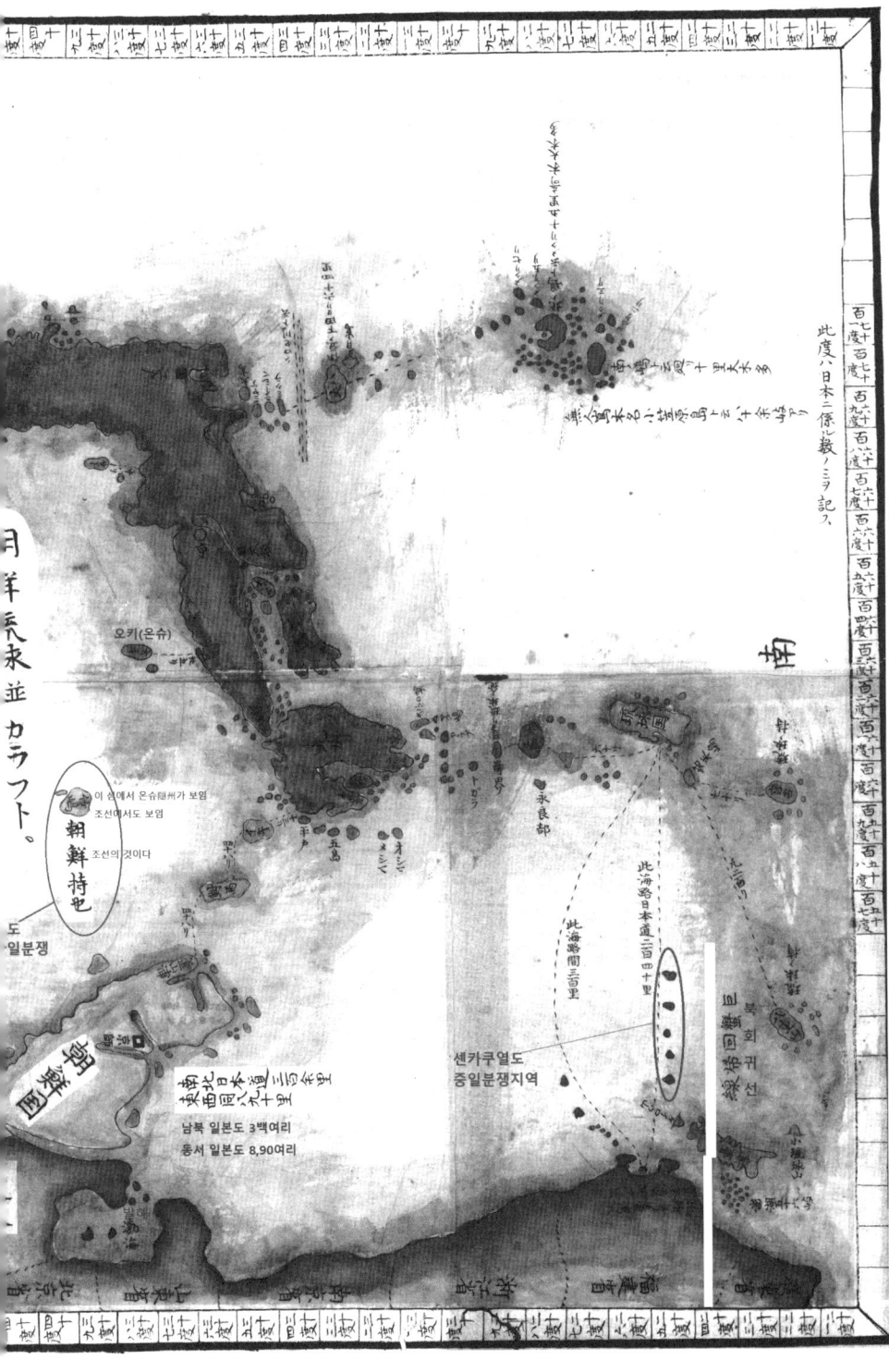

"형, 지금 돌아왔어. 조선에 사절을 파견할 필요는 없겠어. 2, 3대대 병력이면 충분해."[77]

신일본 정부 수립 초기부터 조선은 침략과 정복의 대상일 뿐이라는 정한론의 실체를 적나라하게 보여주는 대목이다.

메이지유신 핵심 세력인 도사번 출신 기타무라 시게요리는 벳뿌와 함께 정한론의 예비행동을 위한 정탐의 선구자로 평가하고 있다. 이타가키 다이스케는 정탐 당시를 이렇게 회고했다.

"정한론에 앞장서서 이들을 조선, 뉴좡〔牛莊, 1858년 톈진조약 후 개항장이 됨〕으로 파견해 시찰하게 한 것은 외교정책의 뜻이 여기〔조선정벌〕에 있어서다. 사쓰마인 벳뿌 신스케, 도사인 기타무라 시게요리가 정한론이 일고 있던 시기에 맞춰 정탐한 공훈이 적지 않다."[78]

조선 간첩대를 기획한 이타가키 다이스케와 가스가함을 타고 들어온 최초의 첩보원 기타무라 시게요리가 소속되었던 도사번의 주력부대원들. 앞줄 왼쪽 중앙 참의 이타가키 다이스케, 뒷줄 오른쪽 두 번째가 육군중좌 기타무라 시게요리

「만주시찰복명서」

외무성은 대장성에 청국과 만주로 보내 비밀 정탐할 첩보원들의 활동 자금의 지급 방법에 대해 문의했다. 1872년 8월 10일, 정원正院[79]에서 대장성에 이렇게 통보했다.

"이번에 청국으로 파견하는 이케노우에 시로 외 2명의 공금, 준비금, 일당, 선박비용 등 대략의 견적은 특별임무여서 날짜 등에 대해 견적을 내기 어렵다. 당장 출발하지 않으면 항해에 지장이 생기므로 일상적인 절차를 따르기 어렵다. 대략의 공금 1,500불, 여비 2,482엔, 1,080불을 지급하라."

정원의 강력한 요청을 받아들인 대장성에서는 이렇게 지급했다.

"이케노우에와 다케치에게 각각 871냥(여행 중 체류, 수당 1일 90전 2배수로 2백일 견적하여 540냥. 일당 1엔13젠, 2백일 견적하여 226냥, 준비금 105냥)과 360불(요코하마에서 상하이까지 중등 60불, 상하이에서 톈진까지 동일, 톈진에서 뉴쫭까지 동일, 왕복 선박 운임)을 지급. 사카키에게 740냥(여행과 체류 중 수당 1일 75젠 2배수로 2백일 견적하여 450냥. 일당 1엔 2백일 견적하여 200냥. 준비금 90냥)과 360불, 공금으로 1,500불을 지급"[80]

이케노우에는 청국 관리들의 감시를 피하기 위해 이케키요시 류와池淸劉和로 이름을 바꾸고 상인으로 변장[81]해서 1년 넘게 비밀 정탐 활동을 한 뒤 귀국했다. 다케치는 1873년 4월 10일, 사카키는 7월에 귀국했다.[82] 사카키가 제출한 보고서 「청국 체재 중 견문사건淸國滯在中見聞事件」은 최신의 정확한 첩보로 당시 일본정부와 군부 내에서 참고자료로 활용했다.

이후 이케노우에는 단독으로 만주 오지로 잠입해 지형, 인정, 풍속 등을 정탐하고 정보를 수집해 8월에 귀국했다. 일본정부와 군부 최초의 공식 해외 정탐 기록[83]인 「만주시찰복명서」를 작성해서 사이고 다카모리, 이타가키 다이스케, 외무성에 제출했다. 사이고 다카모리의 정한征韓 계획에 유력한 정보를 제공한 이 복명서에서 이케노우에는 "조선 침략은 지금이 절호의 기회"라

고 역설했다.[84]

「만주시찰복명서」에는 첩보원 이케노우에 일행의 행적이 명확히 드러나 있다.

1872년 8월 8일 청국 뉴좡으로 파견한다는 명령을 받들어 8월 16일 도쿄를 출발해 같은 날 요코하마에서 출항, 18일 고베항에서 배를 갈아타기 위해 체류, 26일 출발 9월 1일 오후 2시 상하이 도착. 이곳에서 장사꾼 다시로야 야헤이田代屋彌平 집에 머물며 영사관에 출두, 고지로 엔쵸神代延長와 만나 그의 알선으로 통역과 길 안내를 해줄 주자경周紫卿을 고용. 9월 16일 밤 미국 우편선 쓰촨四川호를 타고 17일 상하이를 출발, 21일 지푸 도착, 26일 그곳을 출발해 28일 잉커우에 도착한 뒤 그곳에서 체류. 통역과 길 안내원의 능력이 모자라 개평현蓋平縣의 왕모王某를 고용했으나 이 인물도 적합하지 않아 1개월만 고용. 몇 년 동안 북쪽 지역을 돌아다녔다는 산동성 래주萊州 출신 강연춘姜延春, 임덕창任德昌을 고용해 큰 도움을 받음.

처음 출발할 때 상하이에서 고용한 주자경은 1873년 4월 10일 가끔 고용하다가 다케치 마사모토가 귀국할 때 상하이로 돌려보냄. 4월 20일 강연춘, 임덕창을 데리고 이케노우에 시로와 함께 잉커우를 출발, 내륙 각지인 부와 현을 정탐하고 5월 3일 잉커우로 돌아옴. 5월 9일 잉커우항에 쓰쿠바함이 도착, 이토伊藤 소장 외 7명이 상륙, 세찬 바람과 거친 물결로 4일 체류, 5월 13일 아침에 돌아감. 14일 이케노우에 시로 일동이 갑자기 잉커우에서 퇴거, 중국인 신상원申尙元을 데리고 영국 증기선 타이구호太沽號를 타고 18일 밤 상하이에 도착. 이케노우에 시로는 다시 베이징으로 가겠다는 뜻을 밝혀 체류, 나는 신상원과 함께 6월 18일 미국 우편선 '마스카리카'를 타고 귀국. 일 때문에 나가사키에 며칠 체류. 7월 1일 미국 우편선 '콜로텐에지'를 타고 7일 귀경한 뒤 보고 들은 대로 별책과 같이 복명함. 1873년 7월 외무권중록 사카이 츄헤이[85]

이케노우에 시로는 일행과 헤어져 다시 중국 내부로 깊숙이 들어가 첩보 활동 중 사이고 다카모리의 정한론 정변 하야 소식을 듣고 1873년 12월 28일 귀국했다.[86]

이케노우에는 사이고가 특별히 믿고 인정한 무장이었다. 1869년 사쓰마번의 사이고 다카모리와 오쿠보 도시미치大久保利通가 정부개혁안을 들고 상경, 조슈번의 기도 다카요시, 이타가키 다이스케, 야마가타 아리토모 등과 회담할 때 사이고를 호위했다. 신일본 정부가 폐번치현을 단행할 때도, 내란에 대비해 어친병을 이끌고 상경할 때도 선두에 섰다.

사이고는 재능이 뛰어난 군략가이면서 사무처리 능력이 탁월한 이케노우에를 두고 "시로는 앞일을 꿰뚫어 보는 지혜가 뛰어나고 주도면밀함이 장자방이나 다름없다."[87]고 평했다. 이케노우에는 일본인 최초로 중국 내륙 깊숙이 들어가 정탐한 자였다.

신일본 정부는 정한론 정변 이전부터 조선을 침략하려면 언젠가 한 번은 중국과의 전쟁을 피할 수 없다고 생각하고 있었다. 중국과의 전쟁은 예견된 일이었고, 조선을 넘어 동아시아를 경영하겠다는 야욕은 이미 시작되고 있었다. 『서남전쟁 사쓰마군 장사열전西南戦争薩軍将士列伝』에서 이를 확인할 수 있다.

"일반적으로 '정한론'은 목표가 단지 조선에 있는 것처럼 해석한다. 하지만 사이고의 목적은 조선에만 한정되어 있지 않았다. 그의 원대한 경륜은 이케노우에에게 맡긴 임무만 보아도 명백하다."[88]

조선침략을 둘러싼 일본 수뇌부의 집안싸움

하나부사 요시모토는 동래 왜관을 접수하고 그곳에 머물며 업무를 보고 있던 쓰시마 관계자들을 외무성 관리로 교체하고, 조선에는 세견선 폐지와 무역에서 쓰시마번의 부채를 청산해 달라고 요구했다. 하지만 조선은 아무런 상의 없이 이루어진 일방적인 왜관 관할 변경은 인정할 수 없고, 부채청산금 수취도 거절했다.

하나부사가 신일본 정부의 특명을 등에 업고 조선 정부와 어떠한 협의도 하지 않고 왜관을 접수한 것은 한 마디로 오만방자한 짓거리였다. 이것은 외교도, 그 무엇도 아닌 일본정부 독단의 행위이고, 악독한 침략 본성 그대로였다. 왜관을 접수하고 난 뒤 조선과의 교섭은 완전히 동결되었다. 조선은 일본 정부의 왜관 접수에 격렬히 항의, 물자공급을 끊고 출입문을 닫아 버렸다.

1873년 5월, 조선은 왜관 공관 앞에 「밀무역금지 전령서」를 붙였다. 일본 외무성 관리는 즉각 전령서에 들어 있는 '무법지국無法之國'이라는 표현이 일본을 모욕했다고 도쿄로 알렸고, 내각 수뇌부는 조선을 침략해야 한다고 들끓었다.

6월, 각료회의에서 이타가키 다이스케는 왜관 거류민 보호를 명분으로 부산에 즉시 병력 1개 대대를 투입하자고 주장했다. 사이고 다카모리는 파병에 반대하며 자신을 전권사절로 보내달라고 했다.[89] 본인이 사절로 가서 죽기라도 한다면 조선을 칠 명분을 만들 수 있다는 것이었다. 사이고는 이타가키에게 7월 29일, 8월 14일 서신을 보내 자신을 사절로 보내 주면 반드시 전쟁의 빌미를 만들겠다는 뜻을 전했다. 이어 8월 17일에는 "내란을 갈망하는 마음을 밖으로 돌려 나라를 일으키는 것이 원대한 계략이다. 막부가 기회를 잃고 무사안일에 빠져서 결국 천하를 잃게 된 것이 그 확실한 증거다."[90]는 서신을 보냈다.

신일본 정부는 조선과 정체된 외교 국면을 타개하기 위해 사이고 다카모리를 사절로 파견하기로 잠정 합의했다. 다만 미국과 유럽순방을 떠난 특명전권대사 이와쿠라 도모미(岩倉具視, 1825~1883)를 비롯해 부대사 오쿠보 도시미치, 기도 다카요시, 이토 히로부미 등 총 48명으로 구성된 이와쿠라 사절단〔1871년 12월 23일~1873년 10월 13일〕이 귀국한 뒤 사이고의 조선 파견 안건을 결론짓기로 했다.

  2년 가까이 미국을 거쳐 유럽을 돌아본 이와쿠라 사절단은 조선 침공은 시기상조이며 내치에 충실해야 한다고 반대, 사이고의 사절 파견은 무산되었다. 조선을 침략해야 한다는 정한론은 사절 파견을 두고 일본의 외정과 내치 논쟁으로 치달으며 정계를 흔들어 놓았다. 불안한 국내 민심을 안정시키는 것이 우선이라는 이와쿠라 사절단의 반대와 국외에서 나라 발전의 길을 찾기 위해 도발을 일으키려면 사절을 파견해야 한다는 내각 관료들의 주장이 첨예하게 부딪치고 있었다. 파견 중지가 결정되자 정한론의 기치를 내걸었던 신정부 관료들이 일제히 사직하는 '정한론 정변'(1873년)이 벌어졌다. 정부 수뇌인 사이고 다카모리를 비롯한 참의의 반 이상과 군인, 관료 약 600명이 사퇴했고, 반대파인 오쿠보 도시미치가 권력을 장악했다. 이 정변으로 신일본 정부 수립의 핵심인 조슈, 사쓰마, 도사 번의 삼각 체제가 깨지고 있었다. "육군은 조슈번, 해군은 사쓰마번"이라는 말이 대변하듯 육군과 해군의 반목의 골도 깊어지고 있었다. 1873년부터 1877년 일본의 마지막 내란인 '세이난 전쟁'이 끝날 때까지 전국에서 분란이 끊이지 않았다.

  '정한론 정변'의 여파는 1874년 1월 이와쿠라 도모미에게 불만을 품은 자들이 습격, 부상을 입히는 사건으로 이어졌다. 이 사건은 청국과 만주를 정탐한 다케치 마사모토가 주도했다. 다케치는 도사번 출신으로 이타가키 다이스케의 심복이었다. 그는 신정부군과 구막부군의 마지막 전투인 보신전쟁(戊辰戰爭, 1868~69)에서 척후병으로 공을 세운 자였다. 이타가키는 1872년 이케노우치와 함께 밀명을 받고 만주로 파견되어 군사정탐을 마치고 1873년 4월 돌아와 있었다. 때마침 조선에서의 '왜관난출' 사건으로 정국은 시끄러웠고, 왜관의 주재관 모리야마 시게루가 조선이 일본을 모욕하는 글을 게시했다고 보고하면서 조선을 정벌해야 한다는 여론으로 들끓고 있었다. 내각에서는 조선을 침략해야 한다는 쪽으로 가닥을 잡고 있었고, 다케치도 뭘 할 것인가를 고민하며 기다리고 있었다. 하지만 9월 이와쿠라 사절단이 귀국하자 조선 침략을 유보해야 한다는 쪽으로 상황은 급변했다. 다케치는 이와쿠라 도모미가 뭔가 음모를 꾸미며 사이고와 이타가키의 정책에 반대하며 차단한 것으로 판단했다. 1874년 1월 14일 다케치는 동지를 규합, 이와쿠라를 살해하려고 했으나 실패로 끝나고 처형당했다.

1874년 2월, 사가에서 에토 신페이(江藤新平, 1834~1874), 시마 요시타케(島義勇, 1822~1874)의 주도로 불평사족들이 대규모 반란을 일으켰으나 신정부의 빠른 대응으로 무산되었다. 이후 일본정부는 잇따른 반란에 대비해 참모국을 부활하고 업무를 확장했다. 참모국에서는 4월 오하라 사토켄大原里賢 대위를 책임자로 세우고 7명의 장교와 하사를 간첩대로 꾸려 청국과 대만으로 보냈다.[91]

1873년과 74년은 일본 육군 참모국이 대외첩보 활동을 조직적으로 시작한 시기다.『참모본부 역사초안』에 "1873년 육군장교 몇 명을 청국에 보내 비로소 이웃 나라의 정세를 정탐하는 단서를 열었다."고 기록했다. 육군성 참모국장 야마가타 아리토모도 "1874년 대만정벌 이후 몰래 청국의 상황을 정탐했다."[92]고 적었다. 일본 육군의 대외첩보 수집 초기부터 활동했던 정보장교 후쿠시마 야스마사(福島安正, 1852~1919)도 "대외첩보 활동의 시작은 1874년 대만정벌 때부터다."고 회고했다.[93]

사이고를 비롯한 내각 참의들의 사직으로 권력은 재편되었지만, 조선 침략을 노리는 자들은 물밑에서 은밀하게 움직이고 있었고, 침략의 불씨도 꺼지지 않고 있었다. 내부의 정치적 모순, 내란이 수습되면 언제든 되살아날 불씨였다. 일본 해군을 장악하고 있던 사쓰마 출신들의 조선 침략에 대한 야욕은 끈질기고 집요했다. 이들이 앞세운 '정한론'은 1875년 9월 강화도에서 의도적으로 벌인 '운요호사건'으로 드러났다.

사이고 다카모리와 첩보원들의 최후

사이고 다카모리는 메이지 신정부에서 절대 권력을 휘두르다 내치 우선을 주장한 친구 오쿠보 도시미치를 비롯한 이와쿠라 사절단에게 정권을 내주고 고향 사쓰마[가고시마]로 내려와 사립학교를 세웠다. 사이고는 사쓰마 특유의 실용성과 문무를 겸비한 인재 양성 프로그램인 '고쥬鄕中'방식으로 후진을 가르치는 한편, 검술과 체력을 단련시키는 데 힘을 쏟았다. 사쓰마번이 일본 내 260개 번 가운데 가장 강력하고 탁월한 정보력을 갖출 수 있었던 바탕에는 이 '고쥬'방식이 기반이 되었다. 한편 1872년 사이고의 명령을 받고 조선과 만주를 정탐했던 최초의 첩보원 벳뿌와 이케노우에는 고향으로 돌아와 사립학교에서 후배를 가르치다가 세이난 전쟁 때 사이고와 함께 죽었다.

1877년 9월 24일, 시로야마城山가 함락 위기에 놓였고, 사이고 다카모리가 중상을 당했다. 전투 중 부상을 입은 벳뿌도 이 소식을 전해 듣고 시로야마로 달려왔다. 사이고는 벳뿌에게 가이샤쿠[介錯, 할복하는 사람의 목을 뒤에서 쳐주는 사람]를 행하라고 명령했다. 사이고의 목을 친 벳뿌는 "선생은 돌아가셨다. 선생과 죽음을 함께 하자."고 외치며 총알이 빗발치는 적진으로 뛰어들었다. 이케노우에도 이날 시로야마에서 싸우다 죽었다.[94] 일본정부는 1894년 조선 무력침략과 청일전쟁을 치른 뒤, 다케치를 비롯한 내란 가담자들을 사면·복권했다. 생전에 조선과 청국에서 첩보활동을 했던 공을 인정한 것이었다.[95]

일본정부는 안에서 휘몰아치는 정치적 불안을 잠재우면서, 외정에 대한 끊임없는 야욕도 숨기지 않았다. 특출한 재능을 가진 자들을 선발해서 해외정세, 군사, 지리정보를 확보할 준비에 착수했다. 막부 타도와 메이지 신정부 수립을 위해 전쟁에 투입되었던 실전경험이 많고 정보수집 능력을 갖춘 가장 믿을 수 있는 베테랑 요원들을 뽑아 해외로 내보냈다. 첩보활동을 위해 특파된 초기 첩보원들은 많은 어려움을 견디며 임무 수행에 아낌없이 몸을 던졌다.

3. 육군 참모국, 조선침략의 발톱을 달다

1873년, 간첩대 조선·청국 특파

1871년 일본 병부성이 육·해군성으로 분리되면서 육군성 내 참모국이 제 6국으로 개칭되었다. 1873년 육군성의 제1국, 제2국, 제6국 국장을 겸임하고 있던 도리오 고야타(鳥尾小彌太, 1848~1905) 국장은 재임기간 동안 조선과 청나라의 군사 연구를 주요 과제로 삼았다. 그는 군사 연구의 당면과제를 육군경 야마가타 아리토모와 협의하면서 육군 창립 초기 동아시아 대외정책의 근간을 수립하는데 힘쓴 자이고, 정한론의 총본산인 조슈번[현, 야마구치현]의 하기萩 출신이다.

도리오는 1863년 다카스기 신사쿠(高杉晉作, 1839~1867)가 만든 조슈번의 민병대인 '기헤이타이奇兵隊'에 들어가 막부를 무너뜨리는데 한몫했다. 메이지 유신의 수많은 무사 가운데서도 특별히 눈에 띌 정도로 난폭했고, 결단력과 비상한 머리를 가진 자로 평가받고 있다. 보신전쟁 때는 많은 전투에서 전승을 거뒀다.

1870년 무쓰 무네미쓰의 둘도 없는 친구로 기슈번의 병제 개혁에 참여한 뒤 병부성에 들어갔고, 1871년 25세에 이례적으로 육군소장에 승진, 육군성 군무국장이 되었다. 「장백산 국방 제일선長白山國防第一線」설을 주장했고, 러일 전쟁 와중에는 "장백산은 동아시아의 알프스다. 이 산의 주인이 된 자가 훗날 반드시 동아시아의 패권을 장악하여 태평성대를 누릴 것이다."는 내용의 「신

무神武 태평책」을 정부에 제안하기도 했다.[96]

　1873년 10월, 정한론 정변으로 정국이 파열된 뒤 11월에 간첩대가 꾸려졌다. 도리오는 일본의 대륙정책 수립을 위한 구체적인 실천 행동의 첫걸음으로 조선·청나라의 군사, 지리, 국정조사를 목적으로 미요 외 7명의 첩보원을 특파했다. 이때의 첩보원 파견은 냉각된 조선과의 외교 문제를 타개하고, 류큐의 미야코지마 어민 살해를 문책하기 위해 대만으로 군대를 파병하기 전 청국의 병력, 군대의 움직임, 대만의 지리정보 등 전쟁 수행에 중요한 최신 첩보를 수집해 향후 일본의 군사작전 계획을 구체화하려는 일환이었다.

　1873년 11월 28일, 육군 참모국에서 서약문, 반드시 지켜야 할 세부사항과 조목으로 각자의 업무까지 명확하게 나누어 조선과 청국의 군사, 지리, 국정을 조사하라는 훈령을 하달했다. 「육군성 대일기大日記 각 국局 문서」 '경관방卿官房'[97]의 기록에는 일본정부가 해외로 내보낸 첩보원들의 첩보 수집 방법이 구체적으로 실려 있다. 인근 국가의 정보수집을 최우선으로 먼저 내세웠음을 명확하게 보여주는 기록이다. 이때를 시작으로 20여 년에 걸쳐 조선, 청국, 러시아, 동남아시아 등의 첩보망이 구축되었다. 정탐과 첩보 수집, 지도 구입, 측량, 지도 제작, 문헌 연구를 거쳐 막대한 정보를 축적한 참모본부와 일본정부는 1894년 조선 무력침략에 이어 청일전쟁을 승리로 이끄는 기반을 다졌다.

　1873년 이후 첩보원들의 매뉴얼이 된 정탐 활동 기본수칙 조목은 다음과 같다. 이것은 전쟁 수행에 중요한 요소가 되는 적의 약점, 요충지 파악을 위한 현지 조사·정탐을 넘어서는 것이다. 침략 이후 식민지배까지 계획하고 점령지가 될 나라의 모든 것을 알고 싶어하는 매뉴얼로 보아야 한다.

청국·조선 군사 등 조사 파견 및 반드시 지켜야 할 세부사항과 조목

군사조사 : 육군중위 미요 기요모토美代清元, 육군소위 나가세 가네마사長瀨兼正

지리조사 : 육군소위 마쓰미츠 구니스케益滿邦介, 육군군조 나카무라 요시히로中村義厚

국정조사[政事取調] : 육군소위 히사쿠니向郁, 육군군조 에다 구니타카江田国容

이들을 청국과 조선에 파견할 것

서약문

이번 청국과 조선 파견에 있어 우리 모두는 아무리 어렵고 고생스러워도 인내하고 오랜 시간이 경과해도 모두 함께 귀국하겠다는 마음을 굳히고 반드시 명령받은 과업을 연구할 수 있도록 한다. 배신하면 엄벌에 처해져도 전혀 변명하지 않음을 서로 약속하고 이에 맹서문에 도장을 찍는다.

반드시 지켜야 할 세부사항

- 그 나라에서 그 나라의 일을 배우고자 한다면 반드시 그 나라의 어학에 정통해야 한다. 이것이 가장 먼저 할 일이다.
- 일본 육군에 종사하고 있더라도 그 나라에 체류 중에는 그 풍속에 따른다. 헌법을 문란하게 할 때는 그 나라(인민)가 정하고 있는 제도에 맞게 의복을 착용할 것
- 과업에 따라 연구하는 것을 주요 업무로 한다. 단 일신상의 사건에 대해서는 그 지역에 체류하고 있는 육군소장 겸 2등 특명전권공사 야마다 아키요시(山田顯義, 1844~1892)의 지휘에 따를 것

1873년 11월 28일, 조선과 청국 파견 명령서

1873년 11월 28일, 첩보원으로 파견될 때 서약문

군사·지리·국정조사로 분리해서 명령을 내림

반드시 지켜야 할 조목

미요, 나가세 : 군사 조사

- 육해군 병제 대오〔편성 대열〕에 관한 것
- 육해군 병대원 수에 관한 것
- 총포의 제조 및 작동, 탄약의 정밀함과 거칢, 쓰임새의 여부에 관한 것
- 전권全權 장교는 몇 명이고 병졸의 복무 동태 등에 관한 것
- 군함의 수와 마력 톤 수

마쓰미츠, 나카무라 : 지리 조사

- 산하·산악의 높고 낮음의 상황, 강과 바다의 깊고 얕음, 발원지와 쇠퇴한 형상, 지리, 성곽의 요충지에 관한 것
- 각 지역의 추위·더위·바람·비·기후에 관한 것
- 소나무, 목재, 물산, 토착인의 식료품에 관한 것
- 호구 수, 인구의 대강 짐작으로 셈
- 시정市井의 방위·형상, 각 지역의 성쇠에 관한 것
- 광산에 관한 것
- 논밭의 등급에 관한 것
- 수인성 질병·풍토병, 토착민의 예방법에 관한 것
- 수리水利, 말먹일 꼴, 군인이 먹을 양식에 관한 것

히사쿠니, 에다 : 국정 조사

- 정사·국가의 형태〔政體〕, 법령, 민심의 복종 여부에 관한 것
- 전권대신의 안목, 품행에 관한 것
- 관원 직무의 경계, 관원 수에 관한 것
- 조용조〔조세제도, 토지에 부과하는 세〕에 관한 것

- 언어 풍속, 인정에 관한 것
- 회계용품, 내탕고에 보관된 재물에 관한 것
- 인재, 유명한 호걸의 유무에 관한 것
- 외국과의 교제, 대우의 현황, 조약의 정밀함과 거칢에 관한 것
- 외국인 거류지의 현황에 관한 것
- 상업의 방법, 수출입 물품에 관한 것

『대지회고록』에는 조선과 청국으로 현지 조사를 떠난 첩보장교들의 이름과 업무분장에 대한 부분은 빼고 단순히 갑, 을, 병으로 나누어 싣고 있다.[98] 또 외교관계가 긴장된 시기, 군사작전 수행을 위한 첩보 수집을 향후 아시아의 부흥을 위한 것이라 미화했다.

"구미 각국이 호시탐탐 노리는 와중에 조선을 두고 중국과 일본의 관계가 긴박해지자 일본의 국책(조선 침략)을 구체화하는 동시에 동아시아 대책을 실현하기 위해 병력을 중국 영토에서 사용하는데 필요한 자료('병력을 중국에서 사용한다'란 말은 반드시 일본과의 전쟁을 의미하는 것이 아니라 그들과 손을 잡고 이끌어 아시아의 부흥을 위해 병력을 사용한다는 대외적인 의미도 다분히 내포되어 있다.)를 수집하는 것이 주임무였다."[99]

태정관 기록에도 육군중위 미요 기요모토 외 수행원 5명의 파견, 군조에 대한 전달사항을 육군성으로 통보하고, 여비를 포함한 비용 일체를 즉결 처리했다고 기록되어 있다.[100]

12월 9일, 육군경은 육군중위 시마 히로타케島弘毅에게 미요 기요모토와 동행하라는 명령을 내렸다. 수행원으로 육군소위시보 요시노 세이죠芳野正常를 포함한 8명을 청나라로 보냈다. 명령 하달과 동시에 외무성에 참모국 첩보원들의 청국 내륙여행에 편의를 제공하라는 의뢰서를 보냈다.

『참모본부 역사초안』에는 이에 대해 "군사시찰 목적으로 육군장교를 중국 각지로 파견한 것은 실제로 1873년 12월 육군대위 마쓰미츠 구니스케 등

6명에게 명한 것이 그 시초다."고 기록하면서 서약문과 반드시 지켜야 할 조목, 정탐 조목 등에 대해서는 언급하지 않았다.

대만정벌이 일어난 해인 1874년 5월 오하라大原 대위 이하 7명, 8월에는 육군대위 마야하라 가네모토馬屋原務本 등 4명을 연달아 파견했다.

1875년 2월, 육군대좌 후쿠바라 가즈카쓰(福原和勝, 1846~1877)를 청국에서 활동하고 있는 첩보원들을 관리 감독하는 최초의 공사관부 무관으로 임명했다. 4월에는 육군대위 후루카와 노부요시古川宣譽 등을 후쿠바라 대좌의 수행원으로 파견[101]하는 등 집중적으로 첩보원들을 내보냈다.

『참모본부 역사초안』을 보면 첩보원들을 파견한 기록은 있지만, 무슨 일을 했는지 쉽게 파악할 수 없도록 구성되어 있고, 정탐하고 돌아와 보고한 내용도 자세히 실려 있지 않다. 모든 첩보원은 「청국·조선에 군사 등 조사를 위한 파견 및 반드시 지켜야 할 조목」의 매뉴얼 그대로 따르면서 당면문제와 긴급한 사건은 별도로 다루었다. 특히 첩보 수집을 위해 해외로 내보낸 첩보원 관련 사항은 일본의 정부문서를 치밀하게 날짜와 인물로 분리하며 핀셋으로 뽑아내듯 들여다 봐야 제대로 보인다. 깊이 들여다 보지 않으면 쉽사리 파악하기 어렵다. 육군성 일기도 '특비特秘', '극비極秘', '비秘', '기밀'이라는 이름을 달고 겹겹이 봉인해 두었다. 세월이 흘러 옛 기록은 봉인을 풀어놓은 것처럼 보이지만, 실체에 다가가기 위해 봉인의 방을 열고 들어가 보면 또 다른 봉인의 방을 수도 없이 만나게 된다. 일본이 지금도 대한민국을 비롯한 중국과 대만, 아시아의 침략 행위를 진정성 있게 인정하고 반성하지 않는 작태에는 그들이 숨겨놓은 봉인의 문서들을 풀어내지 못할 것이라는 오만과 자만을 갖고 있어서다. 양심 있는 일본학자들조차 그들이 본 부끄러운 역사의 기록을 굳이 세상 밖으로 끌어내 보여주는 데는 아주 인색한 면이 있다. 야누스의 마음을 가진 자들도 적지 않다.

앞서 1872년 8월 조선과 청국에 파견한 첩보원들은 일본정부 차원에서 외무성 관리로 위장해 파견했다. 1873년 12월의 파견에 관해 일본 정부가 만든 공문서들은 정부가 공식적으로 첩보원을 해외로 내보냈음을 증명해준다. 이 때는 체류 기간이 짧아 첩보 수집에 한계가 있었으나, 일본정부가 대만정벌의 방침을 구체적으로 결정할 수 있게 해준 공로는 이들의 활동이 있었기에 가능했다고 평가하고 있다. 분명한 것은 메이지 신정부 초기부터 조선과 중국 대륙침략을 위한 준비가 차근차근 진행되고 있었다.

첩보원들의 은밀한 첩보 수집

마쓰미츠 구니스케 형제들

1873년 11월, 첩보원 육군소위 마쓰미츠 구니스케(益滿邦介, 1849~1899)는 청국 파견 명령을 받고 미요 중위와 함께 12월 23일 상하이에 도착했다. 때마침 가바야마 스케노리(樺山資紀, 1837~1922, 사쓰마번) 소좌가 대만정벌군의 거사 여부를 확인하기 위해 다시로야田代屋에서 숙박 중이었다. 마쓰미츠는 사이고 쥬도가 가바야마에게 보내는 서한을 전하고 도쿄의 사정과 정한론 정변으로 정국이 파열되었음을 전해주었다. 대만정벌 실행 여부에 대한 내용도 전한 뒤 톈진으로 가서 중국어를 배우며 1여 년에 걸친 정탐을 마치고 이듬해 11월 귀국했다.[102]

마쓰미츠는 사쓰마번 고려마을(現 : 鹿兒島縣鹿兒島市高麗町) 출신 무사다. 고려마을은 막부 말부터 메이지 시대에 걸쳐 많은 인물을 배출한 곳이었다. 그의 형제들은 전쟁터에서 이름을 얻었다.

조선, 청국, 류큐에서 첩보활동을 했던 마쓰미츠 구니스케

장남 마쓰미츠 유키타카益滿行敏는 조슈 정벌 때 군대를 끌고 나간 자였다.

차남 마쓰미츠 규노스케益滿休之助는 사이고 다카모리의 밀명을 받고 에도에 있는 사쓰마번의 저택을 본거지로 삼고, 에도 시내를 의도적으로 혼란에 빠뜨려 메이지 신정부를 수립하는 계기를 만든 자였다. 1868년 3월, 신정부군의 에도 총공격 때 가쓰 가이슈勝海舟, 1823~1899의 명령을 받고 막부의 사자 야마오카 뎃슈山岡鉄舟, 1836~1888를 사이고 다카모리에게 보내 무사히 회담할 수 있게 했고, 에도로 무혈입성하는 데 공을 세웠다. 이후 그는 우에노 전쟁에서 유탄을 맞고 요코하마 야전병원에서 죽었다.

삼남 마쓰미츠 유키야스益滿行靖, 1846~1878도 보신전쟁에 참가해 전공을 세운 뒤 육군에 출사한 자였다. 1873년 육군중좌에 임명되어 참모국의 명령을 받고 독일에서 병제·병학 연구를 하던 중 1878년 병으로 죽었다.

막내인 마쓰미츠 구니스케도 형들에게 뒤지지 않고 여러 전쟁에서 공을 세웠다. 영국 함대와 사쓰마번의 전투(1863년 7월)에도 참가했고, 검도의 달인이었다. 이후 1871년 어친병御親兵에 편입된 뒤 근위부대에서 육군소위로 승진했다. 1873년 11월, 군사작전 계획 수립을 위해 청국과 대만으로 잠입해 지리, 풍토와 관련된 정보수집, 대만침략을 위한 사전조사와 군사작전에 필요한 첩보를 수집·제공한 뒤 이듬해 11월 귀국했다.[103]

1874년 11월 3일, 임무를 마치고 도쿄로 돌아온 마쓰미츠는 1876년 강화도조약 체결 때도 전권대사 구로다 기요타카의 수행원으로 들어와 첩보활동을 하고 돌아갔다. 6월 외무대승 미야모토 고이치 이사관이 수호조규안 처리를 위해 조선에 올 때도 수행원으로 들어와 비밀 정탐과 지리 조사를 했다. 초기 조선 침략지도 「조선도부약도朝鮮都府略図」도 이때 만들어졌다.

1873년 이후 첩보원 마쓰미츠는 조선, 청국, 류큐왕국 등지에서 첩보를 수집하거나 특별임무를 수행할 때마다 등장하고 있다. 다음 기록은 일본 최대의 내란인 세이난 전쟁과 류큐병합 당시 류큐 국왕을 유폐시킬 때도 깊게 관여했음을 보여준다.

1877년 세이난 전쟁 때 마쓰미츠는 보병대위로 승진, 별동대 제5여단 참모로 오야마大山 소장의 막료가 되었다. 평정 후 공을 인정받아 쌍광욱일장雙光旭日章과 연금을 받았다. 1878년 류큐병합 때 류큐로 들어갔다. 병력을 이끌고 슈리首里로 잠입, 류큐 국왕을 별저로 유폐시켰다. 이어 중국의 남북지역으로 밀파되었다.[104]

1879년 2월 13일, 육군대위 마쓰미츠 구니스케는 참모본부 관서국 요원으로 류큐에서 귀경해 그곳의 정세를 보고했다. 1878년 12월 참모본부는 마쓰미츠 대위에게 출사 명령을 하달하여 류큐번에 파견했다. 그곳의 지리, 성과 요새, 도로, 교량, 풍토, 민정, 양식, 땔감, 기후 등에 대한 조사를 명했다. 임무를 마치고 돌아온 그날(2월 13일) 바로 정세를 보고했다. 참모본부차장 오야마 이와오는 류큐번 속치屬置 건에 관해 이와쿠라 우대신에게 보고하고 내각회의를 열 것을 청했다.[105]

일본정부는 외교·군사적으로 중국과 밀접하게 연관되어 있는 대만, 류큐왕국, 조선을 침략하거나 병합하고자 군사작전을 시행하기 전 사전 조사를 했다. 반드시 국정조사, 군사·지리정보, 지도 제작, 기타 민심의 동태 등을 파악하기 위해 간첩대를 파견했다. 특히 외교와 군사 관계가 긴장되거나 경색되었을 때 첩보원들의 첩보활동은 더 기민해졌다. 대만정벌, 류큐왕국 병합, 조선 무력침략을 위해 첩보원으로 활동했던 마쓰미츠는 1894년 9월 혼성여단장 하세가와 요시미치長谷川好道의 부관으로 인천에 들어왔다. 청일전쟁이 끝난 뒤 그 공로로 1895년 훈공4급, 금작훈장을 받았다. 1899년 육군소장으로 승진하고 9월 51세로 죽었다.

1873년 첩보원들의 활동 정황

미요 기요모토와 나가세 가네마사는 청국에서 활동한 첩보원 중 가장 활약이 두드러진 자였다.

1873년 11월, 파견 명령을 받고 미요 중위를 대장으로 7명의 첩보원과 함께 12월 15일 도쿄를 출발, 23일 상하이로 들어가 청국의 풍속을 배우고 익혔다.

1874년 봄, 해빙기를 기다렸다가 해로로 톈진으로 잠입했다. 그곳에서 중국어를 배우며 풍속과 지역 상황을 살핀 뒤 베이징으로 들어갔다. 베이징에 체류하고 있는 유일한 일본인 오구로즈 고쵸우(小栗栖香頂, 1831~1905)의 소개로 중국어를 배우면서 첩보활동을 펼쳤다. 중국 북부지역으로 첩보원들을 보낸 것은 정한론과도 관련이 있었다. 당시는 첩보원으로 파견된 정보장교들의 수당도 구체적인 내규가 마련되지 않아 1년에 1,000엔 정도였다.[106]

함께 파견된 나머지 7명 가운데 다시 청국에 잠입한 시마 히로타케와 히사쿠니 소위는 대만출병 뒤 청국과 담판을 전후한 시기에 일시 귀국했지만, 나가세는 다른 첩보원들과 달리 계속 머물며 첩보활동을 이어갔고 6년 뒤 돌아왔다.

1874년 5월, 대만정벌 이후 청국과 일본이 교섭하는 동안 베이징에 공사관이 개설되고 나가세는 그곳에 자리를 잡았다. 그때부터 본격적으로 훈령에 의한 첩보 수집과 정탐 활동에 집중했다. 베이징에 머무는 동안 18성의 육해군 병제, 군사 조직, 군함, 병기 등에 대한 첩보를 수집했다.

1876년 6월, 윈난사건(윈난성에서 동년 1월 영국인 살해) 해결을 위해 지푸에서 리헝창(李鴻章)과 영국공사 웨이드가 교섭하고 있을 때 나가세는 시마 히로타케, 히사쿠니와 함께 군사와 관련된 모든 첩보를 수집했고, 9월에 영국과 청국의 조약 내용까지 상세히 보고했다.[107]

히사쿠니도 조슈번 출신으로 초기 육군 참모국의 첩보원으로 선발되어 정국 정탐과 정보수집에 매달렸다. 1873년 11월 28일, 육군소위로 미요 일행과 함께 파견되었고, 베이징에 머물며 국정, 언어, 풍속, 수출입 물품, 거류 외국인의 현황 등 국정 관련 정보를 수집했다.

1875년 5월, 다시 베이징으로 밀파되어 임무를 수행하면서 체류 장교의 임무에 관한 내규를 만들 필요를 느꼈다. 1876년 5월, 히사쿠니는 후쿠바라 대좌와 상의해 청국 체류 장교의 임무에 관한 의견서를 제출했다.

1877년 7월, 일시 귀국했다가 3개월 뒤 세 번째로 청국에 밀파되었다. 10월, 한커우漢口에 머물며 양쯔강 유역에 대한 정보를 수집했다. 매월 온도와

1897년 미요, 나가세, 히사쿠니 등은 청일전쟁 공훈자로 선정되어 공로금 500엔을 받았다.

기후를 표로 만들고, 비고란에 국정과 시사 관련 내용을 자세히 기록했다.

1878년 6월 4일, 「러시아의 대중국정책에 관하여」라는 의견서를 참모국장 도리오 고야타에게 보냈다.[108] 9월, 한커우에서 강을 따라 내려와 상하이로 들어갔는데 9월 4일 오전 6시경 갑자기 심한 설사로 치료를 받았으나 효과가 없었고, 오후 10시에 죽어 다음날 5일 일본 묘지에 묻혔다. 29세였다. 히사쿠니는 1873년 처음 청국으로 밀파되어 급사하기까지 6년 동안 중요 의견서 작성과 첩보활동에 매달렸다.

이후 미요 기요모토, 고故 나가세 가네마사와 히사쿠니는 조선 무력침략과 청일전쟁 공훈자로 선정되어 1897년 7월 13일 각각 500엔의 공로금을 받았다.

시마 히로타케도 신일본 정부 초기 청국과 만주로 밀파된 첩보원 중 만주 실지조사의 일인자로 불렸다. 1872년 3월 육군소위, 1873년 11월 보병중위로 승진한 뒤 첩보원으로 청국에 잠입했을 때는 오래 머물지 않고 귀국했다. 1876년 다시 밀파된 뒤 11년간 청국에 머물며 정보수집과 지도 제작을 지속했다.

1879년 일시 귀국하여 4월 창립된 도쿄지학협회의 첫 번째 월례회 강연자로 선정되었다. 4월 26일, 참모본부의 첩보원으로 활동하며 수집한 만주 이야기 「만주기행발서滿洲紀行拔書」를 강연했다. 만주라는 미지의 세계를 정탐한 견문 내용이었다. 당시 일본정부의 주요 관심사는 조선, 만주, 중국에 대한 역사, 군사, 지리, 물산 상황 등에 대한 정탐과 지도 제작에 있었다. 다음은 강연내용의 요약.

1877년 만주를 유력하고 지나온 요지의 개략을 기록했다. 〔…〕 내가 통과한 도로는 먼저 베이징을 출발해 도보로 산하이관山海關을 넘어 성경성盛京省, 봉천부에 이르렀다. 둥베이東北, 지린성吉林省, 베두네(伯都訥, 현재 부여현)를 지나 헤이룽장성黑龍江省 치치하얼齊齊哈爾에 이르렀고 다시 동남으로 향했다. 후란허呼蘭河 등의 신개간지를 지나, 몽골로 들어갔다. 그곳을 거쳐 성경성, 봉천부로 돌아 나와 다시 중국의 뉴좡, 잉쯔營子, 산하이관, 톈진, 베이징으로 들어오는 7개월에 걸친 여정이었다.

시마 히로타케의 첩보활동 영역은 넓었다. 만주 전역을 발로 걸으며 각 지역의 정황, 지세, 풍속, 물산, 가옥에 쓰인 재료, 기후, 교통 상황, 생산되는 광물 등을 기록했다. 주요 지역인 봉천부, 지린성, 헤이룽장성의 간선을 따라 정탐조사를 진행했다. 각 성을 지키는 장군들을 방문해 지리지, 병비, 지도 등에 대한 정보도 수집했다. 기존 지도와 현지 조사의 차이점을 주도면밀하게 살피고 교정하는 데 집중했다. 그의 일지는 『만주지지』의 기초가 되었다. 상세하고 정밀한 내용은 당시 만주 상황을 파악하는 기초자료가 되었고, 1888년 『만주기행』(전2권)으로 간행되었다.

참모국이 첩보원을 해외로 내보내 첩보를 수집하기 시작한 것은 1873년부터였다. 이때는 체류 기간이 짧아 특별히 쓸 만한 정보는 없었지만, 그 경험이 향후 첩보와 정보수집의 방침을 구체화할 수 있는 바탕이 되었다. 1875년에는 현지에서 정보수집 임무 수행과 관련한 불편 사항을 개선하고, 첩보원들의 언동과 일탈 행위를 규제하기 위해 공사관부 무관을 두어 관리하는 제도를 만들었다. 이후 첩보원의 지속적인 파견과 장기간 체류, 어학생 파견, 현지 거류 일본인의 활용 등 범위가 확대되고 체계화되었다.

4. 1873년, 고종의 집권과 외교정책의 변화

대원군, 뒤로 밀리다

1873년 12월 12일, 고종은 친정을 선포했다. 10년간 세도정치로 권력을 장악했던 대원군이 일선에서 물러났다. 쇄국으로 굳게 닫혀 있던 조선은 고종의 친정으로 외교정책의 변화를 꾀했다. 일본과의 수교 문제도 중요 현안으로 부각되었다.

왜관에 있던 오쿠기 이사무奧義制는 1874년 3월 14일 동래부사가 경질되고 3월 27일 다른 인물로 바뀔 예정임을 귀국해 있던 모리야마 시게루에게 알렸다.[109] 육군성 참모국도 1873년 11월 28일 조선과 청국에 군사, 지리, 국정조사를 위해 첩보원을 파견해 놓고 있어서 조선의 사정이 급변하고 있다는 첩보를 확보하고 있었다.

1874년 5월 15일, 태정관의 태정대신 산조 사네토미는 외무성으로 모리야마 시게루에게 가장 최신의 조선 정세를 조사할 것과 행동 지침을 하달했다.[110]

> 이번에 조선국의 국론이 달라졌다는 보고가 있었다. 요즈음 여러 가지 소문이 들리므로 조선의 사정을 탐색하기 위해 파견한다. 이에 다음 조건을 준수하여 조치할 것
>
> - 우선 나가사키에서 증기선을 빌려 쓰시마로 항해한다. 증기선보다 작은 일

본 배 3척을 빌려 1척은 초량관에 보내 일임하여 동정을 살필 것. 2척은 탐색선으로 거제도, 울산 주변의 해안을 돌아다니며 그들이 어떻게 대응하는지를 시험할 것. 위의 증기선은 대략 20일간 쓰시마에 정박하는 것으로 견적을 내라고 미리 정해두고, 진퇴에 대해서는 임기응변으로 대처할 것. 각 탐색선이 돌아와 이상 없음을 보고하면 신속히 세를 낸 증기선은 해지할 것

- 조선의 국론이 달라졌다고 해도 일본에 대한 대응이 별로 바뀐 것이 없거나 탐색을 해도 각별히 이상한 상태가 아닐 때는 신속히 소宗 외무대승이 조선에 건너가야 한다는 것을 보고할 것
- 이번 사건에 대해 되도록 조선의 혐의를 받지 않도록 주의할 것. 기밀을 요하는 일이므로 어떤 관리를 막론하고 쓰시마에서 조선으로 들어가겠다고 신청해도 혐의를 받을 가능성이 있으면 이를 허락하지 말 것

6월 14일, 모리야마 시게루는 조선으로 건너와 국정을 탐색하고 6월 21일 외무경에게 조선 정세를 보고하면서 소 시게마사의 신속한 파견을 건의했다.[111]

7월 24일, 외무성에 국정 탐색을 마친 탐문서를 제출했다.[112]

8월 21일, 외무경에게 동래부의 상황에 대해 훈도 안준경이 한양에 압송되었음을 알리고, 밀탐을 위해 미리 매수해 두었던 통역 김복주金福珠라는 자가 배통사로 등용되었으니 상황이 순조롭다고 보고했다. 외무경과 예조판서가 대등한 예로 사신을 파견하는 것으로 일단락짓기를 권하며 조선인들은 교활하므로 기량이 탁월한 자를 뽑아달라고 제안했다.[113]

모리야마 시게루에게 조선의 사정을 은밀하게 전해준 통역 김복주는 다시 기록에 등장한다. 1875년 3월, 초량 왜관에 들어간 모리야마는 조선국 동래부사와의 면접방식에 관해 훈도와 절충 중이라고 야나기와라 사키미쓰柳原前光에게 보고했다.

"전 배소통사陪小通事 최재수崔在守라는 자가 작년부터 울산 감옥에 투옥되

었다가 지난 1일 출옥해 동래에 불려 와서 배소통사에 복귀했다. 공적으로 공관에 알려오지는 않았으나 김복주가 은밀하게 알려 주었으므로 틀림없는 사실이라 생각한다."[114]

1874년 8월 6일, 조선정부에서는 청나라 예부에서 보낸 공문의 회답 건에 대한 어전회의가 열렸다.

중국 예부禮部의 자문咨文에 대한 회답回答에, "총리각국사무아문의 편지와 다시 심보정沈葆禎이 신들에게 보내온 편지 내용에 근거하면 프랑스 장군 지켈[P.M. Giquel]이 말하기를, "일본은 아직도 나가사키에 5,000명의 군사를 가지고 있고 대만에서 군대를 철수한 다음에는 조선과 해 보려고 하는데, 프랑스와 미국은 조선과 지난번의 사건을 아직 해결하지 못하고 있는 만큼 아무래도 병선兵船을 가지고 일본을 도와줄 것이니 조선은 세 나라를 대적하기에 부족하다. 만약 중국이 조선으로 하여금 프랑스나 미국과 통상조약을 맺도록 한다면 일본은 형세가 고립되어 감히 군사를 출동시킬 수 없게 될 것이며 조선의 백성들을 보전할 수 있을 것이다. 설사 일본이 무모하게 군대를 출동시킨다고 해도 조선 자체의 힘만으로도 넉넉히 지탱할 수 있을 것이다."고 했습니다.

상고하건대 일본이 조선을 넘겨본 지가 어제 오늘의 일이 아니라는 것은 외국의 신문지상에도 자주 실리는 말이니 지켈의 말이 꼭 근거 없지는 않을 것입니다. 만약 일본이 조선을 침략하고자 프랑스와 미국의 원조까지 받게 된다면 형세는 무심하게 보고만 있기 어렵습니다. 프랑스나 미국과 통상조약을 맺는다는 말은 종전부터 각국에서 자주 이런 의사를 가지고 있었지만 신의 아문衙門을 통해서 잘 막아왔습니다. 지금에 와서는 이미 들은 말이 있으니 마땅히 사실에 따라 알려주어야 할 것입니다. 예부에 명령을 내려 참작하여 조선 국왕에게 비밀 자문을 띄움으로써 미리 대책을 세우도록 할 것을 청합니다.[115]

청국 예부에서 조선 국왕에게 비밀 자문을 보내 일본의 조선 침략에 대한 대책을 세우라고 미리 알려 주었다.

8월 11일(음6월 29일), 다시 어전회의가 열렸다.[116]

영의정 이유원이 아뢰기를, "우리나라는 일본과 이웃해 있으면서 통신사가 왕래한 지 300년이나 되었지만 한 번도 분쟁 없이 언제나 사이좋게 지낸 것은 예의로 서계를 보내고 제때 예물을 주면서 털끝만치도 서로 잘못한 것이 없어서입니다. 그런데 갑자기 3년 동안 까닭 없이 관계가 단절되어 지금은 관계를 폐쇄하고 약조를 폐기한 것과 다름없이 되었습니다. 그런데도 우리나라는 아직 그 이유를 모르고 있습니다. 다만 한 훈도의 말만 믿고 그가 하는 대로 내버려 두니, 저들은 스스로 의기양양하여 제멋대로 방자하게 굴면서 가옥을 넓게 차지하고 읍내에서 편안히 살고 있으며 삼남三南의 온갖 물건을 도매로 사들이고 있으면서 왜관에 발길조차 들이지 않은 지 몇 년이 되었습니다. 이것은 참으로 법에 어긋나고, 별차別差가 왜관에 들어가는 것도 막고 있으니, 일이 갑작스럽고 의도를 헤아릴 수 없는 지경입니다. 공목公木에 대한 농간질과 끝없는 돈놀이를 하여 모든 도道가 원망하기에 숱한 사람들의 입을 막을 수 없는데도 오히려 하찮은 물건과 사소한 일로 귀착시키고, 감사와 수령은 모두 그 꾐수에 빠져들어 그의 죄상을 알지만 내놓고 이야기하지 못하고 있습니다. 나라의 체면이 깎이고 약조가 파괴된 것은 바로 이 때문입니다. 신이 봄에 새로 내려가는 관찰사와 동래부에 엄하게 신칙하여 공목은 거두어 들이고 명령을 기다리게 했지만, 빚돈을 놓는 일은 아직까지도 낭자하니, 무슨 까닭인지 모르겠습니다. 신의 생각에는 부산의 전 훈도 안동준을 의금부의 나장을 보내어 잡다가 엄격히 신문하여 죄를 다스리고, 별정도해관別定渡海官을 내려보내 그 연유를 캐낸 뒤 임금에게 알리게 하고, 공적으로나 사적으로나 농간질한 물건은 관찰사가 남김없이 조사하여 전부 관청에 넘겨 군수軍需에 보태어 쓰도록 하는 것이 어떻겠습니까."

고종이 하교했다.

"아뢴 대로 하라. 별차는 그 전부터 대마도에 왕래하던 사람인가."

이유원이 아뢰었다.

"별차도 역관의 자리로 대마도에 왕래했으며 일이 없을 때는 사이좋게 지내려 노력하고, 일이 있으면 기밀을 탐지하는 사람입니다. 최근 몇 년 동안 관계가 멀어지면서 보내지 않았기에 점차 틈이 생기게 되었으니 그들의 동태를 알 길이 없습니다. 지금의 계책으로는 도해관을 따로 파견하여 자세히 탐지하여 오게 하는 것보다 더 좋은 방도는 없습니다."

고종이 하교했다.

"나도 그들의 실정을 탐지할 사람을 보내려고 한 지 오래다."

우의정 박규수朴珪壽가 아뢰었다.

"지난번 안동준을 우선 그 자리에 두고 일을 맡아보게 하라는 하교가 있었지만, 그가 이미 법에 어긋나는 짓을 하여 모든 도가 원망하고 지금까지 저지른 죄상이 낱낱이 드러났습니다. 더욱이 변경에서 일어난 말썽을 가지고 말하면 일본 황제가 막부를 내쫓고 나라의 정사를 총괄한다는 것은 그가 과장한 말입니다. 대마도주가 '황제'요 '칙서'요 한 것은 바로 그들 자신이 높여서 부른 것이지 결코 우리나라에서 '황제'요 '칙서'요 하고 불러달라는 요구는 아닙니다. 또 대마도주의 작위를 전과 달리 부르는 것은 그가 겸임으로 벼슬을 더 받을 수도 있는 것이니 괴이할 것은 없습니다. 그런데 격식을 어겼다고 하여 대뜸 그의 편지를 거절한 지 이제는 여러 해가 되었으나 원인을 해명하지 않고 있습니다. 해외가 풍속이 다르나 어찌 나쁜 감정이 생기지 않겠습니까. 보통 친구 간이라 해도 남이 보낸 편지를 거절하고 받지 않으면 반드시 감정을 사게 되는데, 더구나 이웃 나라로서 사이좋게 지내자는 처지에서야 더 말할 게 뭐가 있겠습니까. 영의정이 아뢴 것은 정말 시급한 문제고, 안동준에게는 단호히 해당 형률을 시행해야 할 것입니다."

이유원은 쓰시마를 왕래하며 기밀을 탐지하던 별차를 최근 몇 년 동안 보내지 않아 동태를 알 수 없으니 지금으로서는 도해관渡海官을 파견해 자세히 탐지해오는 방법보다 좋은 것이 없다며, 역관의 파견을 요청했다.

8월 15일(음7월 3일), 특별히 당상 역관을 동래부로 보내 일본에 역관을 파견하려는 사유를 왜관에 전달했다.[117] 조선의 쇄국정책과 서계 문제로 얼어붙어 있던 일본과의 외교관계에 변화의 바람이 불고 있었다.

8월 31일, 훈도 현석운玄昔運과 별차 현제순玄濟舜은 새로 부임해 동래에 도착했다.

9월 4일, 왜관에 체류 중인 모리야마 시게루와 회담을 가졌다. 서계 관련 의견이 오고 갔다.

"1872년 봄에 사본으로 보낸 서계는 원문을 보낸 것이 아니므로 이대로 받기 어렵다."(훈도 현석운)

"먼저 조선에서 서계를 만들어 가지고 사신을 청해서 오게 해 달라"(모리야마)

"이제까지 중간에서 지체된 것은 모두 전 훈도의 잘못이고, 오늘에 이르러 귀국의 호의도 알았으므로, 양국의 일을 순리대로 조처하겠다."(훈도 현석운)

서계의 격식이 어긋나면 돌려주는 문제, 새 인장을 사용하는 문제, 외국인에게 내주는 여행권의 격식을 고치는 등의 문제 중 하나를 선택해 교섭하기로 약조하고 일단락지었다.

9월 19일(음8월 9일), 영의정 이유원은 훈도 현석운이 모리야마와 회담한 내용을 고종께 아뢰었다.

방금 부산 훈도 현석운의 보고를 보니, 그동안 왜관의 관수館守인 일본인과 만나서 이야기했는데 그가 세 가지 문제를 간청했습니다. 한 가지는 우리가 먼저 서계를 만들어 사신을 청해서 오게 해 달라는 문제였습니다. 몇 해 전에 서계를 받아들이지 않은 상황에서 이번에 거론하는 것은 부당합니다. 사신을 청해서 오게 하는 문제는 인색하게 할 일은 아니지만 서계를 다시 고쳐 가지고 오겠다고 했으니 서로 좋게 지내자는 뜻으로 볼 수 있습니다. 우리나라의 후의를 잘 알아듣도록 타이르고 수정하여 가지고 오도록 한 만큼, 만약 일이 순조롭게 되면 다시 이웃간의 관계를 좋게 가지게 될 것이며, 만약 따르기 어려운 말들이 있으면 다시 물리치더라도 안 될 것은 없을 듯합니다. 특별히 파견하는 역관과 도해관에 대해서는 잠시 회답을 기다려보고 품의해서 처리하는 것이 어떻겠습니까. 또 몇 해 전의 서계 문제에 대해서는 아직도 해명이 없어서 결국은 무슨 까닭인지 알 수 없습니다. 하지만 이제 다시 고쳐 가지고 온다면 이로부터는 종전의 좋은 관계를 회복할 수 있을 것입니다.[118]

이처럼 조선정부에서는 서계를 다시 고쳐온다면 관계가 좋아질 것이라 낙관하고 있었다. 하지만 모리야마 시게루는 9월 5일 「교섭 전 대책보고」라는 제목으로 외무경 데라지마 무네노리에게 이때의 상황을 보고했다. 새로 부임한 훈도는 침착하고 교활해서 애매모호하게 상황을 처리하는데 능한 자로 생각된다. 자기 생각에는 아무래도 일이 잘 진척되기 어려울 것으로 보이니 이따금 군함을 부산에 출몰시키면 상당히 도움이 될 것이라 제안했다. 그러면서 "조선에 건너온 가장 중요한 임무가 탐색이라, 조선인 정탐원을 쓰게 되었고 비용도 많이 들었다."며 고충을 토로하고 비용 처리를 위해 서무국에 잘 전달해줄 것을 요청했다.[119] 모리야마는 무력을 앞세워 위압적인 광경을 연출해 두려움부터 심어주려는 전형적인 침략자의 수법을 사용할 것을 건의했고, 군함을 이용한 위협은 실제로 이듬해 실행에 옮겨졌다.

모리야마는 일본정부의 명령을 받고 히로쓰 히로노부에게 공관의 일을 맡기고 귀국했다.

1874년 11월 24일, 외무경 데라지마 무네노리는 새로운 서계안을 태정대신 산조 사네토미(三條實美, 1837~1891)에게 올려 승인을 받았다. 다음은 서계안의 내용.

천황의 직접 통치로 막부를 폐지하고 군현으로 바꾸었다. 외무성을 두어 외교를 관장하면서 세습 관직은 모두 파직했다. 시게마사重正도 쓰시마수對馬守 및 좌근위소장의 임무를 그만두었고, 현재의 관리가 임명되었음을 몇 차례에 걸쳐 보고했다. 하지만 조선이 엄하고 매섭게 거절하며 서계를 받지 않고, 예전의 우호를 거부한 지 7년이 되었다. 이에 안으로는 사민士民이 격노하여 두렵고 부끄러운 것이 심하다. 이제 모리야마 시게루가 귀국의 담당자를 만나 비로소 귀국의 간악한 무리들이 중간에서 교류를 막았다는 것을 알고 포박했다는 것을 알게 되었다. 양국의 신의와 관련해 원한을 감추고 서로 친구가 되는 것은 예나 지금이나 부끄러운 일이다. 교류를 위해 간악한 자를 축출하고 속이는 자를 벌주는 것은 귀국의 원래 법전이 있을 것이다. 만약 일시적인 상황에만 따르고 인심에 따르지 않는 것은 영원히 유지하는 길이 아니다. 전에 주조하여 보낸 도장 3개를 모두 반납하니 대조하고 거두어 주기 바란다.[120]

1875년 2월 2일, 태정대신 산조 사네토미는 모리야마 시게루에게 조선국에 가서 대응할 때 조선과 청국과의 관계에 대한 주의사항을 하달했다.

- 조선이 만약 스스로 독립이라고 칭하고 양국의 군주가 대등하게 교통〔交通, 나라 사이에 관계를 맺어 오고 가고 함〕해야 한다는 뜻을 거론해 오면 그 취지를 보고하고 지령을 기다릴 것
- 만약 조선이 스스로 중국의 속국이라 칭하며 청나라를 받들어야 한다는 뜻을 주장하면 이 또한 그 취지를 보고하고 지령을 기다릴 것
- 조선이 독립이라느니 청의 속국이라는 것을 논하지 않으면, 조선 국왕과 일본의 태정대신 또는 외무경과 예조판서를 대등한 예로 한다. 옛정을 나누고 싶다는 뜻으로 말하면 그에 응한다는 의미로 대답할 것[121]

주의사항을 보면 시작부터 조선의 국왕과 일본의 태정대신을 대등하게

취급하라며 대놓고 조선을 낮추어 대우하라 명하고 있다.

2월 24일, 모리야마는 외무대승 소 시게마사가 예조참판에게 보내는 새로 만든 서계를 갖고 군함을 타고 왜관으로 가지 않고 부산 동래부로 직접 들어가 서계를 받아줄 것을 청했다. 서계의 원본은 일본어를 섞어 쓰고 외무성의 인장이 찍혀 있었다. 이전에 보낸 서계에 쓰여 있던 천자라는 두 글자는 삭제했지만 '대일본'·'황상' 등의 글자는 그대로 두었다.

모리야마는 '대大'·'황皇'이라는 글자는 신하의 도리로 바꿀 수 없어 그대로 두었다고 했다. 동래부사 황정연, 훈도 현석운 등은 타고 온 배가 군함이라는 점, 왜관으로 가지 않고 동래부로 직접 들어온 점, 서계의 내용을 하나하나 살피고 질책하면서 받기를 거부했다.[122]

이에 대해 동래부사 황정연은 의정부에 장계를 올렸다. 의정부에서는 고종에게 새로 고쳐 온 서계를 낱낱이 살펴보니 모두 옛 규례에 어긋나고, 뒷날 어떤 폐단이 일어날지 예측할 수 없다고 아뢰었다.

"별도의 연향을 베풀어 주는 것은 사실 먼 데서 온 사람을 배려해 주는 지극한 마음에서 나온 것인데, 300년 동안의 오랜 규례를 내버리고 네다섯 가지의 새로운 규례를 함부로 말하니, 일의 놀라움이 이보다 더 심할 수 없습니다. 대개 조정의 처분이 전에 저들에게 신의를 잃은 것이 무엇이기에 이번에 조약을 바꾸고 태도를 고쳐가며 일부러 맞서려고 하는지 참으로 그 의도를 알 수 없습니다."[123]

고종은 "연향 등 제반 문제는 옛 규례대로 시행하고 엄하게 타일러 경계하라."고 하교했다.

당시 조선정부는 일본의 속내를 전혀 알아채지 못했고 제대로 파악하려 하지도 않았다. 일본의 정세 변화에도 무지했으므로 적절한 대응책을 찾지 못한 채 옛 구례만을 고집하고 있었다.

1875년, 일본 군함 군사력 과시

서계 수리가 거절당하자 모리야마와 히로쓰는 분개하며 화를 냈다. 조선과의 교섭은 보통 수단으로는 목적을 달성할 수 없다며 몇 차례에 걸쳐 일본정부의 결단을 촉구했다.

4월 23일, 히로쓰는 「교섭 촉진을 위한 군함 파견에 관한 건의서」를 보냈다.

5월 4일, 일본정부는 교섭 촉진을 위해 소규모의 군함을 파견해 무력 시위만 해도 목적을 달성할 수 있다는 히로쓰의 군함 파견 건의를 적극적으로 받아들여 군함 운요호와 제2정묘함第二丁卯艦의 파견을 결정했다.

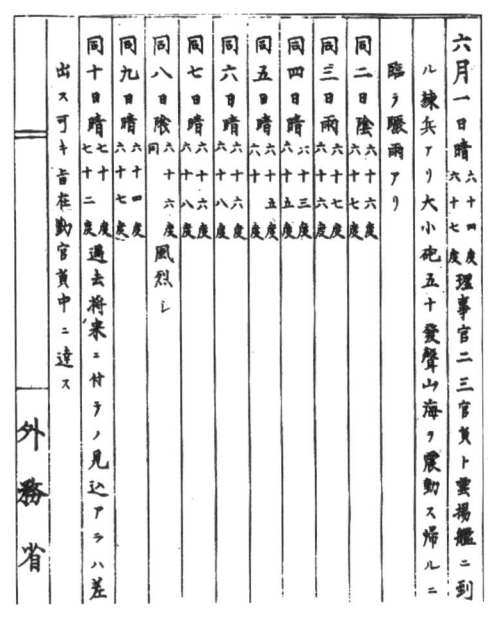

운요호사건을 일으키기 전 조선과 일본 간의 외교교섭이 진척되지 않고 있었다. 이에 함포사격으로 조선에 위협을 가하자는 계획을 세우고 실행에 옮겼다.

5월 25일, 오전 11시 운요호가 먼저 입항했다. 운요호 함장 해군소좌 이노우에 요시카(井上良馨, 1845~1929)를 비롯해, 승조원으로 측량요원 해군소위 다테미 겐立見研 등 65명이 타고 있었다.

5월 31일, 통역 우라세 사이스케에게 군함에서 밤낮없이 공포를 쏘아 천지를 놀라게 할 것이라고 전했다.

6월 1일, 대포 50발을 발사해 부산의 산과 바다를 뒤흔들어 놓았다.[124] 무력을 앞세워 대포를 발사해 조선의 백성들이 두려움에 떨도록 분위기를 조성했다. 조선정부를 낮잡아보고 저지른 악랄한 일본의 외교 행태다.

• 113

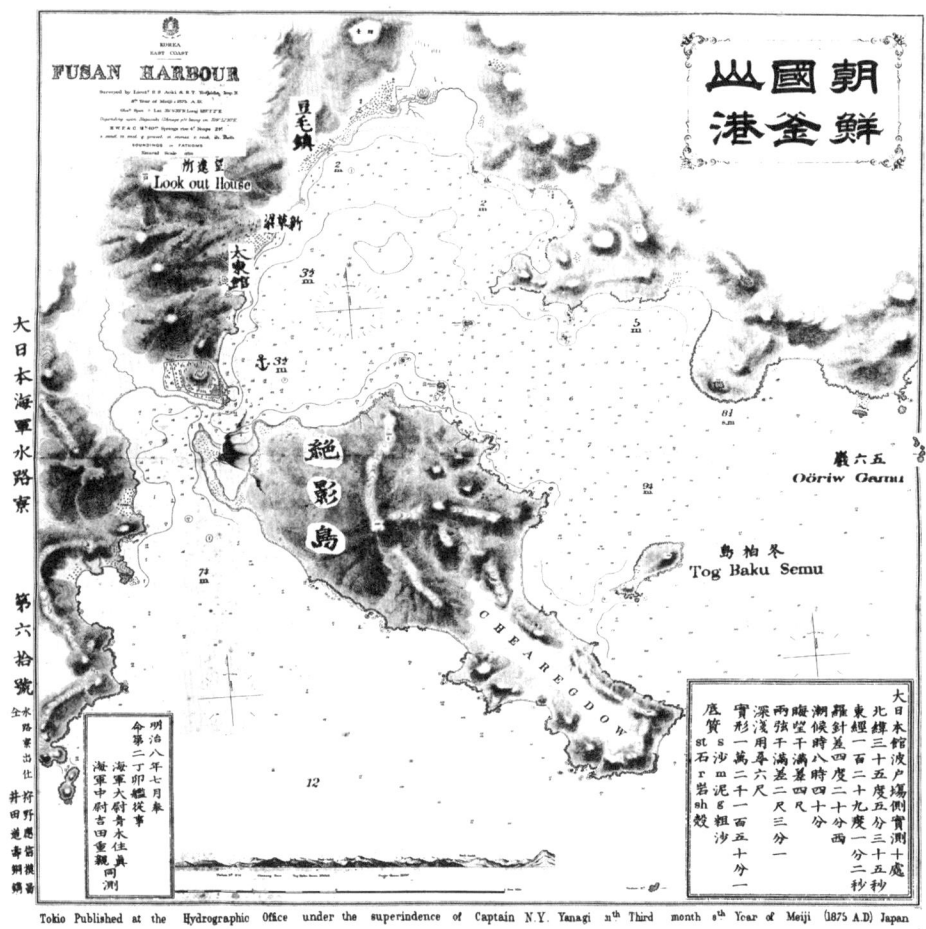

1875년 7월, 「조선국 부산항」. 제2정묘함의 해군대위 아오키 마코토와 해군중위 요시다 쥰신이 측량

6월 12일, 오전 9시 제2정묘함이 측량을 위해 부산으로 들어왔다. 이 함에는 수로국의 해도 측량대원과 측량기술자들이 타고 있었다. 해군대위 함장 아오키 마코토青木住真, 중위 오루이 요시나가大類義長, 요시다 준신吉田重親, 소위 소도 고시치로宗道幸七郎, 소군의少軍医 도리이 다다아키鳥居忠章, 소기관사 마에다 기쿠前田利, 주계부主計副 오타니 시게오大谷重雄, 소위보 가나기 쥬이치로金木十一郎, 소위보 미우라 시게사토三浦重郷, 수로11등 출사 가노우 오슌狩野應春, 수로15등 출사 오오키 엔켄大木延建, 수로15등 출사 다카노 세렌高野瀬廉 외 하사 13명 해병 수화부水火夫 50명 포함 총 76명.

이때 들어온 제2정묘함의 함장 아오키와 요시다 등은 부산의 해안을 측량하고 「조선국 부산항」[125] 지도를 만들어 해군성에 제출했다.

부산에서 함포사격을 기획한 자는 외무성 관리 모리야마 시게루와 히로쓰 히로노부였다. 조선과 일본 외교가 시작되는 지점에서도 갈등의 중심에 모리야마 시게루가 있었다.

한편 강화도조약 체결 상황을 기록한 신헌(申櫶, 1810~1884)의 『심행일기沁行日記』에는 일본과 접견할 때마다 저들의 용모와 말투를 상세히 관찰했는데 모리야마에 대해 이렇게 기록해 두었다.

조일외교의 갈등을 조장한 모리야마 시게루

모리야마 시게루는 사람됨이 간사한 꾀와 거짓이 많고 말투가 맺힌 것이 많으며 호탕하지 못하다. 은밀하게 구로다 대사를 가로막을 뿐만 아니라 도리어 갈등을 빚는 자였다. 양쪽 대관이 협상하는데 끼어들어 간섭하고 그 행동거지가 지극히 방자한데도 저쪽 대신은 대부분 그의 말에 따라 일의 중요한 기틀을 헤아리니, 모리야마의 장난질이야말로 가장 우려할 만한 것이었다. 그래서 나는 구로다에게 이중간첩을 써서 그의 기세를 꺾고 계략이 나올 곳이 없게 만들고 싶었다. 전어관 최조〔우라세 사이스케浦瀬最助〕가 "그 사람은 본래 성품이 순탄하지 않고 또 몇 년 동안 유감을 품어서 기어코 원한을 풀고자 한다. 그래서 매사에 갈등을 빚으려고만 하고 있다."고 했다.[126]

모리야마와 모의해 직접 함포 위협 사격을 실행한 자는 운요호 함장 이노우에 요시카다. 정한론자인 이노우에는 강화도사건의 핵심 인물이다. 사쓰마번 출신으로 사이고 다카모리가 정한론 정변으로 정계에서 물러난 것에 깊은 울분과 불만을 품고 있었다. 대만정벌(1874년) 때 노후한 군함 '가스가함'이 파손되어 참전하지 못한 것에 낙담하고 있었다.

함장 이노우에는 조선 침략에 혈안이 되어 있었다. 『해군일화집』에는 1924년 5월 22일 도쿄 해상빌딩 중앙정 해군대학교 담화회 석상에서 이노우에가 말한 운요호사건을 일으킨 내막이 실려 있다.

그 당시 나는 '부산을 점령하고 육상에 4문 정도의 야포를 설치, 국기를 게양하고, 절영도 방면 축지築地에 있는 셋쓰함攝津艦을 끌고 가 정박해 놓고, 이곳에 석탄과 물 보급소를 설치해 외국 군함이 지날 때 여기서 예포를 쏘게 하고, 석탄과 물을 공급하면 일본의 것이 된다.'고 주장했지만 채택되지 않았다. 이 무렵 독일 군함은 남양만 주변으로 가서 여러 곳에 국기를 게양하고 섬 등을 점령했다는 말을 들었다. 나도 남양만까지 가고 싶었지만, 군함도 작았고 기회도 주어지지 않았다. 해군경에게 더 성능 좋은 군함을 탈 수 있게 해달라고 탄원해 1874년 10월 운요호의 함장이 되었다. 이후 기회 있을 때마다 몇 번에 걸쳐 조선으로 보내달라고 해군경에게 청원해서 1875년 조선 연안을 측량할 수 있었다.
부산으로 입항하자 모리야마와 히로쓰가 "조선과의 담판은 저쪽에서 말을 이리저리 바꾸어 쉽사리 앞을 내다볼 수 없으니 보고를 위해 사람을 도쿄에 파견하려 한다."고 해서 뭔가 큰일을 저지를 것이라 직감했다. 때마침 운요호에는 화약과 탄환이 부족해 가고시마 공장에 가서 싣고 올 생각을 하고 있었다. 그런데 모리야마가 "우리 편의 사신이 도쿄에 닿기 전에 그런 일을 벌이면 곤란하다."고

했다. 그래서 운요호 외에도 군함 한 척이 더 있었지만 상의하지 않고 이대로 아무에게도 말하지 않기로 비밀약속을 하고 잠시 모리야마의 승낙을 얻어 나가사키로 회항했다.

항해 도중 사건의 대략을 암호전보로 보내 놓고 나가사키 항에 입항해 바로 해군경에 타전하면서 탄약이 부족하니 탑재해 줄 것을 요청해 허가를 받았다. 기뻐하며 가고시마로 회항해 탄약을 탑재하는 동안 상황이 바뀌지 않았나 걱정하며 나가사키로 오니 도쿄나 고베로 오라는 해군경의 명령이 내려와 있었다. 이에 도쿄에 오라는 명에 항의하며 자세한 내용을 서면으로 보내자, 홋카이도로 가라는 명이 내려왔다. 물론 그 명령을 따를 생각이 없어서 나의 희망이 받아들여지지 않으면 함에서 내리겠다 결심하고, 홋카이도로 가려면 겨울 채비 등 기타 준비를 해야 하니 도쿄로 회항하겠다며 통보하고 효고에 정박하고 있었다. 효고에서 석탄 관리 판임관이 해군경이 고베로 온다는 말을 전해주어 어느 배로 언제 오는지 알아내 해군경과 만났다. 그 자리에서 왜 홋카이도로 가라느냐며 이유를 묻기도 하고 한탄하기도 하니 중국 잉커우로 가라며 허락해 주었다. 신이 난 나는 바람의 방향이 바뀌지 않는 동안에 서둘러 출항해 나가사키로 회항, 갑판과 선실까지 가득 석탄을 싣고 거문도, 제주도를 거쳐 서해안을 순항하며 북상했다.

요코하마에 있는 서양인이 이 전에 미국과 프랑스가 전쟁을 치를 때 사용했던 해도를 갖고 있던 것을 발견해 가져왔는데, 실지에서 비교해 보니 배로 들어갈 수 없는 곳도 있었다. 이 해도를 믿다간 배가 산으로 갈 염려가 있었으므로 보트로 측량을 하면서 항행을 속행했다. 잠시 인천 부근에 닻을 내리고 보트를 타고 조류를 이용해 사관과 병사를 태우고 물을 구하러 한강을 거슬러 올라갔다.[127]

이노우에가 해군대학교에서 말한 내용이어서 정확한 날짜가 빠져 있지만, 이야기를 종합해 보면 이노우에는 부산에서 대포 50발을 발사해 무력 시위 도발을 하고 화약과 탄약을 보충한 뒤 다시 서해안 일대로 진출해 강화도

사건을 일으켰다. 계획된 도발이었다. 인용 내용으로 보아 해군경과 미리 말을 맞춰 놓았음을 알 수 있다.

9월 조선 서해안에서 청국 뉴좡牛莊까지의 해로를 연구한다는 핑계를 대며 조선 근해로 들어왔다. 9월 19일 운요호는 담수를 구한다는 구실을 대며 보트를 이용해 강화도 연안을 탐색하면서 초지진에 이르렀다. 예고 없이 들어온 이들에게 초지진 포대가 발포할 수밖에 없었다. 강화포대는 사정거리가 짧아 포탄이 운요호에 닿지도 않았다. 피해를 입지 않았음에도 운요호는 그 보복으로 초지진, 영종도를 포격하고 민가를 불태우며 살육과 약탈을 자행했다. 조선인 전사 35명, 포로 16명, 대포 36문, 화승포 130여 정을 노획한 뒤 9월 28일 나가사키로 돌아갔다. 9월 20일 강화도를 떠나 나가사키에 도착하는 날까지 물 보급을 받지 않았다.

일본정부 내에서는 국제법 위반으로까지 번질 수 있다며 펄쩍 뛰며 사건의 당사자인 이노우에 요시카를 불러 사건의 전말을 들었다. 당시 일본해군의 중심에 있던 사쓰마 파의 계획된 침략 행위로 드러나자 사건 자체를 왜곡했다. 예고 없이 먼저 해안을 침범한 사실은 뒤로 감추고 물을 구하러 들어갔는데 포격을 가해왔다며 조선의 잘못으로 돌렸다.

운요호사건이 사전에 계획하고 침략한 행위임을 적나라하게 보여주는 기록이 있다. 당시 육군경 야마가타 아리토모는 운요호 침략 행위가 육군과는 아무런 사전교섭 없이 해군성 단독으로, 해군경의 은밀한 훈령을 받고 실행되었다고 적고 있다.

조선 문제의 해결은 1873년 조선사절론의 파열, 사이고 다카모리 등의 사직으로 중지되었다. 하지만 해군성 내에서 사이고파에 속하는 사쓰마 파 군인 중에 이에 굴복하지 않고 정한론을 주장하며 시기를 기다렸다가 조선 문제를 해결하겠다고 계획한 자들이 있었다. 해군대보 가와무라 스미요시가 그중 한 사람이다. 1875년 조선 근해에서 운요호 함장 이노우에 요시카 해군소좌의 해군연습은 가와무라와의 묵계 하에 계획된 시위운동이었다. 이에 앞서 1875년 9월 운요호 함장 이노우에 소좌는 조선 서해안에서 청국 뉴좡에 이르는 해로를 연구한다는 명분으로 은밀히 조선에서 시위운동을 하라는 취지의 해군성 내훈을 받고 있었다.[128]

이후 일본정부는 조선에서 청국의 간섭을 배제하고 독자적으로 교섭하고자 만반의 준비를 마친 다음 구로다 기요타카(黑田淸隆, 1840~1900)를 특명전권대신으로 파견했다. 구로다는 군함 6척과 300여 명의 병력을 이끌고 1876년 1월 15일 부산포로 들어왔다.

"1월 17일, 정오 12시 닛신日進, 모슌孟春, 하코다테函館, 교류矯龍 4척은 강화 출발에 즈음하여 각각 거포 10여 발로 해전연습을 함. 이날 역시 해안 곳곳에 저 나라 사람들이 끊이지 않고 모였다 흩어지는 것을 보았다."[129] 『

이때도 구로다 일행은 해전연습이라 핑계를 대고 위압적인 광경을 연출하며 공포 분위기를 조성하고 위협을 가해 두려움을 심어주고 1월 23일 강화도로 향했다.

1월 19일, 육군경 야마가타 아리토모, 육군대보 도리오 고야타가 작성한 문서[130]는 일본정부가 운요호사건을 빌미로 조선에 개국을 요구하며 조약을 강행하고 여차하면 전쟁까지 치를 준비까지 하고 있었음을 확인할 수 있다.

조선국과 개전의 기회에 임하여 지금 행군의 편제에 있는 1사단으로써 출정군에 대비한다. 또 필수품에 대응할 운송선의 제공뿐 아니라 해상 호송과 저 나라 땅에서 양륙할 지형의 요해要害를 얻기 위해 적어도 전함 4, 5척을 필요로 한다.
이상을 출정 1사단이라 하고 그 육해군의 지휘는 오로지 제1 출정사단 사령관의 전임으로 할 것임.
이 출정 제1사단의 출범은 시모노세키馬關에 육해군의 필수품을 축적해 놓고 관원을 두어 그 일을 맡기고, 조선 땅에 있는 여러 군의 수요에 대응해야 할 물품은 대체로 다음과 같다.

 제1 탄약과 공전攻戰의 여러 기계

 제2 식료 피복과 기타 제 잡품

 제3 석탄

이곳 시모노세키에 주재해야 할 관원은 굳이 다수가 필요치 않다. 대개의 물품은 도쿄 본성의 지령을 받아 미리 이것을 준비하여 그 땅에 축적창고를 설치해 둔다면 해당 지역의 관원은 운송선과 수취방법 절차 없이 식료품 등 기타 임의로 사소한 물품을 매입해 보내는 임무에 지나지 않는다.

이 사단이 출군의 기회에 이르면 바로 구마모토 진대의 본영을 당분간 오구라小倉로 옮기고 히로시마 진대의 보병 1대대를 쵸후長府에 주둔시킴으로써 요충지를 보호하고, 조선 땅의 교통선상에 예측하지 못한 일이 있을 수 있으므로 해군도 견고한 전함 1, 2척을 출범시켜 이 항구 내에서 대비하게 하는 것이 긴요하다.

제1 출정사단이 출발하면 바로 제2 출정사단의 편제에 착수할 것임. 제2 출정사단은 실로 국가의 예측할 수 없는 재난에 대비할 자이므로 출사의 목적은 반드시 조선 출정군의 지원군으로만 생각할 것이 아니다. 따라서 이를 중서국中西國 사이에 소집해 놓고 다음 3건에 한해 임기 운동에 대비한다.

 제1 조선 출정군이 불리한 경황

 제2 청국과의 관계 경황

 제3 국내의 경황

제2 출정사단의 소집을 국민에게 알려야 할 시기에 임하면 반드시 어가御駕를 오사카에 머무르게 하여 출정군의 본영으로 정할 것임. 따라서 제2 출정사단은 오직 본영의 지휘를 받들 뿐만 아니라 제1 출정사단도 멀리 떨어진 곳에서 명령을 받들어 완전히 전군全軍의 연락 부분으로 존재할 것임.

만약 청국의 간섭으로 제2 출정사단을 소집하게 될 때는 해군이 전력을 다해 조선 땅의 교통선을 방어하고, 또 세토우치瀨戶內, 시모노세키의 우환에 대비하여 청국 함대로 인한 재난을 당하지 않도록 도모해야 할 것임.

만약 국내의 경황으로 제2 출정사단을 소집하게 될 때는 해군의 전력을 요구하지 말고 약간의 불안에 대비할수록 족함.

만약 조선 출정군이 불리한 경황에는 제2 출정사단의 제1여단을 즉시 소집해 그 전군全軍과 함께 오사카로 본영을 옮기고, 먼저 해군전대海軍戰隊를 파견해 그 위급을 구하고 서서히 진퇴의 도략을 의정할 것. 이 제2 출정군의 제1여단을 즉시 소집하는 것도 이로써 조선에 진입시켜야 할 경황은 그 시기에 관한 것이므로 오직 만일 불리한 보고를 받으면 내지의 경황과 관계될 수밖에 없으므로 신속히 이를 소집해서 중서국 사이에 주둔시키는 것이 가장 긴요하다고 한다. 지난봄 해산한 장병은 제2 출정사단 편제 때 적절히 다시 모집할 것임.

1876년 1월 19일

육군경 야마가타 아리토모 ㊞

육군대보 도리오 고야타 ㊞

2월 10일, 강화부에 도착한 뒤에도 일본의 건국기념일을 축하한다고 축포를 쏘아 올리며 무력 시위를 거듭했다. 군함을 끌고 강화도로 들어온 구로다 일행은 운요호사건에 대해 조선에 책임을 묻지 않는 대신 개국을 요구했다. 지금까지 갈등을 빚고 있던 '서계 문제'는 미해결 상태인 채로 2월 11일부터 조일수호조규 회담이 시작되었다. 2월 27일 논의를 거듭한 끝에 '강화도조약'이 체결되었다.

무법의 나라, 부끄러움도 모르는 일본은 조선을 침략과 약탈의 대상으로만 보았다. 150년이 지난 지금까지도 가해자가 아닌 피해자인 척 거짓으로 꾸며대고 있다. 일본이 저지른 살육과 전쟁에 대해 어떠한 반성도 책임도 지지 않고 있다. 저들의 본성이 바뀌었다고 생각하면 큰 오산이다. 저들은 변하지 않았다.

전 방위대신 고노 다로의 트위터에 올라와 있는 사진 속 오른쪽 상단의 한반도 지도

    2020년 5월 19일, 고노 다로河野太郎 방위대신은 트위터에 자신의 사진을 올렸다. 집무실에서 마스크를 쓰고 싱가포르, 뉴질랜드, 인도네시아 등의 방위장관들과 코로나19 대응 논의를 위해 전화 회담한 내용을 실었다.[131]

    고노 다로 방위대신의 명패 뒤 오른쪽 벽에 걸려 있는 한반도 지도는 다음 장에서 다룰 「조선전도」와 판박이다. 끔찍하고 살 떨리는 일이다.

5. '친일파 1호' 김인승

외방도의 본얼굴

일본정부가 메이지 초기부터 1945년 패전할 때까지 제작한 아시아 태평양지역 침략지도를 통틀어 '외방도外邦図'라 부른다. '외방도'는 첩보원들의 비밀 측량과 정보수집을 토대로 제작한 외국 침략 기밀지도다. 병부성(1871년) 창설 초기 참모국 때부터 시작해 참모본부, 육군 육지측량부가 주동이 되어 일본 이외의 지역, 아시아 태평양지역과 옛 일본 식민 통치지역까지 엄청난 수의 기밀지도가 만들어졌다. 이 지도는 군사기밀을 담고 있어 민간인이 쉽게 접하기도 어려웠고 사용도 제한되어 있었다. 도로, 삼림, 군읍, 경지, 해안선, 강의 흐름, 군사시설의 위치, 광물, 지표 상태 등을 치밀하게 담아두었다.

메이지 정부 출범 이후 일본은 자국의 지도는 물론이고 외국 지도 제작을 국가 주력사업으로 기획하고 실행에 옮겨왔다. 조선을 비롯한 동아시아의 정벌과 침략을 위해 오랜 기간 끊임없이 첩보원들을 특파해 첩보를 수집하고 비밀 측량을 거듭하며 지도를 만들었다.

군사용 외국 침략 기밀지도인 '외방도'는 일본의 국가정책과 다양한 사건이 은밀하게 연결되어 있다. 조선과 아시아 침략, 강제 점령에 의한 식민지배의 실체를 벗기는 중요한 증거가 되므로 반드시 그 전모를 파헤쳐야 한다. 아직도 숨겨두었거나 정리되지 않았거나 발견되지 않은 지도를 찾아내 일본의 끈질긴 침략의 맨얼굴을 정확하게 볼 수 있게 해야 한다.

1873년 12월, 조선과 청국으로 참모국 정보장교를 첩보원으로 파견하면서 업무분장의 틀을 구축했다. 육군성은 12월 29일, 제외국으로 파견한 첩보원들의 현지 정탐을 통해 수집한 첩보, 연구해온 군사, 지리, 국정조사 기록을 분류하고 정리해 정보화하는 기틀을 마련했다. 이로써 첩보활동의 구상, 업무의 확장, 정보의 축적이 지속 가능해졌다.

1874년 2월, 육군성 제6국을 폐지하고 참모국을 두면서 육군대신은 참모국에 "앞으로 매년 1월 말까지 참모국의 모든 지국은 지난 1년 동안 시행한 업무를 분류해 보고하라."는 명령을 하달했다.

- 외국의 정황 보고
  각국 공사관에 파견한 참모장교, 외국에 체류하고 있는 자로부터 받은 보고를 토대로 군의 운용 관리에 필요한 모든 제도, 국가 통치와 관련된 내용, 새로 발명한 병기류를 기재할 것
- 전국 지리측량 보고
  전국의 지리 실측 진척 상황에 도로, 산과 강, 다리를 추가로 부가하고, 도서와 서적의 새로운 제작, 개정, 기타 출입사항을 기재할 것
- 문고 사무 보고
  도서와 서적의 새로운 제작, 개정 기타 출입 등을 기재할 것[132]

해를 거듭할수록 체계화된 정보수집 자료는 축적·확대되었다. '출사出仕'라는 직책을 달고 외국으로 파견된 첩보원들의 주요 업무도 정탐을 통한 첩보·지도 수집이었다. 일반인에게 알려지지 않은 외방도 즉 외국 침략지도는 군사기밀로 특별 관리되어 1945년까지 철저하게 기밀이 유지되었다.

1900년 1월 29일, 참모총장 오야마 이와오大山巖는 해외에서 정탐과 도둑

측량을 통해 제작된 지도를 「군사기밀로 제조하는 건」에 대한 명령을 하달했다.[133]

- 정찰측도의 재료로 구성된 외방도로서 1 : 20만 축척 지도 이상에 속하는 것
- 지형 상세약도(지도 위에 표시할 수 없는 것으로 지도에 필요한 것이 기재된) 요새지대 안에 속하는 것

『외방측량연혁사』의 「외방측량의 이력」에도 외국의 정보수집과 비밀스러운 측량, 지도 제작이 군사작전에 얼마나 중요하게 쓰이는지를 적어놓았다.

군사에 있어서 작전상 유일한 지침이라 할 수 있으며 고금을 통틀어 모든 명장, 군사전략이 심오했던 참모관은 모두 국방, 작전 배치, 대비는 물론이고 용병에 이르기까지 **지도를 바탕으로 탁월한 계략을 세우고 입안하여 실전의 묘수를 살려 적을 궤멸시키기까지 모든 것을 지도의 위대함에 바탕을 두고 있었다. 그러므로 지도 창작자의 임무는 매우 무겁고 중대하다 하겠다.**

대체로 외방 측량의 기원은 1889년 이후 일본의 측량관이 남중국 지방에서 교습으로 용빙한 것에서 비롯되었다. 이것은 교습으로 재직 중 어느 지방의 지형도를 그린 것에서 기인했다.

그뒤 1894년, 95년 청일전쟁에서 1894년 12월 임시측도부 편제 동원령이 외방측량 실시 제1기라 하겠다. 이로써 조선, 만주를 측도하고 1896년 복하령復下令을 실시했다. 이때 측량관 아오야마 요시타카靑山良敬 외 몇 명은 여전히 조선에 주재하며 특별임무를 3년간 수행했다. 또 1900년 북청사변 때 측량관 이치카와 겐사쿠市川元作 외 몇 명은 베이징, 톈진 간의 측도에 종사했다. 이들은 사변 교전 중 연합군 즉 일본·영국·미국·프랑스·이탈리아·러시아 각국 군에 스며들어 교묘하게 성과를 거두었다.[134]

위 기록에는 1883년부터 1888년까지 집중했던 조선팔도의 로드맵에 대해서는 언급하지 않았다. 그때의 행위를 숨기고 1889년을 측량의 기원이라 쓰고 있다. 일본의 이 집요하고도 끈질긴 부정행위의 은폐, 그것이 드러나지 않게 하기 위한 역사 왜곡으로 점철된 기록 방법의 한 모습을 여과 없이 보여주고 있다. 꿩이 대가리를 처박아두고 다 숨었다고 꽁지를 흔드는 꼴이다. 그러면서 완벽하게 은폐하지 못하고 여행허가증이라 할 수 있는 '호조護照'에 대해 『외방측량연혁사』「서언」에서 이렇게 언급하고 있다.

"중국 본토에서는 비밀리에 즉 도둑 측량을 했다. 비밀측량에는 두 가지 방법이 있었다. 하나는 우리 해외 주재 무관이나 영사를 개입해 호조를 취득하는 방법, 하나는 완전히 개인 즉 행상인 신분으로 직접 또는 다른 방법으로 호조를 취득하는 것으로 그 괴로움과 어려움의 경중을 기록해 명확히 했다."135

여기서도 중국 본토에서만 도둑 측량을 한 것처럼 기록하고 있다. 하지만 뒤따라 나오는 '**호조를 취득하는 방법**'은 조선 내에서 1883년 이후 첩보원들이 호조를 발급받아 조선팔도를 돌아다니며 정보를 수집하고 지도를 제작했던 행위와 똑같다. 우리가 알고 있는 조선에서 발급한 여행허가증인 '호조'는 일본정부에게는 단순히 외국인이 조선에 들어와 여러 지역을 여행하는 관광허가증이 아니었다. 반드시 살아서 임무를 수행해야 하는 중요한 첩보원들은 조선 정부에 '호조'를 신청해 발급받아 극진한 보호를 받으며 조선의 모든 정보를 털어가는 도구로 써먹었다. 한마디로 '호조'는 조선에서 일본인에게 내준 '**조선털이 허가증**'이었다.

참모본부 정보장교 가운데 특히 간첩대로 불리는 측량요원은 도둑처럼 몰래 스며들어와 비밀리에 측량했으므로 '도측盜測'이라 표현했다. 참모본부 내 측량부 편집자는 『외방측량연혁사』에서 '잠입 비밀 측량'이라는 단어를 대놓고 쓰고 있다. 이들은 신분을 감추고 행상인이나 여행자로 위장해 입

국했고, 외무성을 통해 외국인에게 발급해주는 호조를 받고 비밀 측량을 했다.[136]

일본정부와 참모본부, 육지측량부는 비밀 측량이 인근 제국에 대한 비도덕적이고 불법적인 행위임을 명확하게 알고 있었다. 외교 분쟁을 피하려면 반드시 신분 위장이 필요했다. 이렇게 제작된 군사기밀 지도는 청일전쟁, 러일전쟁, 중일전쟁, 태평양전쟁 등에 아주 유용하게 써먹었다.

1894년 청일전쟁과 조선 무력 점령 시기인 8월 19일 유수제5사단 참모장 미카미 신타로三上晋太郎는 1 : 20만 축척 조선지도와 일람표를 각 부대에 배포하기 위해 1부(50면)를 요청[137]했다.

10월 2일 대본영 기록에는 부관 다이세이 사다타카大生定孝가 제1군 참모장 오가와 마타지(小川又次, 1848~1909)에게 "▲ 청한 1 : 100만 지도(조선전도와 발해근방도) 150부 ▲ 청국 1 : 20만 지도 50부 ▲ 성경성盛京省 동판도 80부"[138]의 조선과 청국 지도를 보내고 있다.

청일전쟁 시기 일본은 조선과 청국을 속속들이 들여다보고 있었다. 전쟁 준비계획에서 중요자원이 되는 조선과 청국, 만주의 병요지리와 지도는 1880년대 중반 대부분 완성되었고, 요충지역의 상세지도까지 제작되어 있었다.

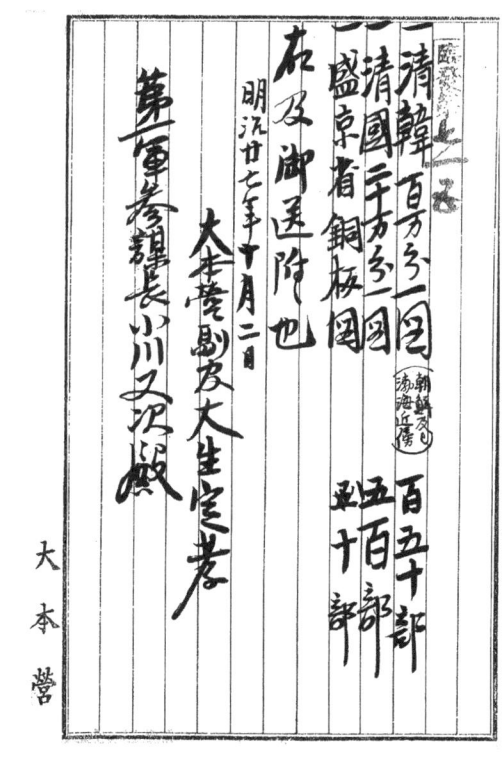

1894년 10월 2일, 조선과 청국 지도 280부 송부

· 127

조선 침략준비 지도를 만들다

일본 육군성 참모국이 근대 측량 이전에 만든 「조선전도」는 조선의 고지도와 서구제국의 해도를 이용했다. 이 무렵 일본은 조선에 대한 정보가 턱없이 부족했다. 1875년 육군 참모국에서 조선의 지리정보를 확보하기 위해 「조선전도」를 제작했다. 지리정보와 자료의 부족한 부분은 고지도를 그대로 이용해 조합하고 지명 등을 확인, 보충했다.

조선을 침략하기 위한 「조선전도」(1 : 100만 축척 지도)[139] 안에 참고할 수 있는 기록이 남아 있다.

"이 지도는 조선팔도전도朝鮮八道全図, 대청일통여도, 영·미국에서 간행한 측량 해도 등을 참조했다. 덧붙여 조선 함경도의 모씨에게 직접 지리에 대해 물어 의심스러운 부분과 오류를 고쳐 만든 것이다."

실측도가 아닌 기존의 지도를 편집하고 보충한 것이다. 강화도에서 한강, 서울에 이르는 지역은 프랑스 함대가 정탐 측량한 것을 반영했다.[140] 내륙부는 「조선팔도전도」를 베껴 넣고, 상세한 지리정보는 블라디보스토크 인근에 거주하고 있던 함경도 출신 김인승金麟昇의 도움을 받았다. 김인승은 1875년 6월 일본으로 건너가 '고용외국인'으로 외무성에 고용되었고, 이듬해 강화도 조약 체결 때 구로다 기요타카의 교섭단 일행과 함께 몰래 들어와 정보를 제공했던 자다.

1875년 운요호사건으로 조선과 일본의 외교에 변화의 바람이 불고 있었다. 일본정부는 조선과 만나기 전 모든 잘못을 조선에 씌우고, 그동안 경색되어 있던 외교 문제와 무역 문제까지 단번에 해결할 길을 모색하고 있었다. 조선에 관한 모든 정보가 필요했으므로 첩보와 지도 수집에 집중했고 「조선전도」도 그 일환 중의 하나였다.

11월 30일, 일본정부에서 통번역을 하고 있던 프랑스인 가스통 가리가 프랑스, 영국, 미국에서 제작한 조선 연해지도 12매를 넘기며 다음 글을 남겼다.

1875년 11월, 일본 육군 참모국에서 만든 「조선전도」

"해군제독 로즈의 명령으로 만든 조선해도를 해군제독 쿠랑즈의 서기관으로 있는 친구에게 부탁해 우편으로 받은 것이다. 일본정부에서 사용할 수 있도록 바쳤다."

12월 25일, 일본정부는 가스통에게 50엔의 장려금을 주었다.[141] 지도 중에는 병인양요(1866년) 때 프랑스 함대가 한강을 거슬러 올라가 측량해 만든 「한강구에서 경성에 이르는 하도河図」, 신미양요(1871년) 때 만든 「조선국 소릉하구 근방 실측도」가 포함되어 있었다.

당시 일본정부는 조선에 대한 정보가 절대적으로 부족했던 상황이었고, 가스통이 들고 온 조선연해 지도 12매 속에는 강화도에서 서울로 들어가는 루트에 대한 정보가 담겨 있었다. "1874년 7월 근세 초기 이후 보관해 오던 「조선국회도朝鮮國繪図」를 바친 미타번(三田藩, 효고겐)의 사족에게 1엔 50젠의 장려금"[142]을 준 것에 비하면 고가로 매입한 것이다.

「조선전도」는 휴대용 수첩 모양으로 되어 있어서 조선으로 파견되는 외교관, 첩보원, 측량과 지도 제작을 주임무로 하는 간첩대 등이 간편하게 휴대할 수 있었다. 각 지역 요충지와 중요항구 등의 지도는 정탐 임무를 마치고 일본으로 돌아갈 때마다 부족한 부분이 추가되고 보충되면서 더욱 정밀해졌.

위 지도는 1894년 일본이 조선을 무력침략해 서울과 인천을 점령하고 있던 7월 2일 인쇄하여 7월 5일 발행한 것이다. 지도 속의 해도 「한강구」, 「대동강」, 「영흥만」은 1 : 20만 축척 지도, 「부산포」(1 : 132,000)가 포함되어 있다. 1875년의 「조선전도」를 조금 보완했다. 서울에서 평양까지의 거리, 임진왜란 때 함락하거나 전투가 있었던 지역과 성을 따로 모아 "도요토미 히데요시 조선 정벌의 옛 전쟁터"라고 표시해 두었다. 첩보원으로 측량과 정보수집에 평생을 보낸 무라카미 치요키치村上千代吉가 유품으로 남긴 1882년 「조선전도」[143]와 1894년 7월 재간된 참모본부의 「조선전도」를 겹쳐 보면, 결국 이 지도가 조선으로 특파된 모든 첩보원들의 휴대품이었음을 확인할 수 있다.

1894년 7월 5일 발행하여 조선 무력침략 때 사용한 「조선전도」

외무성 첩보원 세와키 히사토, 조·러 국경지대로 특파

1875년 4월, 일본정부는 러시아의 극동 진출에 대한 대응책 마련과 러시아령에 무역사무소 설치를 위한 사전시찰과 조선 북부 정탐을 위해 외무성 관리 7등 출사 세와키 히사토(瀨脇壽人, 1822~1878)와 통역관 9등 출사 모로오카 미치요시諸岡通義를 파견했다.

세와키의 본명은 데즈카 리쓰죠手塚律蔵로 조슈번 하기 출신이다. 의사 데즈카 료센手塚寿仙의 둘째 아들이다. 1838년부터 1842년까지 나가사키에서 다카시마 슈한高島秋帆에게 포병술을, 네덜란드 상관에 와 있던 독일인 의사 시볼트(Philipp Franz von Siebold)에게 네덜란드학을 배웠다. 1850년 도쿄로 와서 영어, 물리, 화학을 배웠다. 1853년 막부에서 반쇼시라베소[蕃書調所, 서양학 연구교육기관]를 설치하자 초빙되어 강사로 수업과 번역을 담당했다. 요시다 쇼인과 후지다 도코로부터 서양학에 조예가 깊은 인재로 인정받았고, 이로 인해 존양파의 견제 대상이 되었다. 1862년 12월 밤 길거리에서 습격을 받은 뒤 어머니의 성을 따서 세와키 히사토로 이름을 바꾸었다.

세와키는 메이지유신 뒤 가이세이학교[開成学校, 문부성 관할 서양연구 교육기관] 교수를 거쳐 외무성에 출사해 러시아령 블라디보스토크의 무역항과 조선 사정을 정탐했다. 1873년 외무대승 고야스 다카시子安峻 등과 함께 요미우리신문을 창간했다.[144]

통역관 모로오카는 뛰어난 어학 실력으로 외무성에 들어갔고, 1871년 외무경 소에지마 다네오미가 사할린 국경 교섭을 위해 블라디보스토크 서쪽 포셋만에 파견되었을 때 문서담당 수행원으로 동행한 적이 있었다.[145]

1875년 4월 4일, 외무경 데라시마 무네노리(寺島宗則, 1832~1893)는 세와키 히사토와 모로오카 미치요시에게 청국과 가까운 항구, 러시아의 블라디보스토크, 포셋 등지, 조선 북부의 무역과 수출입 상황, 풍속, 지리 등의 정탐을 명했다. 겉으로는 러시아와의 무역 개시를 위한 파견이지만, 비공식적으로는 은밀히 조선인을 고용해 길잡이 삼아 조선으로 들어가 정세와 풍속, 지리 등을 정탐하라는 것이었다.

출장명령서(1875년 4월 4일)[146]

이번 청국 근항近港 시찰을 명함. 다음 사항을 시행할 것
- 각 항구의 형상, 축항築港 착수의 순서를 조사할 것
- 무역 상황, 해당지역의 생산물, 수출입의 많고 적음, 매년 생산물의 증가 여부를 조사할 것
- 각 항구에 거주하는 사람들의 풍속, 토지의 지세가 가파르거나 험하거나 끊김, 인구 수, 기후의 춥고 따뜻함, 상선의 많고 적음, 교육 여하를 정탐할 것
- 조선 북부 러시아령에 근접한 지방에 들어갈 때는 좋은 항구가 있는지 정탐할 것
- '포셋'에 도착해 상황을 살피고, 현지인을 고용해 조선 땅으로 들어가서 토지, 풍속 등을 정탐할 것
- '포셋'에서 부득이한 사고가 발생했을 때는 '포셋' 주재 러시아 진대 총독을 개인적으로 만나서 부탁할 것
- 그곳의 토착 조선인을 고용해 길잡이로 삼고 [조선] 사정을 정탐할 것

1875년 4월 7일, 외무성 명령을 받은 세와키는 도쿄를 출발했다.

4월 16일, 나가사키에서 러시아 수송선 야포넷호를 타고 떠났다.

4월 21일, 블라디보스토크에 도착해서 6월 6일까지 머물며 정탐했다. 세와키의 기록과 모로오카가 여러 지역을 탐색하며 수집해온 정보를 담아 일지 「블라디보스토크 견문잡지」를 남겼다. 견문잡지를 보면 명령서에서 표현한 '청국 근항'은 모두 조선의 동해안에 해당하는 항구임을 알 수 있다. 내용의 절반 이상이 조선과 관련되어 있다. 이때 김인승을 만났고, 함께 귀국했다.

당시 조선과 일본은 개국을 앞두고 있었다. 세와키의 파견 목적은 사전 조사 차원의 조선과 러시아 국경 부근 정탐이었다. 조선인 고용과 정탐이 가장 중요한 임무였다. 그때 김인승을 포섭해 일본에 데려왔다. 조선 사정에 밝은 외무성 관리들이 몇 차례에 걸쳐 김인승을 시험해서 이용 가치를 검증했다. 그리고 외무성에 임시로 고용해서 지도 제작, 감수, 역사와 정치 일반 등 필요한 정보를 확인했다. 강화도조약 때는 구로다 수행단 속에 밀어 넣어 조선과 주고받은 공문의 한문 번역과 수정에 참여시켰다. 결국 김인승은 조선과 일본이 개국하는 시기에 조선에는 불리하고 일본에는 득이 되는 역할을 했다.

일본 외무성, '친일파 1호' 조선인 김인승 고용

1875년 4월 21일, 블라디보스토크에 도착한 세와키 히사토는 이튿날 작은 배를 타고 러시아 진대관을 방문, 진대대리 아후나세프를 만나 여행허가증과 러시아 공사 스트루베의 소개장을 교환했다. 지형과 풍토 시찰 및 물산 교류를 위해 사전 조사차 왔다며 여행에 필요한 인마와 선편 등의 편의를 부탁했다.

4월 23일, 그곳의 개항, 인구, 유통되고 있는 상품, 가격, 거류하고 있는 외국인, 조선인과 만주인들의 거주지를 살펴보고 도쿄에 도착했음을 알렸다. 4, 5년 전부터 블라디보스토크를 드나들고 있는 후쿠시마 출신 다케후지 헤이키치武藤平吉를 만나 현지 정세에 대해 전해 들었다.

4월 25일, 세와키는 다케후지에게 묵을 곳과 배를 빌려달라고 부탁했다.

4월 28일, 여관 '쓰우페세프'에 짐을 풀고, 지방장관 휘로포비치의 공관을 방문했다. 인사를 나눈 뒤 휘로포비치의 "대만과 조선, 일본의 관계에 무슨 일이 있는가"는 질문에, 세와키는 "이 사건에 관해 상세히는 모르지만, 귀하도 역사에 대해 알고 있을 것이다. 조선은 옛날부터 일본에 부속되어 있는 것이나 마찬가지이며 공물을 보내왔으나 도쿠가와 시대에 이르러 끊어지고, 비용을 절약하기 위해 쓰시마에서 조선 사절을 맞기로 했다. 그때부터 점차 소원해지게 되었다. 최근 일본에서 사절을 보냈으나 그 후의 일은 잘 모른다."고 답했다.[147]

외무성 관리 세와키도 정한론자였다. 당시 일본 외무성 관리들은 서양 열강에 조선에 대해 말할 때마다 일본의 속국인 것처럼 표현했다. 신미양요가 일어난 1871년, 외무경 사와 노부요시가 일본주재 공사 드롱에게 미국 군함의 조선 원정에 대해 물으며 일본인을 군함에 함께 탑승시켜 달라고 부탁하는 자리에서도 "조선은 일본의 속국이지만 공물은 바치지 않는다."고 했다.

세와키의 견문잡지에 나오는 조선인 이주민에 대한 기록

5, 6년 전부터 블라디보스토크와 포셋으로 탈주해 온 자가 무려 6~7천 명이 넘는다고 한다. 러시아 정부에서는 이들에게 토지를 주고 세금 없이 경작시키기도 하고, 날품팔이나 도로 보수작업을 시키며 하루 6전5리~75전을 주었다. 조선인의 연해주와 흑룡강 지역 이주는 1862년 대흉년으로 각지에서 민란이 발생했을 때부터이다. 이때 국경을 넘은 백성들이 포셋만 부근부터 아무르만 일대까지 1만여 명이 넘는다고 했다. 1869년에는 함경도 경흥부 인근지역에서 대기근이 일어나 굶어 죽은 자가 수천 명에 이르렀다. 조선 정부에서는 구휼미를 내렸으나 경흥부 관리가 정부가 싼값으로 판 것이라 속여 돈을 받고 팔아먹었다. 부자들은 그 쌀로 많은 이익을 얻었고 가난한 자들은 살 수가 없어 아사자가 속출했다. 굶주림에 고통받던 자들이 모여 "전에 러시아령 어디를 가면 자본금과 땅을 주면서 세금을 받지 않는다고 한다더라. 여기서 의와 충을 지키면서 간사한 관리들 밑에서 개고생하며 죽는 것보다 그곳에 가서 안락함을 도모하자."고 논의했다. 이후 국외로 탈출하는 자가 꼬리에 꼬리를 물었다. 김인승도 이 무렵 취풍(吹風, Nikolisk)에 들어왔다고 한다.

세와키는 이곳에 체류하고 있는 조선인 포섭에 적극적이었다. 다케후지는 처음 조선인 안백순이란 자를 데려와 보였다. 세와키는 한글을 써보라 하고, 학문에 대해서도 물었으나 답하지 못했다. 그에게는 가까운 시일 안에 조선에 편지를 보내 옛날부터 내려오는 일본 관련 서적이 있으면 보내달라는 부탁만 했다. 다케후지는 그곳에서 북쪽으로 50여 리 떨어진 취풍에서 아이들을 가르치는 훈도 김인승을 세와키에게 소개했다. 다케후지는 만남을 주선하고자 편지를 보냈고 5월 15일 김인승이 세와키를 찾아왔다.

세와키는 김인승을 만나기 전에 다케후지를 통해 그의 실력이 어느 정도인지 확인했다. 다케후지는 김인승을 만나고 돌아와서 한 고서古書를 내밀며 "조선에서 탈주해온 부인이 가지고 있던 한글로 쓴 옛날 일본과의 전쟁이야기가 담긴 고서를 빌려주었다."고 했다. 세와키는 그가 갖고 있던 『국사략國史略』을 내놓고 옛날 일본이 조선을 정벌하고 그 후 통신사를 보낸 사연을 설명해 주며, 다음에 김인승을 만나면 이 『국사략』에 대해 이야기를 들려주면서 사적, 조선의 지명, 초량관의 위치 등에 대해서도 물어보라고 지시했다.

다케후지가 김인승을 만나 조선지도를 꺼내 지명에 대해 물었다. 김인승은 "조선은 8도이고, 열현은 300여 군으로 되어 있다. 지도를 보지 않고 말했으면 더 믿었을 텐데 지도를 보고 말하니 쑥스럽다."고 했다. 다시 세와키가 준 『국사략』을 꺼내 보여주자 "그대와 나는 의형제를 맺었다. 불편한 일이 있어도 어찌 거짓을 말할 수 있겠는가. 하물며 고사故事와 국사國事의 일이므로 자세히 읽어보겠다."고 답했다.

5월 17일, 몇 번의 시험을 거치고 난 뒤 세와키는 김인승을 만나 필담을 나누었다.

"옛날 도요토미 히데요시께서 조선을 정벌할 때 주계두主計頭 가토 기요마사加藤淸正를 선봉장으로 내세웠지요. 그때의 사적이 지금도 귀국에 남아 있습

니까."(세와키)

"가토 기요마사가 조선에 넘어와서 병조, 호조, 서사書史를 10년간이나 공부하고 지방 인구의 많고 적음까지 조사한 연후에 병력을 일으켰다고 들었습니다. 저는 사서를 읽어서 알 뿐 직접 목격한 일이 없으니 어찌 더 자세한 것을 알겠습니까."(김인승)

이 대화를 통해서도 일본인의 조선 정벌에 대한 인식이 뿌리 깊음을 알 수 있다. 앞에서도 세와키는 러시아 지방장관과 만난 자리에서 조선을 일본의 속국인 것처럼 말했다. 김인승과 만난 자리에서도 도요토미 히데요시의 조선정벌을 과시하고 있다. 세와키의 블라디보스토크 파견은 조선 침략을 위한 사전답사였다. 조선의 국내 사정과 학식을 갖춘 토착 조선인을 고용해 정보를 수집하는 것이 주임무였다.

세와키는 김인승과 헤어질 때 한글판 정한기征韓記를 한자로 번역해 달라고 했다. 세와키는 김인승의 첫인상을 "중국풍의 독서인 기질이며 유교만 알 뿐 타국에 도가 있음을 알지 못했다. 참으로 우스워 견딜 수 없었다. 가엾은 조선인의 성질을 김인승 개인을 통해 추측할 수 있었다."고 기록했다. 친절을 가장한 노회한 일본 외교관에게 김인승은 진심으로 대했다.

5월 18일, 김인승은 다시 만난 자리에서 정한기 1페이지를 한문으로 번역해 와서 이런 식으로 해도 되냐고 물은 뒤 조선지도를 꺼내놓고 지명과 인구에 대한 질문과 대답이 이어졌다. 이들은 매일같이 만나 조선의 지형, 풍속, 고대 문자, 역사 등에 대한 이야기를 나누었다. 그 뒤 세와키는 김인승을 이렇게 평했다.

"러시아어와 조선어를 배우면서 김인승이라는 자와 친하게 지내게 되었고 마침내 의형제를 맺었다. 이 자는 매우 학식 있는 인물로 한시漢詩도 꽤 잘 지었다."

세와키는 귀국할 무렵 김인승에게 "일본 구경 한 번 하지 않겠냐."고 제안했다. 김인승은 "이전부터 일본에 가고 싶었는데 기회가 없었다. 돌아오는 길에 물건도 좀 가져오면 이익이 되겠다."며 흔쾌히 일본행을 수락했다. 김인승의 여행허가증을 발급받고, 6월 7일 블라디보스토크를 떠났다.

경흥부, 울릉도, 영덕, 영일만 등 동해안을 따라 남하했다. 세와키는 조선 해안을 지날 때마다 다케후지를 시켜 해안의 지명을 묻게 했다. 배 안이어서 지도를 꺼내놓지 못해 기록은 할 수 없었지만, 김인승이 하는 말을 흐뭇하게 듣고 귀국한 뒤 그에게 지도를 그리게 하고 호구 수 등을 정확히 기재하게 했다. 그리고 배 안에서 만난 프랑스인을 통해 부산에서 운요호가 함포사격을 했다는 소식을 들었다고 견문잡지에 적어두었다.

6월 14일, 세와키는 외국교섭계 미우라에게 연락해 조선 통역관 나카노 교타로中野許多郎에게 김인승을 부탁했다.

세와키는 블라디보스토크에서 형세를 파악하는 데 김인승의 도움을 많이 받았고, 러시아어와 중국어에도 능통하니 각지 조사에도 유익한 인물이라며 그를 추천했다. 김인승은 일본에 도착한 뒤 여러 시험을 거쳐 8월 1일 외무성에 고용되었다. 이후 조선의 정세, 지도 제작에 대한 자문과 한문 번역 등의 일을 했다.

8월 2일, 외무경 데라시마 무네노리가 태정대신 산조 사네토미에 「김인승 고용에 대한 의견」을 제출했다.

"7월 13일부터 조선인이며 러시아 국적의 김인승을 요모조모로 살폈다. 만주와 조선의 지지 관련 등 북방에 대한 일을 맡기려고 3개월간 고용 계약을 맺었다."[148]

다음은 세와키가 김인승과 맺은 고용 계약 내용.

김인승 고용장

만주지방 및 조선 지지地誌, 기타 조사를 위해 귀하를 외무성에 고용함. 고용 조건은 다음과 같음.

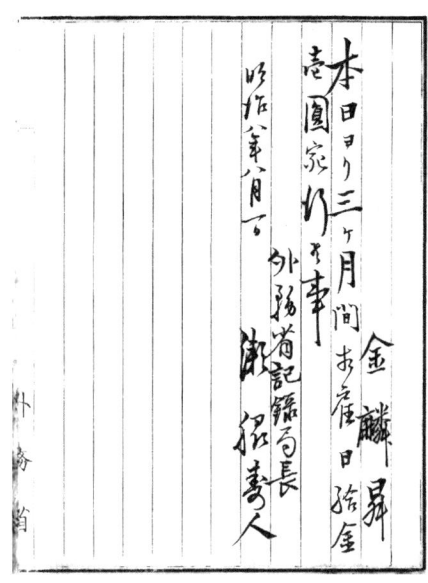

1876년 8월 1일부터 3개월간 김인승 고용. 일급으로 1엔씩 지불. 외무성 기록국장 세와키 히사토

- 귀하가 봉직 중에는 모든 것을 과장의 지시에 따를 것이며, 전문 조사 건을 공부할 것
- 고용 기간은 8월 1일부터 10월 31일까지 합계 3개월간이며 일급으로 1엔씩을 지불함
- 과장의 허가 없이 임의로 쉬는 날이 있으면 그날의 급료를 공제함
- 가구류 구입과 제잡비는 스스로 마련할 것이며 숙박료 일체도 따로 지불하지 않음
- 만기가 되어 귀국할 때는 그에 상당한 여비를 지불함

이상 각 사항을 엄격히 준수할 것이며 귀국할 때는 이 고용장을 반환할 것[149]

김인승은 8월 1일부터 10월 31일까지 계약 고용되어 세와키 히사토의 여행관에 머물렀다. 당초 일급 1엔이었지만 10월부터 월급이 2배로 올라 60엔으로 바뀌었다.

"조선어는 물론 한학, 시문이 능통한 아주 유용한 인물이므로 1개월 60엔으로 증급하고 월 고용함"[150]

9월 23일, 외무경 데라시마 무네노리가 태정대신에게 「조선인 김인승의 귀항 건에 대한 보고」를 제출했다.

"김인승이 일본으로 귀화할 뜻을 비치며 다시 귀향해 러시아와 조선의 국경을 통해 함경도로 들어가 현실 정탐을 하고 내년 봄에 처자를 데리고 다시 오겠다고 청원했습니다. 여러 업무에 능하고 국내 정세에 밝아 일본에 유용한 인물이 될 것으로 보이니 귀화시켜도 될 것이라 생각합니다. 덧붙여 그의 의형제인 다케후지 헤이키치는 세와키가 블라디보스토크에 갔을 때 김인승을 소개시킨 자로 조선어에 능통하고 지리에 밝습니다. 그와 동행시켜 정탐하게 하면 염려할 것이 없습니다."

10월 15일, 김인승이 세와키를 통해 6개월분 360엔의 선불을 요구하는 공문도 남아 있다.[151] 이후 김인승은 1876년 조카 김학우金鶴羽만 일본으로 데려오고 귀화하지 않은 채 블라디보스토크로 돌아갔다.

12월 12일, 구로다는 운요호사건 해결을 위해 외무성에 고용되어 있던 김인승을 데리고 가게 해달라고 태정대신에게 의견서를 제출했다.[152] 구로다는 조선으로 출발하기 전 김인승에게 "강화도 담판에 간다면 조선 관리를 어떻게 설득할 것인가. 이전 경흥부사로 있던 윤협尹峽이라는 자가 지금 인천부사로 부임해 있는데 그에 대해 설명해 달라."고 요구했다.

구로다 전권대신 파견 관계 사료에, "▲ 김인승이 조선을 탈출한 사실 ▲ 각국의 정세 ▲ 러시아가 청의 국경을 범한 일 ▲ 일본과 친목을 도모하려면 봉건제를 혁파하고 조선이 먼저 강화를 청해야 함 ▲ 일본과 수교하면 서양 오랑캐에 대한 걱정은 없을 것임 ▲ 외국이 청과 일본과 수교를 맺고 통상을 하고 있는데, 일본은 중재 역할을 하고 설득하기에 좋은 위치에 있으니 조선과 중국, 일본이 수호 관계를 맺은 뒤 이익만 있을 것임."이라는 내용의 진술서와 인천부사 윤협에 대한 의견이 남아 있다. 날짜와 제목은 없으나 12월 17일에 쓴 것으로 추정된다.

"윤협의 선조는 자당子瞠이며 큰 공훈이 있어 후손들은 대대로 벼슬을 하고 있다. 그는 학식과 재능이 있다. 1863년 6월, 함경도 경흥부사가 되었고 대원군이 신임하는 자다. 경흥부사의 치적을 포상받고 경흥부사 겸 방어사로 임명되어 6년간 재임한 뒤 황해도 평산부사가 되었다. 나는 조선을 탈출한 이후 그가 어디로 임관되었는지는 몰랐다. 어제 통역관 우라세로부터 윤협이 인천부사로 있다고 들었다. 인천부사는 평상시 방어사를 겸할 수 없는 직책이다. 이번 일은 인천부사와 대원군이 협의나 공모할 테니 반드시 갈등이 있을 것이다. 내 신세가 그와 만나 설전을 벌일 수 없음이 한스럽고, 남의 눈에 띄지 않게 변복을 하고 가야 하는 것이 슬프다."[153]고 쓰여 있다.

이날 김인승은 구로다에게 "감히 각하께서 저를 수행하시겠다니 만분의 일이나 되는 기회가 온 것이라 너무도 기쁩니다. 머리를 깎고 양복을 입고 가겠습니다."는 편지를 보냈다.

조선과 일본이 강화도조약 체결을 위해 협의하는 동안, 김인승이 어떤 활동을 했는지 특별히 드러난 자료는 없다. 하지만 심헌의 『심행일기』 「동래수령의 탐정기」와 『일본외교문서』 「구로다 변리대신 일행이 내방한 실상을 조선국의 중요 인물에게 알리도록 한 것」이라는 글 속에 김인승에 대해 묻고 답한 대화만 남아 있다.

『심행일기』에는 동래부사가 왜관 객주 쓰시마인 고토古藤와 친한 사람을 보내 최근 상황을 탐문한 내용이 기록되어 있다.

"귀국의 강원도 사람 김인승이 구로다와 같은 배를 타고 떠났다."(고토)

"어떻게 만났는가. 어떤 복장을 했는가."(탐문자)

"본래 청국에서 일본에 왔으며, 나와 같은 옷차림을 하고 떠났다. 만나고 얼마 안되어 이름을 밝혔다. 그가 귀국의 말을 알아들었으므로 매사를 그와 상의했다. 더구나 그는 중국어와 서양어를 잘했다."(고토)[154]

1876년 2월 2일, 『일본외교문서』에는 인천부사 윤협과 모리야마 시게루가 만났을 때 나눈 김인승에 대한 이야기가 실려 있다.[155]

"선생은 함경도 사람 김인승이라는 자를 아는가."(모리야마)

"그 사람은 아국과 러시아의 경계로 도망가서 지금 소재를 모른다. 내가 경흥에 있었을 때 서기생으로 일했던 사람이다. 선생은 김인승을 아는가. 어디에 있는지 알고 싶다."(윤협)

"동생이 그를 알고 있다. 지금 청국에 있다고 들었다. 다른 날 일본에 올

것이다."(모리야마)

　동래부사의 탐정기에는 동래 왜관의 객주도 김인승이 강화조약을 맺는 일본 사절단 속에 들어 있음을 알고 있는데, 『일본외교문서』에는 모리야마가 중국에 있다고 거짓말을 하고 있다.

　1876년 4월, 세와키는 하야시 신조林深造와 함께 김인승의 자문을 받아 조선 정세 개설서 『계림사략』(전2권)을 출간했다. 1권에는 김인승이 한문으로 쓴 자필 서문이 실려 있다. 김인승은 서문에서 그가 도쿄에 머무는 동안 가가와현香川縣에 거주하던 하야시 신조(하야시 도케이젠林道卿善)와 함께 기거했으며, 책 내용의 치밀함에 망연자실했다며 다음과 같이 소회를 밝혔다.

　"하야시는 종종 조선의 일을 언급했는데, 그럴 때마다 아는 대로 답해주었다. 하루는 그가 소매에서 책 한 권을 꺼내 보여주면서 이것이 새로 저술한 『계림사략』 상·하편이라고 했다. 책을 펼쳐보니 세와키와 하야시가 함께 쓴 것이었다. 조선의 전적典籍과 여러 서적을 참작한 외에 내게 질문했던 것들을 첨가해 편찬한 것이었다."[156]

　2권 맺음말은 하야시가 썼다.

　"요즈음 세와키와 나는 서로 협의해 가며 조선의 도적図籍을 열람했다. 대강이지만 정치, 행정, 풍속의 중요한 부분을 알게 되었다. 때마침 조선인 김인승이 도쿄에 와서 사실을 묻고 들을 수 있었다. 지난해 세와키가 조선 국경 부근에서 친히 보고 들은 사실을 첨가해 초편 2권을 기록할 수 있었다. 내용은 모두 지금 조선에서 사용하고 있는 관련 사항을 열거했다. 향후 양국이 교섭하는 데 도움이 될 수 있도록 교제상 관계가 있는 것을 실었다. 지명, 관명 등은 김인승에게 질문해 원음으로 토를 달아서 실제 사용할 때 편리함을 꾀했다."[157]

　1876년 4월 18일, 김인승은 강화도조약 체결 이후 얼마 지나지 않아 외무성에서 마련해 준 오사카야라는 숙소에 있다가 다른 곳으로 주소를 옮긴다

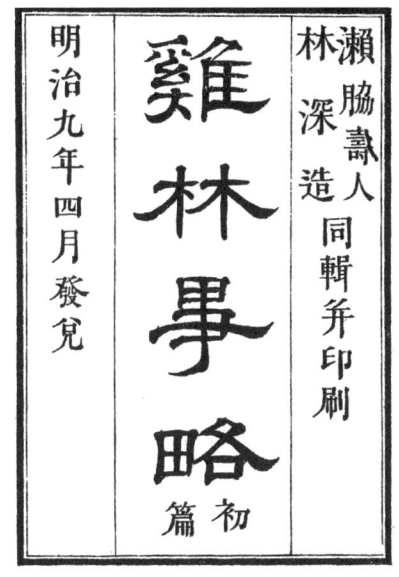
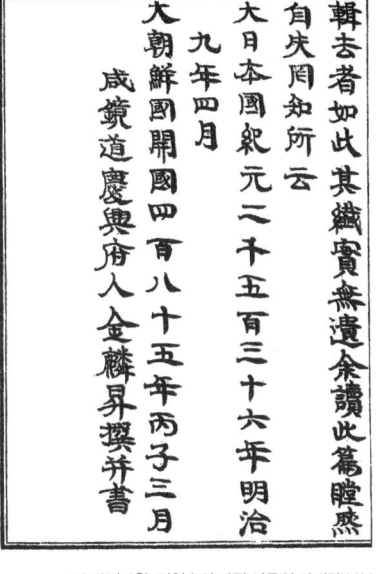

1876년, 김인승에게 자문받고 출간한 『계림사략』   1876년 4월, 김인승의 자필 서문의 마지막 부분

고 서무국에 알렸다. 주소를 옮기는 이유에 대해 "거리에서 듣기 불편한 말을 많이 들었다. 길을 걸을 때마다 아주 조심스러웠다. 두려운 마음을 갖지 않을 수 없었다."고 했다. 이런 일이 있고 얼마 안 되어 그는 블라디보스토크로 돌아간 것 같다.[158]

이후 세와키는 블라디보스토크 초대 무역사무관이 되었고, 1878년 귀국하는 배 안에서 59세로 병사했다.

『친일문학론』, 『일본군의 조선침략사』 등 친일파 연구에 일생을 바친 고 임종국은 김인승에 대해 "친일파 제1호는 강화도조약보다 앞서는 시점에서 생겨났다. 이 조약 체결을 위해서 변리공사 구로다 일행이 강화 섬에 도착한 것이 1876년 1월 30일이다. 이때 수행원 840명 중에 김인승과 성명 미상 2명의 조선인 통역이 섞여 있었다. 이 세 사람이 언제 어떤 경로로 일본으로 건너가서 어떻게 일어를 배웠는지는 전혀 알 수 없다. 일제의 통역으로 운요호

포격의 이유를 따지고 개항과 수교를 강제했다는 부일扶日의 행위를 알 뿐이다."[159]고 했다.

김인승의 조카 김학우(金鶴羽, 1862~1894)는 어릴 때 아버지를 여의고 작은아버지를 따라 블라디보스토크로 이주해 그곳에서 성장했다. 일본으로 건너가 1876년 9월부터 1878년 4월까지 무급 어학교사로 도쿄에 머물다 블라디보스토크로 돌아갔다.

조선의 관리 장박張博이 1878년, 1880년 두 차례 변경 사무로 블라디보스토크에 파견되었을 때 김학우를 알게 되었고 그를 정부에 추천했다. 김학우는 러시아어와 중국어에 능통해 개화 담당부서의 요직을 맡고 일본을 자주 오갔다. 이후 1894년 군국기무처 의원으로 김홍집 내각에서 유길준 등을 도와 갑오개혁을 주도하다가 반일세력으로 암살당했다.

"법무협판 김학우를 살해한 자객 중 한 사람인 한기석韓祈錫에 의하면 1894년 9월 중에 암살모의를 했다. 모의는 현재 임금을 폐위하는 것이었다. 방법은 동학당을 화성에 진입시키는 것이었다. 고종주高宗柱가 동학당을 안으로 불러들이기로 했다. 실행은 가장 방해가 되는 김홍집·김윤식·김가진·안경수·김학우·이윤용·박준양·권형진 기타 10여 명의 제거에 있었다. 첫 번째로 김홍집·김가진·김학우·안경수 등 4명을 10월 30일 밤에 암살하기로 했는데 김학우만 죽였다. 동시에 일부는 김홍집·김가진의 집으로 향했으나 지장이 많아 수행치 못했다고 한다."[160]

일본을 도운 조카 김학우는 일본에 협력하다 죽음을 맞았다.

강화도조약 체결단 속으로 들어온 첩보원

일본정부는 특명전권 변리대신 구로다를 조선에 보내 조약을 체결하기 전, 청국이 조선을 속국이라 주장할 만한 어떤 확증도 없애려고 기획했다.

1876년 1월 4일, 조선과 직접 교섭할 때 청국의 간섭을 받지 않기 위해 외무소보 모리 아리노리(森有禮, 1847~1889)를 특명전권공사로 임명, 청국으로 파견했다.

1월 10일, 모리 아리노리는 베이징에 도착, 총리아문에서 공친왕을 방문하고 조선이 일본 군함에 발포하여 파손된 것과 일본에서 사절을 파견해 화의와 조약을 체결한다고 설명했다. 공친왕은 조선의 내정에 간여할 생각은 없지만, 조선과 일본 양국이 가볍게 일을 벌이지 말라고 답변했다.

1월 14일, 모리는 다시 총리아문을 방문해 "조선이 속국이라고 칭할 만한 어떤 근거도 없고, 내정에 관여하지도 않으며, 외국과의 교섭도 그 나라의 자주에 맡긴다는 것을 거듭 확인하고 조선은 독립국이라는 확인을 받았다."는 내용을 일본정부에 알렸다.[161]

일본정부는 이 말을 구로다 사절단에 전해 조선과 교섭 때 활용, 조일수호조약 제1조에 "조선국은 자주국으로 일본과 평등한 권리를 가진다."고 명기했다. 이전부터 조선과 청국의 관계를 단절시키기 위해 사전포석을 깔고 있던 일본이 의도한 그대로 진행되고 있었다.

1876년 1월 6일, 구로다 사절단은 겐부함玄武艦을 타고 군함 5척의 호위를 받으며 시나가와만을 출발, 1월 25일 강화만에 도착했다. 이때 일본정부는 조선에서 충돌이 일어날 것에 대비해 시모노세키에 정한征韓사무국을 설치했다. 육군경 야마가타 아리토모는 직접 그곳으로 가서 비상소집으로 8개 대대 병력을 집중시켰다. 식량 3만 석을 매입해 만일의 사태에 대비했다.[162]

일본은 앞으로는 무장 호위병을 대동하고 강화부로 들어가 조약 체결을 요구하고, 뒤로는 만일을 대비해 시모노세키에 정한사무국을 설치하고 8개 대대 병력을 집중시켜 놓았다. 조선 정부에서는 일본이 수호를 청하면서도 군함과 군사를 대동하고 왔는데 의도를 파악하기 어렵다며 그 누구도 구체적인 대응책을 제시하지 못하고 있었다.

고종과 의정부 대신들도 일본이 조약 체결을 요구하리라고는 전혀 예상하지 못했으므로, 개항에 대한 어떠한 합의점도 찾지 못하고 있었다. 고종은 일본이 수호를 위해 왔다고 하지만 실제로 전쟁으로 확산될 수 있는 국가 안위와 관련된 상황이었으므로, 병인·신미양요 때 공을 세운 신헌을 적합한 인물로 판단하고 접견대관으로서 교섭 전권을 맡겼다. 조선의 대표 신헌과 윤자승, 일본의 전권대신 구로다와 이노우에는 회담을 거쳐 강화도조약을 체결했다.

일본의 무력 시위에 굴복하듯 개항할 수밖에 없었던 강화도조약 체결 직후 접견대관 신헌은 고종을 알현하는 자리에서 군비의 허술함을 말하고, 교린하면서 방어를 갖추어 변란에 대비하면 나라를 지킬 수 있다고 진언했다.

"지금 천하의 대세를 보건대 각국에서 병력을 사용하여 앞뒤로 수모를 받은 것도 벌써 여러 차례나 됩니다. 병력이 이와 같다는 것이 만약 각국에 전파되기라도 하면 그들의 멸시가 앞으로 어떠할지 모르겠습니다. 신은 정말 몹시 걱정됩니다. **천하에 어찌 자기 나라를 가지고 자기 나라를 지켜내지 못하는 자가 있겠습니까.**"[163]

일본은 조약을 체결한 뒤 교린의 한 방법으로 조선에 초대외교 형식을 취하며 사신을 일본에 파견해 달라고 요청했다. 사례의 뜻으로 사신을 보내기로 결정하고 예조참의 김기수(金綺秀, 1832~?)를 수신사로 파견했다. 김기수를 포함한 76명의 수신사 일행은 4월 4일 한양을 출발, 29일 일본 기선 고류마루호黃龍丸를 타고 부산을 떠나 약 2개월에 걸쳐 일본을 시찰했다. 근대 조선의 첫 사절이었다.

강화도조약 체결을 위한 사절단 속에 14명의 육군장교가 포함되어 있었다. 육군소장 다네다 마사아키(種田政明, 1837~1876, 사쓰마), 육군중좌 가바야마 스케오리(樺山資紀, 1837~1922, 사쓰마), 육군소좌 나가야마 다케시로(永山武四郎, 1837~1904, 사쓰마), 육군대위 후쿠다 한(福半, 1837~1891), 쇼다 요모조(勝田四方藏, 1845~1918), 오카모토 류노스케(岡本柳之助, 1852~1912), 육군중위 이다 도시스케(飯田俊助, 1846~1914, 조슈), 노자키 데이지(野崎貞次, 1840~1906, 사쓰마), 메가타 다케시目賀田健, 이노우에 노리유키井上教之, 육군소위 이소바야시 신조(磯林真三, 1853~1884. 도사번), 쥬죠 고우키中條弘毅, 야마모토 이마와리山本居周, 마쓰미츠 구니스케가 그들이다.

이 가운데 참모국 소속 이소바야시 신조, 후쿠다 한, 쇼다 요모조, 마쓰미츠 구니스케가 들어 있었다. 모두 첩보활동과 지리정보 수집을 행하는 첩보원이었다. 강화도에서 교섭이 진행되는 동안에도 허락도 없이 측량행위를 한 일본 쪽에 조선은 강력하게 힐문하기도 했다. 『육군성연보』에 기재된 강화도 초지진에서 강화부까지의 「자강화도 초지진 지강화부 노상도自江華島草芝鎭至江華府路上図」[164]는 이때 제작된 것으로 추정된다.

1876년 7월, 쇼다와 마쓰미츠는 실무 이사관 미야모토 고이치와 함께 조선에 다시 파견되었다. 육군경 야마가타 아리토모는 첩보원을 파견하면서 "지리 병제 등 군무에 반드시 필요한 것을 정탐"하라고 했다. 무엇을 정탐했는지는 보고서 「육군사관 조선기행」과 「조선도부약도」가 명확히 보여준다. 이소바야시 신조는 조선에서 측량과 정탐, 정보수집 활동을 하다가 갑신정변(1884년) 때 조선 민중에게 돌에 맞아 죽었다. 이소바야시는 이후 국가를 위해 순국한 자를 기념하는 야스쿠니 신사에 안치되었다. 오카모토 류노스케는 1894년 조선 무력침략과 1895년 명성황후 살육 때 주도적으로 계략을 꾸민 자다. 이 자에 대해서는 『1894 일본조선침략』에 자세히 기록되어 있다.[165]

후쿠다 한은 참모국 제6과의 중심인물이었다. 그의 아버지 후쿠다 리켄(福田理軒, 1815~1889)과 함께 일본정부 최초의 측량기술자였다. 측량 분야에서는 후쿠다 한으로 알려진 그의 본명은 후쿠다 치켄(福田治軒, 1849~1891)으로 오사카 출신이다. 아홉 살(1858년)부터 8년간 아버지에게 수학을 비롯한 학문의 기초를 익혔다. 1868년 약 1년 동안 메이지 초기 네덜란드 학자이자 철도기술자인 사토 마사야스(佐藤政養, 1821~1877) 밑에서 네덜란드학을, 1870년 7월부터 1872년 2월까지 철도국에 고용되어 있던 외국인 존 잉글랜드John

England에게 실전에서 바로 사용할 수 있는 수리 측량 제법과 철도부설 측량을 배웠다.

아버지 리켄은 형 후쿠다 긴토(福田金塘, 1806~1858)와 함께 수학과 천문역학을 배운 뒤 1834년 쥰텐토쥬쿠順天堂塾를 개설해 수학과 측량을 가르쳤다. 리켄이 직접 저술한 최첨단 측량서 『측량집성』(1856년)과 일본 최초의 서양 수학서 『서산속지西算速知』를 교재로 사용했다. 이후 1871년 9월, 리켄은 오사카에 있는 쥰테토쥬큐를 제자에게 양도하고, 도쿄로 옮겨 자연의 섭리에 따라 진리를 탐구한다는 의미를 담은 쥰텐큐고지順天求合社로 이름을 바꾸고 민간 측량기술자 양성학교를 개설했다. 이곳에서 후쿠다 한은 교수로 겸임하면서 철도국에 들어가 일본 최초의 철도 신바시·요코하마 측량을 했다. 1872년 『측량신식測量新式』을 출간하고 육군성에서 근무하게 되었다. 1873년 학문적인 깊이와 수학, 실용적인 측량기술에 높은 평가를 받아 참모국 요원으로 발탁되었다.[166] 일본이 기존 지도를 토대로 지도를 편집하던 시기에서 실측 제작으로 바뀌어 가는 전환기의 중심에 후쿠다 한이 있었다.

『육지측량부연혁지』는 후쿠다 한과 참모국 제6과 과장을 이렇게 평했다.

"제6과 과장 나가미네 유즈루長嶺讓는 학식이 넓고 아는 것이 많으며 양서에 통달해 있었다. 후쿠다 공병대위는 수학의 일인자로 그를 잘 보좌했다. 고스게 도모히로小菅智淵, 미야야마宮山 등 관련자들은 열심히 연구하여 마침내 근대식 지도 측도 방법을 잘 터득하여 점차 그 법칙, 도식 등을 대성하기에 이르렀다."[167]

후쿠다 한의 마지막 무렵은 이렇게 기록되어 있다.

"1901년 6월 14일, 육군대신 고다마 겐타로児玉源太郎의 추천으로 총리대신 가쓰라 타로는 후쿠다 한에게 종6위 훈4등, 1등급 올려 육군 보병대위를 하사했다. 이유는 1879년 이후 고등관으로 임명된 이후 10년 이상 군무에 종사, 몸을 아끼지 않고 임무를 수행하다 지금 병을 얻어 위독하므로 서위 진급내칙 제4조에 따라 특별 진급시켰다."[168]

일본 해군성, 조선 연안 측량

여기서 주목할 점은 당시 일본 해군성은 국내 측량에 중점을 두고, 영국 측량함 실비아호와 협력하여 아직 측량이 이루어지지 않은 시코쿠, 규슈 일대를 측량 중이었다. 그런데 일본 해안이 아닌 부산, 영흥만, 강화도 부근까지 1875년 운요호와 제2정묘함을 보내 측량을 하고 있었다는 점이다.

1875년 6월, 제2정묘함은 부산을 측량해 일본 해군성 수로국 「조선국 부산항」(해도 제60호) 지도를 제작했다. 이때 측량은 운요호사건이 터지기 전에 이루어졌다. 일본정부는 조선의 허락 없이 도둑 측량을 일삼다가 강화도조약이 체결된 뒤부터는 개항지 선정을 위한 후보지 조사라는 명분으로 연해 측량에 뛰어들었다.

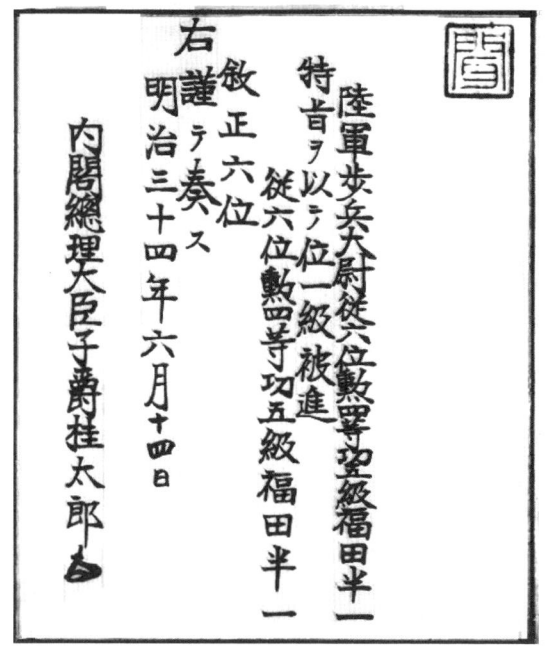

1901년 6월 14일, 후쿠다 한에 대한 내각 기록

운요호사건 이후 강화도 회담을 전후로 군함이 먼저 들어와 수로를 탐색한다며 강화도 해역과 서해안 일대를 측량했다. 구로다의 『사선일기』에는 사절단 일행과 군함 2척과 수송선 4척이 조선에 들어온 것으로 기록되어 있다. 이 군함들도 각각 측량하고 돌아갔다. 군함은 닛신함[日進艦, 함장 해군소좌 이토 유코, 160명]과 모슌함[孟春艦, 함장 해군소좌 가사마 히로타테, 82명], 수송선은 다카오마루[高雄丸, 함장 해군소좌 이노우에 요시카, 405명], 겐부마루[玄武丸, 66명], 하코다

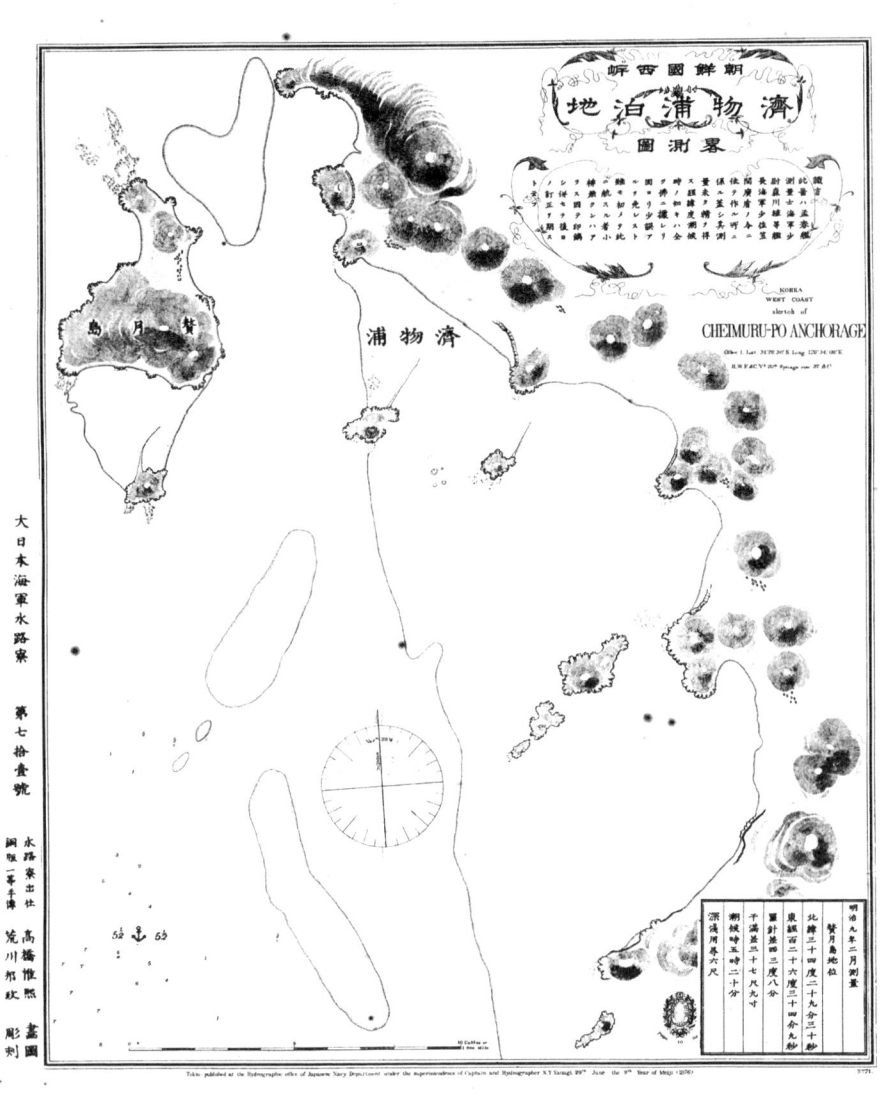

1876년 2월, 모슌함의 모리카와 우에루가 측량하고 해군성 수로국이 제작한 「조선국 서안 제물포박지 약측도」

마루〔函館丸, 54명〕, 교류마루〔矯龍丸, 42명〕였다.[169] 다카오마루 함장 이노우에 요시카는 운요호사건을 일으킨 사건의 당사자로 다른 함을 타고 조선에 들어와 있었다.

이때 만든 지도가 「조선국 서안 제물포박지 약측도」와 「조선 서안 한강구 정산박지 약측도」다. 「제물포박지 약측도」[170]는 모슌함이 1876년 1월에 측량했다. 모슌함은 구로다 기요타카가 조선에 오기 전부터 먼저 와서 수로를 측량[171]하고 있었다. 지도 속에 참고할 수 있는 기록이 있다.

"이 지도는 모슌함 측량사 해군소위 모리카와 우에루森川植 등이 함장 해군소좌 가사마 히로타테笠間廣盾의 명령으로 만들어졌다. 측량이 아직 정밀하

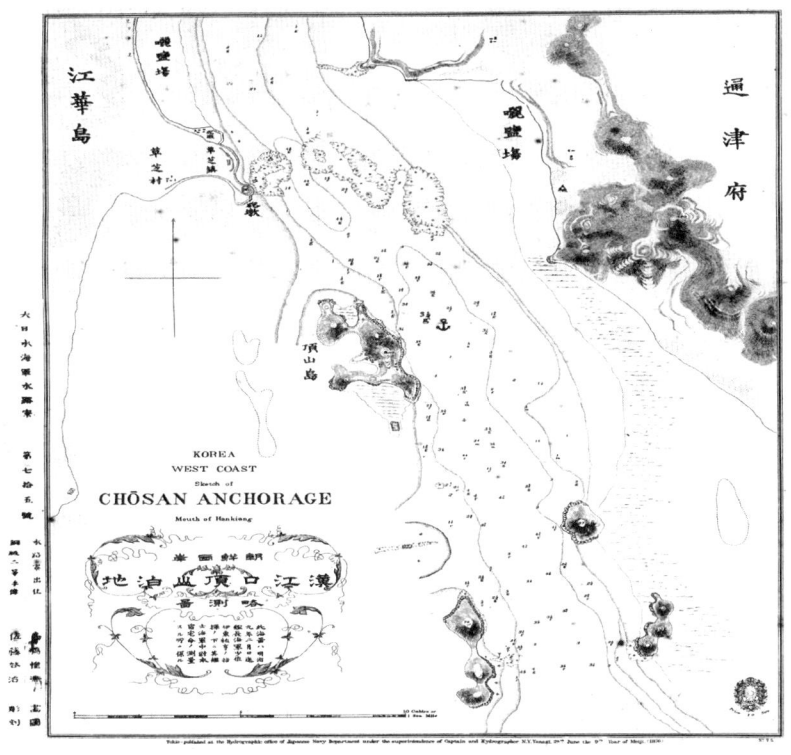

1876년 2월, 닛신함 함장 이토 유코의 지휘 아래 모토슈큐 다쿠메이 측량, 해군성 수로국에서 1876년 6월 29일 간행한 「조선 서안 한강구 정산박지 약측도」

• 151

지 못해 경도와 위도, 조수 간만의 시간이 전혀 없고 다소 오류가 있다. 처음 항해한 자의 부족함이 있으니 후일 정정을 기한다고 함"

「조선 서안 한강구 정산박지 약측도」는 닛신함의 함장 해군소좌 이토 유코의 지령 아래 해군중위 모토슈큐 다쿠메이(本宿宅命, 1852~1892)가 측량했다.[172] 지도 이름에 있는 정산도頂山島는 항산도項山島를 잘못 적은 것이다.

강화도조약 체결 당시 1876년 2월 측량한 것으로 해도 74호 「조선국 거제도 저구미 약측도朝鮮國巨濟島猪仇味略測図」, 해도 76호 「조선국 거제도 가배량 약측도朝鮮國巨濟島加背梁略測図」는 측량일과 누가 측량했는지 기재되어 있지 않다.

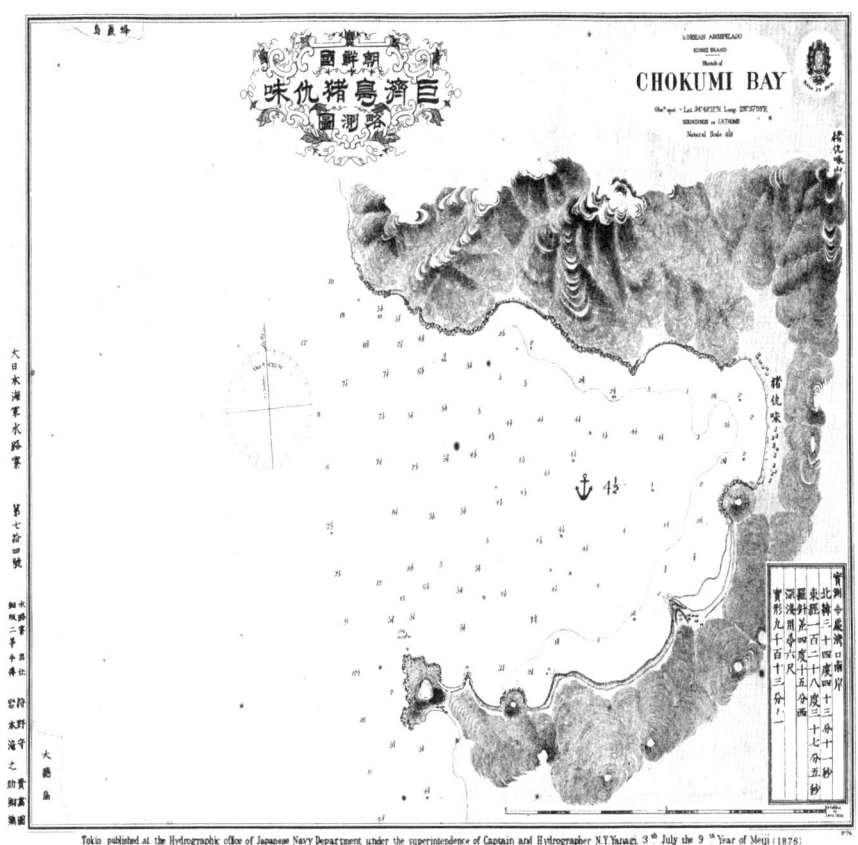

측량일이 기재되어 있지 않은 「조선국 거제도 저구미 약측도」. 1876년 7월 3일 일본 해군성 수로국에서 간행

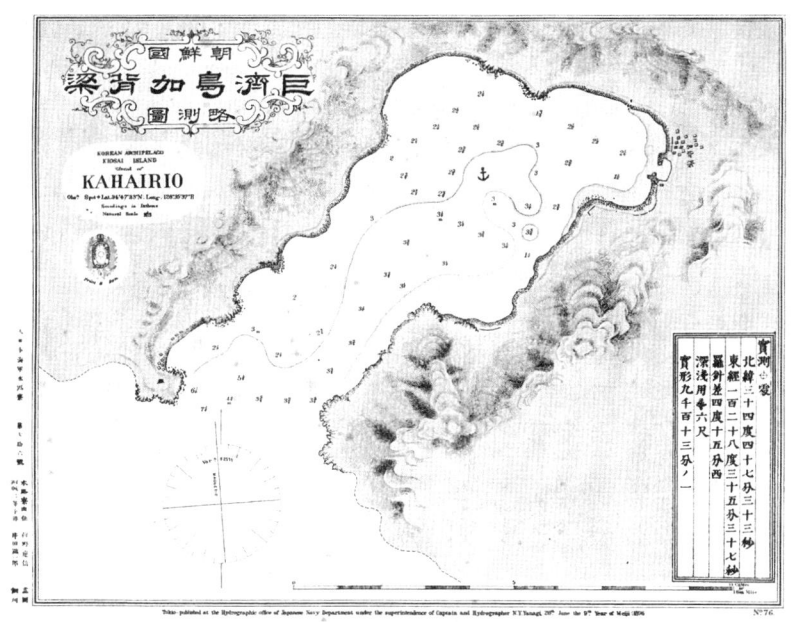

측량일이 기재되어 있지 않은 「조선국 거제도 가배량 약측도」. 1876년 6월 28일 일본 해군성 수로국에서 간행

일본 해군성 수로국의 요시다 쥰신과 아오키 마코토青木住眞는 1873년 부산항을 측량해 항박도港泊図를 제작했다. 요시다를 비롯한 미우라 시게사토 등은 1873년 이후 계속해서 조선 연해를 드나들며 측량, 1875년 제2정묘함을 타고 부산항에 들어와 부산항을 측량해 「부산항해도」를 제작, 「조선 남안 전라도 순천포 약측도」는 1876년 9월 만들었다. 지도에는 "해군대위 아오키 마코토 등이 조선국에 항해하며 서둘러 급작스럽게 측량 편제한 것이므로 아직 상세하지 않다. 향후 이곳을 항해하는 자는 보충하여 후일 다시 정정하라."고 기록되어 있다.

1875년과 1876년 일본 해군성에서 측량한 해도가 많은 것은 조선 내륙으로 들어오지 못했으므로 측량함을 이용한 비밀 측량이 주를 이루었다. 1880년 일본공사의 서울 주재가 확정된 이후부터 육로를 통한 노상도가 많이 만

1876년 10월 31일 일본 해군성 수로국에서 간행한 「조선 남안 전라도 순천포 약측도」

들어졌다.

1876년 3월 14일, 해군성의 해군대보 가와무라 스미요시(川村純義, 1836~1904)는 적극적으로 조선 해안을 측량할 수 있도록 태정관에 허락을 요청했다.

"금년 국내에서 아직 측량이 이루어지지 않은 여러 항을 측량하기 위한 조치로서 영국 측량함 실비아Sylvia호가 시코쿠, 규슈를 측량하고 있다. 해군성에서도 그 외 항을 측량할 예정이지만, 이번 조선국과 조약하는 동안에 정

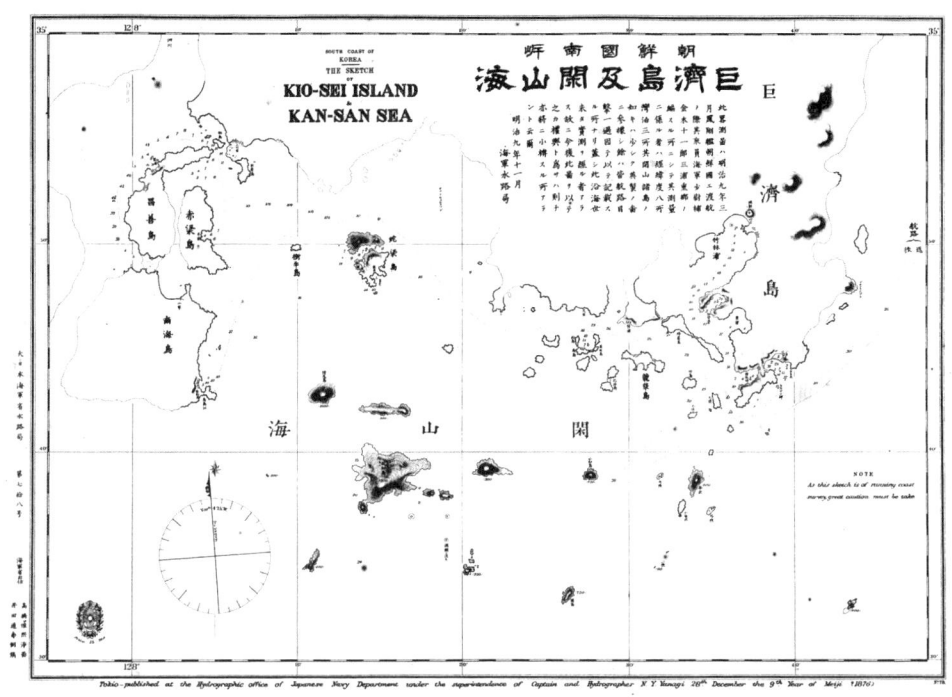

1876년 3월 호쇼함에서 측량한 「조선국 남안 거제도 및 한산해」. 1876년 12월 28일 해군성 수로국에서 간행

비해야 한다. 먼저 해군성에서 조선의 여러 해안을 측량할 수 있도록 허락해 달라."[173]

3월 25일, 해군성은 "조선 해안 측량 순서를 고안했다. 수호조규의 명문에도 있으니 조선해 측량을 허락한다."[174]고 명령을 하달했다.

「조선국 남안 거제도 및 한산해朝鮮國南岸巨濟島及閑山海」는 강화도조약 체결 이후 1876년 3월 호쇼함이 조선으로 출항해 측량한 것으로 해군소위보 가네키 쥬이치로金木十一郎, 미우라 시게사토가 만들었다. 항로를 눈으로 확인하고, 영국에서 제작한 지도를 참조해 만들었다고 기록하고 있다.

고바야시 시게루는 『외방도—제국 일본의 아시아 지도』에서 "이 무렵 일본은 자국의 연안 측량조차 영국에 의존하고 있었다. 그럼에도 불구하고 조선에 대해 측량을 목적으로 항해한 배경에 대해 검토해야 할 것이 많지만, 초기 외방도가 이 시기에 제작된 것은 시사적이다."[175]고 서술하고 있다.

1876년 5월 25일, 외무성은 해군성에 「조선국 연해 도서 측량 주의사항서」[176]를 전해 해군의 조선해안 측량으로 조선 측과 갈등을 빚지 않도록 주의할 것을 요청했다. 내용 속에 현지 주민과 원활한 의사소통을 위해 부산에 있는 어학생을 고용하라는 지시도 들어 있다.

조선국 연해 측량 주의사항서

- 해군성 관리로 조선국 연해 및 각 도서의 측량을 원할 때는 그때부터 2개월 전에 그 취지를 외무성에 보고할 것
- 보고 경위는 측량을 원하는 조선 지방의 개략, 어느 해안에서 시작해 어느 해안 또는 도서에서 끝낼 목적이라는 취지와 기한은 몇 월부터 시작해 몇 월에 끝나는지를 미리 정할 것
- 동시에 측량선명, 종류, 함장의 이름을 자세하게 보고할 것
- 해군성에서 외무성에 보고할 때는 외무성은 신속하게 제2, 제3의 취지를 부산에 있는 외무관리에게 알리고 해당 관리가 다시 조선 정부에 알려 조선 정부가 측량해야 할 지방에 포고령을 내려줄 것을 요구할 것. 또 해군성은 외무경에게 항해 공증을 청구하고 측량함장에게 건네줄 것
- 위의 순서를 거친 뒤 측량선은 먼저 부산포에 이르러 그곳에서 근무하고 있는 어학생도 1명을 고용할 것

조선 연해 측량을 위해 특별임무를 수행하는 측량선을 보낼 때마다 함장은 외무성에 알리라고 했다. "해군성 관선官船으로 조선국 연해, 각 도서를 측량하고자 할 때는 그때마다 2개월 전에 그 취지를 외무성에 보고하라."는 규정은 1888년 2월 14일 폐지되었다.[177]

1880년 6월 8일, 해군성 수로국에서 궁내성으로 해도 2첩을 보내면서 첨부한 의견서에 해양 측량의 시작 시기가 나온다.

"메이지유신 이후 일본 해군부 내에서 해양 측량을 시행한 것은 1871년 5월 야나기 나라요시(柳楢悦, 1832~1891) 등 구병부성의 명령을 받아 사누키讃岐·이요伊予 근해를 측량한 것을 그 시작이라고 했다. (수로국) 국원은 기타 해당 임무 수행에 시간을 보냈다. 서남쪽은 오키나와 제도, 조선 연안에 이르렀고, 동북쪽은 오우奥羽와 홋카이도에 이르기까지 수십 곳을 실측하여 수로국 창설 이후 이를 동판에 새긴 것이 70종, 구미 각국 해군이 제작한 해도를 번각하여 교정·증보한 것이 18종이다."[178]

이 기록처럼 해군성은 수로국을 창설하자마자 일본 근해보다 류큐 왕국과 조선 연안 측량을 시행했다. 1872년 2월, 해군성이 창설되고 얼마 지나지 않은 4월 17일 해군성 수로국은 조선 해안 측량을 시작했다.

"해군성 측량생 오오키 엔켄大木延建, 미우라 요시후카三浦義深, 모치하라 오모이餅原惟懿, 다카스기 하루키高杉春祺, 이다 미치토시井田道寿는 측량 임무 수행을 위해 제2정묘함에 승선하라."[179]는 명령을 하달했다.

이후로도 제2정묘함의 조선 연해 측량은 이어졌고, 1875년 6월 1일, 부산에서 운요호가 함포 위협 사격을 했던 시기에도 부산항을 측량해 지도를 만들고 있었다. 미우라 시게사토, 다카스기 하루키 등은 조선 해안 측량 때마다 자주 등장한다.

측량요원 다카스기 하루키는 메이지유신 초기의 주역인 다카스기 신사쿠(高杉晋作, 1839~1867)의 여동생 미츠와 결혼해 다카스기 가문을 계승한 자다. 다카스기 신사쿠는 요시다 쇼인이 1857년 세운 사립학교 쇼카손주쿠松下村塾에서 가장 촉망받는 제자였다. 양이운동의 선봉에 서서 서양 세력의 배척을 주장했으며, 조슈번의 근대적 군대를 창설했다. 처음에는 민병대의 일종인 쇼타이諸隊를 설립, 사무라이 계급만 독점한 것이 아니라 농민, 상민, 공인 등 일반인까지 받아들여 전력을 증강시켰다. 1863년 특수부대로서 300명으로 구성된 기헤이타이奇兵隊를 편성해 서양 군함에 맞서 싸웠으나, 시모노세키 전쟁 이후 서양 배척이 아닌 막부 타도로 대상이 바뀌었다. 그는 조슈번의 정치 군사의 지도자였으나, 1867년 5월 죽었다. 그의 부하였던 야마가타 아리토모, 기도 다카요시 등이 유신정부의 요직을 차지했다.

메이지유신의 주역이면서 일찍 죽은 다카스기 신사쿠의 가문을 잇기 위해 무라카미 에몬츠네스케村上衛門常祐의 셋째 아들을 다카스기 가문의 양자로 들였다. 그가 다카스기 하루키다.

다카스기 신사쿠는 일본의 제96, 97, 98대 내각 총리대신 아베 신조의 '신조晋三'라는 이름도 신사쿠晋作의 '신(晋, しん)'에서 따올 만큼 존경받는 자로 숭상받고 있다.[180]

이런 이력을 가진 해군성 수로국 소속의 해군소위 다카스기는 1877년 9월 개항지 확정을 위한 교섭단으로 대리공사 하나부사와 함께 조선으로 건너왔다. 조선 해안 측량이 주요 임무였고 「목포지도」· 「남양만지도」(1877년) 등을 남겼다.

6. 농락당한 통상 교섭

　1876년 6월 13일, 일본정부는 조선에 수호조규 제11조에 따라 통상에 필요한 세부 규칙과 후속 조치를 마무리하기 위해 이사관을 임명했으니 조선에서도 담당 관리를 임명해 줄 것을 제의했다.[181]

　6월 28일, 외무경 데라시마 무네노리는 예조판서 김재현(金在顯, 1808~1899)에게 미야모토 고이치를 이사관으로 임명했음을 통보했다. 조선 정부는 형조참판 조인희趙寅熙를 강수관으로 임명했다. 일본정부는 외무대승 미야모토를 대표로 조일수호조규 부칙과 통상장정에 대한 교섭을 위해 사절단을 파견했다.

　7월 15일, 부산주재 일본 공관장 대리 야마노조 스케나가山之城祐長는 동래부사에게 이사관 미야모토가 서울로 올라가고 있음을 대신 전해주기를 청하는 서계를 보냈다.

　7월 30일, 미야모토 이사관은 서울에 나타났고, 8월 5일 숙소가 있는 경기중영(청수관)에서 회담이 시작되었다.

미야모토 고이치, 첩보원과 동행

　이사관 미야모토 고이치 등 외교사절단 속에 육군성 참모국 소속 첩보원 육군대위 쇼다 요모조와 육군소위 마쓰미츠 구니스케도 들어 있었다.

　쇼다와 마쓰미츠는 지난 1월 구로다 기요타카의 조일수호조규 조인 때 수행원으로 함께 왔던 자다. 이때의 임무는 조선에 대한 상세하고 구체적인 정탐이었다. 체결 당시 조선의 수도 서울 부근 답사와 지리정보를 파악하기 위해 파견되었으나 목적을 달성하지 못하고 돌아갔다. 이 기회를 노려 다시 지리, 병제, 군사의 주요 사항을 정탐하기 위해 이들을 보낸 것이다. 마쓰미츠는 1873년 조선과 중국의 지리를 면밀하게 조사했던 베테랑 첩보원이었다. 일본정부가 현지조사 전력이 많은 지리전문가 마쓰미츠를 조선으로 다시 보낸 것은 이 사안을 얼마나 중요하게 다루고 있었는지 알 수 있다.

6월 24일, 조선 출발에 앞서 외무성은 해군성에 아사마함의 사절단 수송과 지리정보 탐색에 필요하므로 조선국 연해 측량도와 조선지도, 프랑스판 지도 송부를 요청했다. 또 구로다 전권대신이 강화도조약 체결 당시 조선에서 측량한 닛신함이 측량한 「조선 서안 한강구 정산박지 약측도」와 모슌함이 1876년 1월에 측량한 「조선국 서안 제물포박지 약측도」는 외무성에서 보유하고 있으므로 보내지 않아도 된다고 덧붙였다.

6월 26일, 해군성은 「조선전도」(20전), 「고려서안 염하도 제1, 제2」(2매, 50전), 「고려서안 소능하지도」(20전), 「조선 동해안도」(35전)를 외무성에 송부하고 1엔 25전을 청구했다. 같은 날 태정관에서 육군대위 쇼다 요모조와 육군소위 마쓰미츠 구니스케의 조선 파견 명령을 외무성에 내려보냈다.[182]

7월 1일, 육군경 야마가타 아리토모는 외무경 데라시마 무네노리에게 첩보원들의 조선 파견 목적과 행동거지에 대한 주의사항을 하달했다. 「육군성 일기」는 이를 상세히 기록하고 있다.

이번에 이사관과 동행하여 조선국에 파견하는 건에 대해, 조선 병제의 이해득실, 지리, 풍토, 운하수송의 편리 여부, 기타 병사兵事와 관련된 사건은 모두 상세하고 치밀하게 정탐할 것. 특히 지도 복사가 필요할 경우 지학상에 의거하여 그것을 사경寫謄하는 데 힘쓰고 요령 있게 취득할 것을 요청했다. 하지만 조선과 아직 교제가 친밀하지 않아 그들의 이목이 반드시 우리에게 쏠릴 것이니 한층 더 몸가짐을 엄격히 하고 거칠고 난폭한 행동이나 추잡한 거동을 해서는 안 된다. 체류 중 정탐을 위해 멋대로 각 곳에 출입하는 등의 일이 있을 때 조선은 미개국이니 이에 대해 의혹을 품을 것임을 쉽사리 추측할 수 있다. 각지로 왕래해야 할 때는 반드시 이사관과 협의하고 그의 승낙을 받은 뒤 임무에 종사할 것. 모두 마음을 진중하고 치밀하게 하고 행동을 바르게 하여 맡은 바 임무에 한 치의 소홀함이 있어서는 안 됨 (▲ 파견에 대해서는 물론이고 파견 업무와 관련된 사건은 가족, 가까이 지내는 친한 사람이라도 통신하거나 누설하지 말 것. 세심하게 마음을 쓰고 행적을 바르게 하여 맡은 바 임무에 경솔함이 없을 것)[183]

일본정부는 외무성과 육군성에 거듭 신중하고 치밀하게 행동할 것을 강조했다. 이들의 임무가 조선의 병제, 지리, 해운 수송, 지도 수집 등의 첩보활동이었으므로 눈에 띄는 언동을 엄격히 제한했다. 비밀임무이니 가족은 물론이고 아무에게도 알려서는 안 된다고 엄중히 경고했다.

7월 2일, 육군경 야마가타 아리토모는 당시 해군의 실질적 지도자 해군대보 가와무라 스미요시에게 첩보원 육군대위 쇼다와 육군소위 마쓰미츠의 조선국 파견에 대해 알리고 아사마함浅間艦 탑승에 대한 승낙과 이사관과 똑같이 대우해 줄 것을 의뢰했다.[184]

해군성의 출장보고서 「조선국 출측일지出測日誌」[185]는 1876년 6월 22일 아사마함의 조선 해안측량 명령 하달부터 기록을 시작했다. 파견된 인물은 해군대위 나카무라 유희中村雄飛, 해군소위 고다마 가네타카, 해군소위보 미우라 시게사토, 해군소위보 후지모토 하루노부藤本治信 등이었다.

7월 2일, 도쿄를 출발해 요코하마에 도착했다.

7월 3일, 아사마함에 탑승, 오전 10시 이사관 미야모토와 수행원으로 위장한 첩보원들을 태우고 오후 1시 35분 요코하마항을 떠났다.

7월 14일, 쓰시마를 출발, 15일 부산포 초량으로 들어왔다. 도착하자마자 초량파호장草梁波戶場 주변을 측량했다.

이 기록을 보면 외무성 관리, 해군과 육군이 함께 지리 정탐, 첩보활동의 많은 정보를 공유하고 협력했다. 해군과 육군이 서로 반목하며 정보를 공유하지 않았다는 후대의 기록은 다시 살필 필요가 있다. 이때는 조선과 관련한 정보는 서로 협조하고 있었다. 외무성, 육군성, 해군성의 각 인원이 한 조를 이루어 움직였다.

7월 25일, 오후 4시 월미도 남쪽에 정박했다.

7월 26일, 외무대록 가와카미, 육군대위 쇼다, 기타 외무서기생을 동반, 해군대위 나카무라, 해군소위보 미우라와 함께 영종첨사永宗僉事를 만나러 갔다.

7월 27일, 외무중록 오쿠, 육군소위 마쓰미츠, 기타 서기생을 동반, 해군소위 고다마, 해군소위보 후지모토가 인천부사를 만나러 갔다.

이처럼 26일과 27일, 이틀에 걸쳐 육군성의 쇼다와 마쓰미츠를 위시한 해군성의 미우라와 고다마, 외무성의 가와카미와 오쿠 등이 첩보 수집과 주변 지리, 해안을 측량하고, 외무 관련 사무를 볼 인물들이 조를 나누어 움직였다.

미야모토 외무대승의 출장복명서「조선이사일기朝鮮理事日記」에도 이때의 모습을 기록하고 있다.

7월 29일, 아사마함에서 내려 서울로 향하는 길의 모습, 과정, 중간 휴식 때 먹은 음식, 길의 모양 등이 상세하게 적혀 있다. 출발부터 살펴보면, 오전 5시 43분 미야모토 이사관 일행이 평복 차림으로 소증기선을 타고 이동, 오전 8시 54분 통진부 덕포진으로 상륙. 여기서부터 육로로 오전 10시 39분 통진의 공해문에 도착, 그곳에서 휴식하며 점심을 먹고 오후 1시 공해루를 출발, 이사관 미야모토는 가마를, 수행원은 말을 타고 출발. 오후 8시 김포에 도착해 금릉아문에서 숙박했다.

7월 30일, 오전 6시 20분 김포를 출발, 양천을 거쳐 양화진에 도착해서 휴식을 취하며 냉면, 화채 등의 접대를 받았다. 오후 1시 30분 양화진을 출발, 2시 30분 서대문 밖 경기중영 청수관(清水館, 개항 후 일본에 제공되었던 최초의 외국공관 건물. 서대문 밖 천연정을 중심으로 한 경기중영 자리]으로 들어갔다.

7월 31일, 오후 2시 예조아문으로 향했다. 우측으로 예조판서 김상현(金尙鉉, 1811~1890), 예조참판 한경원(韓敬源, 1817~?), 예조참의 김영수(金永壽, 1829~1899), 좌측으로 이사관 미야모토 고이치, 외무대록 가와카미 후사노부河上房申, 해군 대군의大軍醫 야노 요시테쓰矢野義徹[186], 육군대위 쇼다 요모조, 육군소위 마쓰미츠 구니스케, 외무중록 오쿠 요시노리, 외무권중록 이시바타 사다石幡貞, 외무권소록 아라카와 도쿠지荒川德滋가 앉았다. 외무중록 우라세 히로시浦瀨裕는 예조판서와 이사관 사이에 서서 통역했다. 이 자리에서 외무경의 위임장을 전하며 서로 인사를 나누었다.

8월 1일, 고종을 알현하기 위해 오전 9시 반에 출발, 인원은 미야모토 이사관, 가와카미, 오쿠, 우라세, 이시바타, 아라카와 6명은 경복궁 앞 광화문 → 흥례문 왼쪽 문 → 근정문 → 근정전으로 들어가는 광경을 세밀히 적고 있다. 숭양문 문밖에서 이사관 일행은 알현까지 조금 시간이 있으니 유화문을 나와 근정문을 통해 왼쪽 회랑을 돌며 잠시 휴식을 취한 뒤 고종을 알현하고 광화문을 나와 가마를 타고 사역원에 이르러 향응을 받았다.

이날, 앞에서 다룬 지도와 기타 선물을 조선 쪽에 전하고 차비관 고영희高永喜에게 증서를 받았다. 내역은 「포술전서」(6책)·「포술신편」(7책)·「포술소학」·「포술군중필휴」·「병법제요」(1부) 등의 병법서 외에 「아시아도」·「지구도」·「지구여지전도」·「아시아동부도」·「조선전도」·「조선전도 부록」·「고려서안 염천도」·「조선 소능하지도」·「조선 동해안도」 등이었다.[187]

일본정부에도 최신 자료에 해당하는 지도와 프랑스 가스통이 정부에 헌상한 지도인 해도를 조선에 선물한 의도는 무엇이었을까. 일본정부가 보유하고 있는 조선 관련 지도를 주고 조선의 지도를 획득하는 것이 목적이었을 것이다. 이사관 미야모토 고이치는 미리 조선 정부에 조선전도와 한성지도 두 첩을 보여달라고 부탁했고, 8월 16일 회의 석상에서 강수관 조인희가 들고 와서 지도[188]를 건네주었다. 이 지도는 첩보원 쇼다와 마쓰미츠가 그대로 베껴 귀국 후 일본정부에 제출했다.

회담은 8월 5일부터 20일 동안 13회에 걸쳐 진행됐다. 미야모토는 미리 준비해온 수호조규부록안 13관과 통상장정안 즉 무역규칙 11칙을 제출했다. 이 가운데 제1관, 제2관, 제5관이 논의의 초점이 되었다.

"제1관, 이후 양국 수도에 설치할 사신의 관사는 여러 인민의 가옥을 임대하거나 택지를 임대해 관사를 건축함은 시의에 따른다. 제2관, 사신과 권속, 수행원, 조선 각 항구에 주재하는 일본 관리관은 조선국 내지를 통과할 수 있다. 제5관, 의정한 조선 각 항구에 있는 일본국 인민이 부근 지방을 통행할 수 있는 거리의 이수里數는 그 땅의 부두부터 기산하여 직경 10리(일본 거리의 이수)로 한다. 이 거리의 이수 내에서 오갈 수 있는 지명은 미리 그 지방관과 관리관이 의정한다."[189]

8월 7일, 조선 정부는 일본 사신의 서울 주재와 통행 규정에 대해 반대 입장을 명확히 했다. 이유는 "각국 공사가 일본과 청국처럼 평생 공무 없이 주거하는 것은 꼭 거절하고 싶다. 청국에는 각국의 공사가 머물고 있으나 우리나라에는 단지 귀국[일본]뿐이니 인심의 소란을 초래할 것이다. 옛날부터 청국인이라 해도 수도에 들어오지 않았다. 중대한 사건이 있을 때는 입경하고 평시는 개항장에서 사무를 취급하면 된다."[190]며 공사의 서울 주재를 거부했다.

일본이 주장하는 서울 주재를 조선은 사신 왕래 때 서울에 오는 것으로 받아들였다. 회담은 난항을 거듭했고 미야모토는 수호조약 체결 당사자의 의견을 듣겠다며 신헌과의 회담을 요청했다.

8월 13일, 오후 2시 판중추부사 신헌, 공조판서 윤자승(尹滋承, 1815~?)이 청수관으로 와서 토의했다. 미야모토는 수호조약 제2관의 취지를 어떻게 생각하느냐고 질문했다. 신헌은 "우리나라가 조약면에 위배한 바는 없다. 제2관에 있는 대로 때에 따라 사신을 파견하고 즉 우리나라의 수신사, 귀국의 이사관과 같은 자가 서울에 주류駐留할 수 있는 것은 본디부터 알고 있다. 하지만 조약면에 공관을 설치한다는 문자가 없었는데, 이제와서 조약 밖의 일을 우리 정부가 승낙하기는 어렵다. 주류의 길고 짧음은 그 시의에 따른다 함은 가령 사신이 서울에 오래 머물러도 우리나라가 귀국 시기를 독촉하지 않는다는 것이다. 개항장에 관리관을 두는 것에 대해서는 이의가 없다."[191]고 말했다. 신헌의 설명을 들은 뒤 더이상 토의하지 않고, 사신의 서울 주재 조항이 들어있는 제1관과 제2관은 삭제했다.

제5관의 통행이정 즉 이동거리는 조선의 10리로 수정, 동래를 포함 관리관의 위급상황 때 내지통행을 허가하는 것으로 합의[192]하고, 8월 24일 조인했다.

이날 강수관 조인희와 일본 이사관 미야모토 고이치는 제1관과 제2관에 대해 각각 책자를 들고 한 조항씩 결정하고 협의를 거쳐 조항에서 삭제했다.

"제1관, 관館을 설치하여 서울에 주재하는 일은 제외하고 논하지 않는다. 이를 원본에 쓰고 먹으로 고친다. 제2관, 관리관의 내지 통과는 배가 부서진 곳에서 지방관에게 보고하고 연로沿路를 지나간다. 이를 원본에 쓰고 먹으로 고친다."[193]

사신의 서울 주재와 조선 육로 통과를 두고 설전을 벌이다 강화도조약의 통상수호조규를 보충하는 내용이 들어 있는 부록과 무역규칙은 절대적으로 일본에 유리하게 체결되었다. 특히 제7관은 일본 화폐의 조선 내 유통을 허용해 경제적 침투의 기반을 만들어 주었다. 무역규칙 11칙 중에서 제6칙과 제7칙은 조선의 경제에 커다란 타격을 주는 조목이었으나 별다른 이의제기 없이 합의해 버렸다.

제6칙, "이후 조선국 항구에 거주하는 일본 인민은 쌀과 잡곡을 수출·수입할 수 있다."는 조목은 조선의 쌀과 잡곡을 일본으로 대량 유출할 가능성을 만들어주었다. 제7칙, "일본정부에 소속된 모든 선박들은 항세港稅를 납부하지 않는다."는 일본 선박이 관세도 납부하지 않고, 수출입세까지 면제받는 무관세 무역규칙이었다.

통상조약 관례에 대한 조선의 무지를 이용한 일본의 악랄한 조선 멸시와 기만 외교에 농락당해 일본의 경제적 침투를 합법적으로 승인해준 꼴이 되어 버렸다.[194] 이로 인해 개항 직후부터 일본 세력의 조선 침투에 일조하게 되었고, 양곡 수출의 무관세 체결은 식량부족과 쌀 수출을 둘러싼 갈등을 예고하고 있었다.

이것은 조선 쪽에서 보면 굴욕적으로 일본의 기만 외교에 농락당한 체결인데, 일본정부는 미리부터 철저히 준비하고 계획한 것이었다. 강화도조약 체결 뒤 4월 변리대신 구로다 기요타카와 이노우에 가오루는 태정대신 산조 사네토미에게 「조일수호조규의 이행, 운영에 관해 보고한 건」에 명확히 드러나 있다.

"파견관리는 해군성에서 측량 겸 군함을 보내는데 이 군함에 태워 가서 약간의 호위병도 따르게 할 것. 회담이 결정될 때까지 조금 무력 시위를 보여주지 않으면 조선은 태만한 마음을 품을 것이다. 종전에 세금을 거두어 온 수출 물건은 세액이 적으므로 사후 폐지하기로 하고 당분간 조선에 수출하는 물품은 모두 세금 없는 것으로 정해두는 쪽이 무역 촉진의 한 방편일 것이다."[195]

이처럼 일본정부는 조선과 일본의 무역에서 관세를 징수하지 않는 것이 무역 촉진을 위한 상책이며 조선에서 무력 시위를 해야 효과를 볼 것이라며 미리 계획했다. 조선 정부는 아무런 이의도 제기하지 않아 관세조항이 빠진 무역규칙이 성립된 것이다.

일본 외무성·육군성·해군성, 조선 침략 준비현황 보고

참모국의 비밀 첩보원으로 이사관 미야모토 고이치의 수행원으로 가장해 들어온 쇼다와 마쓰미츠는 통진부에서 김포, 양화진을 거쳐 서울로 들어가는 길에 대해 세밀하게 기록을 남겼다. 이들이 반드시 완수해야 할 임무는 지리 정보 수집, 군사, 군의 관리·운용과 관련된 첩보였음을 그들이 남긴 글에 명확히 남아 있다.

「육군사관 조선기행」을 귀국 이후 9월 외무성에 제출했다.

"1876년 7월, 우리 정부는 이사관 외무대승 미야모토 고이치를 아사마함으로 조선국에 파견했다. 이 해에 조선과 통교하게 되었다. 교제는 아직 친밀하지 않았다. 따라서 조선 지리, 병제는 물론이고 지도와 호적에 대해 아는 바가 적었다. 이전에 다네다 마사아키 소장 이하 10여 명이 구로다 변리대신을 수행해 조선 강화도에 도착, 주변 지역에서 군무에 꼭 필요한 것은 간단히 기록했으나 체류일이 짧은데다 교제상의 간섭이 있었으므로 서울 사방의 땅을 실제로 경험할 수 없었다. 그러므로 빠지고 누락된 부분이 적지 않았다. 이에 육군경 야마가타 아리토모가 다시 우리를 이사관이 가는 길에 저 나라로 파견하며, 오직 지리와 병제 등 군무에 반드시 필요한 것을 정탐하고 돌아와 보고하라고 했다."[196]

일본은 머지않은 미래에 조선 침략을 현실화할 때 꼭 필요한 지리와 병제에 관한 정보를 늘 현안으로 중대하게 다루고 있었다. "이전에 다네다 마사아키 소장 이하 10여 명"은 앞장에서 다룬 구로다 변리대신과 함께 조약을 체결하기 위해 1876년 1월 함께 온 14명의 장교를 말한다.

육군성 참모국 비밀요원 쇼다와 마쓰미츠는 서울에 머무는 동안 이사관 미야모토 고이치가 조선 정부에 의뢰해 빌린 지도를 베껴 「조선도부약도」와 「조선국 왕궁약도」[197]를 보고서와 함께 제출했다.

此圖ハ朝鮮漢城在留中理事官宮本氏ヨリ彼政府ニ請ヒ借見セルヲ寫ヶタルモノ也此圖タルヤ本來掃尺ナノ且方位ヲ爭ケツ尺ノ山河道路城郭宮室ノ位置方向ヲ執見ルニ足ルノミ蓋圖ノ位置大抵南北方圖製成シテ比圖ハ周圍余度ヶ畫縱トクシテ見易カラサルヲ以テ實地ニ就キテ以テ南北線ニ準擬シ方位ヲ記歷觀スル所ヲ便ニスル且山河土地及ヶ街門ノ名稱盖遺欠漏アルモノヲ記シテ以テ参考ニ備フ掃尺ノ如キハ甚シキ差錯ナカルヘシ然ヒ此山河ノ大小ハ随テ斟酌マサルヘカラス他ニ訂正スル所アラン耳

明治九年八月
　　　　　　　蘇田大尉
　　　　　　　益満少尉同誌

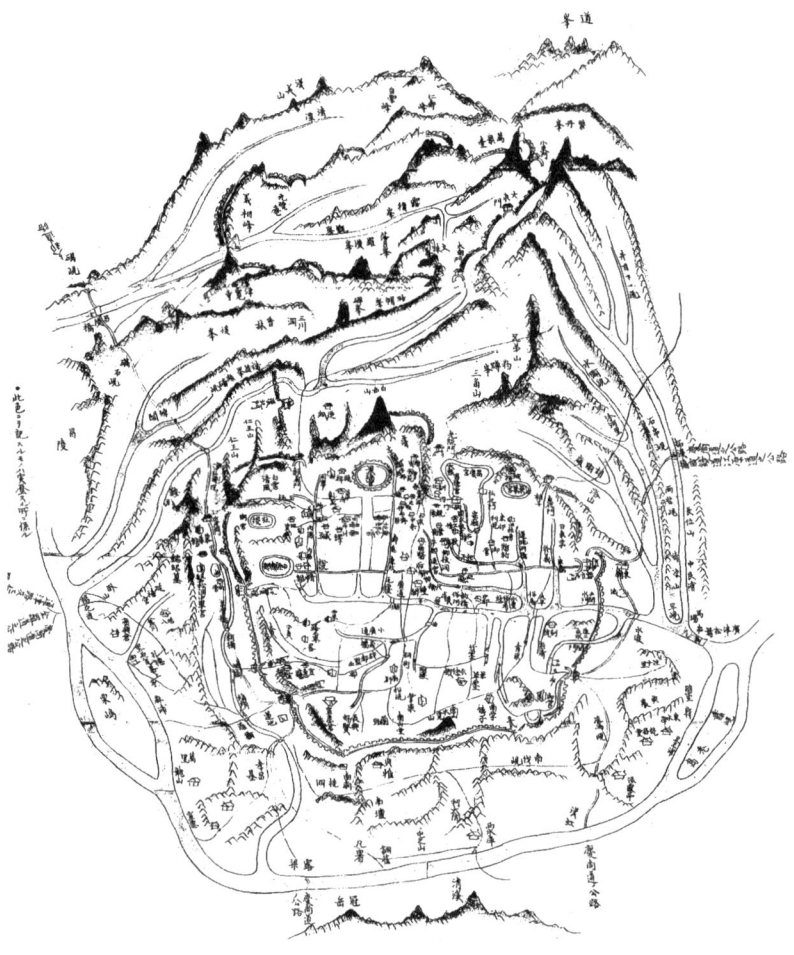

1876년 8월, 쇼다 요모조 대위와 마쓰미츠 구니스케 소위가 베껴서 만든「조선도부약도」

1876년 8월, 쇼다와 마쓰미츠는 「조선도부약도」를 만들고 지도 안에 내력을 적어두었다.

이 지도는 조선 한성에 체류 중 이사관 미야모토 씨가 조선정부에 부탁해 빌려서 본 것을 베낀 것이다. 이 지도는 본래 축척이 없다. 방위를 열거하지 않고 단지 산하 도로 성과 궁실의 위치 방향을 대략적으로 관찰한 데 불과하다. 이 지도의 위치는 대개 남북방 도제圖製로 구성되어 있다. 그렇지만 주위 분도의 구획선이 없어 보기 쉽지 않아 실지에서 분명히 본 바에 준거해 방위를 기록해 남북선을 아는 데 편의를 꾀했다. 산하, 토지, 아문의 명칭이 잘못되고 누락된 것은 기록하고 참고하여 대비했다. 성곽 안은 대략 1:1만 축척 지도로 하면 심하게 오류가 생길 것이다. 그렇지만 산하의 대소는 참작할 만하다. 후일 정정할 것이다.

이 지도는 일본 제국주의가 남긴 조선 침략지도 즉 외방도 제작의 초기 지

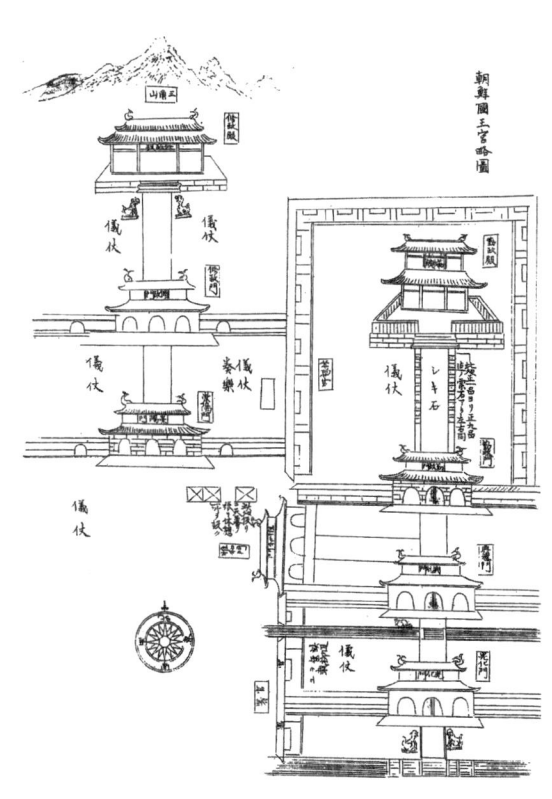

이사관 미야모토 사절단의 수행원으로 위장해 조선에 들어와 첩보활동을 했던 쇼다와 마쓰미츠가 제출한 보고서 속의 「조선국 왕궁 약도」

도에 해당하며, 이후 조선으로 파견되는 실무관과 첩보원에게 공유되었을 것이다. 1872년을 시작으로 기회 있을 때마다 지속적으로 조선의 수도뿐만 아

니라 전국의 주요 항구, 지역 등의 지도와 정세, 풍속, 민심, 가옥, 인구수, 기후, 농산물, 어산물, 광물 등을 망라하는 정보가 수집되어 지지략이 만들어지고 있었다. 이때는 외국인에게 조선 내륙 통행을 엄격히 금하고 있었으므로 조선옷을 입고 변장한 채 다니던 이들은 제물포조약 체결(1882년) 이후부터 조선 정부의 보호까지 받으며 더 멀리, 깊게 잠입할 수 있게 되었다.

1877년 9월, 『참모본부 역사초안』은 쇼다와 마쓰미츠의 정탐 활동은 은폐하고, 조선 정탐의 공식적인 시작을 1년 뒤에 조선에 온 육군소위 가이즈 미즈오로 기록하고 있다. 은밀하게 밀파했던 이들에 대한 기록은 조선에 와서 본격적으로 활동하지 못했으므로 가이즈를 최초라 기록하고 있는 것이다. 일본의 정부문서 기록을 확인할 때 여러 문서를 교차해서 보지 않으면 저들이 문서 제작과정 초기부터 계획해서 행한 은폐 습성을 파악하지 못하고 실체에 다가가기 쉽지 않음을 곳곳에서 느끼게 된다.

해군성 기록

통상교섭단 미야모토 고이치 이사관 일행을 태우고 온 해군성 소속 아사마함의 기록도 이때의 상황을 상세히 보여준다. 아사마함의 임무는 교섭단 탑승과 조선 측량이었다. 1876년 10월 26일, 임무를 마치고 돌아온 해군성 수로국장 해군대좌 야나기 나라요시는 해군대보 가와무라 스미요시에게 「조선국 출측일지」와 「월미도 해협약측도 月尾島海峽略測図」를 제출했다.[198]

수로국장 야나기는 메이지 수립 초기 일본 독자적으로 항만 등을 측량하여 전국 해도 작성에 앞장선 '수로 측량의 아버지'로 불리는 자다. 그는 초대 수로국장에 취임할 때 "수로 사업의 모든 것은 철두철미 외국인을 사용하지 않고 자력으로 외국의 학술 기예를 선택 이용하여 개량과 발전을 기해야 한다."는 자주독립의 방침을 내세우며 업무를 추진했다.

1876년 8월, 해군대위 나카무라 유희, 해군소위 고다마 가네타카, 보조 해군대위보 반 마사토시伴正利[199]는 「월미도 해협 약측도」를 만들었다. 1878년 2월 지도에 추가한 기록이 들어 있다.

"주목 : 한강구의 물치도는 종래 수목이 울창해 선박이 해안에 진입할 때 가장 두드러져 목표로 삼았다. 지난해 12월 해군소속 다카오마루가 이곳에 들어가 섬의 수목이 우거진 곳은 모두 벌목하여 이젠 키 작은 잡목만 있다고 한다. 그 승무원의 보고를 바탕으로 여기에 추가로 기록함."

물치도는 신미양요 때 미국 군함이 이 섬 안에 정박한 뒤 강화도해협의 손돌목을 지나 광성진 전투에 참가했으므로 일본도 이곳에 주목하고 있었다.

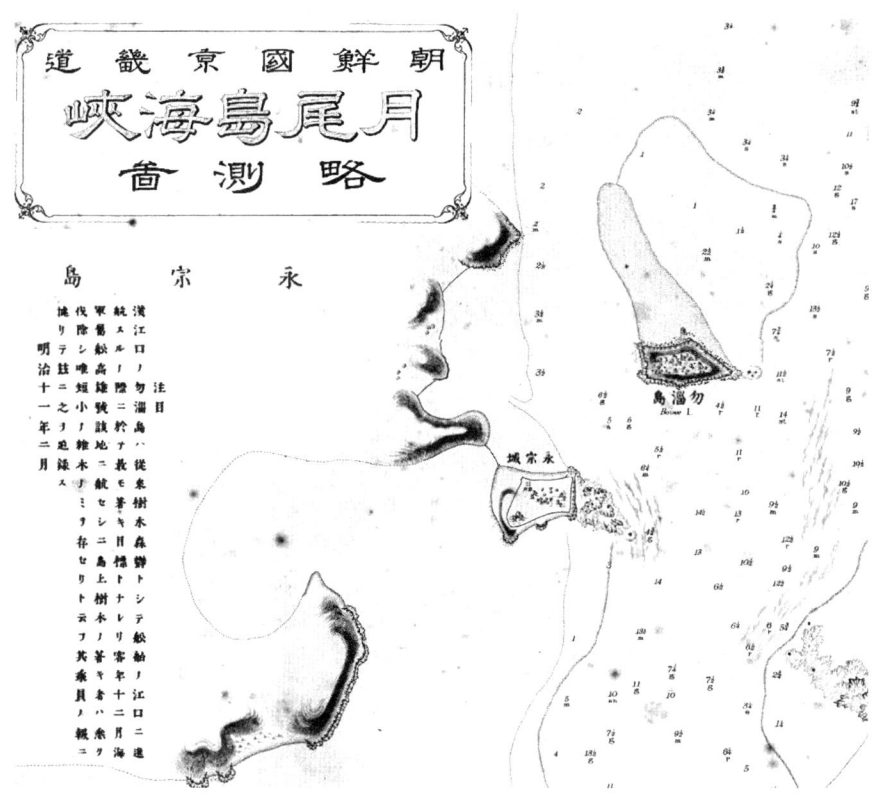

1876년 8월, 이사관 미야모토 사절단을 태우고 온 아사마함의 측량사 해군대위 나카무라 유희 등이 측량해서 만든 조선 경기도 「월미도 해협 약측도」

강화도조약 체결 뒤 실무관으로 파견된 미야모토 고이치 이사관 일행 속에 숨어들어온 첩보원들은 육군경 야마가타 아리토모에게 훈령을 하달받은 "지리, 병제, 군무에 반드시 필요한 것을 정탐하라."는 임무를 수행하려고 했다. 하지만 이 파견 때 조선은 사신단의 활동을 엄격하게 규제했으므로 서울 시내나 외곽을 마음대로 돌아다닐 수 없었다. 다만 조선에서 빌린 조선전도와 도성도를 베껴 「조선도부약도」와 「왕궁약도」를 만들었다. 해군성에서는 측량요원 나카무라, 고다마 등이 기록하고 만든 「월미도 해협 약측도」와 조선 해안 측량의 결과물을 갖고 귀국했다.

다음 표는 조선에서 정보수집과 측량 등을 행한 인물과 결과물이다.

	외무성	육군성 참모국	해군성 수로국
인물	외무대승 미야모토 고이치	육군대위 쇼다 요모조 육군소위 마쓰미츠 구니스케	아사마함 출함과 측량 해군대위 나카무라 유희 해군대위보 반 마사토시 해군소위 고다마 가네타카 해군소위보 미우라 시게사토 해군소위보 후지모토 하루노부
비밀 훈령	『육군성 일기』 속의 비밀훈령 · 조선의 병제, 지리, 풍토, 운하수송, 병사 관련 사항 치밀하게 정탐할 것 · 지도는 복사하거나 직접 그려 올 것 · 눈에 띄지 않게 행동을 조심할 것 · 파견과 임무에 대해 비밀을 준수할 것		
결과물	『미야모토 대승 조선이사 시말』제1권, 제2권	「육군사관 조선기행」 「조선도부약도(한성도)」 「조선국 왕궁약도」	「조선국 출측일지」 해도79호「월미도 해협약측도」

서울로 들어가는 길 알아내기 위한 밀탐

통상수호조규 부록과 무역규칙을 정하는 회담에서 격론을 벌였던 사신의 서울 주재와 입경도로 문제는 끝까지 타협점을 찾지 못하고 이어졌다.

9월 3일, 예조판서 김재현은 데라시마 무네노리 외무경에게 "일본국 사신은 교빙사무를 위해서만 서울에 파견할 수 있다"와 "정해진 길로만 서울에 들어올 수 있다."는 2개 조항을 정할 것을 요구했다.[200]

9월 8일, 의정부 당상 조인희는 이사관 미야모토 고이치에게 "지난번 교섭 때 통상의 일로 사신이 서울에 머무르지 않는다는 것과 앞으로 사행에서 배가 정박할 곳을 통진 한 곳으로 지정할 것을 누차 논의한 것에 대해 결정할 것"을 요구했다.[201]

9월 21일, 실무관 미야모토는 데라시마 외무경에게 이 문제를 이렇게 보고했다.

"일본 사신들이 이후 조선에 올 때 그들이 정해놓은 길을 통해 서울로 들어오기를 바라는데 이는 저들이 자국의 지리 형세가 노출되는 것을 싫어한 끝에 나온 논의다. 인천에서 서울까지는 7, 8리 노정이라 최근 이 길을 거쳐 들어가겠다고 했으나 인천부사 윤협 등의 영접관은 이 길을 거부하며 인천가도는 험하여 마차 등이 모두 다니기 어렵다고 말했다."[202] 미야모토는 이미 일본은 서울·인천 간 거리가 7, 8리임을 알고 있었다.

11월 13일, 외무대승 미야모토 고이치는 의정부 당상 조인희에게 사신의 서울 주재와 입경도로 문제에 대한 조선 정부의 완강한 요구에 각서를 교부했다.

"양국 사신의 경성 파견은 오직 교빙사무로만 한다. 통상과 같은 것은 자연히 각 항구 관리관이 맡을 것이므로 굳이 이 사무를 위해 특별임무를 띠고 파견한 사절은 수도에 주재하지 않을 것. 이후 일본 사신이 왕래하는 선박의 정박 장소는 반드시 정해진 지방으로 하고, 영송 절차를 예에 따라 정비해야 한다. 지난번의 행로는 승하선을 모두 통진에서 이루어졌으므로 이를 영구히 정식으로 삼을 것"

이 각서를 두고 일본은 대놓고 불만을 드러내며 조선과의 약속을 무시하고 이후 계속해서 서울 주재와 입경 도로 문제를 들고나왔다. 일본정부는 "외교 사무를 단지 길흉과 애경의 이전=典으로 한정하고, 통상사무를 지방관이

관장하는 것은 구식 외교이며 둘로 분리해서 할 수 있는 일이 아니다. 사신의 입경도로를 하나로 정하게 되면 앞으로 열릴 무역 왕래에 불편함이 생길 것이니 통진과 다른 3개 항구를 통행로로 하자."고 했다.[203] 하지만 조선 정부는 이 두 문제만은 강력하게 거부해 타협점을 찾지 못했다.

이후로도 일본정부는 "사신의 배가 왕래하는데 반드시 통진을 경유해야 하는 것은 불편하며, 이후 두 곳을 개항해 만약 서울로 들어가는 길이 통진보다 더 편리한 곳이 있다면 그 노선을 경유하도록 해서 사신의 편의를 꾀해야 한다."며 조선 정부에 끊임없이 재검토를 요구했다. 조일수호조규를 체결하고 뒤이어 개항장을 협상하러 온 사절단 속에 들어 있던 첩보원들의 활동과 수집한 정보를 토대로 일본정부의 뜻대로 목적을 달성하고자 조선정부를 차근차근 조여오고 있었다.

1877년 일본정부는 각서 교부가 조선에서 일본의 입지를 약화시킨다는 판단 아래, 일본공사의 서울 주재와 개항장 문제를 해결하기 위해 하나부사를 다시 파견했다. 조선은 하나부사의 파견을 전혀 예상하지 못하고 있었다.

일본정부와 하나부사는 '서울로 들어가는 길'에 대해 끈질기게 물고 늘어졌다. 1877년 하나부사는 개항장 협상이라는 명분으로 조선에 왔을 때도 서울로 들어가는 노상도를 몰래 만들었다. 반접관 홍우창(洪祐昌, 1819~1888)과 하나부사가 개항지 선정과 사신의 상경로 등에 대해 문답을 나눌 때도 지도에 대한 이야기를 꺼내며 또 다른 지도를 요구했다.

"귀국의 지도는 작년에 이사관이 보고 돌려주었다고 했습니다. 일본 분국지도 1질을 귀 정부에 바친 뒤 귀국의 지도도 내려주기를 바랍니다."[204]

인천에서 서울로 들어가는 통로는 이후 이어진 지리정보 수집과 은밀한 측량을 거치면서 더욱 정밀하게 만들어졌다.

한편 서울 공사관 설치와 공사의 주재 문제는 1880년 김홍집(金弘集, 1842~1896)이 제2차 수신사로 일본을 다녀온 이후 사절의 서울 주재가 승인되어 12월 돈의문 근처 청수관이 최초의 영사관이 되었다. 근거지를 부산에서 서울로 확장하게 되면서 개항지 선정을 둘러싼 해안 측량과 도성 주변부 측량을 빈번하게 행했다. 조선 내륙을 통한 정보수집과 지도 제작은 제물포조약 체결 이후 본격화되었다.

3부

일본 첩보원들, 활개를 치다

일본, 해외 침략으로 방향을 틀다

메이지유신(1868년) 뒤 신일본 정부 최대의 내란인 '세이난 전쟁'[西南戰爭, 1877년 2월~9월]을 끝으로 일본 군대의 성격이 국토방위에서 해외 전쟁으로 바뀌기 시작했다. 일본 내 내란의 종식이 이후 해외 전쟁에 집중할 수 있는 시발점이 되었다.

도쿠가와 막부 말기부터 왕정복고를 내세우며 『일본서기』에 기록된 진구 황후의 전설과 도요토미 히데요시의 조선정벌의 공훈을 그리워하며 조선과 일이 있을 때마다 정벌해야 한다는 논의가 팽배했던 정한론은 임오군란(1882년)을 기점으로 '꼭 정복해야 할 조선'으로 방향을 틀었다.

당시 일본인의 조선 인식을 명확히 읽을 수 있는 오에 시노부大江志乃夫의 글.
"일본은 세이난 전쟁을 끝으로 내전에 대한 군대 임무, 국토방위 임무를 종료하고 해외 전쟁을 주목표로 변경했다. 국토방위에 중점을 두었던 시기, 참모본부 창설 초기에 일본 육군은 러시아의 동방 침략 정책에 대처하는 것을 최우선 과제로 삼았다. 세계 최대 육군국인 러시아에 신경을 곤두세우고 있던 시기에 일본 육군의 해외전쟁 전략은 해외정벌이 아니라 자국 방어가 목표였다. 참모본부 창설(1878년) 직후부터 러시아, 조선을 국외 조사의 범위에 포함시켰다. 국외 정보수집의 중점은 러시아와 러시아의 침공 대상이 될 만주 북부, 조선으로 압축되었고 이 지역을 일괄해서 관동국이 관리하게 되었다. 해외정벌을 지향하게 되면서 조선 침략은 당면과제로 떠올랐다. 일본은 조선을 둘러싼 중국, 러시아와의 전쟁을 고려하고 있었다. **조선은 러시아와 중국의 군사적 대항국과의 틈새에 있어 정복해야 할 대상일 뿐이라는 인식이 1882년부터 자리 잡고 있었다.**"[205]

1878년 12월, 육군성 참모국을 개편한 참모본부 설립을 기점으로 신일본 정부는 군사행동의 지역 범위를 동아시아 전역으로 넓혔다. 참모본부 설립 이후 10여 년에 걸쳐 거듭된 군제 개혁의 목표는 해외 전쟁을 위한 강한 군대 만들기였다.

1878년, 참모본부는 정탐과 정보수집을 위해 파견한 첩보원들을 관리할 관리장교를 제도화하기 시작했다. 국외로 파견되는 공사관부 무관들은 국가가 공인한 첩보원이었다. 군사, 국정 등의 정보수집과 정탐, 지도 제작의 확대, 조선, 청국, 만주, 시베리아로 파견되어 수행해야 할 업무가 제도화되고 첩보원인 어학생 파견 등이 잇따랐다.

12월 5일, 육군성 관할에서 벗어나 천황 직속의 참모본부 설립일을 일본제국 군대의 일대 혁신을 이룬 날로 기록하고 있다. 설립과 동시에 참모본부 조례가 제정되었다.

1879년 4월, 류큐를 강제 병합했다. 5월, 청국이 강력하게 항의했다. 일본정부는 류큐왕국을 완전히 병합하고, 만에 하나 청국과 불화나 전쟁 가능성을 예상하며 대비책을 마련하고 있었다. '정한론 정변'이나 '대만정벌'처럼 안팎의 굵직굵직한 사건이 벌어질 때마다 일본정부는 이에 대비해 조선과 청국의 군사, 지리, 국정 정탐 활동을 멈추지 않았다.

6월, 참모본부를 대폭 개편, 해외 정탐장교를 위한 수칙을 비롯해 파견장교 제도를 정비하고 장기적이고 계획적으로 범위를 확대했다. 8월 15일 참모본부 조례의 제8, 9조를 개정했다. 지리정지〔지도편찬을 위한 지리정보 수집과 지도 제작〕를 상세히 하여 전쟁이 벌어졌을 때 조선, 캄차카, 시베리아까지 손아귀에 틀어쥘 수 있도록 대비하게 했다.[206]

1880년대로 들어오면서 첩보원의 해외 파견, 정탐, 첩보 수집에 관한 구체적이고 상세한 매뉴얼이 만들어졌다. 외교관은 관광을 핑계로 삼거나 장사꾼 등으로 위장해서 더 세부적으로 파고들었다. 간첩대의 핵심 업무인 측량과 지도 제작기술은 이 무렵부터 더 발전하기 시작했다.

1. '늑대의 탈'을 감춘 하나부사

일본정부는 내란이 마무리된 1877년 9월 이후부터 본격적으로 조선과 청국에 집중했다. 바로 조선과 아무런 협의 없이 조선 대리공사 하나부사 요시모토를 파견해 개항장 교섭을 명분으로 측량과 정보수집을 본격화했고, 청국의 주요 지역에는 첩보원을 집중적으로 보냈다. 하나부사는 서울로 들어갈 때 '인천 서울 간 지도'부터 만들었다. 하나부사의 조선에 대한 정보수집과 지도에 대한 집착은 집요하고 끈질겼다.

측량을 위장한 조선 정탐

1877년 9월, 하나부사는 조선 대리공사로 임명되어 조선으로 들어왔다. 개항지 선정과 공사의 서울 주재 승인이 주목적이었지만, 최우선 과제는 강화도조약 때 맺은 부산 외 두 곳의 개항지 선정이었다. 이때까지 일본정부는 영흥만과 인천, 목포를 마음에 두고 있었으나, 어느 곳으로 정할지는 조사와 탐색을 통해 선정하라고 하나부사에게 전격 일임했다.

9월 24일, 외무경 데라시마 무네노리는 '특별훈령'과 '비밀훈령'을 하나부사에게 하달했다. 조일수호조규와 무역을 위한 개항장 교섭을 위해 이사관 미야모토 고이치에 이은 두 번째 파견이었다.

'특별훈령'은 "조선에 각국의 통례를 설명하고 외교관의 서울 주재 문제, 사신의 서울 왕래 도로를 하나의 루트로 정하라."는 것이었다. 조선과 미야모토 고이치 이사관이 격렬한 논쟁 끝에 일본이 각서까지 교부한 것이라 조선에서는 다 끝난 사안으로 생각하고 있던 문제를 다시 들고나왔다. 일본이 조선에 얼마나 집요하게 집착하고 있었는지를 보여준다. 또한 특별훈령 속에는 "서울 주재 논의가 받아들여지지 않으면 강화와 인천 사이에 공사관을 설치하기로 정하고, 2, 3년 이내에 서울로 들어가는 길을 확정해둘 것, 부산의 관리관 곤도 마스키(近藤眞鋤, 1839~1892)[207]를 포함한 3명과 어학생도 2명을 서울까지 동행할 것"이 들어 있었다.

'비밀훈령'은 개항지 선정, 거류 규칙, 공사의 주차지에 대한 것이었다.

- 개항에 대해서는 수호조규 제5관에 따라 두 곳의 항구를 열 것. 첫째, 동해안은 함경도의 풍진항(영흥부나 '라자레프'로 불리는 만)일 것. 둘째, 전라도는 옥구나 목포 주변, 경기도는 강화부에서 인천부 사이로 할 것
- 거류 규칙에 대해서 새로운 개항장 규칙은 대략 부산의 예에 따름. 수호조규 부록 제3관에 따라 정할 것. 다만 보행거리 규정은 다소 연장 가능
- 앞으로 공사公使가 머물 곳은 서울로 정할 것
- 이번에 군함으로 순항하면서 함장과 함께 직접 보고 살펴 가장 좋은 곳을 지정하여 확정할 것. 다만 개항 기한은 오는 10월은 촉박하므로 적당한 때를 골라 연기할 것[208]

외무경 데라시마가 하나부사에게 내린 특별훈령과 비밀훈령은 모두 개항장 선정, 공사의 서울 주재, 서울로 들어가는 도로 문제의 해결이었다. 미야모토 고이치 이사관의 통상조규부록과 무역조항 체결에서도 조선에서 끝까지 인정하지 않았던 **공사의 서울 주재와 서울로 들어가는 도로 문제**를 집요하게 물고 늘어졌다.

조일수호조규 체결 당시 조선과는 개항지를 먼저 지정한 뒤 측량하기로 약조되어 있었다. 하지만 일본은 개항지 선정 측량을 명분으로 사절단과 측량선을 조선에 보냈다. 조일수호조규에 개항지를 선정하기로 규정되어 있다

며 해안 측량을 강행했고, 전라도 해역을 비롯한 서울로 올라오는 서해안 일대를 측량했다. 이것은 조선과 협의하지 않은 일방적인 측량행위이고 안하무인의 작태였다.

『왜사일기』[倭使日記, 1875부터 1880까지 5년간 일본과의 교섭 내용을 기록한 책. 1880년 의정부에서 간행]를 보면 일본의 일방적인 행위를 살필 수 있다.

동래부사 윤치화(尹致和, 1821~?)는 "9월 28일(음8월 22일), 왜인이 탄 화륜선 한 척이 관소에 도착했다. 다음날 관소에 머물고 있던 관리관왜管理官倭가 소관과의 만남을 청해 말하기를, '사쓰마에서 일어난 내란이 평정되어 이제 화륜선이 왔는데, 개인 서신도 들어 있습니다. 작년 강화도조약 때 개항지를 두 곳으로 하기로 결정되어 있으므로 개항지의 편의 여부를 구체화하기 위해 측량 차 외무대승 하나부사가 대리공사로서 장차 병선을 타고 다음 달 초순 출발해서 전라도를 향해 갈 것이고, 수심 측량 후 곧 한성으로 향해 갈 것'이라고 했습니다. 답하기를, '먼저 개항지를 구체화한 후에야 비로소 측량할 수 있는데, 지금 전라도에서 측량한다는 것은 매우 이치에 맞지 않는 일이며, 공사가 한성에 가는 것은 더욱 근거가 없는 일'이라 했더니, 그들이 '이미 사적인 기별로 고지한 바 있고, 그 밖의 일은 장차 공문이 나오기를 기다린 후 상세히 보고할 것'이라고 했습니다. 그들이 비록 사적 기별로 알렸다고는 하나 사안이 변경의 정세와 관련된 것이므로 급히 보고합니다."[209]라는 동래부사의 첩보를 받고 해당 각 지방관에 관문關文[210]을 발송했다.

9월 11일, 해군소장 나카무타 구라노스케(中牟田倉之助, 1837~1916)는 야나기나라요시 수로국장에게 조선 연해의 측량함으로 쓰쿠바함이 결정될 동안 제반 사항은 함장과 협의하라는 명령을 내려보냈다. 측량함의 조선국 정박 일수는 대략 2개월 반 예정이며, 수당은 작년 미야모토 이사관 파견 때를 기준으로 한다고 정했다.

9월 14일, 나카무타 구라노스케는 아사마함에 승선해 있는 해군소위 고다마 가네타카, 해군소위 다카스기 하루키, 해군소위보 미우라 시게사토에게 "조선 현지를 측량하고 항해는 쓰쿠바함 승조원의 협조를 받으라."[211]고 명령했다.

9월 20일, 가와무라 참군으로부터 쓰쿠바함의 조선 파견은 어려우니 다카오함으로 대신하고, 하나부사와 기타 관리는 나가사키에서 탑승하기로 했다. 이날 태정관 서기관으로부터 육군소위 가이즈 미즈오海津三雄의 조선 파견 사령장 사본이 전해졌다.

9월 21일, 해군성 13등출사 시모무라 슌스케下村修介 외 아사마함의 해군소위 다카스기 하루키 외 2명이 해군성에 출두해서 조선국 파견 신고를 했다.[212]

하나부사는 개항장 선정을 위해 조선에 올 때도 첩보원을 수행원으로 위장하고 함께 들어왔다. 지리정보를 구체적으로 취득할 수 있는 인물로, 이후 조선에서 오랜 기간 첩보원으로 활동을 한 육군소위 가이즈 미즈오와 측량전문가 시모무라 슌스케[213]가 포함되어 있었다. 가이즈는 1876년 미야모토와 함께 파견되어 지리정보 수집활동을 했던 마쓰미츠 구니스케의 후임으로 추정된다.

1878년 1월, 가이즈와 시모무라는 귀국 보고서「메이지10년 조선기사」를 제출했다.

조약 체결 이후 천황의 명령을 받은 사절단이 조선국에 파견된 것은 이로써 두 번째다. 모든 길을 해상으로 잡고 경상도 부산포에서 전라도, 충청도의 군도 사이를 거쳐서 경기도, 인천만에 도착했다. 이번에 육로를 통해 도성에 들어간 하나부사 대리공사는 다카오함으로 항해 도중 진도, 목포, 아산의 여러 지역으로 우회하며 항만의 실태를 조사하고 측량했다. 대략 1개월이 걸렸다. 조선 서남해안의 지세, 풍토를 직접 눈으로 보고 들어서 그 자리에서 기록했고, 영국 해도와 일본 해군사관의 실측도를 토대로 부족한 부분을 보충했다. 조선은 외국인이 육지로 들어가는 것을 엄격히 금하므로 내륙 정경을 상세히 적지 못했다. 하지만 수도 한성과 내지의 이곳저곳을 비교하면 음식, 언어, 가옥, 기기류, 기타 농업과 상업, 남녀의 복장에 이르기까지 서울과 시골〔鄙鄙〕의 차이는 있지만 풍속은 대체로 비슷했다. 〔…〕 조선은 쇄국을 장책長策으로 여기며 외세를 핍박하고 화친하기를 거절하기에 급급하고, 수호조약을 체결하고도 속으로는 시기하고 미워하면서 겉으로는 좋게 꾸며대고, 말에 의탁해 규약을 이행하려 하지 않는다. 하지만 조선은 동북쪽 경계를 청·러와 접하고 서남쪽으로 일본과 이웃하고 있는 오늘에 쇄국으로써 외교를 막기 어려울 것이다."[214]

보고서는 이들이 임무 수행을 위해 어떻게 움직였는지 구체적으로 보여준다. 이들은 조선의 지정학적 의미까지 파악하고 있었다. 연안 항해와 측량 때는 영국의 해도와 일본 해군의 실측도를 참조했고, 조선 현지인으로 물길을 아는 안내인까지 고용해 정확성을 기했음을 확인할 수 있다. 「메이지10년 조선기사」로 알 수 있듯이 가이즈와 시모무라는 영국, 미국, 러시아 해군의 지도를 통해 조선 지리를 파악하고 있었고, 문헌자료로 이미 조선의 정세, 성향, 군사 요충지까지 깊이 연구한 뒤 실지조사를 행하며 부족한 부분을 보충하고 있음을 알 수 있다.

하나부사는 이때 개항지 탐색을 위한 정탐과정에 대해 강연〔1907년 11월 19일〕할 때 당시 상황을 상세하게 밝혔다.

"어느 곳이 좋은지 그대가 보고 확인한 뒤 결정하라."는 훈령을 받았다. 서울 근방에 한 곳은 반드시 있어야 했다. 함경도 방면도 꼭 있어야 했으므로 그쪽은 원산, 서울 부근은 인천이 적당했다. 인천은 서울을 왕래하는 데 꼭 필요한 곳이므로 여기로 정하기로 했다. 하지만 그 지점에서 3리나 5리 부근에 좋은 곳이 있어서 이쪽이 어떨까 하는 의견도 나왔다. 만빹 한 곳이라면 조금 큰 곳으로 서쪽보다 동쪽에 기초를 두는 편이 나을지도 모르고, 또 어디 더 적합한 곳이 있을지도

모른다는 점까지 고려해야 했다. 여러 예상지를 책으로 보고, 말로 들으며 직접 둘러보았다. 부산은 반드시 있어야 했으므로 새삼스럽게 움직일 필요가 없었다. 부산 근방에 마산포, 진해만도 적합한 곳이기는 하나 굳이 그곳으로 변경할 이유가 없었고, 후일 필요할 때 보충하면 되었다. 군산에 있는 금강도 두 번 가보려 시도했으나 실패하고 세 번째에야 강경까지 갈 수 있었다. 목포는 꼭 필요하며 후일 반드시 무역항으로 삼아야 할 곳이므로 가보려 했지만 어디가 어딘지 해군에서도 알지 못했다. 진도 근방에 배를 정박하고 3일에 걸쳐 소증기선을 띄워 열심히 찾아보았으나 끝내 찾지 못했다.[215]

하나부사 사절단의 조선행은 겉으로는 개항장 선정을 내세웠으나 실제로 구체적이고 실질적인 조선 지리 정탐이 주목적이었다. 이때까지 조선의 해안, 지역, 산야, 도로 등에 대한 정보 부족을 메우기 위해 기회 있을 때마다 정보장교로 구성된 첩보원과 외교관을 가장한 첩보원들의 첩보 수집과 해군성의 해안 측량이 이어지고 있었다. 이들은 공사의 수행원으로 위장해 함께 들어와 최대한 그 기회를 활용했다.

은밀하게 이루어지던 현지 조사는 1880년 12월 수도 서울에 일본 영사관을 두게 되면서 본격화되기 시작했다. 이후 임오군란 뒤 맺은 제물포조약으로 일본인의 여행 자유화의 길이 열리면서 조선팔도 정탐과 지리서 제작은 더욱 탄력을 받게 되었다. 정보수집과 지도 제작을 위한 정탐을 통해 수집한 내용은 차근차근 정보화되어 일반인에게는 전혀 알려지지 않았던 『조선지지략』(참모본부 간행, 1888년)으로 펴냈다.

서울로 들어가는 지도 만들어 조선 압박

하나부사 일행의 경로는 「조선복명개략」에 상세히 기록되어 있다.

1877년 9월 26일, 도쿄를 출발, 요코하마에서 우편선 히로시마마루広島丸를 타고 나가사키에 도착해 군함 다카오를 타기 위해 대기했다.

10월 3일, 나가사키 항을 출발, 4일 부산포로 들어왔으나 배 안에서 콜레라 환자가 발생해 상륙하지 못했다. 하나부사와 수행원, 함장, 사관 2, 3명만 소독하고 예방한 뒤 상륙했다.

10월 7일, 다카오함은 소독을 위해 나가사키로 회항을 결정하고 부산포를 떠났다.

10월 30일, 다카오함이 돌아올 때까지 하나부사는 수행원과 함께 부산에 머물며 서울에서 머물 숙박지의 사정, 가는 길에 들를 지역을 정해 각지에 미리 통지했다.

세이난 전쟁에 참여했던 다카오함의 조선 출항은 군함 내에서 콜레라가 발생해 측량 임무 수행에 차질을 빚었다. 해군성에 두 달 반에 걸쳐 측량과 탐색을 하겠다는 보고와 달리 하나부사 일행은 이 기간을 채우지 못했다. 측량이 한 달 정도 늦어졌고, 일찍 닥친 겨울 날씨와 거칠고 사나워진 바다로 인해 결국 목적한 성과를 얻지 못했다.

11월 3일, 소독을 마치고 돌아온 다카오함은 부산을 출발했다. 주요 인원은 대리공사 하나부사 요시모토, 외무2등속 소에다 세쓰副田節, 외무4등속 우라세 히로시, 외무5등속 야마노조 스케나가, 육군소위 가이즈 미즈오 등 16명. 해군성 13등 출사 시모무라 슌스케는 병으로 부산에 남아 요양함. 다카오함 승조원 해군소좌 스기 모리미치, 해군소위 고다마 가네타카와 다카스기 하루키 등 22명이었다.[216]

참모본부 소속의 가이즈 미즈오, 해군성의 측량원 시모무라 슌스케, 고다마 가네타카, 다카스기 하루키 등은 이전부터 첩보원으로 활동하고 있던 베테랑 요원들이었다.

11월 4일, 전라도 소안도에 도착해 물길을 아는 자를 물색했으나 마땅한 자를 찾지 못하고 비바람도 심해 3일을 허비했다.

11월 7일, 해남현 마로도 앞바다로 들어가 해협의 소재를 상세히 조사했다.

11월 9일, 작은 기선으로 목포를 탐색했다.

11월 12일, 옥구로 향했으나 찾지 못하고 비바람이 심해 풍도에 닿았다. 옥구로 회항하려 했으나 석탄도 부족하고 풍랑도 심해 수원, 아산 사이를 탐색했다. 배를 남양만 안쪽에 대고, 5일간 측량과 탐색을 지속했으나 눈보라가 심해 끝내 상세한 조사는 하지 못했다.

11월 20일, 인천만으로 출발, 22일 월미도에 도착했다.

「복명개략 별기」[217]에는 이때 탐색한 목포와 남양만 지도가 첨부되어 있다. 개항 후보지를 검토하겠다는 일본정부의 말은 목포 위치를 나타내는 개략도가 보여주는 것처럼 거짓임을 알 수 있다. 거꾸로 조선의 지리정보 확보에 집중하고 있었음을 보여준다. 이 시기 조선침략에 대한 야욕을 이미 드러내고 있었다. 한 달 넘게 조선의 해안을 돌아다니며 탐색, 조사해 각종 정보를 확보하고도 개항장 선정지역을 구체화하기 어렵다는 결론을 내렸다. 개항장 선정이라는 명분을 내세워 조선 전역을 더 많이 탐측하겠다는 의도가 확연하다. 이후 이들의 측량은 더 노골적으로 진행되었고, 가는 곳마다 정탐기록과 지도를 남겼다.

「대리공사 조선일기」에는 하나부사 일행의 일본 출발부터 서울로 향해가는 도중 거문도에 정박하고 증기선으로 목포를 탐색, 진도의 물길을 찾고 해로 측량과 지역주민 중 해로와 지도를 아는 자를 물색하며 현지 정세를 탐색한 내용이 담겨 있다.

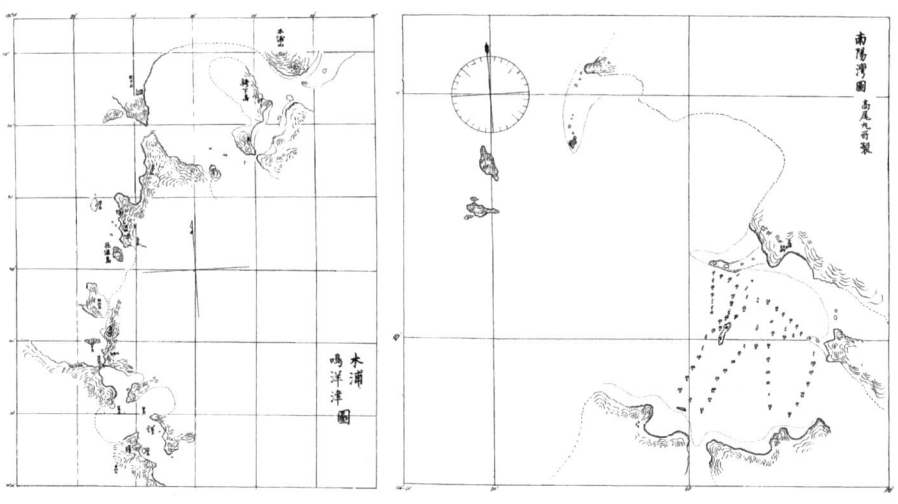

목포 명양진 지도(1877년)   남양만(아산만) 지도(1877년)

11월 4일, 거문도에 상륙해 문진규文珍奎 등에게 "물길에 익숙한 자를 한두 명 고용하고 싶다."고 부탁해서 이내익李乃益을 소개받음. 선장 등이 숙지 여부를 시험하며 "진도의 파도는 기선의 통행이 어떠한가"라 물으니, "진도는 수심이 깊고 암초의 장애가 없으나 조류가 매우 급하다."고 하여 여러 배들은 반드시 조류를 기다렸다가 항해함. 나리마츠成松 소좌가 지도를 꺼내 "목포의 위치가 각 지도에 따라 같은 것도 있고 다른 것도 있는데 실지 상황은 어떠한가"고 물음. "벽파정의 호구 수는 총 15, 6호로 위치가 진도 동북쪽 구석에 있다."고 답했다. "진도 근방에 부진府鎭이 있는가."고 물으니 "벽란정 뒤 2, 30리에 있다."고 답함. 선장 등은 이곳 항에서부터 진도 앞 만까지 대략적으로 측량함. 가이즈와 고다마는 현지인을 한자리에 모아 마을 이름, 섬 이름 등 여러 가지 사항을 물음. 7일 부선장, 가이즈, 아사야마, 아비阿比 등이 상륙해 마을을 방문. 현지인 가운데 지리를 아는 자를 물색함. 결국 마로도 사람을 만나 연해에 진수부가 있는 곳을 물으니 동북쪽으로 30리 떨어진 곳에 진도부가 있다고 함.[218]

내용을 보면 첩보원 육군소위 가이즈 미즈오와 해군성 측량전문가 고다마 가네타카의 공조가 눈에 띈다.

11월 22일, 월미도 도착.

11월 23일, 인천부사는 수도 서울로 이동할 수단으로 조선 선박 5척을 준비해 주었다. 짐을 실은 선박 4척은 한강을 거슬러 먼저 올려보냈다.

11월 24일, 새벽에 하나부사 일행은 통진부 공해문으로 상륙해 조선 관료의 환대를 받았다. 준비한 가마를 타고 7시 반에 출발했다. 이전 미야모토 이사관이 지나갔던 길과 같은 길로 이동, 김포에서 1박하고, 11월 25일 서울 청수관[219]으로 들어갔다.

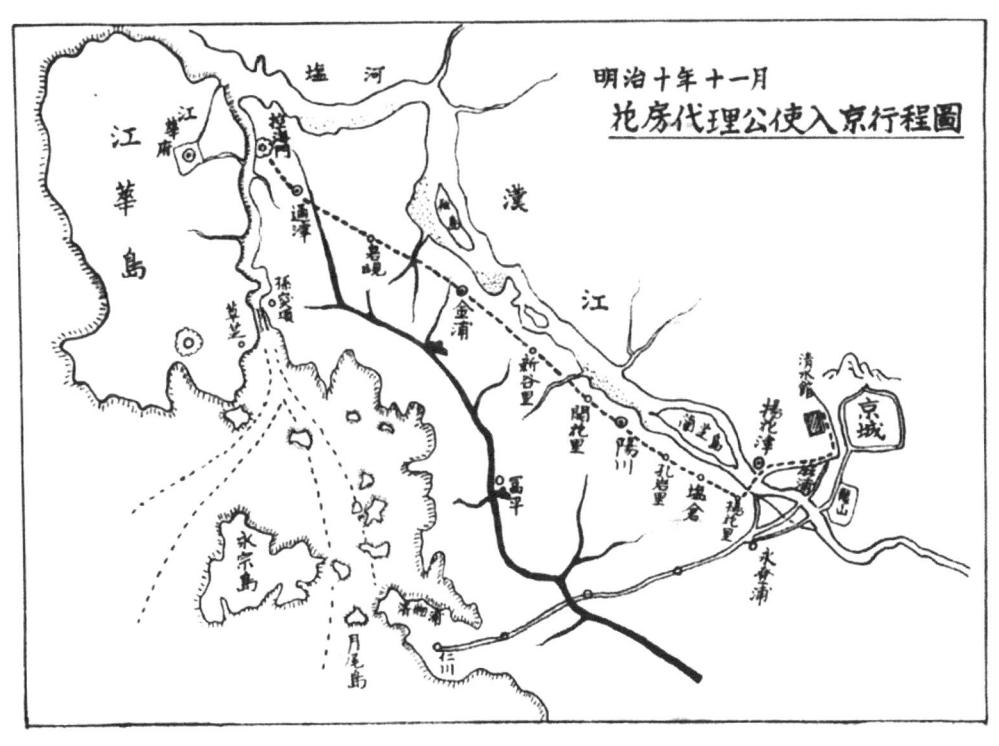

1877년 11월, 하나부사 대리공사가 서울로 들어오면서 만든 「입경행정도」

하나부사는 이 길을 실측해 「입경행정도」라는 지도를 남겼다. 미야모토 이사관과의 실무회담 때 조선이 입경 도로 문제를 제기했고, 조선에서 강경하게 대응하며 갈등을 빚었던 문제를 일본은 각서까지 교부하고도 없었던 일로 넘겨버리려는 속셈이었다. 일본의 계획적이고도 무례하기 짝이 없는 행위는 지금도 여전히 현재진행형이다. 한국을 무시하고, 망언을 일삼고, 침략과 침탈에 대해 단 한 번도 사죄하지 않고, 역사 왜곡, 안하무인의 외교 무례 등을 자행하고 있다. 예나 지금이나 일본은 호시탐탐 조선 지배를 꿈꾸고 있다.

하나부사는 조선에서 지정한 통진부를 경유해서 수도 서울로 들어가는 길에 대해 별지로 '부기'를 남기고, 입경도의 제작 배경을 기록해 두었다.

> 외무 5등속 야마노조 스케나가가 가마 안에 앉아 붓을 잡고 가마꾼의 걸음 수와 회중시계와 방위자석으로 거리와 시간, 방위를 확인해 이동 경로를 적었다. 11월 25일 오후 4시 서대문 밖 청수관에 도착했다. 의도를 갖고 제작된 것이 「하나부사 요시모토 입경행정도」(1879년 11월)다. 아직 제물포에서 육로로 인천부를 거쳐 서울로 들어가는 길을 알지 못했다. 조선 정부가 이끄는 대로 지나왔지만, 이 개측도로 보아 심하게 돌아왔음을 알았다. 훗날 바로 들어오는 길을 찾을 것이다. 이것으로 사절 왕래는 통진 한 길로 제한하자는 그들의 제의를 논파할 재료로 삼으려는 것이다.[220]

앞서 들어왔던 이사관 미야모토도 인천-서울 간 거리가 7, 8리 정도임을 알고 있었다. 하나부사가 가마 안에서 방위자속, 시계를 들고 보행시간을 하나하나 재면서 「입경행정도」를 만든 것은, 통진으로 돌아가는 길보다 제물포로 상륙해서 서울로 향하는 것이 훨씬 바르고 편리하다고 주장하기 위한 자료로 삼으려 했다.

사쿠라이 요시유키櫻井義之는 "이번 행로는 미야모토 이사관이 통과한 길과 같은 도로이지만, 본 도로와는 별도로 제물포에서 인천 간 도로에 의한 입경 도로가 있음에 주의하고 있다. 나중에 곤도 마스키가 답사한 서울과 인천 통로에 관한 기록은 『조선팔역지』 '인천에서 경성까지 기록[自仁川至京城記]'에 상세히 실려 있다."고 밝혔다.[221] 하나부사와 함께 외무성 명을 받고 개항지 정탐 측량 때마다 동행한 곤도 마스키는 원산, 진강, 아산, 부산, 인천, 서울 등 중요한 지역이라 생각되는 곳의 정보를 자세히 담아 『조선팔역지』(1881년)로 출간했다.

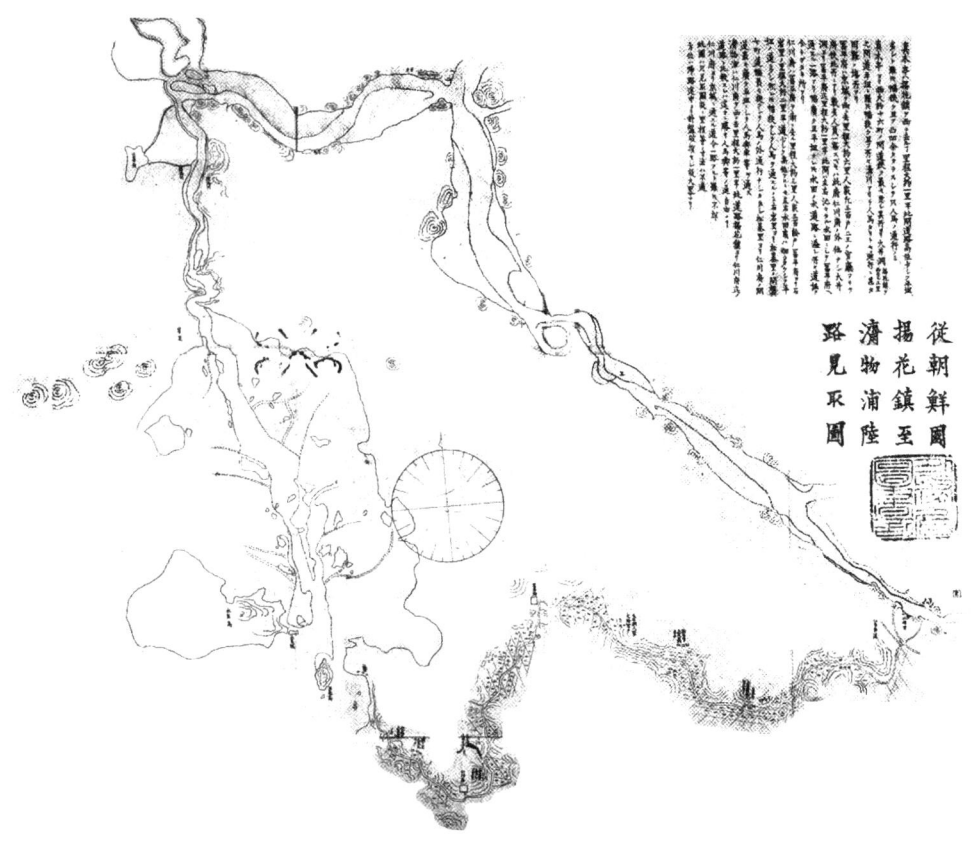

해군 측량요원 고다마 가네타카, 다카스기 하루키가 1877년 측량한 양화진에서 제물포까지 「종조선국 양화진 지제물포 육로 견취도」

당시 사정이 이러했는데도 조선 정부는 일본 사절단이 서울로 들어오는 지리정보를 모르게 하려고 행동 범위를 규제하고 있었다. 오랜 쇄국으로 외국에 문호를 개방하지 않았던 조선으로서는 사절단의 서울 진입에 신경을 곤두세우고 있었다. 일본이 조선을 넘보고 있다는 정보와 소문도 끊임없이 전해 듣고 있었다. 그런 와중에 갑작스러운 개국으로 인한 사회적 동요, 인심의 불안 등 국내 정세를 고려하지 않을 수 없었다.

하나부사와 함께 파견된 해군성의 해군소위 고다마 가네타카, 다카스기 하루키는 양화진부터 제물포까지 육로로 도달하는 「종조선국 양화진 지제물포 육로 견취도」[222]를 남겼다. 지도 표지에는 "1877년 겨울 대리공사가 서울에 들어가 있을 때 해군사관 고다마, 다카스기 등이 제물포에서 서울을 오가며 그린 것"(1877년)이라 쓰여 있다. 미야모토 이사관이 파견되었을 때도 해군 장교들이 도보로 서울과 인천을 오가며 지도를 만들었음을 알 수 있다.

고바야시 시게루 등이 이 지도에서 주목할 점은 다음과 같다. "고다마와 다카스기가 측량한 양화진에서 제물포까지 이르는 길은 우하에서 중앙하(남)부에 작게 묘사, 그림 하부(남) 왼편으로 치우쳐서 제물포, 인천, 좌(서)측 상(북)부에 강화도를 그리고, 거기서부터 우하(동남)을 향해 양화진으로 거슬러 올라가는 한강의 하류부를 프랑스 해군과 미해군이 제작한 지도를 따라 기입한 점이다. 그 구도로 보면 전통적인 강화도와 통진을 경유하는 길보다 제물포에서 직접 서울에 이르는 길이 훨씬 짧다는 것을 나타내려 했음이 분명하다."[223]

하나부사의 「입경행정도」, 고다마와 다카스기의 「종조선국 양화진 지제물포 육로 견취도」는 일본정부가 서울로 들어가는 가장 빠른 길을 파악하기 위해 얼마나 심혈을 기울여 조사하고 있었는가를 여실히 보여주고 있다.

하나부사는 부산에 도착한 지 한 달 남짓 지난 11월 3일부터 전라도와 충청도, 서해안 일대를 돌며 측량과 현지 조사를 하고 11월 25일 서울에 도착했다. 그는 탐색 결과 목포는 개항지로 적합하지 않다는 결론을 내리고, 11월 28일 외무경 데라시마에게 보고했다.

"11월 3일, 배통사 2명을 데리고 부산항을 출발했다. 4일, 소안도 정박하여 목포 항해를 위한 수로 안내인을 구하고 수로의 험난함과 평탄함 등을 탐문하며 6일까지 머문 뒤 안내인 없이 출발, 해남현 마로도 앞에 닻을 내렸다. 8일, 진도 벽파정으로 수행원을 보내 수로를 확인했다. 9일, 해남 현감과 우라세 4등속, 야마노조 5등속, 해군사관 등과 소기선을 타고 가서 해남 수군절도사와 교섭해 수로 안내인을 고용, 울돌목의 험한 여울을 넘어 목포까지 넘어가서 탐색을 완료, 다음날 함선으로 돌아옴. 그 보고에 따르면 목포는 미미한 하나의 작은 촌락으로 인근에 도회지도 없고 해로가 험한 곳이 적지 않으므로 항구를 열 곳으로 적합지 않다."[224]

11월 26일, 하나부사는 예조판서 조영하(趙寧夏, 1845~1884)를 만났다. 하나부사는 회담 때의 상황을 이렇게 회상했다.

"나로서는 아직 어느 곳을 개항장으로 정할지 식견이 없었다. 여하튼 서쪽은 인천으로 정해두고, 북쪽은 내년에 다시 조사해서 지정해야지 결심하고 우선 만남을 청했다. 그런데 조선정부는 일본의 사절이 서울에 오는 것을 반기지 않았다."[225]

하나부사는 인천을 개항지로 내정해 두고, 조선에는 다른 조건을 내세워 일을 지연시키면서 정탐을 더 확대하려는 속셈이었다.

하나부사는 예조판서 조영하를 만나 데라시마 외무경의 신임장을 직접 건네주었다. 조영하는 즉각 하나부사에게 신임장에 들어 있는 공사 주재와 입경 도로에 대한 문제를 지적하고, 미야모토 이사관이 작성했던 「각서」에 대해 추궁했다. 일본정부는 이를 무시하고 노골적으로 조선 정탐과 측량 확대를 위해 전년도 미야모토 이사관과 무역조항을 체결할 때 각서까지 받으며 마무리된 것으로 여겼던 공사의 서울 주재와 수도 서울로 들어가는 도로의 문제를 다시 회의석상에 올려놓았다.

외무경 데라시마는 하나부사를 조선으로 보내기 전(9월 24일) '특별훈령'을 내려두고 있었다.

"첫째, 사신의 서울 주재가 불필요하다는 논의에 대해 각국의 통례를 들어 설명할 것. 이를 거부하면 수호의 뜻에 부합하지 않는다 논파하고 수호조규의 명문과 다르다고 할 것. 둘째, 서울로 왕래하는 도로를 일정하게 하자는 논의가 받아들여지지 않을 경우에 강화, 인천 사이에 공사관을 두기로 한 뒤에 3년 안에 서울로 가는 길을 정하면 된다."[226]

하나부사는 특별훈령에 따라서 조선 대표와 만나는 자리에서 공사의 직무 내용을 설명하고, 교제 사무를 경조사로 제한하는 것은 합리적이지 않다고 지적하며 사절의 서울 주재에 대해 역설했다. 통상에 관한 사무도 중요하므로 공사가 주재하며 취급해야 할 사무가 있다고 강조했다. 하지만 조선 정부는 사절의 주재는 번거롭고 비용이 많이 든다는 이유로 거절했다. 하나부사는 국제법의 견지에서 보아도 사절의 서울 주재는 꼭 필요하며, 양국 간에 사절이 주재하게 되면 모든 절차가 간략해지므로 번거롭거나 비용이 많이 들지 않음을 강조한 뒤, 「만국공법」 2부를 선물[227]이라며 건네주었다.

일본정부는 조선의 북부지역 한 곳의 개항지역으로 원산을 요구했으나 조선은 태조 이성계의 능침과 가깝다는 것을 핑계로 거절했다. 하나부사는 입경 도로 문제를 지난해 미야모토 이사관 때와 마찬가지로 집요하게 물고 늘어지며 관철시키려 했다. 회담은 사절의 서울 주재와 입경 도로 문제를 두고 또다시 설전을 벌였고, 결국 하나부사는 이 문제를 해결하지 못하고 서울을 떠났다. 그때의 상황을 「복명개략 별기」에 이렇게 밝혀두었다.

"개항에 관한 건은 이번 회담에서 결정하지 않았다. 다시 조사한 뒤 지역을 정하기로 했다. 조사의 편의를 위해 세 곳에 저탄장을 두기로 약속하는 선에서 그쳤다."

12월 7일, 다카오함의 오다 해군중위 외 6명과 수병 1명이 서울로 들어왔다. 측량요원 고다마와 다카스기가 일행 속에 들어 있었다. 이들은 하나부사의 수행원으로 서울을 구경하겠다고 돌아다니며 분란을 일으켰다.

"12월 8일, 오다 해군중위 등이 약수와 관왕묘로 산책하는 도중 돌을 던지는 자가 있어 호위병이 이를 체포했다가 바로 풀어주었다. 12월 9일, 오다 등이 돌아다니다 산등성이 뒤로 나와 목적한 지점에 이르렀다. 오다 등은 차비관이 만류를 뿌리치고 억지로 산꼭대기로 올라가 동쪽 산기슭을 바라보니 성벽으로 둘러싸인 시가지가 또렷이 보였다. 마치 한 폭의 지도를 펼쳐놓은 것 같았다. 발아래로 청수관도 보였다. 천천히 둘러본 뒤 비탈을 따라 내려가려 하니 차비관이 자꾸 제지했으나 끝내 듣지 않았다."[228]

도성 안의 상황을 살피고, 서울 시내와 도성을 한눈에 내려다볼 수 있는 남산 봉수대에 올라가 서울의 지세를 정확하게 파악하려는 것이 주목적이었다.

조선 침략 준비를 위한 사전측량

하나부사의 개항장 교섭 수행원으로 위장해 들어온 육군소위 가이즈 미즈오의 파견에 대해 『참모본부 역사초안』은 "참모본부에 의한 조선 정탐 명령의 시작"으로 기록하고 있다. 말 그대로 참모본부 창설 이후 보내는 조선 정탐 명령의 시초라는 뜻이며, 1872년 하나부사가 처음 조선에 들어올 때 함께 왔던 첩보원들은 참모본부가 생기기 전의 일이므로 언급하지 않은 것이다. 이후 참모국에서 보낸 첩보원들도 같은 맥락으로 보아야 한다. 교묘한 일본의 역사 기술 방식의 한 단면이다. 많은 일본 역사서는 겹겹의 가림막 속에 묘하게도 진실이 담겨 있다. 펼치고 밀치고 또 벗겨보아야만 그 속살을 정확하게 만질 수 있다. 건성건성 건너뛰며 다 보았다고 하면 저네들이 숨겨둔 것을 보지도 못하고 있다는 비아냥을 들어도 할 말이 없다.

하나부사는 1872년 조선과의 외교에서 쓰시마를 배제하고 일본 외무성으로 일원화하기 위해 왜관을 접수하러 조선에 올 때 첩보원들과 함께 들어 왔고, 5년이 지난 1877년 개항장을 선정하겠다며 해안 측량을 하러 오면서 첩보원을 몰래 데리고 들어왔다. 가이즈 미즈오는 이때부터 제일선에서 조선 팔도를 샅샅이 돌며 외교 수행원, 공사관부 무관이라는 신분을 이용해 첩보원으로 오랫동안 활동하게 된다.

가이즈와 시모무라의 귀국 보고서 「메이지10년 조선기사」는 그들이 조선의 남해안과 서해안의 해안 지세, 군사 상황, 물산 등을 정탐하고 지도를 보완, 작성했다는 내용이 들어 있으나, 실제 지도는 수록되어 있지 않다. 하지만 추정할 수 있는 것으로, 하나부사가 도쿄지학협회에 1880년 11월 기증한 조선 서해 섬이 담긴 「조선군도도朝鮮群島図」가 있다.

「메이지10년 조선기사」의 내용을 소제목별로 정리했다.
- '부산만'은 위치와 주변 상황에 대해 설명. "부산만의 모양은 해도를 원형보다 작게 줄여서 그렸으니 제1도를 볼 것"
- '구 초량항 부두'는 주변 산세와 가옥, 인구수를 기록. "이전에는 왜관이라 칭하고 무관세로 있었으나, 조약 이후 지세로 1개년 50엔을 동래부에 납부하고 있다. 초량항 부두의 위치는 제2도에서 상세히 나타냈으며, 제3도는 경치와 형상을 개략적으로 제시함."
- '물산과 무역', '구초량항에서 서남 근방의 정황'을 서술. '소안도' '워싱턴만 마로도'에서는 "이 만에서 목포에 이르는 형상은 제5도에 개략적으로 제시", '진도' '벽파정' 항목에서는 "서쪽에 산이 있는데 첨찰산이라 하며, 근방에서 가장 높은 산이라 산 정상에 봉수대가 있다."고 기록. '명량도' '우수영' '등산진' '목포'를 상세히 살피고 기록. 11월 12일 마로도를 출발 경기도 남양만으로 항해, '풍도' '남양만' '고온포' '신리'의 측량과 정보를 수집

- 11월 20일, 남양만을 떠나 인천만 월미도 남쪽에 정박. "인천만에서 한성에 이르는 두 길은 제7도에 개략적으로 제시함"이라 기록. '제물포' '영종도 및 영종섬' '물치도' '한강' '월미도에서 통진부 하 문주성에 이르는 수로' '문주성에서 한성에 이르는 정황' '한성' '청수관에서 제지장까지' '관우묘' '가옥, 땔감, 물, 의식' '학교교육' 등
- '병제와 조세'에서는 "병제와 조세 항목은 우리가 가장 주의를 기울여 탐지했다. 말한 자의 이름만 있고 성이 없는 것은, 고루한 조선인이 자기 나라의 제도를 일본인에게 누설하는 것을 꺼려서 이런 방법을 썼다. 조선에는 『대전회통大典會通』 외에 준거할 만한 서적이 없었다. 경성에서 몰래 어떤 사람에게 물어 물음과 답변을 나누어 기록했으니 참고할 것"

문답 내용도 함께 실었다.

제1

문 수도 안에 주둔하며 바로 전투에 대응할 수 있는 병력과 주둔 장소는 어디에 있는가.

답 훈련도감에 속하는 병력 5,712명, 금어영 2,504명, 오위 2,504명. 다른 여러 영의 수는 명확히 알지 못해 답하기 어렵다. 주둔지는 특별히 정해져 있지 않다. 평시는 자택에 머물며 직업을 갖고 있다가 병영에 모인다. 이번의 경우 위 3영에서 매일 교대로 청수관의 번을 서고 수십 명씩 교대하고 있다.

제2

문 조선의 병대는 지원병인가, 부·주·군·현의 인원으로 대응하는가.

답 상비병이라 칭하며 대대로 병졸이다. 특별히 증원할 때는 그들 외에 백성이 지원하여 뽑는다.

제3

문 병졸의 급료는 어떠한가.

답 상비병은 일일 대응, 공무로 사역한 자는 1개월 정미 9두斗(일본의 3斗에 해당), 한전韓錢 100문文(일본의 20정) 1개년에 포 3필을 준다. 각 도의 군정軍丁은 조세와 과세를 면제하고 각 가포전價布錢을 납부한다.

제4

문 무기와 화약은 어떻게 만들고 매일 대략 어느 정도 만드는가.

답 군기사에서 이를 제조하고 화약은 매일 대략 10근 정도 만든다.

제5

문 조련 방법은 어떻고, 어디서 하는가.

답 조련 방법은 병학통에 상세히 있다. 먼저 봄가을 2회 행하고 때에 따라 중지할 때도 있고, 따로 시행할 때도 있다. 방식은 북을 쳐서 양 진영이 서로 대결한다. 장소는 많고 교외에서 할 때도 있고 성 내에서 하는 등 일정하지 않다. 이날 병졸에게는 따로 일당 4전을 더 준다. 또 매월 1회 이틀 활쏘기·총쏘기 연습을 한다.

보고서의 내용처럼 하나부사 일행은 조선에서 개항장으로 열기에 적합한 곳을 탐색하러 돌아다닌 것이 아니었다. 가는 곳마다 군사 상황, 정세, 민심, 지리 정탐에 집중했다.

하나부사, 조선을 간보다

하나부사가 머무는 동안 수행원들은 마음대로 서울을 돌아다니다 갈등을 빚기도 했다.

1877년 12월 18일, 하나부사는 예조판서 조영하에게 "본 사신의 수행원이 오늘 동묘東廟를 보고 돌아오는 길에 흥인문을 지나는데 문지기가 갑자기 문을 잠그고는 통과시켜주지 않았다고 합니다."라며 문지기의 무례한 행동을 꾸짖어 뒤처리를 잘해달라는 문서를 보냈다.

조영하는 "귀하의 수행원이 돌아오면서 갔던 길을 거치지 않았으니 매우 의아하고 답답합니다. 도성의 문에 대해서라면 조선에서는 법으로 금하는 것이 있습니다."고 답서를 보냈다.

하나부사는 다시 불만을 제기했다.

"앞서 수행원에게 이따금 시험 삼아 산책하게 하여 사람들이 우리에게 익숙해지게 해서 차츰 풍속을 바꾸고자 한 것이었는데, 귀 정부에서는 걸핏하면 제지하며 '일본 사신이 서울에 온 뜻을 알지 못하여 백성들이 기이하게 여기고 의심하여 실례를 범할까 깊이 우려된다.'고 말하고 있습니다. 또 '서울에서 돌아다니는 일은 조규에 실려 있지 않으니 거행할 수 없다.'고 말하고 있습니다. 사신은 본래 양국이 교린하여 우의를 돈독히 하는 데 힘쓰는 것입니다. 그런 까닭에 수행원들에게 이따금 서울을 돌아다니면서 인정을 살피고 풍속을 보게 한 것은 사신이 마땅히 해야 할 일을 한 것에 지나지 않습니다. 그런데 귀 정부에서는 이것이 규정 외의 일이라 하여 거행할 수 없는 일이라고 하시니, 본 사신은 매우 유감입니다."

조선의 규례는 지키지도 않고 일본인이 서울 시내를 돌아다니는 것에 익숙해지도록 조선사람의 풍속을 바꾸겠다는 하나부사의 오만의 실체는 무엇인가. 은밀하게 수행원으로 위장한 첩보원을 내보내 한양도성을 정탐하고, 겉으로는 우의를 돈독히 하기 위한 교린의 일이라 주장하며 조선에서 지켜야 할 법을 무시하고 있다.

거듭 하나부사는 조선 정부에 사신의 서울 주재와 내륙여행, 상경 경로를 다시 거론했다. 통진으로 돌아 서울로 들어가는 데 불만을 품고 더 빠른 길로 들어올 수 있게 해달라고 요구했다.

"사신이 서울을 왕래하는데 장차 통진 한 길로 제한한 것은 대단히 옳지 않습니다. 통진은 조선과 일본을 왕래하는 가장 빠른 문호가 아닙니다. 지금 사신이 큰 바다를 건너고 풍파를 헤치고 와서 서울이 눈앞에 바라보이는 데도 하루 만에 도달하지 못합니다. 또 거쳐 지나가는 길의 호위와 하룻밤 묵을 곳 등으로 귀 정부에 누를 끼칠 수밖에 없습니다. 길을 돌아감으로써 백성들이 고생하게 되고 물자를 낭비하는 것이며 사신에게도 이익될 것이 없습니다. 인천과 남양 지방을 경유해 곧바로 서울에 들어온다면 양쪽이 모두 편리할 것입니다. 만약 때가 때인지라 북해 선로가 힘들고 험하고, 혹시 적국에게 차단당하면 부산을 경유해 육로로 서울까지 도달하는 것도 편의에 따라야 할 것입니다."

이런 하나부사의 불만에 조영하는 "사신을 파견하는 일과 통로에 대한 일은 함께 모시고 다니며 공무를 처리할 때 이미 상의된 일로 양해했으리라 생각합니다. 다른 여러 조항에 대해서는 우리나라 규례에 맞지 않는 것이 많이 있으니 갑자기 논의할 수 없다는 점 부디 양해 바랍니다."[229]고 답했다.

하나부사의 요구는 조선의 규정과 예규를 완전히 무시하고 있다. 게다가 그가 편의에 따라 "혹시 적국에게 차단당하면 부산을 경유해 육로로 서울까지 도달"하겠다는 말은, 일본이 조선이나 청국과 전쟁을 하게 되면 서해안의 해로가 차단될 것으로 보고, 부산에서 내륙을 통해 들어오겠다는 생각을 갖고 육로 사정을 정탐하겠다는 속셈을 은연중에 드러낸 것이라 할 수 있다.

하나부사가 내세운 개항장 선정과 공사관 주재, 서울로 들어가는 길에 대한 요구는 조선정부에서 받아들이지 않아 지연되고 있었다. 더욱이 다카오함의 승조원은 세이난 전쟁이 끝나자마자 바로 조선에 왔으므로 여름옷을 입고 있었다. 함을 정박해 놓고 있던 북부지방의 추위는 견디기 어려울 정도로 매서웠다. 여러 사정이 겹쳐 하나부사는 1877년 12월 21일 일본으로 돌아갔다.

2. 1878년, 개항장을 핑계로 들쑤신 조선의 해안

아마기 군함에 실린 일본의 속내

1876년 2월 27일, 조일수호조규를 체결함으로써 조선은 문호를 열고 부산포를 개항했다. 일본정부는 수호조규 제7조 "일본은 조선의 연해·도서·암초 등을 측량하고 해도를 작성한다."는 조항에 따라 부산에 이어 다른 두 곳에 개항장을 열기 위한 지형 측량을 서둘렀다. 수호조규 체결은 이전부터 도둑질하듯 몰래 측량[盜測]해 오던 일본에게 합법적으로 조선 연해 수로를 측량할 수 있는 길을 열어주었다.

개항장은 1876년 미야모토 고이치 이사관이 조선에 왔을 때 함경도 북청, 전라도 진도 두 곳을 지정하여 허락했었다.

1877년 하나부사가 허락도 받지 않고 일방적으로 조선에 와서 남해 연해를 측량하고 서울에 들어온 뒤, 회담 때 북청과 진도의 수로가 불편해 개항이 어렵고 정밀한 측량하지 못해서 지정하기 곤란하다고 토로한 뒤, 함경도 문천 개항을 요청했다. 하지만 조선은 태조의 능침이 있어 허가할 수 없다고 답했다.

11월 26일부터 시작된 회담은 다시 거론된 공사의 서울 주재와 입경도로 문제로 지연되었다. 하나부사와 함께 온 첩보원, 해군과 측량대원들이 추위로 활동을 이어갈 수 없게 되자 조선 정부로부터 6~12개월간 측량할 수 있는 허가를 받고, 문천과 진도는 석탄과 물을 댈 정박지로 허락을 받고 12월 21일 귀국했다.

1878년 초 일본은 조선 해안 측량 현지 조사를 위해 치밀하게 준비하고 있었다.

2월 20일, 외무경 데라시마 무네노리가 태정대신 산조 사네토미에게 측량선 파견을 건의했다.

"이번에 하나부사가 조선에서 귀국해 복명한 것처럼 지난해의 항행이 시기에 뒤처지고 눈바람으로 인해 측량하기 어려웠습니다. 또 우리가 지정한 지역은 조선의 뜻과 맞지 않아 항구를 여는 담판을 진행할 수 없었습니다. 하지만 올해 다시 함경도, 전라도, 충청도 해안에서 최적의 지역을 찾아낸다면 저들도 빠르게 개항할 것입니다. 이를 위해 석탄 적치장으로 전라도는 진도와 거문도를 양력 4월부터 12월간, 함경도는 송전을 6개월간 빌리고, 만약 위의 기한 내에 완료하지 못하면 다시 6개월간 빌리기로 약정해 두었습니다. 올해는 4월부터 해당 해안에 측량선을 보내 충분히 탐색한 다음 계속해서 개항 담판을 이어가려 합니다. 이 기회를 놓치지 않도록 측량선을 파견해 주십시오."[230]

3월 4일, 외무경 데라시마는 태정대신의 재가를 받아 각 성에 협력을 요청하고 해군성에는 조선에 해안 측량선을 파견하라고 명령했다. 해군성은 아마기함天城艦에 조선 함경도, 전라도, 충청도 해안 측량을 위한 출범을 알리고 석탄과 식량 준비에 들어갔다.

4월 20일, 해군성 해군대보 가와무라 스미요시는 아마기함에 조선해를 측량하라는 명령을 내렸다. 해안 측량은 겉으로는 개항에 적합한 지역의 탐색이었으나, 속으로는 정밀한 조선 정탐이 주목적이었다.

참모본부의 첩보원 가이즈 미즈오가 다시 조선에 들어오고 있었다. 4월 26일, 외무성, 태정관 기록에서 아마기함에 동승한 사실을 확인할 수 있다. 참모본부 첩보원의 해외 파견 정보는 일본정부의 중요부서에서 공유하고 있었다. 동래부사 윤치화의 장계에서도 이 사실을 확인할 수 있다.

"왜인이 타고 있는 화륜선 한 척이 왜관 수문 밖에 도착해 정박하고 있는 일에 대해서는 이미 왕께 급히 서면으로 상주했습니다. 이번 달 8일(양력 5월 9일) 사시(巳時, 오전 9시부터 11시까지)에 도착한 부산첨사 조승현趙承顯이 정보를 수집해 급히 알리기를, '이달 5일(양력 5월 6일)에 온 화륜선 한 척의 함장왜艦長倭 해군소좌 마쓰무라 야스타네松村安種, 두왜頭倭 육군소위 가이즈 미즈오, 수부 153명, 관소에 거주하는 왜인 1인, 통역 왜인 2인 등이 함께 타고 개항지 측수測水를 위해 당일 묘시에 함경도로 출발했으므로 영솔 호위하기 위해 통역 김종렬金宗烈을 함께 태워 보냈습니다.'"[231]

아마기함의 「메이지 11년 6월, 조선국 해안 측량일지」에는 이들의 조선 해안 측량 내용이 상세하게 기재되어 있다.

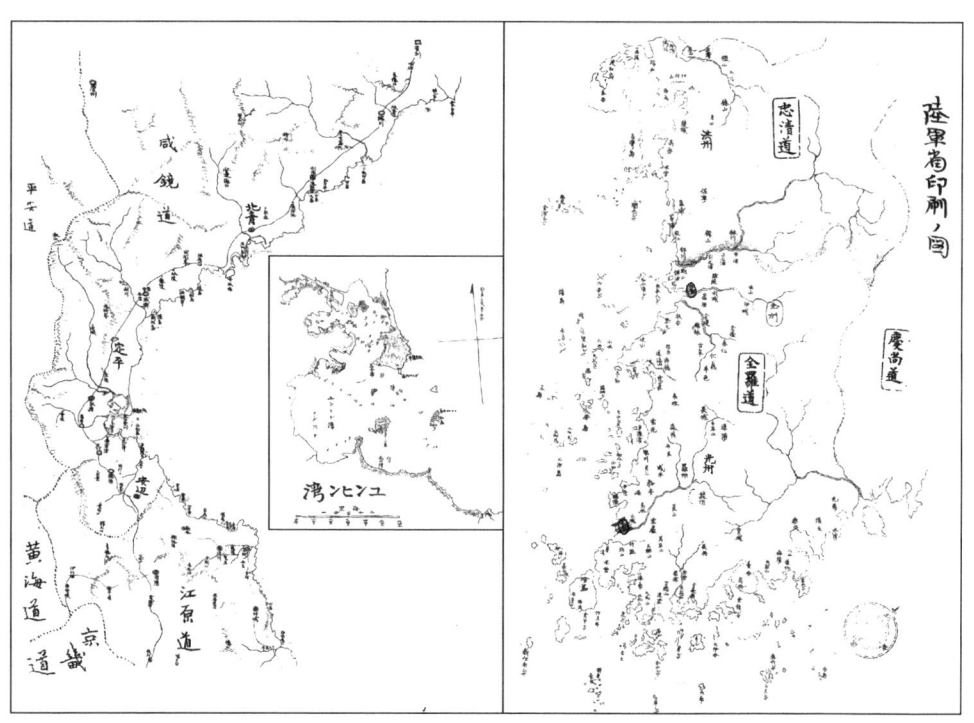

1878년 5월부터 6월까지 제1 후보지 원산진을 중심으로 함경도와 동해안, 전라도 일대를 측량하고 만든 지도의 일부

"1878년 5월 11일, 토요일 오후 1시부터 야마즈미 대위, 요시다 중위, 가토 소위, 시마자키 소위, 후쿠치福地 소위보가 소형 증기선으로 원산만의 지세를 탐색하며 항행, 4시에 아마기함으로 돌아와 일요일까지 휴식을 취했다. 월요일 오전 6시부터 측량을 위해 제1, 제2 소형 증기선, 사관들이 보트를 나누어 타고 육상으로 올라가 측점과 방각方角을 측량하고 3시경 비가 와 모두 아마기함으로 돌아옴"[232]

측량 기간은 4개월. 측량보고서「제국군함 아마기호 조선국 연안측량 1건」[233]에는 조선 해안 측량을 위한 의견서 제출, 해군성의 명령서, 측량선 파견 목적, 측량 순서, 지도, 측량이 끝난 뒤 관계 서류 등이 기록되어 있다. 일본의 중앙정부, 외무성, 참모본부, 해군성의 긴밀한 협조체제로 이루어진 조선 정탐과 정보수집, 측량이었다.

7월 4일, 스미나가 신타住永辰妥의 보고에는 조선 해당 지역 내 토산품, 소반, 땔감, 새의 종류, 공업, 사금, 호랑이 가죽, 해산물, 작황, 기후 등이 기재되어 있다.

조선에 온 아마기함은 5월에 함경도, 충청도, 전라도 일대를 측량하고 돌아가 견문기, 수로지 등 관련 기록, 서류와 도면을 제출했다. 관련 기록으로「조선 동해안 수로잡지」(1878년 5월),「조선국 함경도 덕원, 송전, 북청, 신포만 수로지」(1878년 6월, 해군대위 야마즈미 나오키요山澄直淸 기술),「원산진, 송전, 북청, 신포 지방 경황 견문기」(1878년 6월, 아마기함 함장 해군소좌 마쓰무라 야스타네 기록) 등이었다.

덕원만 실측도 1매, 북청만 약측도 1매, 송전만 견취도 1매, 관련 서류는 덕원만 경위도와 나침편차 추산표 1책, 북청만 경위도와 나침편차 추산표 1책, 덕원만 원점 추산부 1책, 덕원만 검조부檢潮簿 2책, 덕원만 투납부投鈆簿 1책, 북청 투납부 1책.[234]

1878년 5월, 함경도 일대에서 측량하고 위 지도를 제작한 자는 해군대위 야마즈미 나오키요, 해군중위 요시다 준신, 해군소위 가토 시게나리加藤重成,

1878년 아마기함이 함경도, 충청도, 전라도를 탐색하고 귀국한 뒤 제출한 보고서 속에 실어놓은 「조선국에서 가지고 돌아온 지도」

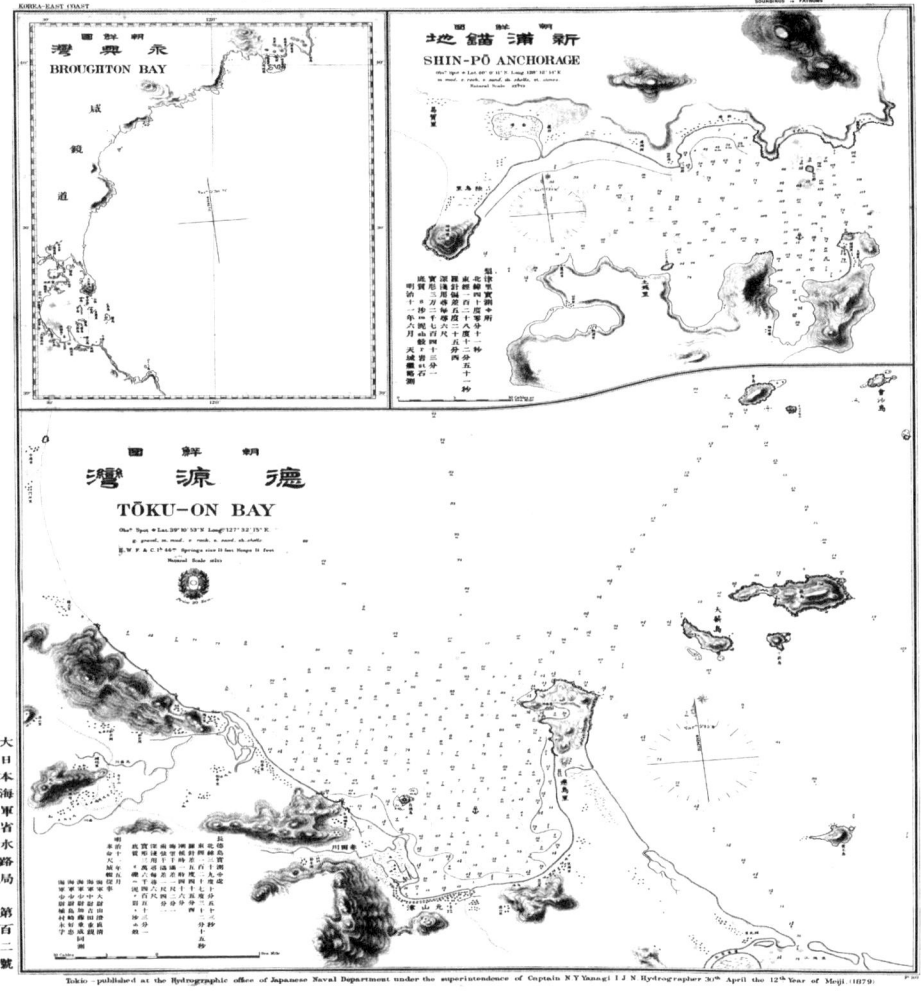

1878년 5월, 6월 아마기함의 측량사 해군대위 야마즈미 나오키요, 해군중위 요시다 쥰신, 해군소위 가토 시게나리, 시마자키 요시타다, 우에무라 나가타카 등이 측량하고 만든 「영흥만」・「신포묘지」・「조선국 덕원만」 지도

시마자키 요시타다島崎好忠, 우에무라 나가타카(植村永孚, 1849~1931) 등이었다 〔아마기함의 「조선국 해안 측량일지」〕.

「조선 동해안 수로잡지」에서 해군소좌 마쓰무라 야스타네는 "덕원, 안변,

문천이 번화한 땅과 근접해 있으므로 개항에는 3항 가운데 우등하다."고 기록, 덕원만의 원산진은 이 지역의 중심지로 정기적으로 시장이 열리는 번화한 곳이라며 개항장으로 추천했다.

1878년 7월 4일, 부산항 관리관 야마노조 스케나가는 외무대서기관 다나베 다이치田邊太一235에게 정보 수집한 내용을 이렇게 보고했다.

"아마기함이 함경도를 측량할 적에 저들로부터 종종 부조리한 것들을 주장해 다소의 분쟁도 있었으나, 측량하는 데 특별히 지장은 없었습니다. 몰래 들은 것입니다만, 기괴한 것은 덕원 근방 용주湧珠라고 부르는 곳에 능침陵寢이 있다 하여 원산 부근을 개항할 수 없다는 뜻으로 덕원부사가 함장에게 얘기했다고 합니다. 원산진은 대체로 토산품이라고 할 만한 것은 없지만 생선·채소·소금을 편리하게 얻을 수 있어서 예상 밖으로 사람이 많이 모이는 곳으로 인가가 천 오륙백 채 정도 있습니다. 항구의 안쪽은 광활하고 가운데는 무려 깊이가 열두 길이나 되고 물가 가까이도 네다섯 길이 되는 곳도 있습니다. 장덕도長德島의 서쪽 맞은편 연안 등은 덕원부에서 일본리日本里로 약 1리 반 되는 곳에 있고 원산읍은 바로 남쪽에 이웃해 있어 거류지를 만들면 적당한 장소라 합니다."

해군성과 마찬가지로 외무성 기록도 이때의 측량 상황과 정보수집에 근거해 원산을 개항장으로 지목했다.

보고서의 내용은 아마기함이 부산항을 출항해 함경도 원산 일대의 측량 일정과 동정에 대해서도 상세히 알려 주고 있다.

"아마기함이 5월 9일 부산항을 출항한 이래 항해한 순서는 다음과 같습니다. 다음날인 10일 오후 3시 원산진에 도착해 6월 17일까지 그곳을 측량했습니다. 18일, 오후 3시에 문천으로 향했으며 21일까지 그곳에 있었습니다. 22일, 오전 7시 북청으로 향했으나 날씨가 변하여 원산으로 되돌아왔습니다. 23일, 오전 7시 지나 원산을 출발 북청으로 향했으나 또 날씨가 변하여 원산으로 되돌아왔습니다. 25일, 오후 6시 원산을 출발해 26일 오전 4시에 북청

앞에 이르렀는데 장무(瘴霧, 눅눅하고 무더운, 독기가 서린 안개)가 심하여 이곳에서 머뭇거렸습니다. 오후 3시가 되어서야 안개가 걷혔고 5시에 북청의 신창포新昌浦에 도착했습니다. 27일, 오전 5시에 신포新浦라는 곳에 정박하고 대략 측량했다고 합니다. 그렇지만 이곳은 원산진에 비해 매우 열등하여 열심히 측량하지 않았다고 합니다. 28일, 오후 2시 40분에 신포를 출항하여 다음날 29일 마쓰시마(松島, 울릉도)를 향해 달려가 오전 11시경에 그 섬을 30리 전방에서 볼 수 있었습니다. 오후 3시경, 그 섬 가까운 곳에 배를 댈 수 있는 곳과 들어갈 만한 항만도 없고 물가는 모두 암초라서 접근할 수 없어, 이 섬을 한 바퀴 돌고 오후 6시에 섬을 떠나 바로 부산항으로 향했다고 합니다. 그런데 아마기함은 항해 중에 언제쯤인지는 모르겠지만 스크루screw 날개 하나가 사라져, 이 상태로는 전라도로 바로 항해하는 것이 충분하지 않아, 2주간 예정으로 우선 나가사키로 가서 독dock에 올릴 예정이라고 합니다. 그래서 오늘 오후 4시에 부산항을 출발한 것입니다."

내용처럼 아마기함은 나가사키로 돌아가 배를 수선하고 돌아와 서해안과 전라도로 향했다. 8월부터 9월에 걸쳐 서해안 일대를 측량하고 「아마기함 승조 중 일지」를 남겼다. 일지는 8월 23일 오후 전라도로 향하는 내용으로 시작하고 있다. 지난해인 1877년에 이어 옥구 북쪽에 위치한 금강 하구와 남쪽의 천수만을 중심으로 측량했다고 쓰여 있다. 이때 「조선국 장포강 약도」와 「조선국 충청도 천수만문」 지도를 제작했다. 이 지도는 일본국립공문서관 내각문고에 소장되어 있다. 지도 속에 지도의 내력이 기재되어 있다.

해군성 측량요원들과 함께 현지 조사를 한 참모본부의 첩보원 가이즈 미즈오가 충청도 일대를 정탐하며 만든 「조선국 장포강구 약도」, 「조선국 옥구만 약도」, 「조선국 천수만 약도」도 있다. 해군성 지도는 일본 공문서관에, 가이즈가 만든 지도는 미의회도서관에 소장되어 있다.

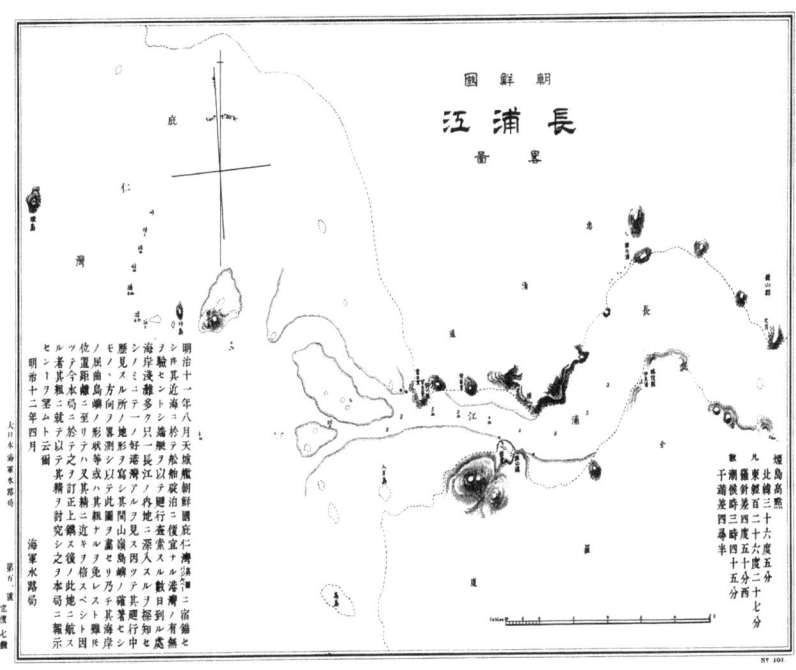

해군성 수로국이 만든 「조선국 장포강 약도」(1879년)

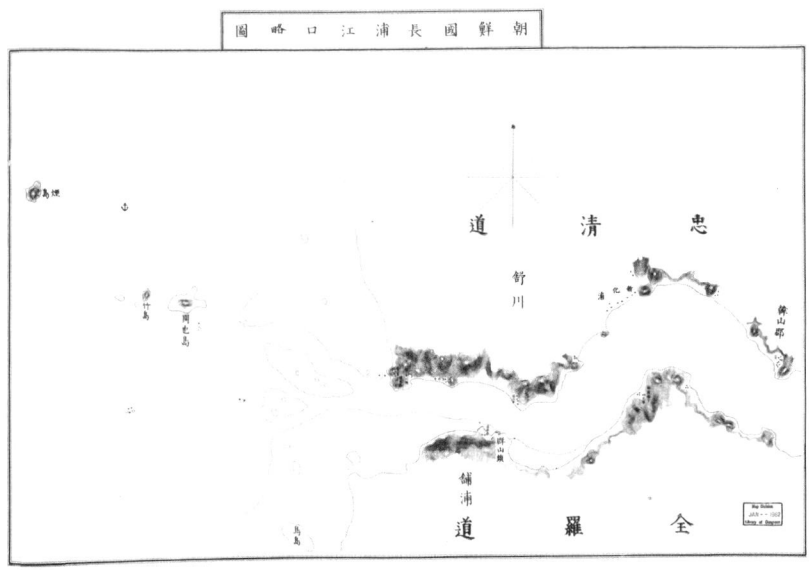

참모본부 소속 첩보원 가이즈 미즈오가 만든 「조선국 장포강구 약도」

해군성 수로국이 만든 「조선국 장포강 약도」에는, "1878년 8월, 아마기함이 조선 비인만에 닻을 내리고 근해에 정박한 뒤 항만의 유무를 탐색할 보트를 타고 며칠 조사했다. 바닥이 얕고 폭이 좁아 물살이 세게 흐르는 곳이 많다. 장강 내지로 깊이 들어가 정탐하며 보고 들은 것을 지형으로 그려 넣고, 산봉우리나 크고 작은 섬 가운데 확실한 것을 약측해 지도를 만들었다. 해안의 굴곡, 섬들의 모양, 위치나 거리 등이 정밀하지 않은 것은 서로 토의해 정정하기 바란다."는 내용이 기록되어 있다.

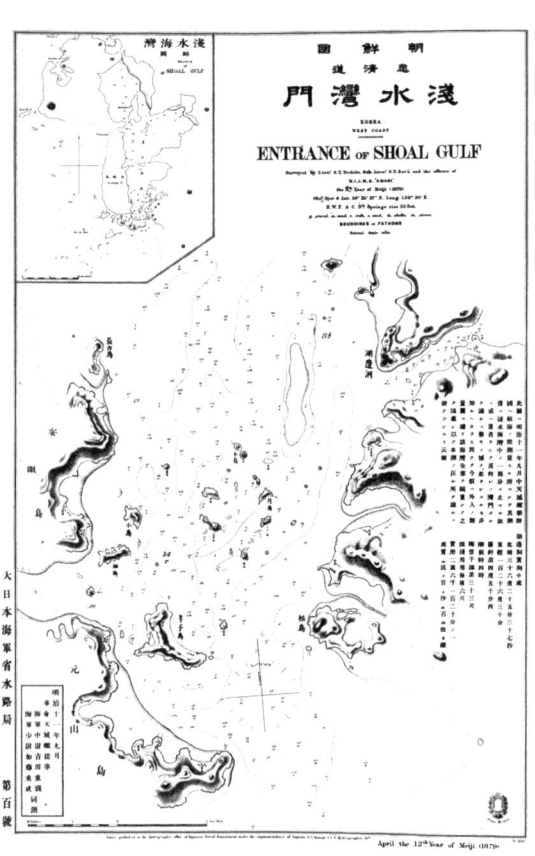

해군성 수로국이 만든 「조선국 충청도 천수만문」(1879)

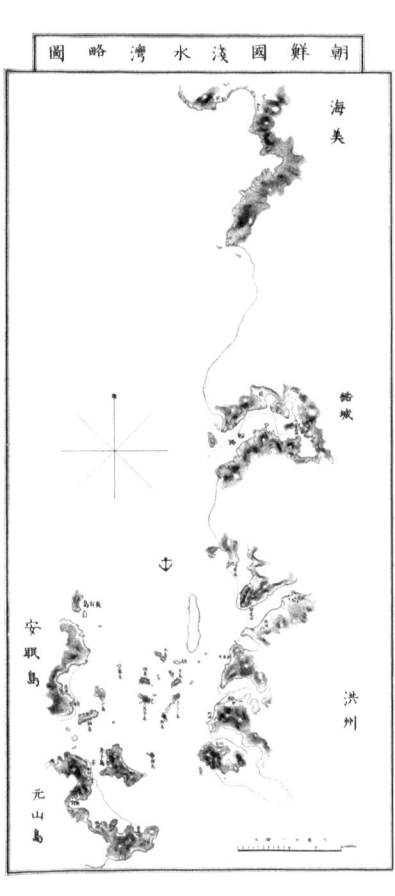

참모본부 소속 첩보원 가이즈 미즈오가 만든 「조선국 천수만 약도」

해군성 수로국이 만든 「조선국 충청도 천수만문」(해도 제100호)은 아마기함의 해군중위 요시다 쥰신, 해군소위 가토 시게나리가 만들었다.

지도 속에는, "1878년 9월에 아마기함 조선 항해 때 측량한 것으로 천수만 중 일부분의 측량으로 그쳤다. 때문에 만문灣門을 식별하기 어렵고 시작 시점까지 알 수 없어 임시로 외국의 측량도에 의거해 해당 해역 전부를 편집, 첨부하여 측량한 부분을 식별할 수 있게 했다."는 기록을 남겼다.

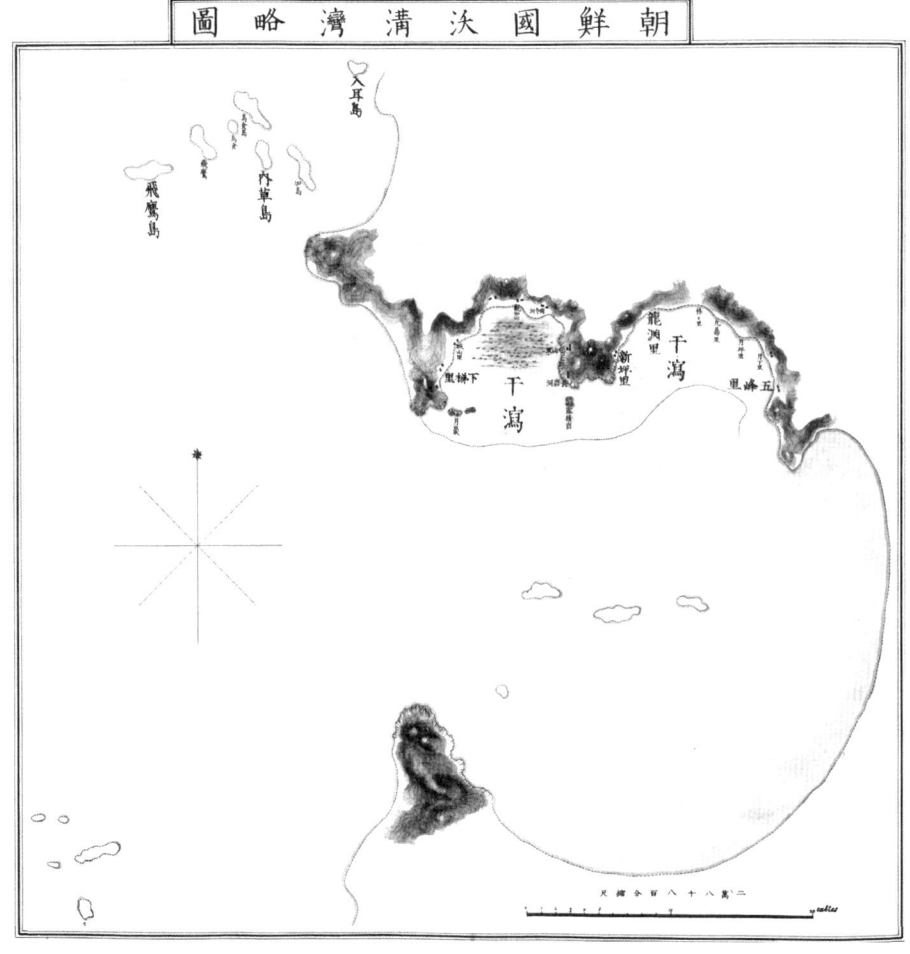

아마기함에 동승하여 충청도 일대를 정탐, 지리와 정세, 요충지 등을 조사한 뒤 가이즈 미즈오가 만든 「조선국 옥구만 약도」(1878년)

· 211

이 무렵 조선 민중들이 몸으로 느끼고 있던 무역의 현황과 일본인들의 측량에 대한 반감에 대해, 근대역사학자 강동진은 "민중들은 일본 침략자들의 연안 측량, 개항장 설치, 약탈무역에 반대하여 시위, 습격, 폭동으로 대응했다. 그중에서도 1878년 8, 9월에 충청도, 전라도 연안의 민중이 측량과 정탐을 일삼던 일본 침략자와 맞서 싸운 형세와 일본공사관 및 개항장 설치 반대투쟁은 매우 격렬했다. 1880년 안동, 조령 등지에서 수천 명이 참가한 인천 개항 반대 투쟁이 그 한 예다. 강화도조약 체결 후 5년 동안 서울에 일본 공사가 들어오지 못한 것도 그러한 민중의 반침략투쟁 때문이었다."[236]고 밝혀 놓았다.

약탈무역에 맞선 해관세 징수

개항 이후 수년간 면세하기로 한 단서조항 때문에 조선은 일본 무역을 규제하거나 세금을 거두지 못했다. 조선의 미곡, 금, 동전이 일본으로 대량 유출되면서 조선 정부는 무관세의 폐해를 뼈저리게 감당해야 했다.

1877년 8월 4일, 동래부사를 마치고 상경한 홍우창이 고종을 뵌 자리에서 해관 설치에 대한 이야기가 오고 갔다. 고종은 해관을 만든 이유가 무엇이냐고 물었다. 홍우창은 "해관의 설치는 전적으로 일본과 우리의 선박이 왕래할 때 수색하고 세금을 거두기 위한 장소로 삼으려 합니다. 일본의 배는 어느 정도 세액을 정했고, 우리 배는 조약에 의거해 아직 헤아려 정하지 않았습니다."[237]며 선박 왕래 때 수색하고 세금을 거두기 위해 해관을 만들었으나 아직 세금 액수를 정하지 않았다고 말했다. 조선 정부는 수출입 무역에 종사하는 상인들을 대상으로 세금을 거두기로 의정하고, 세목을 책정해 동래부에 내려보내 실시하도록 지시했다.

1878년 9월 28일, 두모진에 해관을 설치하고 조선 상인을 대상으로 징세를 시작했다. 해관세 징수에 반발한 일본 상인 1백여 명은 육전대와 합세해 부산세관과 동래부청을 습격해 난동을 피웠다.

10월 29일, 부산의 관리관 야마노조 스케나가는 부산항에서 조선 정부가 독단으로 과세를 시행한 것은 조약을 위배한 것이라 항의하며 동래부사 윤치화에게 강제로 세금을 거두는 것을 정지해 달라는 서한을 보냈다.

11월 2일, 야마노조 관리관은 조약 위반을 비난하며 잠시 세금부과를 정지한 뒤 양국이 협의할 것을 요청했다.

11월 8일, 동래부사는 과세는 조약 위반이 아니라고 회답했다.

11월 11일, 동래부사는 세금부과 정지는 정부의 결정에 따라 교섭에 응하겠다고 회답했다. 조선이 부산항에 해관을 설치하고 무역품에 세금을 부과한 건을 두고 동래부사 윤치화와 관리관 야마노조의 논의가 이어졌으나 서로 버티며 양보하지 않았다.

11월 18일, 일본정부는 이 문제를 해결하기 위해 하나부사의 출장을 명했다. 외무경 데라지마 무네노리는 해관세 정지 처리에 대한 대응 방침과 일본의 요구가 받아들여지지 않을 경우, 군함의 힘을 빌려서 책임을 물으라는 훈령을 하달했다.

11월 19일, 해군경 가와무라 스미요시는 히에이함比叡艦 함장 해군중좌 사와노 다네카네澤野種鉄에게 하나부사 대리공사의 협조 요청이나 거류관민 보호 요청이 있을 경우 잘 협의해 처리하라 훈령을 내렸다.[238]

11월 20일, 하나부사는 수행원 권소서기관權少書記官 곤도 마스키, 고용인 오쿠 요시노리 등과 함께 히에이함을 타고 요코하마를 떠나 11월 29일 부산항에 들어왔다.

12월 4일, 하나부사는 히에이함 함장 해군중좌 사와노 다네카네와 모의해 육전대 2개 소대를 상륙시켜 두모진 근방에서 행군하게 하고, 뒷산에 올라 군사훈련을 하며 공포를 여러 발 발사했다. 또 함대 위에서 절영도를 향해 대포 사격으로 위협하며 군사력으로 관세를 징수하지 못하도록 경제침략을 감행했다. 이날의 무력 시위에 대해, "하나부사 대리공사는 일본군함 히에이함장 해군중좌 사와노 다네카네와 상의해 해병들을 상륙시켜 시위 훈련을 시켰고 왜관에 체류하고 있는 일본 상인들도 동래부에 난입하는 등 불법행위를 감행했다."고 기록했다.[239]

일본정부는 하나부사와 히에이함의 파견을 결정하고 무력 시위를 하라고 지시해 두었다. 이것은 조일수호조규 체결 무렵에도 병력을 동원해 무력 시위를 했던 전례를 그대로 따르고 있다. 조선과 개항 이전부터 외교적인 수순을 밟기 전에는 언제나 무력을 동원해 공포 분위기를 조성해 두려움을 심어준 다음 일본의 요청과 의사를 받아들이게 하는 악랄한 수법을 쓰고 있다.

하나부사는 이때의 상황을 외무경에게 다음과 같이 보고했다.

"아무래도 완고하고 우매한 풍습이라 보통의 수단으로는 움직이지 않을 것이다. 거듭 히에이함 함장과 모의해 오늘부터 잇따라 병력의 기세를 보여주고, 그들의 대응에 따라 완급 조절할 방책도 세워야 한다."[240]

12월 6일, 야마노조 관리관은 동래부사에게 조선정부의 답변을 기다리는 기간에 대해 기한을 정해달라고 요청했다. 동래부사는 다음 달 15일과 20일 사이에 있을 것이라 답했다. 그 사이 일본은 부산진과 두모포 사이에 육전대를 파견해 무력으로 협박을 일삼았다. 조선에서 정탐과 첩보활동, 지도측량을 끝내고 9월에 귀국한 가이즈 미즈오는 12월 11일 다시 조선에 들어왔다. 그는 12월 19일 참모본부로 전보를 보냈다.

"담판에 앞서 평화롭게 공사와 함께 귀국할 예정임"[241]

12월 23일, 동래부사가 "정부에서 명령이 내려와 세금 징수를 잠시 멈춘다."고 전해오며 일단락되었다. 하나부사는 즉각 예조판서에게 "조약 위반 책임과 무역 손해의 배상은 우리 전권사신이 입경하는 날에 상의하겠다."는 서한을 보냈다.[242]

12월 27일, 하나부사는 히에이함 함장에게 "군함이 한 번에 물러가면 조선 관리는 교활해서 은연중 해관세 등의 폐단이 반드시 재발할 우려가 있다. 이를 예방하기 위해 당분간 이곳 부산항에 계속 정박해 있기 바란다."는 속마음을 전했다.[243] 일본정부는 조선을 약탈의 대상으로만 여겼기에 이렇게 말할 수 있는 것이다.

12월 28일, 하나부사와 가이즈는 나가사키로 돌아갔다.

조선에 불리하고 일본에 유리한 불평등 강화도조약 체결 이후 3년이 지난 이 무렵인 1878년, 일본정부의 적극적인 보호 아래 개설한 제1은행 부산지점의 금융원조를 받은 일본 상인들은 쌀과 면 등을 독점으로 판매하며 폭리를 취하고 있었다. 부산 개항 이후 서너 배 오른 곡물 가격으로 조선 민중들의 생활난은 더욱 심각해졌다. 일본 관리들과 결탁, 약탈무역의 단맛을 본 일본 상인들은 부산항 하나만으로는 이익이 적다며 다른 지역도 빠른 시일 이내에 개항해 달라고 일본정부를 압박하고 있었다. 일본정부와 일본인들은 자기의 이익에만 취해 있었다.

3. 1879년, 전략의 요충지 원산항 뚫리다

외교관 야마노조 스케나가의 조선 염탐 보고

1879년 1월 15일, 부산항 관리관 외무3등속 야마노조 스케나가가 외무경 데라지마에게 보낸 보고서는 당시 무역 상황과 조선의 국정에 대한 내용을 담고 있다.

2월 5일, 외무경 데라지마는 「야마노조 관리관의 의견서」[244]를 태정대신에게 보냈다.

"조약 체결 이후 수출입 물품의 1년 총액이 대략 43만엔 정도라 일본 상인들은 불만을 품고 있다. 흰옷을 입는 조선의 풍속을 변화시켜 염색한 직물을 쓰게 하면 저절로 우리 물품에 대한 저들의 수요가 많아질 것이다. 사금과 금·은괴 등을 1년 동안 반드시 수십 칸메〔貫目 : 1칸메 3.75kg〕를 거래해야 하는데 부산항 하나만으로는 결코 달성할 수 없는 희망사항이다. 일본 상인이라면 누구나 금은과 곡류를 매입하려 하므로 조선 상인도 그런 물품을 꽤 많이 갖고 오지만 조선 돈이 아니면 팔지 않으려 한다. 거류지에는 늘 조선 돈이 모자라고 고가여서 상거래에 지장을 주고 있다. 일본 상인이 인근 마을주민과 자유롭게 왕래하면 더 상거래가 발달해질 텐데, 부산항만으로는 상거래의 증진이 어렵고, 조선 돈의 시세가 떨어져야 금·은의 거래가 많아질 것이다."

야마노조는 빨리 다른 곳을 개항해 더 많은 물품이 거래될 수 있도록 일본정부가 힘써 달라며 장사로 일본인이 누릴 이득에만 골몰하고 있었다. 일본과의 무역 거래로 조선 민중이 겪고 있는 고통은 안중에도 없었다. 또 조선을 면밀하게 정탐해 대체적인 흐름을 파악, 관찰했다며 조선 관리의 부패에 대해 적나라하게 적어두었다.

"조선 정부가 민중을 학대함이 너무도 심하다. 민중이 도탄에 빠져 있고 그 괴로움은 차마 눈 뜨고 보고 들을 수 없는 참상이다. 지금까지 보고 들은 것을 한두 가지 예로 들면 감사, 부사, 첨사라 부르는 관리에서부터 관아의 아전에 이르기까지 오직 민중의 고혈을 짜내는 일에만 혈안이 되어 있다. 온갖 구실로 죄 없는 자를 감옥에 가두고 면죄금을 받는 것이 일상사다. 걸핏하면 엄한 벌을 내리고 가혹하게 문책하는 것은 모두 제 뱃속을 채우기 위한 수단일 뿐이다."

군비 상황에 대해서는 군사적으로 아무런 대비도 하지 않는다고 했다.

"수군과 육군을 통일해 관할하는 주장主將 즉 통제사부터 각 수륙水陸의 절도사에 이르기까지 사사로이 개인의 사업 경영에만 집중하고 군사장비에 신경 쓸 겨를도 없어 보인다. 부산진을 비롯해 무기를 구입하는 것을 보지 못했고 (뇌물이 공공연하게 거래되는 나라이므로 만약 구하려는 마음만 있으면 저들이 우리 관館에서 칼이나 단총 등 무엇이건 얼마든지 뇌물로 구하는 자가 있을 터인데 전혀 그런 일이 없었다. 다만 서울에서 소총, 대포 등을 약간 구한 적은 있었다), 누가 뭔가 대비하고 있다는 말도 들은 적이 없다. 실제로 수영水營에 있는 상비함은 모두 낡고 오래된 것으로 보인다. 『대전회통』 등을 펼쳐보면 정해진 형식에 따라 잘 정돈되어 있다. 대체로 조선의 제도는 종이 위에 나열된 것뿐이고 실제와는 아주 상반된 모습이다."

외교관 야마노조의 눈에는 심각하게 부패해 부정과 착취를 일삼으며 국방마저 소홀히 하는 썩어빠진 조선 관리들은 보이고, 온 일본열도가 나서서 조선에서 챙겨 먹어야 할 것에만 눈독을 들이는 일본인의 본모습은 애써 외면하며 옹호하고 있다. 누가 일본이 조선의 뒤처진 경제를 살리고 무역을 촉진하며 근대화로 이끌었다고 말하는가. 일본은 조선 땅에서 저들의 배를 채우기 위한 이익만을 탐했고, 더 많은 부를 누리기 위해 꼭 먹어야 하는 맛난 고기로 여겼을 뿐이다. 오직 경제적인 이득과 러시아를 비롯한 외세의 침략을 막아주는 울타리로서의 조선 땅이 꼭 필요했던 것이다.

야마노조는 조선의 실제 상황 보고와 함께 그가 느낀 점도 적으며, 일본 정부가 특별한 계획이 있겠지만 조선은 무조건 무력으로 짓밟아야 한다고 주장했다.

"조선의 국정은 이상과 같고, 사람들은 매우 겁이 많고 게을러서 실제로 목에 칼이 들어올 지경이 되어서야 놀라고 낭패하며 우리를 후하게 맞이하고 우리의 뜻에 따라 잠시 의심을 푸는 모습을 보일 것이다. 다시 일이 진정되면 또 한데 엉기어 변할 것이다. 그러므로 **조선을 제대로 다루려면 시작부터 정벌을 결심하고, 조선 정부에서 받아들일 수 없는 사항을 정신없이 요구하고, 다시 저들이 어찌지 못하도록 끝까지 몰아붙인 다음에 차근차근 밟아나갈 밑그림을 그려야 한다.**"[245]

3월 19일, 『도쿄일일신문東京日日新聞』에 실린 「조선의 근황」에 대한 기록.
"조선에 살고 있는 일본 상민들은 최근에 조선 정부에서 무거운 세금을 부과한 일로 피아 상거래가 엉켜 경기가 나빠질 것을 우려, 1878년 11월 8일 무려 백오륙십 명이 부산항에서 고관(古關, 초량으로 이전하기 전 두모진에 설치한 왜관)을 경유해 곧바로 동래부로 가서 개정을 요구했다. 마침내 하나부사 공사가 조선으로 건너와 12월 23일에 간신히 무거운 세금 폐지 명령을 내리도록 했다."

3월 23일, 『아사히신문』은 원산 등지의 개항 교섭을 위해 실무 경험이 풍부한 외교관들이 조선으로 들어갈 예정이라고 보도했다.
"하나부사 대리공사는 바야흐로 모레 25일, 조선으로 출발한다고 한다. 공식 업무는 지난번 개항한 부산포 외에 원산과 다른 한 곳을 개항하는 협상이라 한다. 조선 정부는 함경도 북청과 전라도 진도를 개항할 것을 고려하고 있으므로 이번의 담판을 꺼리는 모양새다. 세간의 소문과는 달리 완전히 평화로운 사명이라고 한다. 수행원은 곤도 마스키 권소서기관, 이시바타 사다오등속, 오쿠 요시노리 등이며 반년 정도 머물 것이라고 한다."[246]

일본정부는 야마노조 스케나가의 의견서를 그대로 반영하듯 군사적으로 아무런 대비도 하고 있지 않은 조선을 무력으로 압박하면서 일본의 요구가 관철되도록 빠르게 움직이고 있었다. 먼저 개항장으로 향후 국가전략적 측면에서도 북방지역으로 중국과 러시아 국경과 가까우면서 가장 중요한 원산을 지목하고 있었다.

열고 싶지 않았던 원산항 열다

1879년 1월 15일, 외무경 데라지마는 부산항 관리관 야마노조 스케나가의 의견서를 검토한 뒤 조선을 압박할 내용을 담아 서둘러 조정에서 평의해서 결정해 달라고 요청했다.

2월 27일, 데라지마는 태정대신에게 조선에 파견할 대리공사 하나부사에게 하달한 훈령[247]에 대해 보고했다.

> 첫째, 함경도 원산진 개항 건은 이전부터 많은 이의가 있었지만, 지난 1877년 12월 중에 조선 정부가 그곳의 측량을 허락하고, 인접 지역인 문천에 석탄 적치를 약속한 것에서도 당시 이미 원산 개항을 승낙하려는 뜻이 있다고 보기에 충분하다. 하물며 이 항구는 무역하는 데 매우 중요하고, 국경을 접한 이웃 나라의 병비와 관련하여 장래 양국의 이해가 걸린 곳이다. 가능한 개항에 이의를 제기하지 못하도록 해야 한다. 이미 1878년 10월 25일의 서한으로 조선 정부가 표리부동한 말을 한 것을 책유責諭했다. 이제 다시 그 뜻을 확장하여, 이렇게 중요한 곳의 개항을 거부하는 것은 자호自護 방략方略

에 있어 전혀 취할 바가 아니며, 또 우리의 방어를 해치는 일임을 설명하고, 우리의 방어를 해치는 방략은 이를 등한히 할 수 없는 까닭을 보여서 반드시 승낙을 얻을 것

둘째, 위의 원산진과 부산포를 제외하고 조선국 연안에서 선박의 정박이 편리하고 통상에 적합한 항구를 아직 찾지 못했다. 오직 인천은 수로를 통해 서울로 들어가는 입구로 함선이 수시로 정박할 수밖에 없는 곳이다. 우선 이곳을 당분간 통상지로 삼고, 다른 곳을 찾아 더 좋은 항구를 얻으면 이를 옮기는 것으로 약속할 것. 다만 이번에 항해하는 길에 전라·충청 사이의 금수(錦水, 금강)와 충청·경기 사이의 아산만을 면밀하게 조사해서 과연 좋은 항구라면 이 두 곳 가운데 한 곳의 개항을 상담할 수 있다.

첫 번째 내용에 보이듯 일본정부는 원산을 인접한 청나라와 러시아 방비에 중요한 요충지로 파악해 개항지로 확정짓고 있었다. 원산이 개항지가 안된다면 '**우리의 방어를 해치는 일**'이라며 일본 방어의 최전진기지로 쓰겠다는 속셈을 일찍부터 갖고 있었다. 이때 이미 조선을 일본 땅으로 만들어야 한다는 생각이 확고하여 개항지로 집요하게 원산을 고집했다.

특히 하나부사에게 개항 절차는 1878년 조선 정부가 두모진에 해관을 설치해 세금을 거두어 상민에게 손해를 입힌 잘못된 행위를 문책하여 과실을 인정하고 손해를 보상하게 하되, 만약 조선 정부가 다음 7건을 승낙하면 다른 요구를 하지 말고 이 일을 마무리하라고 훈령을 내렸다. 해관세는 조선국 개항장에서 수출입 물품에 부과할 세액을 제정하는 것은 조선 정부의 권리에 속하며 일본이 감히 간섭해서는 안 되는 것이므로 몇 년간 면세를 약정했다 해도 영구적인 제도는 아니다. 따라서 조선 정부에서 먼저 무해하다고 생각하는 관세 규칙과 적당하다고 생각하는 세액목록의 초안을 작성해 일본정부와 숙의를 거치도록 한다는 내용이었다.

3월 14일, 외무경 데라지마는 하나부사에게 훈령을 내렸다. 3월 20일, 태

정대신에게 조선 정부에 요구할 7건을 상정했다.

- 제1. 간행(間行, 자유롭게 돌아다닐 수 있는 거리) 규정 내인 동래부 안에서 조선인과 일본인이 서로 집을 방문해 물산을 매매하는 것을 방해하지 말고, 또 동래부 안에 일본인의 휴게소를 설치해 쉴 수 있게 하고 머물며 숙박해도 무방하게 할 것
- 제2. 무역할 때 조선인과 일본인에게 상평통보, 일본의 각종 화폐를 똑같이 통용하도록 주의할 것
- 제3. 조선인이 일본 배를 고용해 일본과 조선 개항장 사이, 조선 국내의 비개항장과 개항장 사이에 곡류와 그 밖의 여러 물품을 교역하는 자유를 방해하지 않을 것
- 제4. 조선인이 무역 또는 유학, 관광 등을 위해 일본에 가길 원하는 자가 있으면 조선 정부는 이를 거부하지 말고 미리 허가증을 만들어 놓고 개항장의 지방관이 이를 발급할 것
- 제5. 간행 규정 내에 있는 여러 읍의 장날에 일본인도 물품을 갖고 가서 매매할 수 있게 할 것
- 제6. 일본인이 학술연구를 위해(한약재, 광산, 지질 등) 조선 국내 여러 곳을 돌아다니기를 요청할 경우 마땅히 이를 허가할 것
- 제7. 경상도 대구에서 열리는 봄, 가을 두 번의 장날에 일본인도 물품을 갖고 가서 참가할 수 있게 할 것

3월 20일, 대리공사 하나부사는 외무경 데라지마에게 "조선이 고집을 부리며 위의 훈령대로 이행하지 않고 일본의 바람대로 응하지 않을 경우 연락을 취해 진퇴를 물어야 하는가."와 "만약 개항이 성사되면 7건 가운데 제5건은 지금부터 몇 년 뒤에 반드시 행하기로 약정하고, 제6, 제7의 두 건은 잠시 보류하고 후년의 논의에 부쳐도 되지 않겠는가."에 대해서도 질의했다. 데라

지마는 태정관에 보고해 논의를 거친 뒤 "하나부사의 생각대로 하라."고 명했다.[248]

3월 30일, 외무경 데라지마는 조선의 예조판서에게 하나부사의 조선 파견을 통보했다.[249]

3월 31일, 하나부사는 호쇼함鳳翔艦을 타고 요코하마를 떠나 4월 13일 부산포로 들어왔다.

일본정부는 이 무렵 무역과 학술연구를 원하는 자들의 조선 여행 자유화를 어떻게든 관철시키려 했다. 1872년부터 조선 외교를 담당해온 하나부사가 품고 있던 오래된 집념이기도 했다. 일본에 유리한 곳으로 개항지를 선정하고 조선 지리를 포함한 모든 정보수집의 앞에 섰던 하나부사에 대한 심도 있는 연구가 필요하다.

하나부사, 철저하게 계획한 오만방자

의도한 도발

4월 14일, 호쇼함 함장 야마사키 가게노리(山崎景則, 1838~1909)는 칼과 죽도를 찬 해군 40여 명과 첩보원인 어학생도들을 데리고 관리관 야마노조와 함께 동래부를 구경하겠다며 일본인 출입 금지 지역을 멋대로 돌아다녔다. 조선 관리들이 만류하며 막아서도 듣지 않자 동래부 민중들이 돌과 기왓장을 던지는 사건이 일어났다.

이 사건은 동래부를 마음대로 돌아다니면 안 되는 것을 뻔히 알면서도 작은 꼬투리라도 잡아 일을 크게 만들어 협상할 때 유리하게 써먹으려고 당시 일본이 조선에서 자행하던 전형적인 작태였다. 일본정부와 하나부사, 함장 등이 미리 짜고 하나부사가 조선으로 들어오기 바로 전에 조선을 겁박하기 위해 벌인 의도한 도발이었다.

이 사건에 대해 동래부사 윤치화가 의정부에 장계를 올렸다.

"3월 24일(양력 4월 14일), 갑자기 왜관에 주재하고 있는 일본인 2명과 해군 39명이 각자 칼과 죽도를 차고 마을을 거리낌 없이 활보하니 부민이 이전에 없던 일을 보고 놀라지 않는 자가 없었습니다. 여러 가지로 알아듣도록 타일 렀는데도 듣지 않다가 결국 우리 쪽 사람들이 돌을 던지는 일까지 생기고서야 저들이 왜관으로 돌아갔습니다. 이튿날 해당 관리관 야마노조 스케나가와 함장 야마사키 가게노리가 종자 6명과 해군 55명을 거느리고 공무가 있다면서 각기 총과 칼을 차고 동래부 안으로 뛰어들었습니다. 이에 포군砲軍을 풀어 벌려 세운 뒤 들어오게 하고 판찰관 현석운과 함께 담판했습니다. '공무가 무엇인가.'라 물으니 저들이 말하기를, '어제 마을 거리를 마음대로 다니려는데 부민들이 좌우로 막아서고 돌을 던지기까지 했으니 조규의 본의가 어디에 있는가'라 했습니다. '3년 동안 하지 않던 행동을 지금 갑자기 하기에 부민들이 막아선 것은 이상할 것이 없으므로 단지 잘 알도록 타일러 좋게 처리하라.'고 했습니다. 그러자 저들이 이내 얼굴을 붉히고 위협하면서 일제히 칼을 빼 들고 달려들어 칼날이 신의 손가락과 현석운의 어깨 위에 닿기까지 했습니다. 사태가 몹시 험악해지자 벌려 서 있던 별포군이 즉시 포를 쏘아 죽여 버리려고 했으나 싸움이 붙으면 일이 매우 난처해지겠기에 급히 저지하고, 다시 이치를 들어서 저들을 나무랐더니 저들이 뉘우치는 기색이 현저했습니다. 그래서 5월 5일(양력 6월 24일)부터 동래부의 한 곳만 마음대로 돌아다니도록 허락했습니다. 관청의 건물에 들어가지 말 것, 민가에 들어가지 말 것, 장날에 오지 말 것, 병기를 휴대하지 말 것, 많은 인원을 데리고 다니지 말 것, 여자들에게 길을 양보할 것 등 여러 조항에 대해 서로 약속한 다음에 저들은 왜관으로 돌아갔습니다. 이 사실을 가지고 따로 서계를 만들어 일본 외무성에 교부해 한 번 징계해야 뒷날의 폐단을 막을 수 있을 것입니다."

이튿날 의정부에서는 다음과 같은 내용을 고종에게 보고하고 일본과 서계를 주고받는 것에 대해 윤허를 받았다.

"왜관의 관리관과 함장이 돌아다닐 때 부민이 돌을 던지며 막아섰다고 하면서 이내 공적인 자리에서 칼을 빼 들고 독기를 부리는 일까지 있었는데 지금 그대로 두고 따지지 않으면 장차 무슨 변고가 생길지 알 수 없습니다. 이 일에 대해서는 응당 서계를 주고받아야 할 것입니다. 대체로 교린하는 도리는 서로 예를 존중하고 신의를 지키는 것이 중요할 따름입니다. 문제가 있으면 문제를 논의하는 것이 어찌 마땅하지 않겠습니까. 하지만 공적인 자리에서 칼을 빼들고 관청 문밖에서 총까지 쏘았습니다. 이것은 위협하려고 한 것인지 아니면 독기를 피운 것인지, 참으로 그 정상情狀이 어디에 있는지 알 수 없습니다."

5월 2일, 윤치화는 일본인이 타고 온 화륜선을 살핀 뒤, "배 안의 집물什物을 자세히 살펴보니, 양미 200석, 석탄 300석, 대포 6좌, 철환궤鐵丸櫃 20좌, 조총·도검 각 180자루, 연환궤鉛丸櫃 15좌, 화약궤火藥櫃 30좌, 철정鐵碇 2좌, 연환정줄連環碇縄 2장, 작은 배 6척이 있었고, 표기表旗와 배의 치장은 이전과 다름이 없었다."는 내용과 일본 군함이 전라도, 충청도, 경기도 일대의 수심을 측량하고 강화도를 거쳐 서울로 향할 것이라 보고했다.[250] 개항지 선정을 위해 해안을 측량하겠다고 온 배 안에는 전쟁을 치를 만한 무기가 실려 있었다.

5월 3일, 의정부에서 고종의 윤허를 받아 일본공사 하나부사 요시모토가 통과하는 길에서 민중들이 소란을 일으키지 말라고 각 고을에 통보했다.[251]

한편 일본의 『요미우리신문』은 "조선의 부산포에는 이후 각 군함의 사정에 맞게 교대로 상비함을 배치하도록 조선으로 출장 간 대리공사가 관계 당국에 알렸다고 한다."고 보도했다.[252]

일본 횡포에 속수무책인 조선 정부

5월 30일, 고종은 조정의 국무회의에서 "왜인이 해양에 머물면서 정박하지 않는 곳이 없으니, 연해 지역의 백성들이 그들의 괴이한 복색을 보고 놀라는 마음이 없지 않을 것이다."고 개탄했다.

영의정 이최응(李最應, 1815~1882)은 "섬 오랑캐의 옷차림새가 몹시 괴상하고 행적이 매우 빠르므로 연해 지역의 백성들이 놀라워하고 있으니, 참으로 민망한 일입니다."고 아뢰었다. 좌의정 김병국(金炳國, 1825~1905)은 "요즘 계속해서 기호〔畿湖, 경기와 충청〕 지역에 출몰하고 있는데, 수심을 측정한다고 말하지만, 저들의 속셈을 알 수가 없습니다."고 아뢰었다.

고종이 "해마다 번번이 말썽을 피우는 저들의 속셈을 헤아릴 길이 없다. 이번에 호위병을 이끌고 온 이유가 우리나라 사람이 그들을 조소하고 기롱欺弄했기 때문이라고는 하나, 동래부에서 행패를 부리기까지 한 것은 큰 변괴라고 하지 않을 수 없다."고 말했다.

이최응은 "예로부터 성왕이 이적夷狄을 대하는 도리로, 반드시 그들의 성격을 달래서 내버려 두고 문제 삼지 않는 방법을 적용한 것은 대개 정상적인 사람으로 치지 않아서입니다. 동래부에서 행패를 부리기까지 했으니 정말 원통하고 분한 일입니다."고 아뢰었다.

김병국은 "이번 일은 참으로 예전에 없던 변괴입니다."고 아뢰었다.

고종이 여러 대신에게 의견을 물었으나 아무도 아뢸 말이 없다고 했다. 이때 홍문관 부교리 김옥균(金玉均, 1851~1894)에게 의견을 물었다. 김옥균은 "지금 객사客使와 외국 배들이 해마다 국경을 침입하는데 이웃 나라와는 잘 지내고 오랑캐는 잘 제어하는 도리를 오늘날 강구해 놓지 않으면 안 됩니다. 『춘추좌전』과 『국어』 등의 책에 밝은 유신儒臣을 속히 선발, 자주 강대講對하도록 하소서."라고 아뢰었다.[253]

조선 정부는 당면한 문제가 무엇인지 파악조차 못하고 있는 상황이었으니 국제정세는 말할 것도 없고, 일본정부가 하나부사를 조선에 보낸 속셈, 해안 측량이 갖는 의미, 첩보원의 현지 조사와 첩보 수집에 대해서는 전혀 인지하지 못하고 있었다.

조선 법을 개무시한 하나부사

4월 29일, 하나부사는 조선 전역을 정탐하러 부산을 떠났다. 호쇼함의 호위를 받으며 전라도, 충청도 연해의 바다 수심을 측량하고, 홍주의 내도 앞바다에 정박한 뒤 직산, 수원 등지 연해의 수심을 측량하고 닿는 곳마다 지도를 만들어갔다.

6월 4일, 하나부사는 남양만에 정박하고 대부도와 소부도 해협을 정탐했다. 이날 예조판서에게 조선의 서해안 측수 상황과 입경 절차에 대해 알렸다.

"통상수호조규 제5관에 따라 충청도, 경기도 두 해안에 가서 좋은 항구를 찾아보고 통상의 요지를 지정하라는 정부의 명령을 받고 조선에 와서, 5월 13일 고온포에 정박하고 해안과 만을 측량한 지 20일이 되어 대략 그 일을 마무리했습니다."

외무성 기록 「1879년 대리공사 조선 사무시말 발췌」[254]는 하나부사의 행적을 명확하게 보여준다. 고온포에서 정밀 측량을 마친 하나부사는 개항장을 인천으로 내정한 뒤, 직접 그곳에 가서 실지조사하고 비교한 뒤 결정짓기로 했다. 게다가 서울로 들어가는 지리와 정세를 살피기 위해 첩보원 가이즈 미즈오에게 육로를 이용해 수원부를 거쳐 서울로 올라가라는 명령을 내렸다.

6월 6일, 하나부사는 인천에 정박하고 주변 형세, 간만의 차이, 선박이 정박하기 쉬운 곳을 물색하며 제물포와 월미도 사이를 치밀하게 정탐 측량했다. 큰 함선의 정박 여부, 작은 선박이 왕래하며 화물 승하선이 가능한 곳, 서울과 가까운지를 확인하고 서해안의 한 곳인 인천, 제물포를 개항장으로 지정하기로 마음먹었다.

6월 12일, 통진을 거쳐 13일 청수관으로 들어갔다.

주목할 점은 하나부사가 조선이 외국인의 조선 내 육로 통과를 엄하게 금하는 것을 알면서도 동행한 첩보원 가이즈 미즈오를 측량사관이라 속이고 수원을 통해 서울로 들어가는 길과 주변 정세를 정탐하려 했다. 하나부사는 조선의 법을 모르는 척 가장하고 아주 공손하고 예의 바르게 조선 정부에 통고했다.

"무역 시장의 성쇠는 해양과 육지에서의 운수가 좋은지 나쁜지 그 여하에 달려 있습니다. 그래서 육지의 형세를 살피기 위해 육로를 통해 서울로 가면서 지리가 어떠한지 보아야 하는데, 귀국에서 이미 통진에 영접 준비를 마련했다고 하므로 다른 길을 택하면 시끄럽고 번거로워질 것입니다. 그런 까닭에 측량사관 육군중위 가이즈 미즈오가 통역 1명과 호위병 4명을 이끌고 본관을 대신해 육로로 수원을 경유해서 귀국의 서울로 들어가게 했습니다. 가이즈는 재능과 학식이 이 일을 감당할 만하며 행장도 간소하므로 감히 지방 관리를 번거롭게 하는 일 없이 본관이 맡긴 임무를 달성할 것이니 양해해 주기 바랍니다."[255]

이 통고에 대해 예조판서 심순택(沈舜澤, 1824~?)은 하나부사에게 "수원은 능침을 모신 곳으로 애초에 항만의 좋고 나쁨을 논할 수 있는 곳이 아니다. 물길을 버리고 육로를 택하는 것은 본래 조약에 실려 있지 않다. 상륙한 6명(가이즈 미즈오, 통역, 호위병 4명)을 신속히 소환하라."[256]며 육로 상경을 불허한다고 답했다.

청수관 불법 점유

하나부사는 서울로 출발하기 전 선발대로 통역관인 나카노 교타로中野許太郎를 포함한 27명을 일행이 묵게 될 청수관으로 먼저 보냈다.

6월 11일, 청수관을 호위하고 있던 조선 병사를 내보내고 일본 호위병을 세웠다. '대일본국 흠차공서大日本國欽差公署'라는 문패를 내걸고 조선인 출입을 통제하기 시작했다. 조선을 무시하며 협의도 하지 않고 청수관을 제멋대로 접수했다.

6월 12일, 차비관이 와서 하나부사 공사가 도착하지 않았는데 문패를 내건 것에 항의했다. 흠차공서를 대리공사관代理公使館이라 바꿀 것과 공사가 도착한 뒤 반접관과 상의해서 게시할 것을 요구했으나, 나카노 교타로는 조선 정부가 관여할 바가 아니라며 거절했다.²⁵⁷

제물포 포대 안에 임시건물을 짓다

강화유수 이경하(李景夏, 1811~1891)가 장계를 올렸다.

"인천부사 임백현林百鉉이 급히 알리기를, '이달 25일(양력 6월 14일)에 일본인이 배에서 송판과 재목 등을 우리나라 배 2척에 나누어 싣고 본 포구에 와서 육지에 짐을 부렸습니다. 그래서 사연을 물으니 그들은 주재할 임시건물을 지을 것이라 해서, '어떤 일을 막론하고 우리 정부의 처분이 있기 전에는 허락할 수 없다.'고 하자, 그들은 '이미 일반 백성의 살림집에 살도록 허락했다면 임시건물을 짓는 것이 안 될 일이 무엇이기에 막기까지 하는가. 이런 일은 임금께 여쭤서 결정할 일이 아니다.'고 했습니다. 대답하기를, '일반 백성의 살림집을 빌려 쓰도록 허락한 것은 병을 치료할 동안만 있겠다고 청하여 임시로 취한 조치이지 집을 짓고 오래 살라는 뜻이 아니다. 그러니 터를 닦고 임시 건물을 짓는 데 대해서야 어찌 임금에게 여쭤서 결정할 일이 아니겠는가'고 했더니 그들이 말하기를, '여러 말 할 필요가 없다. 다시 더 떠들지 말라.'고 했습니다. 공연히 말씨름만 하고 금지하지는 못했습니다. 그런데 임시 건물을 짓는 곳은 제물포의 포대 안으로, 2칸 정도는 먼저 지었고 8칸쯤 되는 집은 지금 터를 닦고 주춧돌만 놓고 아직 세우지는 않았는데, 그들의 가늠할 수 없는 심보는 실로 짐작하기 어렵습니다. 대체로 그들이 요구하는 모든 것은 대부분 감당하기 어려운 것들입니다. 심지어 물을 긷고 심부름하는 배 4, 5척을 3일 동안 잡아두고 사역使役시킨 후에 돌려보냈다가 사흘 건너 한 번씩 전례대로 대기시켜 달라고 말하기까지 했습니다. 그러니 요구에 응해 주어야 할 처지에서 거절할 수도 없습니다.'고 했습니다."²⁵⁸

이에 대해 조선 정부는 역관을 시켜 일본 공사에게 정식으로 알려 잘 처리하라고 조치했다.

하나부사 일행의 첩보활동

하나부사는 조약 체결 당시 무관세 조항으로 인한 피해에 대응하기 위해 1878년 조선정부가 시행한 해관 설치와 해관세 징수에 대해 조약 위반이라고 압박하면서 지연되고 있는 개항장을 확정하고자 했다. 부산 외 2개의 개항장 선정은 조일 수교 이후 잦아진 일본 군함 출현과 연안 측량, 개항장 설치에 따른 약탈무역에 반대하는 조선 민중의 투쟁으로 지연되고 있었다.

하나부사를 위시한 일본 파견단 일행은 조선에 올 때마다 드러내놓고 정보수집과 지리정보 확보를 위한 측량을 강행하고 있었다. 하나부사는 주요 임무인 개항장 선정을 위한 조사와 측량이라는 표면적인 이유만으로는 이해할 수 없는 행동을 하고 있었다. 부산에서의 무력 시위, 개항장을 선정하겠다면서 조선을 정밀하게 정탐하고, 제멋대로 서울 공관을 점유하고, 첩보원 가이즈에게 육로를 통한 서울 상경을 지시하고, 제물포 포대 안에 임시 건물을 마음대로 축조하는 등 제멋대로 오만하게 외교적인 결례를 저지르고 있다. 조선 정부의 법규, 담당자의 의향 따위는 안중에도 없는 듯 도발적인 행동을 하면서 조선 정부가 어떻게 나올지에 대해 간을 보고 있었다.

원산항 개항 체결

7월 6일, 하나부사는 예조판서 심순택에게 관세징수 규례와 세목 설정에 대한 사전 회의를 제의해 관세 설정에 대해 협상할 것을 알림[259]

7월 7일, 하나부사 부산 두모진의 세관 설치와 관세징수에 대해 항의

7월 8일, 강수관 홍우창洪祐昌이 하나부사를 접견하고 원산 개항에 대해

면담. 일본정부가 제시한 원산항 개항 예약 초안 작성[260]

7월 9일, 하나부사는 예조판서 심순택에게 "무릇 면세무역은 본래 양국의 공적인 계책에서 나온 것입니다. 그리고 갑국甲國이 사사로이 징세하면 간세奸細한 무리들이 투기하여 물가가 치솟고, 상인이 다니지 않고, 무역이 거의 소멸되어 그 폐해를 입는 것은 을국乙國입니다."며 징세 문제를 다시 생각해 달라는 서계를 보냄. 또 부산 두모진에 해관을 설치하고 해관세를 물린 것은 부당하다며 항변[261]

7월 10일, 예조판서 심순택은 무역에 대해 징세 중단을 요청한 일본 대리공사의 서계에 반대한다고 답신[262]

7월 25일, 하나부사는 예조판서 심순택에게 서해안 개항장 선정이 지연되는 이유에 대해 질의

7월 29일, 다시 개항에 관한 회답 촉구. 심순택은 정부에서 여러 논의가 하나로 모아지지 않아 이렇게 일정을 끌고 있다며 그 사유에 대해서는 강수관 홍우창이 상세히 설명했을 것이라 알림[263]

8월 11일, 하나부사는 예조에서 인천 개항 불가를 통보한 데 대해 반박하는 내용을 보냄

8월 18일, 인천 개항을 강하게 주장하는 내용을 보냄[264]

8월 21일, 하나부사는 부산에 콜레라가 유행해 사망자가 적지 않으니 신속히 대처할 것과 예방약이 부족하다면 도움을 줄 수 있다는 내용을 예조판서에게 건의. 예조판서는 콜레라 예방 주선에 대해 감사의 뜻을 전달[265]

8월 26일, 북양대신 리훙창李鴻章은 영의정 이유원李裕元에게 조선이 서양 각국과 통상하여 일본과 러시아를 견제하도록 권유하는 밀지를 보냄.[266] 같은 날 하나부사는 예조판서에게 원산을 개항하기로 약속되어 있으니 현지에 담당자를 파견해 줄 것을 요청[267]

8월 28일, 예조판서 심순택은 원산 개항에 관한 조약안을 마련해 하나부사에게 전달[268]

8월 29일, 하나부사는 "9월 3일에 출발하여 교동으로 가서 지리를 관찰한 이후 함경도 원산으로 회항하여 귀국의 위원과 만나 개항의 사항에 대해 조치를 취하고, 서울에 돌아올 일자는 다시 부산을 통해 통보"하겠다며 출장 예정임을 예조판서에게 통보

8월 30일, 원산항 개항 예약에 대해 의정[269]

8월 31일, 하나부사는 조선 조정에서 일본어를 배워 이후 한역 문서를 제출하지 않을 때를 대비하라고 서계를 보냄[270]

이 과정을 거쳐 하나부사는 1879년 6월 13일 청수관에 들어와 8월 30일 원산항 개항 예약에 대한 의정서에 조인했다. 원산항 개항은 거류지 정돈을 위해 다소 시일이 필요했고, 가옥 조영은 엄동설한을 피해야 하므로 1880년 5월부터 개항하기로 했다.

1872년 처음 간첩대를 이끌고 부산에 들어온 하나부사는 이후 외교교섭을 위해 조선에 올 때마다 수행원으로 위장한 첩보원을 데리고 들어와 현지 조사, 국정과 군사·민심·지리 등을 정탐하고 지도를 만들었다. 조선에 들어오기 전에는 내각과 외무성과 협의해 국내외 자료를 참조하면서 사전 준비를 철저히 했다. 조선에 들어와서는 끈질기고 집요하게 직무수행에 필요한 정보 수집과 조선의 모든 것을 파악, 조선 해안을 정탐해 일본에 유리한 원산과 인천을 개항장과 공사의 서울 주재를 확정하고, 첩보원들이 활개를 치며 돌아다닐 수 있는 길을 열어 조선 무력침략의 발판을 놓았다.

1876년 대리공사, 1880년 변리공사로서 조선에서 한 행위는 처음부터 끝까지 외교도 뭐도 아닌 무례하고 악랄한 침략자의 모습뿐이었다. 하나부사가 조선 정부에 한 거짓말, 겁박, 악행은 앞으로 더 파헤쳐야 한다.

하나부사와 동행한 첩보원들

이때 하나부사의 행적은 「메이지12년 대리공사 조선사무시말」에 고스란히 남아 있다.

4월 23일, 하나부사는 부산항에 도착하자마자 산성 관리관에게 "진강 아산 주변 측량을 한 뒤 서울로 들어간다."는 내용을 동래부에 전하게 했다.

4월 29일, 통역 3명을 승선시키고 출범했으나 비바람이 심해 전라도 소안도에 정박했다.

5월 5일, 전라도와 충청도의 경계 지점에 정박, 다음 날부터 소증기선을 타고 진강으로 거슬러 올라가 군산부터 강경까지 곳곳을 탐색했지만 개항지로 적합한 곳을 찾지 못했다.

5월 9일, 출범, 12일 아산만에 도착, 그곳에 정박하고 다시 증기선을 타고 아산만 일대를 탐색했으나 양항이 될 만한 곳이 없었다. 아산만 지역을 측량한 뒤 고온포에 도착, 20여 일 동안 해안 일대를 정밀하게 측량했다. 상륙해서 근방 지역의 지세까지 치밀하게 관찰하고 전답, 산, 큰 읍 등을 둘러보고 통상하기에 좋은 땅과 양항을 탐색했다.[271]

위 기록에 쓰여 있는 것처럼 전라도와 충청도의 경계를 이루는 곳에 정박한 뒤 증기선을 타고 곳곳마다 찾아 들어가 마을의 호구 수, 지형, 산의 위치, 봉수대 위치를 기록하고, 고온포에 도착해 20일이 넘게 탐색하고 상륙해 인근지역의 형상, 전답, 번화한 읍면을 찾고, 서해안 일대를 샅샅이 훑으며 올라오고 있다. 이것이 과연 개항지 탐색이라 표현해도 되는 말일까. 대놓고 조선 침략을 위한 정보수집에 광분해 있는 하나부사 일행의 모습이 바로 눈앞에서 보듯 또렷이 보이지 않는가. 이때 첩보원 가이즈 미즈오는 「조선국 진강약도朝鮮国鎮江略図」[272], 「조선국 아산강 약도」를 만들었다.

「조선국 아산강 약도」에는 "이 지도는 공병중위 가이즈 미즈오가 편찬에 관여했다. 원도는 1879년 8월, 해군성 수로국이 출판한 지도를 보완. 동년 7

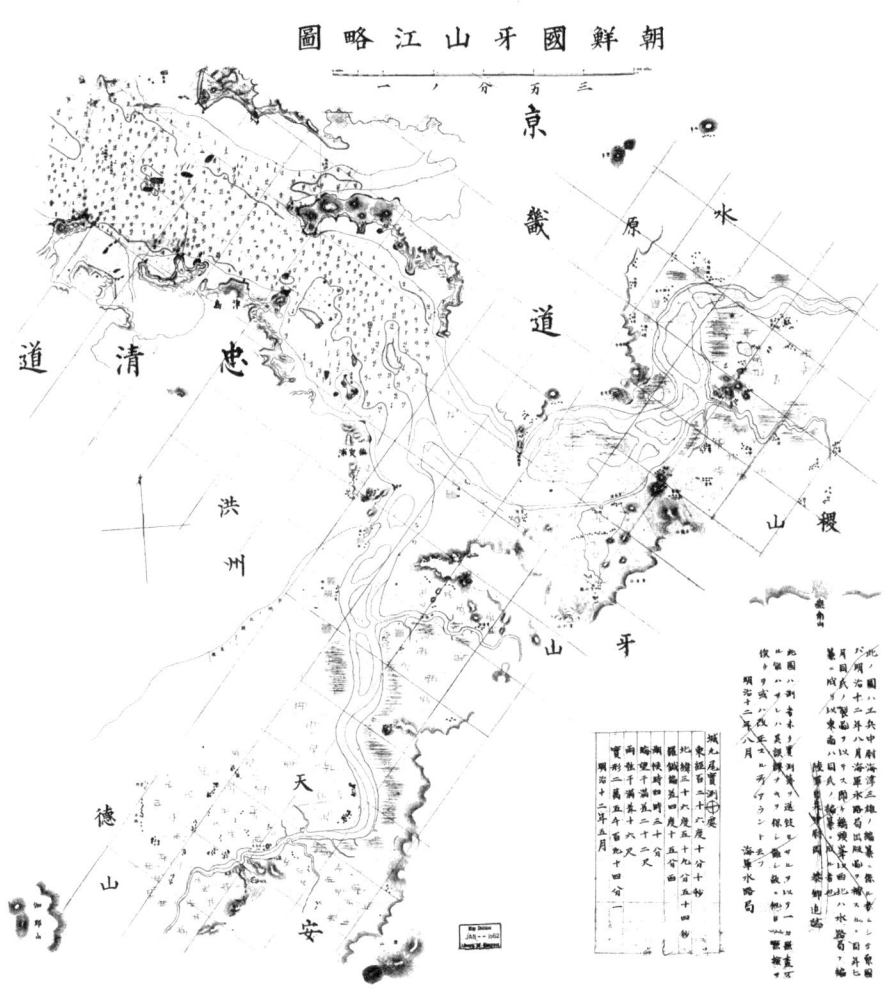

1879년, 가이즈 미즈오가 하나부사와 함께 충청도, 경기도와 아산만 일대를 정탐하며 만든 「조선국 아산강 약도」
1:3만 축척 지도

월 가이즈가 제도, 즉 계두봉鷄頭峯 서북쪽은 수로국이 편찬하고, 동남쪽은 가이즈가 편찬한 것이다."고 육군 보병중위 오카 다카노리岡恭鄕가 기록해 두었다. 해군성 수로국은 1879년 8월, "이 지도는 측량자가 아직 실측부를 보내지 않아 일일이 조사하지 못해 오류가 없음을 보증하기 어려우므로 후일 점검이나 개정할 곳이 있다."고 쓰여 있다.

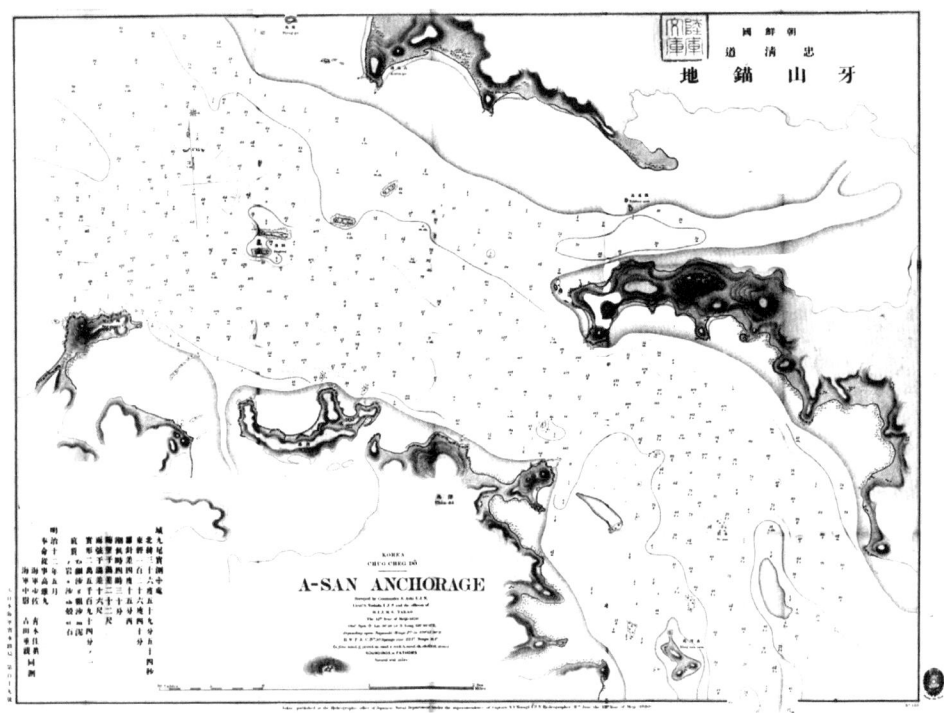

「조선국 충청도 아산묘지」 다카오함 해군소좌 아오키 마코토, 해군소좌 요시다 준신 측량. 1879년 5월 측량

1879년 7월 8일, 조선 해안을 측량하고 돌아온 호쇼함과 다카오함은 "조선 서해안을 탐색한 끝에 인천 제물포가 개항장으로 적합하다."는 의견서를 해군성에 제출했다. 호쇼함 함장 해군소좌 야마사키 가게노리, 다카오함 함장 해군소좌 아오키 마코토는 하나부사에게 인천 제물포를 개항장으로 해야

한다는 의견서와 함께 「아산묘지측량도牙山錨地測量図」, 「인천제물포지측仁川済物浦地測」, 「월미도 간 해저 심천 보측도月尾島間海底深浅補測図」를 제출했다.[273]

하나부사의 명령을 받고 6월 고온포에서 육로로 수원을 거쳐 서울로 들어온 가이즈는 고온포에서 서울까지 도달하는 「자고온포 지한성 약도」(1 : 5만 축척 지도)를 만들었다. 조선에서는 일본인을 비롯한 외국인의 육로 통행을 법으로 금하고 있었지만, 하나부사는 조선의 법을 개무시했다. 조선에 올 때마다 하나둘 제작, 축적되고 있는 조선의 정세, 지세, 지도정보들은 개항장 선정을 위한 측량이고 현지 조사라는 실무상의 임무로 이해하고 넘어가기에는 도에 지나친 면이 너무 많다. 하나부사는 조선과 협의 없이 돌발적이고 무례한 측량과 지리정보 획득을 위한 정보수집과 간첩행위를 일삼고도 사신의 수행원을 함부로 대한다며 조선 정부에 항의했다. 참 악랄하고 비천한 하나부사의 심보.

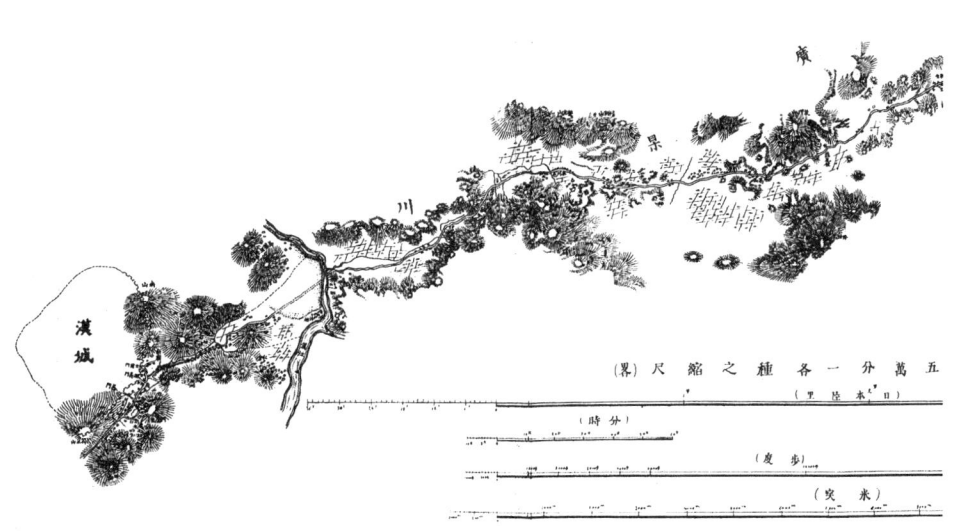

가이즈 미즈오가 1879년 정탐해서 만든 고온포에서 한성까지의 「자고온포 지한성 약도」

『고종실록』에는 당시의 하나부사와 가이즈의 행적에 대해 다음과 같이 기록해 두었다.

"4월 24일(양력 6월 13일), 신시申時에 일본국 대리공사 하나부사 요시모토 이하 34명이 서울로 들어와 경기중영의 청수관을 관소로 정하여 들었다. 앞서 5월 4일(양력 6월 23일) 하나부사 공사는 육군중위 가이즈 미즈오 등을 남양부 고온포에 상륙시켜 수로와 육로의 형세를 두루 살피도록 육로로 상경하게 했다. 판찰관 현석운은 일본국 관리들이 통진을 통하지 않고 육로로 가는 것은 부당하다며 수원부유수 김세균金世均에게 급히 알려 허락하지 않게 하고, 고온포에 머무는 동안 음식과 물을 제공하라고 알렸다. 오늘 하나부사가 입경하자 예조판서 심순택·강수관 홍우창 등이 일본관소에서 일본인이 수시로 육지로 통행함으로써 조규 외에 신규를 만드는 것이라며 가이즈 중위 등을 송환할 것을 요구했다. 하나부사는 예조판서가 사신의 수행원을 거칠고 지저분하게 접대한다면서 고집하고 듣지 않았다. 의정부에서는 일본국 공사의 고충을 생각해 김세균에서 공문을 보내 고온포에 머물고 있는 가이즈 중위 등을 간로〔間路, 큰길 사이로 난 작은 길〕를 이용해 청수관으로 영솔해 보내게 했다."[274]

하나부사는 끝내 조선 정부의 요청을 받아들이지 않았고, 가이즈는 외교관으로 잘 대접받으며 육로를 통해 서울로 들어왔다. 가이즈가 아산만 깊숙이 들어가 내륙을 조사하고, 굳이 아산만과 접하고 있는 고온포에서 수원을 거치는 육로를 택한 데는 서울로 가는 지름길과 거리를 측정[275]하기 위함이었다. 일본은 때와 장소를 가리지 않고 그들이 목적한 바를 얻기 위해 온갖 수단을 동원했다.

그것을 입증해주는 증거로 임오군란 때 직접 청수관을 불태운 잘못은 감추고, 공사관부 무관 호리모토 레이조(堀本禮造, 1848~1882) 외 어학생도, 공사관 직원 등이 살해당한 데 대해 보복한다며 혼성여단을 편성했다. 이 출병 준비과정에서 육군성에 고온포에서 한성까지의 「자고온포 지한성 약도」와 한

성에서 제물포까지의「자한성 지제물포 약도自漢城至済物浦略図」,「한성도」등 10장을 요청했다.[276]

6월 13일부터 청수관에 머물기 시작한 하나부사는 7월 가이즈를 다시 서울에서 제물포로 보냈다. 서울에서 제물포까지의 길을 정탐하고 만든 지도가 「자한성 지제물포 약도」[277]다. 이 지도에는 "제물포에 닿는 길을 정탐해 알기 위한 것으로 제물포 근방에 도착하니 이미 해가 졌다. 그 이후 충분한 측량을 할 수 없었다."는 주석이 달려 있다.

6월 25일, 다카오함과 오쇼함 함장 해군소좌 아오키 마코토와 야마사키 가게노리는 제물포에 정박하고, 다음날 외무경에게「조선국 서해안 탐항 경황」을 보고했다. 하나부사에게 먼저 제출했던 것과 같은 내용의 보고서와 별지로「아산묘지 측량도」,「인천 제물포지 측량과 월미도 간 해저 심천 보측도」를 제출했다.

6월 26일, "인천만 제물포를 개항장으로 해야 한다."는 의견도 첨부했다.

진강 탐측 결과 전라도와 충청도 경계에 있는 이름있는 강으로 촌락이 번성하고 선박의 출입도 많다. 하지만 사반 암초가 많고 하구가 얕아 만조를 기다리지 않으면 출입할 수 없고, 동북풍이 심하고 남서풍이 불 때는 파도가 거칠어 항구로 좋지 않다. 아산만은 사주沙州가 있어서 양항이 될 수 없다. 인천만을 개항장으로 한다면 주변이 영종도, 대부도, 소부도 등 기타 여러 섬이 둥글게 에워싸고 있어서 태풍이 불어도 파도가 거칠어질 염려가 적다. 제물포와 월미도 사이를 다시 보충 측량한 결과 큰 선박이 늘 드나들며 정박할 수 있고, 제물포의 수심이 충분해 항상 끽수〔喫水, 배가 물 위에 떠 있을 때, 물에 잠겨 있는 부분의 깊이. 일반적으로 수면에서 배의 최하부까지의 수직 거리〕12척의 배는 조수를 기다리지 않고 드나들 수 있다. 진강이나 아산에 비교할 것도 없는 천연의 지형을 갖추고 있어서 부두를 축조하는데 큰 비용과 많은 노동력 없이 쉽게 만들 수 있다. 덧붙여서 바다와 육지가 모

두 서울에 가까워 왕복에 편리한 땅이라 서해안에서 개항장으로 하기에 가장 좋은 곳으로 인정된다.[278]

8월 30일, 개항장 교섭은 조인되었다. 체결과정에서 원산은 처음에 조선왕조의 능침과 가깝다는 이유로 허락하지 않았으나 결국 개항장으로 정해졌다. 조선 정부는 서해안의 개항장에 대해서 교섭 초기부터 인천은 수도와 가깝고 민심의 불안과 군비 등을 이유로 강경하게 거부하면서 인천 외에 경기도 남양이나 강화도 북서쪽에 있는 교동을 추천했다.

9월 3일, 하나부사 일행은 서울을 출발, 한강을 따라 교동, 송도강 일대를 정탐 측량했다. 이때 「경기도 교동묘지 약측도京畿道喬桐錨地略測図」를 만들었다.

9월 8일, 강화를 거쳐 인천에 정박해 있는 다카오함을 타고 원산으로 항해하려는데 해군들 가운데 환자들이 속출해 소독을 위해 나가사키로 돌아갔다.

9월 27일, 나가사키를 출항해서 부산을 거쳐 10월 3일 원산에 도착했다. 덕원부사 김기수金綺秀를 만나 거류지와 부두 설치 방법 등을 협의하고 측량조사를 단행했다. 이때 「조선 원산진 거류지와 부두 약도朝鮮元山津居留地及埠頭略図」[279]를 만들었다.

10월 11일, 원산을 출발, 13일 부산에 도착한 뒤 예조판서에게 귀국을 통보했다.

10월 16일, 부산을 출항, 11월 2일 도쿄에 도착했다.[280]

조선 정탐을 마치고 일본으로 돌아온 가이즈는 11월 26일 참모본부 육군보병중좌 사이토 쇼겐(斎藤正言, 1835~1913)에게 참모본부 관서국원으로 조선국 사정 조사에 필요한 책 구입비를 신청했다. 목록은 "『육전조례六典条例』 10책(가격 조선돈 1관 500문), 『대전통편大典通編』 5책(同 500문), 『통사通史』 1책(同 150문), 『진고秦槀』 18책(同 2관 200문), 『○해○解』 3책(同 600문), 『노해老解』 2책(同 460

문), 『간독정요簡牘精要』 1책(同 52문), 『전운옥편全韻玉篇』 2책(同 260문), 『조선팔역지교본朝鮮八域誌橋本』 1책(同 75문) 총계 조선 돈 6관 797문"[281]

가이즈는 참모본부의 명에 따라 법전, 역사, 언어, 지리정보를 알 수 있는 육전조례, 조선팔역지 교본 등 총 9종을 구해와 비용을 청구했다.

가이즈 미즈오, 정탐 내용 수뇌부에 보고

원산과 인천의 개항지 확정은 하나부사가 조선으로 가기 전 내려졌던 특명이었고, 일본이 원하던 대로 목적을 거두었다. 11월 2일, 수확을 얻고 귀국한 하나부사 일행은 일본정부의 외교관들이 핵심이 되어 창립한 도쿄지학협회의 월례회 강연 자리에 섰다. 조선에서 보고 듣고, 측량 정탐하고 수집한 첩보를 황족과 정부 요인들 앞에서 보고했다.

일본정부는 짧게는 조선의 개항지 확정을 위한 지리정보, 군사, 지세, 측량이었으나 길게는 조선정벌이라는 큰 그림을 그리고 있었다. 도쿄지학협회에서 강연은 석 달 동안 이어졌다.

11월 29일 외교관 곤도 마스키의 「조선 진강기」와 첩보원 가이즈 미즈오의 「조선국 한성지형 개략」[282], 12월 20일 「한성 풍속」[283], 1880년 2월 28일 「원산진 기록〔元山津之記〕」[284]이 그것이다.

11월 29일, 가이즈가 강연한 「조선국 한성의 지형 개략」에서는 남산에 올라 봉수대, 주위 지형, 산, 위치, 서울 주변 일대를 실측하고 돌아다녔음을 알 수 있다. 내용은 서울을 조선이 건국한 뒤 이곳이 수도로 정해지고 488년이이 지난 오늘까지 옛 모습을 바꾸지 않았다고 전제하고 한강, 한성의 지세를 서술하고 있다.

"사방을 둘러싸고 있는 산으로 수목이 울창한 삼각산과 성의 시내를 사이에 두고 마주 보이는 남산 즉 목멱산이 있다. 성벽 산허리를 둘러싸고 산 위에 봉수대가 있다. 서쪽은 성 밖 시가지를 사이에 두고 원교산圓喬山이 있다. 산 동쪽은 성내를 내려다 볼 수 있고 서쪽은 한강을 바라볼 수 있다."며 원교산 위치를 높이 평가하고 있다. 특히 눈길은 끄는 부분으로 남산의 봉수대를 이렇게 언급했다.

"남산의 봉수대는 여러 도의 봉수가 모인 곳으로 그 불을 지피는 곳이 5곳이다. 동쪽의 제1은 양주의 아차산 봉우리에 응하고(함경도, 강원도에서 보내는 것), 제2는 광주의 천천현穿川峴 봉우리에 응하고(경상도에서 보내는 것), 제3은 모악母岳의 동쪽 봉우리에 응하고(평안도, 황해도 육로에서 보내는 것), 제4는 모악의 서쪽 봉우리에 응하고(평안도 황해도 육로에서 보내는 것), 제5는 양천陽川 개화산에 응한다(전라도, 충청도 해로에서 보내는 것). 모악의 봉수 동쪽 봉우리에 있는 것은 서쪽으로 고양의 소질달산所叱達山에 응하고, 남쪽으로 목멱 제3 봉수에 응하고, 서쪽 봉우리에 있는 것은 서쪽으로 고양의 봉현에 응하고, 남쪽으로 목멱 제4 봉수에 응한다. […] 내가 자주 이 나라에 와서 여러 곳을 돌아다니면서 보니 한인은 모든 일이 옹졸하고 못나며 어리석은 것과 상관없이, 봉수대의 위치는 전국의 가장 적절한 곳에 있었다. 가령 하나의 봉수대가 있는데 그 산봉우리가 아주 높지 않아도 이곳에 올라 사방을 바라보면 조망이 신묘하기 그지없었다. 훗날 전국에 대삼각측량을 하게 되는 날, 이 봉수대를 표점으로 삼으면 큰 성공을 거둘 것이다."

일본의 정탐과 지리정보 확보의 궁극적인 목적이 조선 침탈에 있음을 여실히 보여주는 대목이다. 서울 외곽에 쌓아놓은 성벽은 인공으로 짜놓은 성벽과 천연의 지세를 활용하고 있어 쉽게 전근하기 어렵고 8개의 성문, 왕궁, 북한산성에 대해 서술해 놓았다.

"한성의 배후에 삼각산의 영맥嶺脈에 근거해 따로 하나의 담으로 막은 보루가 있는데 북한산성이라 칭한다. 일본에서 말하는 니노마루〔二の丸, 성 중심 건물 바깥쪽에 있는 성곽〕처럼 성안 지세와 기복이 험한 곳이 많아 돌아다니기 어렵다. 따로 이곳에 진을 치고 늘 이 땅을 지키며 쌀 창고, 무기고, 제지製紙 등

으로 대비하고 있다. 여러 곳에 절이 있고 승려는 조선의 제도에 승군으로서 군무軍務를 맡고 있는 자다. 이 땅은 실로 땅의 형세가 천연적으로 험하고 사방이 막혀 있는 요해〔要害, 전쟁에서 자기편에는 꼭 필요하면서도 적에게는 해로운 지점〕로서 아주 견고하다. 한성은 앞에서 말한 것처럼 원교산에서 내려다보면 바로 성내의 동요를 알 수 있고, 북한산성에 이르면 새의 날개를 갖지 않고서는 쉽사리 그 동정을 시찰하기 어렵다고 할 수 있다."

이처럼 가이즈는 조선 사절단에 하나부사의 수행원으로 위장해 조선 각지와 서울 시내 곳곳의 군사적 요충지를 측량하고 지형, 지세, 정세를 파악하는 첩보원으로 활약하며 돌아다녔음을 명확하게 자기 입으로 말하고 있다.

12월 20일, 가이즈는 서울을 포함한 조선의 풍속에 대해 강연했다. 다음은 「한성 풍속」 앞부분이다.

"대체로 조선의 풍속은 구습을 깨뜨리고 신규를 시작하는 것을 좋아하지 않는다. 대체로 고루한 풍습에 안주하는 자가 많다. 특히 자국을 높이고 외국을 천하게 여기는 정도가 심하다. 지금 서양 각국에서 행하는 것은 모두 서양 오랑캐의 풍속이라 하여 대체로 이를 거절한다. 간간이 서양에 대해 말하는 자가 있어도 이를 듣기 원치 않는다. 〔…〕 **조선 인민의 성질은 일반적으로 나태하여 오늘만 있고 내일이 있는지 모르는 것 같다.** 토지를 개간하고 물산을 왕성하게 넓히고 공익을 일으켜 국위를 만국에 빛나게 하는 일 등은 거의 불문에 붙이는 것 같다."고 했다.

「한성 풍속」의 내용으로, '심지心志, 인민의 성정과 행동, 정삭〔正朔, 역법의 하나. 책력〕, 의복, 남자의 머리 모양, 여성의 모습, 아동, 의복의 색깔, 목욕, 세탁, 음식, 차, 잔치, 가옥의 구조, 온돌, 양반의 집, 경작, 가축, 관혼상제, 결혼 적령기의 남녀 연령, 재혼, 장례, 묘, 제사, 아녀자의 교육, 승려, 양반, 관리, 윗사람' 등을 개략적으로 소개하고 있다.

마지막 '윗사람〔尊長〕'에서 가이즈는 조선 사회를 깊이 이해하기 힘들다며 다음과 같이 정리했다.

"대체로 상호 교제에는 연장자를 존중하는 풍습이 있다. 자국의 정치를 외국에 누설하는 것을 나라의 법으로 금하므로 관민 모두가 그저 모른다, 모른다고만 하여 상세한 것을 알기 어렵다. 다만 겉으로 드러난 것만 한 부분 엿볼 수 있을 뿐이며 역사·지리에 대한 정보도 얻기 어려웠다. 이것이 늘 유감이었다."[285]

일본정부의 조선 정탐 대상은 군사, 지리, 정치, 경제, 사회 전반의 모든 것이었다. 조선을 직접 정탐한 첩보원으로 육성된 정보장교와 외교관들은 조선인을 고루하고 나태한 미개한 민족으로 평가하고 있었다. 이것이 당시 일본인의 조선 인식이었다. 일본이 조선으로 보낸 외교관·무관·어학생도를 포함한 모든 첩보원들은 조선을 일본 영토로 확보하겠다는 의도를 갖고 조선의 모든 것을 수집·축적하고 있었다.

1880년 2월 28일, 가이즈는 「원산진지기元山津之記」를 강연했다. 『도쿄지학협회보고』에는 「원산진 거류지 약측 및 부두 도로 목론견도元山津居留地略測並埠頭道路目論見図」가 실려 있다. 내용은 '덕원만, 거류지, 원산진, 산물과 거래 상황, 지질 한난寒暖, 덕원부'로 구성되어 있다.

덕원부는 가이즈가 1878년 아마기함에 동승해 개항지 선정에 필요한 측량이라는 핑계로 조선 해안을 들쑤시고 다닐 때 현지 정탐과 측량을 했던 곳이었으므로 주변 일대의 정보를 상당 부분 파악하고 있었다. 내용 속에도 1878년 아마기함에 동승해 함경도 덕원만을 측량하면서 새로 지명을 부여했다고 기록하고 있다.

"덕원만은 만문이 동남쪽으로 넓게 열려 있고 대략 5해리에 섬섬〔薪島〕, 여도麗島, 고도高島, 제섬〔第島〕, 여사도會沙島 등의 여러 섬이 있다. 만의 입구가 폐쇄된 북쪽은 영흥의 대강도〔大江島, 만 쪽으로 돌출되어 있는 반도〕로 높은 봉우리와 물이 서로 접해 있으며 높이 솟아 있어서 멀리 바라보는 것을 목표로 하기에 적합하다. 남쪽은 덕원의 갈마포葛麻浦다. 사주가 지역 본토로 연결되어 있고 그 형상이 꼬리 모양巴狀으로 된 곳이 원산진이다. 만의 형상은 반원형으로 넓고 대략 5, 6해리의 수심에 파도가 완만해 큰 군함과 거대 선박을 정박할 수 있다. 만의 서남쪽에 육지와 접해 있는 작은 섬이 있는데 이곳이 장덕도長德島다. 섬의 서쪽을 마주 보는 곳은 우리가 지정한 거류지다. 마을 이름이 봉수동이라 하는데 마을 뒷산 위에 봉수대가 있어서 붙여진 이름이다."

일본정부는 원산이 개항되고 일본인의 거류지로 삼을 곳도 현지 정탐을 통해 지리적으로 유리한 장소를 골라 봉수동으로 지정했음을 엿볼 수 있다.

일본인의 거류지가 될 곳은 "거류지 즉 봉수동은 민가 40여 호 모두 산기슭에 있다. 그 가운데 20여 호는 물가와 가깝고 일본 거류지 구획 내에 있어 금년(1880년) 개항 시기에 맞춰 퇴거시키고 건축과 재목 등은 현존 그대로 인수하기로 했다. 주변 지세가 일본의 고베항처럼 땅이 좁고 산이 많으나 위치가 좋아 향후 번영해 고베항처럼 될 것이다."고 평했다. 조선 해안 측량의 목적이 결국 영토 확보에 있음을 노골적으로 드러내고 있다.

원산은 북쪽 제일의 번화한 부두로 동북쪽 6진과 연해에 있는 여러 읍의 상선이 모두 이곳에 정박해 있고, 강원도·황해도·평안도·경기도의 상인들이 밤낮으로 몰려들고 화물이 산적해 있는 대도시로 부유한 자가 많으며, 경상도의 곡식을 운반해 쌓아두었다가 흉년이 들면 여러 읍으로 나누는 곳이라 기술하고 있다. 조선을 돌아다니며 본 곳 가운데 서울, 강화, 수원 등 성곽이 있는 부근을 제외하고 원산이 가장 많은 사람이 모여 산다고 평했다. 각 지역의 연해 가운데 원산이 가장 변화하고, 둘째가 강경, 셋째가 마산이라고 서술하고 있다. 이어서 "대체로 풍속·인정에서부터 가옥의 모양에 이르기까지 부산 근방과 큰 차이가 없다. 마을로 들어서면 개들이 짖어대고 부녀자가 도망가는 것은 조선에서 일반적으로 볼 수 있는 풍습으로 남쪽과 북쪽 거의 다를 것이 없으나 언어는 조금 다르다."며 일반적인 마을의 모습과 언어의 차이에 대해서도 적고 있다.

일본정부는 개항지 물색이라는 명분을 내세워 일본에게 가장 유리한 곳을 찾아 조선 해안을 비롯해 내륙 곳곳을 돌아다니며 정탐과 측량을 거듭한 끝에 청·러시아와 인접해 있고 지정학적으로 중요한 원산, 조선의 수도와 가까운 인천을 개항지로 지정했다. 이후 서울 공사관, 부산과 원산 영사관을 거점으로 조선 전역을 정탐할 준비를 마치게 된다.

곤도 마스키의 「진강기」와 『조선팔역지』

곤도 마스키는 오우미〔近江, 현재 사가滋賀〕 출신으로 1870년 외무권대록, 1872년 외무1등 서기관이 되어 1876년까지 영국 런던에서 근무했다. 부산이 개항하자 일본인 거류민 보호를 위한 외무성 감독관청이 설치되었다. 곤도는 1876년 12월 10일 외무권소서관에 임명되어 부산관리청의 관리관으로 조선에 들어왔다. 그는 12월 17일 동래부사 홍우창과 협의해 수호조규부록 제3관의 취지에 근거해 초량 일대 일본인의 거주지를 정하고 「부산일조계조약釜山日租界條約」을 조인 체결했다.[286]

1877년 9월, 하나부사가 개항장 선정이라는 명분으로 대대적으로 조선 해안을 측량할 때 곤도와 어학생도도 동행하라는 외무성의 특별훈령에 따라 함께 임무를 수행하고 하나부사와 함께 일시 귀국했다. 그 뒤 1879년 원산과 부산을 제외한 양항 탐색이라는 명분으로 조선 연안을 측량할 때 하나부사와 동행해 현지 조사를 하고 돌아가 도쿄지학협회에서 가이즈와 같은 날(11월 29일) 「진강기鎭江記」[287]를 발표했다.

첫머리에서 "조선 전라도와 충청도 사이에 큰 강이 있다. 진강〔鎭江, 금강〕은 선박과 삿대 배들이 끊이지 않고 드나들며, 운수의 편리함이 한강에 버금가는 굴지의 큰물〔巨浸〕이다. 1879년 5월 하나부사 대리공사를 수행하며 양항을 탐색했다. 이 강을 10리나 거슬러 올라가 강경까지 갔다가 돌아와 그에 대

鎭江記　　　　　　　　　　　　　　　近藤眞鋤

朝鮮國全羅道忠淸道ノ間ニ大河アリ劍江ト稱ス舟楫緒繹運輸ノ便漢江ニ下ラス國內屈指ノ巨浸ナリ明治十二年五月余花房代理公使ニ隨ヒ其涉ヲ探ル此江ニ潮ル十里江景ニ至テ遠ク今其大略ヲ記スル左ノ如シ
此江源ヲ忠淸ノ俗離山ニ取リ江景ニ至リテ錦水トナリ公州ヨリ南ニ波レテ熊津トナリ又白馬津トナリ江漘內ニ島アリ西ニ轉シテ劍江トナリ海ニ注ク此海潯ノ西岸人稱シテハワルノ瀚ト云河內ニ島アリ一チ烟島ト云一チ介也島ト云烟島ノ東介也ノ西即チ我軍艦ノ錨地トス捷ニシテ之正路トス迂ニシテ安シナリトスルノ奇路トス其北ヨリテ東ニ廻ルノ間岩礁秧々石骨庇仁地方ニ連リ起伏出沒宛モ百鯨ノ波間ニ跳ルカ如ク余ノ此行遑々食ノ瑕船暗礁ニ觸レ寒心スル二屢ナリ漸ク滿湖ヲ待テ劍江ニ達スルヲ得タリ劍江河口廣サ一里餘左ニ長岩鎭ヲ見右ニ全羅ノ郡山鎭ヲ望ム兩鎭共ニ氷軍食ヲ節制使ヲ置斜ニ相對シ以テ咽喉ヲ扼ス長岩鎭舒川郡ニ屬ス山アリ一片石チ以テ成ル其形臥象ノ如キ以テ入江ノ目標トナス郡山後ニ在リ人家八九十其傍ニ散布ス長岩ノ北庇仁馬梁等ノ諸邑民多ク漁ヲ業トス介鱗ノ類モ多

해 대략적으로 기술한다."며 진강의 수운이 한강에 뒤지지 않는다고 평했다.

하나부사와 곤도, 가이즈 일행은 진강의 넓은 만 안에 있는 두 개의 섬 연도烟島와 개야도介也島 사이에 군함을 정박한 뒤 기선을 이용해 연안 일대를 탐색했다. 연안을 따라 이동하며 지세, 마을, 호구 수, 관아, 산천 등을 간략하게 기술하면서 「팔역지」와도 비교했다. 군산에 대해서는 140~150호의 인가가 있고, 산 뒤에 있는 운세청運稅廳과 군창郡倉을 언급하며 매년 봄·여름 동안 전라도 금구, 태인, 임실, 장수, 진안, 옥구 등 6읍의 공미와 전주의 포량미를 모아 12,000석을 서울로 옮기는데 현재 그 쌀을 운반하는 배 11척이 군창 아래 계류해 있다고 적고 있다. 가는 곳마다 수심을 측량하고 연자鉛子를 던져 선박이 계박繫泊할 요지를 찾으며 물산이 모이고 번성한 지역을 탐색하며 군량미의 운송 상황도 정탐했다.

연설의 마지막 부분은 "군산에서 강경까지 10리, 강경에서 공주까지 10리다. 강경에서 위로는 강이 차츰 좁아지고 물도 맑으며 관계시설이 적절하며 지질이 비옥하고, 산수가 뛰어난 곳이 많다고 하는데 탐항探港이 필요하지 않아 가지 않고 강경에서 하룻밤 묵고 다음 날 본선으로 돌아왔다."며 끝을 맺고 있다.

곤도는 하나부사와 함께 1877년, 1879년 조선팔도의 해안을 돌며 정탐을 행한 뒤 일본으로 돌아가 도쿄지학협회에서 강연을 했고, 『조선팔역지』[288]를 출간했다. 1881년 5월에 출간한 『조선팔역지』는 1880년 1월 17일에 판권 면허를 받은 것이므로 현지 조사를 마친 1879년 이미 완성 단계에 있었음을 알 수 있다. 다음은 서문.

> 지난날 내가 조선 부산포에 있을 때 팔역지 등본謄本을 얻었다. 청화산인[青華山人, 이중환李重煥의 호, 1690~1756. 전라도와 평안도를 제외한 전국을 돌아다니면서 인심·풍속·물산과 관련된 지리적 환경을 종합해 『택리지』를 펴냄]이 쓴 것이다. 펼쳐보니 팔도지리, 산천, 시세, 변천의 대다수를 볼 수 있으나 등사가 치졸하고 거친 것이 한스럽다. […]

천하의 인물을 비롯해 조선의 통치 형태를 알 수 있으나 지리에 치밀함이 없다. 이 책은 조선인이 만들어 근거 없이 떠도는 소문도 들어 있지만 믿을 수 밖에 없고, 산천의 위치, 주군의 형세는 매우 간명하여 한 부분만 엿볼 수 있다. 지금 일본은 조선과 수교 통상의 바람이 거세게 불고 있다. 조선 사정에 관한 책은 더러 있어도 지리지가 없는 것이 유감이다. 이것을 교정·번역해 널리 대중들에게 내놓는다. 부족한 점이 있어도 내용은 바꾸지 않고 소양 있는 조선인에게 오류를 바로잡은 다음 번역하고 『대전회통』에 근거해 교정했다. 편이 끝나는 부분에는 내가 조사한 물산 품목을 넣어 곳곳에 주를 달았다. 특히 나의 기행을 덧붙여 증보했다.

이중환의 『택리지』는 정언유鄭彦儒의 서문, 사민총론四民總論, 팔도총론〔八道總論 : 평안도·함경도·황해도·강원도·경상도·전라도·충청도·경기도〕, 복거총론〔卜居總論 : 地理·生利·人心·山水〕, 총론 등으로 구성되어 있다. 곤도는 『택리지』의 필사본인 『팔역지』에서 「팔도총론」과 「복거총론」의 '산수' 부분을 번역하고 교정으로 보충했다. 게다가 1877년부터 1879년까지 저자가 정탐하고 경험한 바를 꼼꼼하게 기록해 「원산진기」, 「진강기」, 「부산기」, 「아산만기」, 「인천에서 서울까지 기록」, 「교동기」를 중간중간에 추가해 『조선팔역지』를 편찬·출판했다.

『조선팔역지』에는 각 지역의 행정과 경제 상황을 파악하고, 군사, 호구 수, 지역 물산품을 정리해 두었다. 곤도는 하나부사와 가이즈 등과 함께 돌아다니며 정탐하고 보고 듣고 느낀 것을 자세히 담아두었다. 「인천에서 서울까지 기록」 마지막 부분에서 "서울 안은 동서남북중東西南北中 5부로 나누어 각각 장관을 두고 이를 관리하고 한성부에서 총괄한다. 호구 수는 46,565호, 인구 202,639명이라 한다(육조조례에 의거). 조선 개국부터 이곳에 수도를 두고 480여 년, 대체적인 형세는 일본의 사이쿄〔西京, 교토를 이름〕와 유사하다."[289]고 써두었다. 가이즈를 비롯한 다른 첩보원의 보고 내용에서도 확인되는 것처럼 도로 사정과 중요 군사 지형, 인구수, 요충지 등에 대해 상세하게 기술해 두었다.

곤도는 1880년 부산관리청이 영사관이 되면서 초대 부산영사가 되었다. 1882년 4월 15일, 인천항으로 이임해 서울 주재 서기관 겸 판사보, 인천 영사가 되었다. 7월 임오군란으로 일본공사관이 공격받자 하나부사를 비롯해 곤도도 제물포에서 나가사키로 갔다가, 10월 외무서기관 겸 영사5등관에 해당하는 임시대리공사가 되어 이소바야시 신조와 함께 서울의 공사관으로 복귀했다. 1884년 갑신정변 교섭을 위해 외무권대서기관이 되어 이노우에 가오루 전권대사와 함께 조선으로 부임해 한성조약을 체결한 뒤 귀국했다가 1885년 외무서기관으로 서울에서 근무, 1886년 임시대리공사, 1888년 조선 주차 대리공사로 임명, 1891년 질병을 이유로 귀국한 뒤 이듬해 53세로 죽었다.

도쿄지학협회 속내, '동아시아는 내 것'[290]

메이지 초기 해외로 파견한 첩보원의 기록과 여행견문담이 주를 이루는 『도쿄지학협회보고』는 1879년 4월 창립된 도쿄지학협회에서 간행한 잡지다. 2월 20일 설립을 위한 주요 논의가 이루어졌고, 3월 21일 설립 목적을 위한 협회 규칙을 정한 뒤 설립이 결정되었다. 4월 18일 협회 직원을 선거로 뽑고, 4월 26일 최초의 월례회의를 열었다.

도쿄지학협회는 1893년 도쿄대학 지질학과 내의 지학회와 합병한 이후 『지학잡지』를 도쿄지학협회 회지로 발행했다. 현재까지 지속되어 2012년 공익사단법인이 되었다. 지학 전문가들로 구성되어 있으며 1998년 기준으로 회원 약 8백 명, 학술잡지 『지학잡지』를 격월간으로 간행하고 있다. 신일본 정부 초기에 창립한 도쿄지학협회는 일본 지리학뿐만 아니라 동아시아에서 일본이 행한 정탐의 역사를 파헤치는 데 아주 중요한 내용이 담겨 있다.

단체 설립은 와타나베 히로모토(渡辺洪基, 1848~1901), 에노모토 다케아키

〔榎本武揚, 1836~1908, 러시아 공사〕, 하나부사 요시모토〔조선 대리공사〕, 나베시마 나오히로〔鍋島直大, 1846~1921, 영국 왕립지리학회 회원, 사가 번주〕, 나가오카 모리요시〔長岡護美, 1842~1906, 미국과 영국에 6년 유학, 구마모토 번주의 동생〕 등 핵심 멤버 5명의 외교관이 주도했다.

와타나베 히로모토는 한학과 네덜란드학을 배우고 1865년 후쿠자와 유키치의 사사를 받고 게이오기쥬쿠慶應義塾를 졸업한 뒤 보신전쟁 때 막부군으로 참전했다. 1869년 대학 조교수, 1870년 외무성 대록大祿으로 출사, 1871년 이와쿠라 사절단의 수행원으로 미국과 유럽을 순방하고 돌아와 태정관과 외무성 대서기관이 되었다. 1878년 오스트리아 주재 서기관으로 있을 때 비엔나 관립 지리학협회 회원이었다. 그때 국가 발전에 지리학이 무한한 역할을 할 수 있음을 알게 되었고 일본에도 지리학을 전문으로 하는 기관이 필요함을 절실히 느꼈다. 귀국한 뒤 협회를 만들고자 에노모토와 하나부사 등과 논의해서 유럽의 지리학회를 본으로 삼아 도쿄지학협회를 창설했다. 19세기 전반기부터 지구의 지리적 공백 지대를 탐험하는 것이 지리학의 선구적인 업적으로 삼던 시대였다. 런던의 왕립지리학회Royal Geographical Society와 같은 것이 필요함을 느껴 도입했다.[291]

1879년 4월, 기타시라카와노미야 요시히사(北白川宮能久, 1847~1895) 친왕을 사장으로 추대, 에노모토 다케아키, 나베시마 나오히로를 부사장, 와타나베 히로모토, 가쓰라 타로, 기타자와 마사나리北沢正誠, 나가오카 모리요시長岡護美를 간사로 선출했다.

창립 초기 회원들은 황족과 귀족을 비롯해 당시 권력의 정점에 있던 정치가, 외교관, 영관급 군인, 법관, 교수, 신문사 사장 등으로 구성되었고 황실과 관헌의 비호를 받았다. 황족 2명, 귀족 20명, 참의와 공경 8명, 군인 27명〔육군 8명, 해군 18명. 그 가운데 장관 9명, 나머지는 대좌에서 중위까지〕, 정부 고위관리 24명〔서기관, 비서관, 검사관 등〕, 공사 2명, 편수관·교수·판검사 6명, 민간인 7명〔신문사 사장 2명, 그 외 기재 없음〕 등 82명이 창립회원이었다.

창립 1년 뒤 1880년 4월 19일까지 들어온 신입회원 중에 참의 이토 히로부미가 있으며 외국인 11명을 포함해 총회원 153명이 되었다. 지학협회를 병합한 1880년에는 회원 160명으로 탈퇴나 사망 등으로 약간의 변동은 있었으나 늘 이 인원을 유지했다.

창립 초기 회장은 요시히사 친왕能久親王, 고토히토 친왕(載仁親王, 1865~1945), 에노모토 다케아키, 도쿠가와 요리미치(德川賴倫, 1872~1925), 호소카와 모리타쓰(細川護立, 1883~1970) 등이 역임했다. 입회비 10엔, 연회비 12엔, 회원이 되려면 회원 2명의 보증인이 있어야 해 입회 조건도 까다로웠고, 비용도 만만찮았다. 입회비 10엔은 당시 일반인들은 감히 만질 수 없는 큰 금액이었다. 창립 1년 뒤 이노우에 가오루 등이 정부에 하사금을 청원했고, 황족을 비롯해 귀족, 회원인 부호들에게 협회의 지속적인 유지를 위한 자금으로 일시금이나 기부금을 받는 등, 비싼 입회금과 연회비 등을 포함해 당시 다른 학술단체와 비교할 수 없을 정도로 부유한 단체였다.

『도쿄지학협회보고』는 1년 동안 11권을 발간하고 12엔을 받았다. 1887년 당시 다른 학계 잡지가 1권에 10전 내지 15전이었던 것에 비해 상당히 비싼 가격이었다. 협회 입회금은 창립 7년이 지난 뒤 폐지되었고, 연회비는 1890년에 절반인 6엔으로 낮추고 학자들과 실업인을 받아들였다. 창립 초기 회장은 황족을 비롯한 고위 관료들이 독점했으나 지학 전문가와 애호가들이 늘어나면서 지리학자가 맡게 되었고, 1970년 이후 연구자도 회장에 취임하게 되었다.

도쿄지학협회가 추구하는 사업의 주목적은 창립 때 만든 규정에 명시되어 있다.

제1조 설립 목적 제1항은 지학에 있어서 경제·군무 기타에 관해 유익한 일의 발굴, 본 회의 견문을 다녀온 자가 있으면 이따금 간편한 방법으로 편찬 출판하여 회원들이 좋은 방법이나 대책을 세울 수 있게 제공하고 대중에게 알린다.

제2항 내외 고금의 지학에 관한 서적·항해·일기·기행 등 여러 서류·기계·지도·해도·지지 기타 탐방록 등 본 학회에 기부한 것과 각 개인 소유의 유익한 것을 수집해 하나의 문고를 만들어 대비해 둘 것

제3항 탐방 여행에 종사하거나 기타 여행자로 지학의 탐방을 원하는 자에게 본 회에서 경험해야 할 지방, 그곳에 도착하는데 가장 편리한 방법, 깊이 정탐해야 할 것, 특히 수집하고 점검을 원하는 박물학, 지리학 발전에 도움이 되는 것 등, 본 회가 희망하는 조건을 간략하게 필기하고 주의사항을 만들어 기고할 것

제1조의 설립 목적 5항에는 지학 발전의 공헌자에게 공로패와 포상을 주고, 제6조 탐방 주의사항은 협회에서 원하는 곳을 탐방하는 자에게 주의사항을 배포하고, 중요하다고 생각되는 곳을 탐방하는 자에게는 보조금을 지급하도록 규정했다. 제1조 제1항 '지학에서 경제·군무 기타에 관해 유익한 일의 발굴' 모색을 위한 사업의 일환으로 국외조사를 위한 여행비 지원을 중요하게 다루었다.

도쿄지학협회가 우수회원들에게 준 공로패 안에 새겨 놓은 한반도를 포함한 만주 일대와 일본열도는 대륙침략과 조선을 일본 땅으로 만들겠다는 노골적인 의미를 담고 있다.

1881년 8월, 도쿄지학협회 공로패 도안 결정. 일본열도와 조선을 중심에 두고 만주, 사할린까지 새겨 넣었다.

일본정부의 고위 관료와 정재계의 주요 인물들로 구성된 도쿄지학협회는 해외로 파견한 첩보원들의 정탐 활동 내용을 직접 듣고 보고서를 은밀하게 공유했고, 이들에 대한 지원도 아끼지 않았다. 정기적으로 해외 기행 견문담

을 들려주는 강연회는 매월 마지막 주 토요일에 열렸다. 월례회는 회원만 참석할 수 있었으나, 지리학의 중요 사항을 강연하는 자리에 지인 1명을 동반할 수도 있었다. 월례회를 개최한 뒤 협회지 형식으로 『도쿄지학협회보고』를 간행했다. 세계 각지의 지도, 책자 등을 구입하거나 기증받아 서고를 운영하면서 정보를 축적했다.

1879년 4월, 도쿄지학협회 창립과 동시에 월례회가 시작되었다. 월례회 때 강연은 초기 해외로 파견된 첩보원의 여행 견문담, 해외 지리정보, 외국의 역사를 들려줄 인물들이 많이 초빙되었다. 협회창립의 핵심인물 중 하나인 하나부사 요시모토가 보인 지리와 지도에 대한 관심은 당시 조선과의 교섭에서 직책 수행상 개항장 선정에 필요한 지리정보, 지도 확보보다 더 큰 그림을 그리고 있었음을 보여준다. 하나부사는 도쿄지학협회가 매월 개최하는 강연회에 외국 출장을 제외하고 거의 빠지지 않고 출석하고 있음을 확인할 수 있다.

창립 제1회 정기모임의 첫 번째 강연은 1879년 4월 26일. 강연은 참모본부의 첩보원이며 만주지역 전문가인 시마 히로타케가 「만주기행발서」라는 제목으로 만주 이야기를 들려주었다.

제2회 강연회는 5월 31일, 참석자는 39명. 첩보원 육군대위 후루카와 노부요시가 「요동일지 적요」라는 제목으로 만주 일대의 지리, 기후, 인구, 개략적인 역사, 풍속, 언어, 물산, 운수, 습속 등에 대해 강연했다. 기타자와 마사나리北澤正誠의 「원대元代 강역고」가 뒤를 이었다.

6월 28일, 월례회 강연에는 지난달에 이어 기타자와 마사나리가 고증한 「원대벽국략元代闢國略」 제1편과 오하라 사토켄大原里賢의 「청국 문무관원 출신연산淸國文武官員出身緣山」, 9월 27일 와타나베 히로모토의 「북빙양주北氷洋周 항해기사」, 10월 25일 아오에 슈靑江秀[292]의 「규슈 화산론」 등의 강연이 이어졌다.

11월 29일, 곤도 마스키의 「조선진강기」와 가이즈 미즈오의 「조선국 한성지형 개략」 강연이 있었다. 이날 기타시라카와노미야 요시히사 신노 회장을 비롯해 가쓰라 타로, 하나부사 등 39명이 참석했다.

12월 20일, 가이즈 미즈오는 「한성 풍속」, 1880년 2월 28일 「원산진 기록」이라는 제목으로 강연했다.

1880년 이후 가이즈 미즈오를 비롯한 첩보원들의 조선 정탐은 서울에 일본공사관이 개설되면서 본격적으로 확대되기 시작했다. 가이즈는 현지 정탐을 마치고 돌아와 일본에 머물 때는 어김없이 강연회에 참석했다.

1884년 5월과 6월에는 「조선북부 내지 실황」을 두 번에 걸쳐 강연했다. 5월 강연은 1883년 6월부터 8월에 걸쳐 정탐한 의주지역, 6월 강연은 10월부터 12월까지 정탐한 경흥지역에 대해 보고 형식으로 들려주었다.[293]

「조선북부 내지 실황 의주기행」의 지세 마지막 부분에서는 "의주에서 서울까지 도로 폭은 조선 우차가 지나갈 정도로 평균적이며 효성동선曉星洞仙이 험했다. 제대로 길을 닦지 않아 일본 포차砲車의 경우 일부 지역은 도저히 지나갈 수 없을 정도다. 전부 통과할 수만 있다면 이곳 지형이 가장 중요하다."[294]며 일본이 조선을 침략했을 때를 고려해 지형과 지세를 살핀 내용을 거침없이 말하고 있다.

해군성, 조선 해안을 장악하다

메이지 초기부터 조선의 해안을 측량하고 정보와 지도를 수집해 지도를 제작하고 있던 해군성 수로국은 조선과 수교 이후 개항지를 탐색한다는 명분으로 조선 전역의 해안을 측량했다. 특히 조선 연안 가운데 군함이나 큰 배가 정박하기 좋은 장소를 중심으로 정탐, 측량을 이어갔다.

1880년 9월 3일, 수로국장 해군소장 야나기 나라요시(柳楢悦, 1832~1891)는 해군경대리 해군중장 이토 스케마로(伊東祐麿, 1832~1906)에게 조선 수신사〔修信使, 제1차 1876년, 제2차 1880년 파견〕를 통해 조선에 기증할 해도 목록을 제출했다.

"조선전도, 고려서안 염하(제1, 제2), 조선 동해안, 조선 소륙하, 조선 부산포, 조선 순천포, 조선 제물포 약측도, 조선 거제도 저구미 약측도, 조선 서해안 한강구 정산박지, 조선 거제도 가배량, 조선 한산해, 조선 월미도, 조선 경상도 해안, 조선 서안 사량도 협구 웅천만 약측도, 조선 천수만문, 조선 장포강, 조선 원산진, 조선 충청도 아산묘지, 일본 및 조선전도, 대조백덕만, 금각항 자의파태만, 대일본해 서안 합계 23매"[295]

지도 대부분이 외교사절단 파견을 전후해 제작한 것이었다. 이 지도 목록은 해군성 수로국이 1880년부터 1885년까지 도쿄지학협회에 기증한 지도 목록과 일치한다.

일본공사관의 서울 주재 이후, 원산에 이어 일본이 원하는 인천 개항을 위한 측량에 집중했다. 1882년 아마기함이 남양과 마산포를 실측했을 때 선박이 들고나기 어렵고 만의 안쪽 수맥이 좁아 정박에 어려움이 있어 개항장으로 부적당하다고 판단, 인천으로 결정하게 되었다는 임시대리공사 곤도 마스키의 보고(1882년 11월 16일)[296]가 있었다. 개항장으로 적당한 항구를 물색한다는 명분으로 조선 해안을 정탐, 측량한 해군성은 원산에 이어 인천이 개항장으로 적합하다는 결론을 내렸다.

1882년, 일본 해군성 수로국에서는 「조선전안」을 만들었다. 지도에는 이렇게 기록되어 있다.

"조선 연해도는 종래 영국판 지도다. 동해안도는 러시아의 것이었다. 모두 항로용으로 공급되었다. 간략하게 측량한 것이라 이것과 비교하면 모두 경도에 약 6분$分$ 정도 차이가 났다. 이 지도는 1878년 아마기함 승무원 해군중위 요시다 준신 등이 측량한 원산진, 신포, 천수만문, 장포강의 4개 지도, 1879년 다카오마루 선장 해군소좌 아오키 마코토 등이 측량한 아산묘지 지도, 1880년 아마기함 승무원 해군소위 미우라 시게사토 등이 실측한 용추갑, 장전동, 원산진의 경위도, 몇 차례 항로 중에 목격하고 기록하며 그린 해안 형상 등을 병합했다. 이것을 영국과 러시아의 두 지도를 참조하여 편집한 것

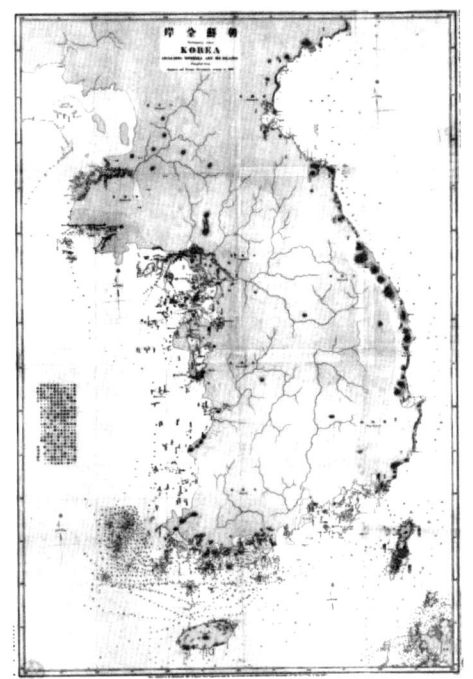
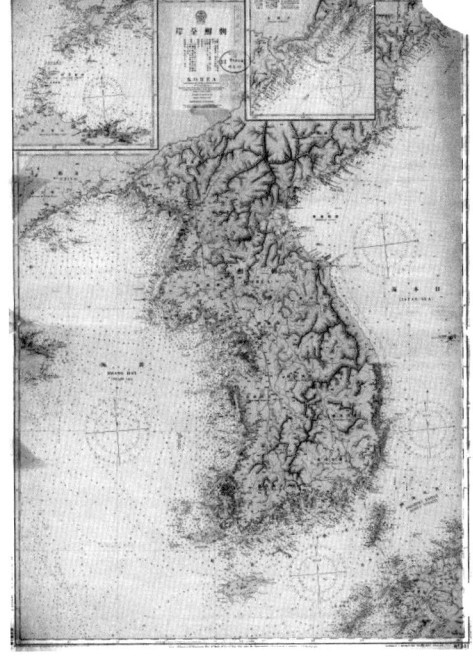

해군성 수로국에서 1882년 5월 24일 발간한 「조선전안」. 축척 표시가 없고 1880년까지 측량한 것을 토대로 만든 지도로 조선 북부 일부와 동해 섬은 표시하지 않았다. 지도는 1891년 12월 개정판

해군성 수로부에서 1904년까지 측량한 조선전안. 해도 301호로 1906년 3월 발행한 지도

이어서 누락되고 모자라는 부분도 있을 것이다. 이 지도는 영국과 러시아의 지도에 비하면 개량되고 보태고 늘어나 도움이 되는 바가 역시 적지 않다."

1880년까지 측량한 것을 토대로 1882년 5월 24일에 해군성 수로국에서 간행한 「조선전안」에는 축척 표시가 없고 조선 북부 일부와 동해 섬은 표시되어 있지 않다. 이후 해군성은 지도를 보강해 1906년 3월에 다시 발행했다.

「조선 서안 아산묘지와 부근牙山錨地及附近」은 1882년 「조선전안」의 내용에 등장하는 지도다. 다음 지도는 1879년 해군소좌 아오키 마코토와 해군중위 요시다 쥰신 등이 측량한 「조선 서안 약측도」와 1889년 출판 영국해군 해도 제1270호에 의거한 해도 325호로 1906년 5월 수로부에서 만들어 간행했다.

일본 해군성은 영국, 미국 등 서양 열강이 측량한 도면을 입수해 이를 바탕으로 조선의 주요 해안을 정밀하게 측량하고 정보를 구축했다. 예를 들어 1882년 「조선 서안 대동강 개측」은 영국에서 제작한 해도를 복제하여 보충해서 만든 지도다.

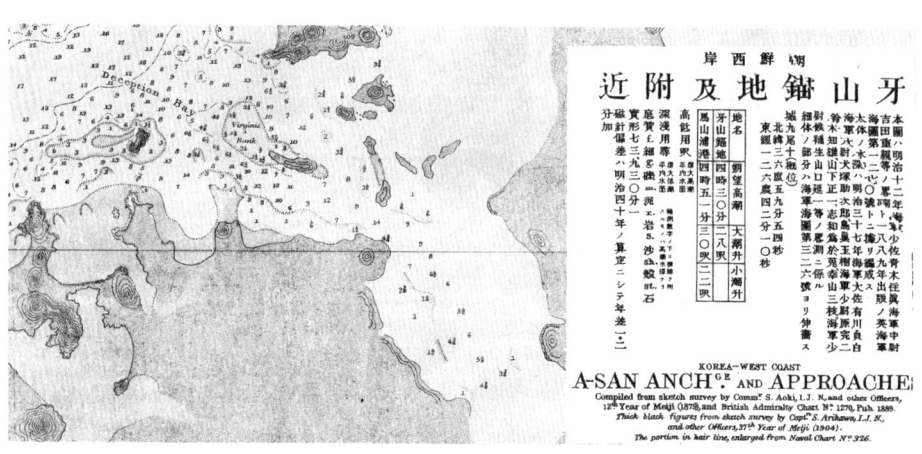

해군성 수로국에서 1879년 측량한 「조선 서안 아산묘지와 부근」. 이 지도는 1879년 해군소좌 아오키 마코토와 해군중위 요시다 쥰신 등의 약식 측량과 1889년 출판한 영국해군의 해도 제1270호에 따라서 편성했다.

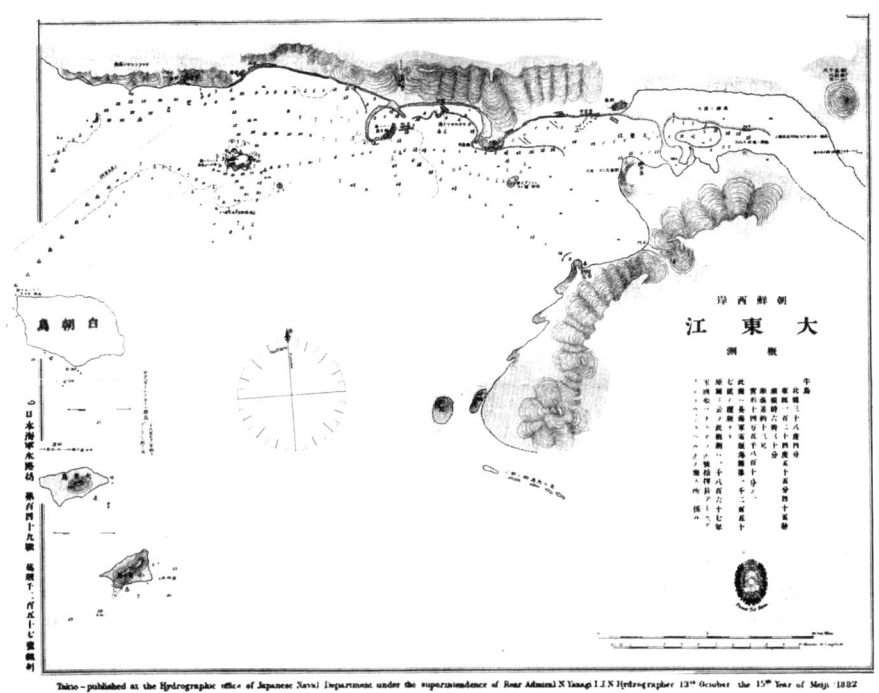

1882년 10월 15일, 해군성 수로국에서 발간한 「조선 서안 대동강 개측」. 영국 해군성에서 만든 해도 제1257호 복각판. 원도의 개략 측량은 1867년 미국 함선 '와츄셋'호 지휘장인 R.W. 슈헬트가 제작한 것이다.

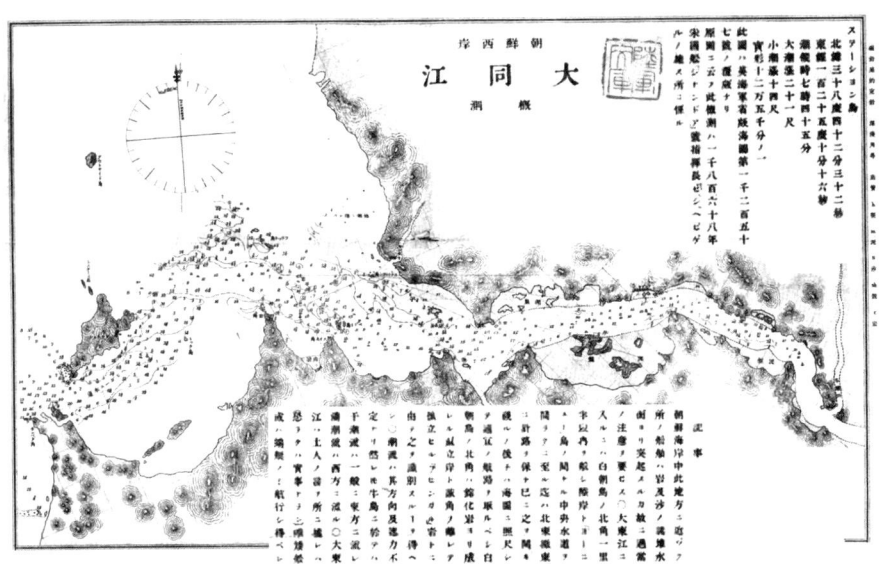

1882년 10월 15일, 해군성 수로국에서 발간한 「조선 서안 대동강 개측」

4. 공사관부 무관, 공인 첩보원

공사관부 무관의 실체

1880년 11월, 변리공사 하나부사가 서울 공사관에 주재하게 되면서 일본 군인도 공사관에 배치되기 시작했다.

일본 『외무성백년』[297]을 보면 국가별로 공사관부 무관 파견의 목적이 달랐음을 알 수 있다.

공사관부 무관 파견의 주목적은 당초 가쓰라 타로가 의견을 낸 것에서 볼 수 있듯이 구미 선진제국은 병제와 현지 시찰을 통해 일본 군대를 개혁할 자료 획득에 있었고, 중국에서는 병제, 실제 상황 등을 살피며 완급을 조정하고 있었다. 공사관부 무관의 활동으로 러일전쟁에서 아카시 모토지로(明石元二郞, 1864~1919) 육군대좌의 대러 공작이 특히 유명하다. 아카시는 개전 때 러시아 공사관부 무관이었다. 그 뒤 스웨덴, 노르웨이 공사관부 무관 직무대리로 첩보 공작, 러시아 내 교란 공작 등을 주도했다.

공사관부 무관 파견은 구미제국에는 근대적이고 강력한 군대를 건설하기 위한 군사행정 연구, 군사 지식, 첨단기술을 배우러 보냈고, 청국, 러시아, 조선 등은 정탐, 첩보 공작 등이 주목적이었다. 독일, 프랑스, 영국, 오스트리아, 미국과 같은 선진강국과 러시아, 청국, 조선과 같은 인근 제국으로 집중되었다. 당시 일본은 재정 능력을 고려해 공사관부 무관을 보냈다. 많은 인원이 조선과 청국에 집중되었던 것은 류큐, 대만, 조선 문제로 청국과 첨예하게 대립하고 있었고, 러시아의 남하를 대비해 조선을 손아귀에 넣으려면 반드시 청국과 전쟁하게 될 것이라 예상하고 있었다. 언제 일어날지 모를 전쟁에 대비한 정보수집과 지도 제작이 우선이었음을 외무성 기록이 증명하고 있다.

"조선 최초의 일본 공사관부 무관은 1882년(10월 임명) 시행되었다. 청국에 파견한 목적과 같은 이유에서였다."[298]

이 내용에서 거듭 살펴야 할 부분은 1881년 4월 무위영 소속 신식 군대 왜별기군 100명을 발족시킬 때 교관으로 초빙된 육군 공병소위 호리모토 레이조와 임오군란(1882년 10월)이 일어나기 전 조선에 와 있던 첩보원 미즈노 가쓰키水野勝毅[299]가 쓴 「미즈노 대위 필기 조선사변의 개황」을 보면 이미 공사관부 무관의 형식으로 파견되어 있었다.

가쓰라 타로(왼쪽), 다사카 도라노스케(중앙), 기타시라카와 미노미야요시히사 친왕(오른쪽)의 독일 공사관부 무관 시절의 사진

공사관부 무관의 첩보원 관리

참모국 조례 제5조에 참모과 장교 중에서 경험이 많고 유능한 인재를 가려 뽑아 외국공사관 소속으로 파견하라고 규정했다. 『참모본부 역사초안』에

최초로 파견한 공사관부 무관들에 대해 기록되어 있다.

"공사관부 무관을 군사 연구를 위해 구미제국으로 파견한 것은 1874년 기타시라카와미노미야요시히사(北白川宮能久, 1847~1895) 친왕을 육군소좌로 임명해 유학을 보낸 것이 최초다. 육군중좌 마쓰미츠 유키야스(益滿行靖, 1846~1878)[300] 육군소위 다사카 도라노스케(田坂虎之助, 1850~1919)[301], 즈지하루쥬로辻春十郞 등을 제국으로 유학을 보냈다. 프랑스 유학생 책임자로 육군중좌 야마자와 세이고(山澤靜吾, 1846~1897)를 파리에 주재하게 하고, 유학생으로 육군소좌 와타 다이노스케渡大之助, 소위 고사카 치히로(小坂千尋, 1851~1891), 후나코시 구마키치船越熊吉 등을 보냈다. 1875년 3월 30일 육군소좌 가쓰라 타로를 독일 공사관부 무관으로 보냈다."[302]

가쓰라 타로(桂太郞, 1848~1913)가 외국에 공사관부 무관을 보내자고 제안했다. 류큐 어민 살해에 대한 보복이라는 명분으로 일으킨 대만침략(1874년)으로 청국과의 위기감이 고조되어 있을 때였다. 가쓰라는 1870년 보신전쟁의 공로로 상전록 250석을 받은 것을 밑천으로 사비를 들여 독일로 유학을 떠났다. 가쓰라는 현지에서 경제적인 어려움을 겪다가 때마침 구미사절단으로 독일을 방문한 기도 다카요시를 찾아가 관비유학생으로 교체해 달라고 부탁했다. 1873년 교체 절차를 밟던 중 10월 중순 유학을 포기하고 돌아온 아픈 경험이 있었다.

가쓰라는 본인뿐 아니라 군사 경험이 있고 유능한 정보장교를 발탁해 구미제국으로 보내 군대 전반과 실제 상황을 직접 보고 배워 육군을 개혁할 자원을 확보해야 함을 절실히 느끼고 있었다. 대만에서 개선하고 돌아온 사이고 쥬도西鄕從道와 육군소보 오야마 이와오에게 재외 각국 공사관에 무관을 체류시켜 시찰과 군사제도를 연구하게 하는 것이 국방발전의 가장 빠른 길이라고 제안했고, 육군대신 야마가타 아리토모에게도 건의해 의견이 채택되었다.

1875년 3월 30일, 가쓰라는 독일 공사관부 무관으로 임명받고 6월 출발했다. 공사관을 통해 독일정부에 의뢰해 군사행정의 중앙기관인 제3군단 감독부와 지방기관에서 실무를 경험하며 2년 반 동안 머물렀다.[303] 그의 목적은 독일의 군사제도, 강력한 군대 활용을 위한 군사정보를 수집, "상황과 형세를 다양하게 비교하고 연구해 일본 육군을 개혁해야 할 자료의 수집과 확보"였다.[304]

1875년 2월 8일, 육군경 야마가타 아리토모는 참모국의 육군대좌 후쿠바라 가즈카쓰福原和勝에게 청국 공사관에 체류하면서 관할지역을 관리하라고 명을 하달했다. 이것이 청국 공사관 내에 무관을 둔 시초다.[305] 육군경 야마가타 아리토모는 후쿠바라가 청국으로 떠날 때 규정과 비밀훈령을 내렸다.

▲ 규정

참모본부의 장교를 외국 파견 공사에 속하는 건은 참모국 조례 제5조에 규정되어 있지만 이를 실시하는 것은 실제로 이번이 처음이다. 원래 공사관 내에 참여시켜 수교국에 파견해 체류하는 것으로, 신분은 참모관의 반열에 위치한다 해도 그 임무는 반드시 육군경의 비밀훈령을 받은 자로 한다.[306]

▲ 비밀훈령

시찰은 청국의 병제兵制, 군법, 병가지리 병가정표(통계) 등 종래에 참모과에서 행해오던 방법에 따라 현지에서 시행한다. 특히 청국과 교류하고 있는 다른 국가와의 관계에 주의를 기울이고 이해의 강약, 형세 여하를 보고할 것. 모든 보고는 공사관과 일본 외무

1873년 찍은 육군중장 시절의 야마가타 아리토모(왼쪽)와 육군대좌 후쿠바라 가즈카쓰(오른쪽)

성과의 왕복에 의탁한다. 평시보고와 특별보고를 구별. 평시보고는 번호를 붙여 유·무사에 상관없이 순차적으로 보고한다. 만약 그 지역에 전쟁의 움직임 등이 있어 특별보고를 할 때는 따로 번호를 매겨 같은 방법으로 보고할 것. 만약 특별보고를 하라는 지령이 있을 때는 성실히 임할 것. 무기 병기 상황 등의 이해, 새로운 제작과 관련된 기계 등은 자세히 서술하고 누설하지 말 것

육군대좌 후쿠바라 가즈카쓰를 파견한 주목적은 청나라의 군사정보 실제 상황, 병가, 지리, 대외정세, 무기 상황, 새로운 무기에 대한 정보수집과 정탐이었다. 이전부터 청국 군대의 실상을 파악하고 유사시 실제 상황〔교전·전쟁〕에 적용하기 위한 정탐과 정보수집을 하고 있던 첩보원들이 외무성과 불화를 일으키기도 하고, 파견된 국가, 지역 등에서 첩보 수집과 지도 제작 활동을 하다가 청국 관헌의 의심을 받거나 외교적인 마찰을 빚기도 했다. 후쿠바라는 4월 말 공사관부 무관으로 부임해 정보장교로 구성된 첩보원들을 관리, 감독하며 이들의 활동을 도왔고, 청국 내에서는 외교 특권과 편의를 제공받았다.

일본정부 초기 군사정탐과 지리정보 수집을 위한 첩보원의 외국 주재는 청국에 집중되어 있었다. 이 시기는 시베리아, 인도 등지까지 보낼 만큼 재력이 풍부하지 않았으므로 당시 상황에서 가장 중요하고 가까운 곳부터 착수했다.[307] 청국으로 첩보원들이 집중된 것은 쇄국정책을 쓰며 외국인의 국내 거주가 허용되지 않았던 조선에 비해 출입과 여행이 자유로웠던 면도 있었고, 외교적으로 류큐, 조선과 문제가 발생했을 때 청국의 개입과 마찰을 우려한 첩보 수집이 먼저였기 때문이다.

후쿠바라를 보좌하는 인물로 육군대위 후루카와 노부요시, 11등 출사 시모무라 슌스케, 회계군리보, 촉탁 등 수행원 5명이 함께 파견되었다. 주요 임무는 베이징에서 국정을 살피고, 병비, 민심 파악을 위한 현지 조사, 지도 제작 등이었다. 공사관부 무관은 정탐 뿐 아니라 실지조사와 어학습득을 위해

파견된 정보장교를 감독하고 통제하는 임무도 포함되어 있었다. 후쿠바라가 6개월 동안 사용한 경비는 수당, 숙박비, 공용비를 포함해 2,900엔으로 외무성의 대리공사보다 많았다.[308]

후쿠바라는 신일본 정부 수립 이전부터 전쟁터에서 잔뼈가 굵은 자였다. 조슈번의 기헤이타이[奇兵隊, 1863년 다카스기 신사쿠가 창설한 조슈번 최초의 민병대. 야마가타 아리토모, 이토 히로부미도 소속] 일원으로 전쟁에서 공을 세웠다. 번의 명령으로 무기 구입을 위해 사카모토 료마[坂本龍馬]와 함께 상하이로 밀항한 경험이 있다는 설도 있다. 사카모토 료마는 정치색이 완전히 다른 사쓰마[공무합체파]와 과격한 조슈[존왕양이파]번의 이해관계를 일치시키려 했다. 막부를 토벌하려면 조슈의 총기와 사쓰마번이라는 방패가 필요했다. 사카모토 료마는 사쓰마의 사이고 다카모리, 조슈의 가쓰라 고고로[桂小五郎, 막부말 이 이름으로 활약. 이후 기도 다카요시로 개명]를 오가며 설득한 끝에 동맹을 이끌어내 막부를 무너뜨리는 데 일조했다.

막부 말 사카모토 료마와 함께 막부를 무너뜨리기 위해 싸웠던 후쿠바라는 메이지유신 뒤 영국 런던에서 2년 유학하고 귀국해 육군대좌로 임명되었다. 대만출병 뒤 청과의 교섭에서 전권변리대사 오쿠보 도시미쓰의 수석 수행원으로 베이징에 가서 화의 성립에 전력했다. 이처럼 후쿠바라는 풍부한 전투 경험을 지닌 육군 내 최고의 신지식인으로 외교에서 조정 능력이 있음이 입증되어 주재무관으로 파견되었다.[309]

1876년 1월 24일, 청국에서 체류한 지 9개월이 지난 무렵 수행원과 함께 귀국하라는 명령을 받았다. 보고서 내용을 보면 첩보활동 과정에서 외무성과 갈등을 빚었던 것으로 추정된다.

"1875년 12월 21일 신고, 4월 초순 베이징과 상하이로 출장, 많은 일을 단속하다 알력이 생김. 1876년 1월에 이르러 요동지방과 조선 접경을 거쳐 조선의 정황에 대해 들음. 1월 26일 상하이에서"[310]

외무성은 육군성에다가 후쿠바라의 활동에 제동을 걸었다. 공사의 허락을 받지 않고 제멋대로 청국 관리들과 교제한다며 불만을 터트렸다. 후쿠바라는 4월 14일 공사관부 무관에서 면직되었다.[311]

4월 19일, 후쿠바라의 후임으로 육군중위 시마 히로타케와 육군소위 히사쿠니가 청국으로 들어갔다. 히사쿠니는 1873년 11월 28일, 시마 히로타케는 12월 9일, 육군참모국 해외첩보원 파견 때 국정조사 업무를 맡고 청국과 조선에 파견되었던 자다. 히사쿠니는 1878년 9월 청국에서 폐렴으로 죽었다.[312]

청국 공사관부 무관에서 면직된 후쿠바라는 1877년 가고시마, 구마모토, 미야자키현에서 사이고 다카모리를 우두머리로 내세운 사족들의 무력 반란이며 일본 마지막 내란인 세이난 전쟁 때 별동제3여단 참모장으로 나가 전쟁터에서 죽었다.

첩보원 관리 시스템 구축

1879년 6월 16일, 관서국장 가쓰라 타로는 일단 유사시 전략과 전술을 세울 수 있도록 조선과 청국을 비롯한 인근제국의 지리와 지도를 세밀하게 만드는 것이 현시점에서 가장 중요하고 시급한 일이라 판단했다. 참모본부 내에서 각국에 파견한 첩보원들을 관리할 인물을 선발해 보내는 것을 제도화하기 위한 내용을 입안해 참모본부장인 야마가타 아리토모에게 의견서를 제출해, 인가를 받았다.

"조선·청국 연해의 지지와 지도를 상세히 조사 축적해서 유사시 전략 계획을 짤 때 쓸 수 있도록 하는 것이 지금 가장 중요하고 긴급한 일이다. 이를 위해 실력 있는 장교 약간 명을 청국에 파견할 것을 신청한다."

「관리장교 수칙」, 「청국 파견장교 병략상 정탐수칙」, 「청국 주차장교 파견 및 담임예규」가 그것이다.[313]

관리장교 수칙

제1조 장교는 청국 각 지역 주재장교에 관한 일반사무를 관리하기 위해 상하이에 주재하며 모든 일의 편리를 꾀하고, 각 대원을 단속할 것

제2조 각 지역 주재장교가 보내오는 보고서는 신속하게 참모본부장에게 보고할 것

제3조 청국의 일반 형세에 주의하며 각 지역의 장교들과 수시로 통보하고 긴요한 건인 경우 신속하게 참모본부장에게 보고할 것

제4조 참모본부의 명령을 각 지역의 장교와 관련된 자에게 신속히 전달할 것

제5조 참모본부에서 각 장교에게 보내는 자금은 상하이에서 수취하여 각각 계산해 장부에 기재하고 이를 배송하고, 각 장교에게 수령서를 받아 둘 것

제6조 청국과 각 지역 주재장교에게 통보 우편 전신료, 자금, 여비 등의 수송대 보험료를 위한 금액 기타 위에 속하는 여러 잡비 등은 지묵, 신문요구비, 각종 준비금을 지불하고 실비 계산 등을 세워 6개월마다 취급하는 본부 총무과장에게 신청할 것

제7조 이 무관이 만약 질병, 사고로 인해 본 업무를 처리할 능력이 없을 경우 일시적으로 상하이에 주재하고 있는 장교 중에서 대리 충당할 것

「관리장교 수칙」은 군사, 지리, 국정 정탐 활동을 위해 조선과 청국의 요충지로 파견한 첩보원을 관리 감독할 장교를 참모본부에서 파견하는 것을 제도화한 것이다. 상하이에 이들을 관리할 고급장교를 두고 정탐 활동 중인 첩보원들에 대한 일반 사무관리, 필요한 자금전달 등의 편의를 제공했다. 동시에 이들을 단속하며, 수집한 첩보를 참모본부에 신속하게 보고하는 일을 주업무로 규정했다.

청국 파견장교 병략상 정탐수칙

대략 정탐에 종사하는 자는 먼저 청국 파견장교 수칙서의 여러 항목을 상세히

고찰하고, 사물의 이치를 따져가며 연구해야 한다. 아군과 적군의 군제와 병력을 파악해서 알아낸다. 이를 토대로 청국에서 교전 가능한 지역을 선정하고 방법과 계략을 짠다. 아군과 청국군을 비교한 (병력 수의) 많고 적음, 강약에 따라 적합한 지형과 전략의 차이를 미리 명확히 하고, 이해득실을 따져 연구하여 전시에 바로 적용할 수 있도록 대비해야 한다. 정탐자는 일본군이 청국군보다 수적으로 적고 또 객병(客兵, 적지로 침공하는 군대)이므로 문제 해결 방법을 찾아 실마리를 풀고 한 걸음 더 나갈 수 있도록 해주는 자다. 따라서 함부로 교만하게 근거에 입각하지 않고 자기 멋대로 상상하고 그런 소견으로 정탐을 소홀히 하는 일 없이, 만전필승의 방법을 찾아서 기술하고 헛짚는 일이 없어야 한다.

「청국 파견장교 병략상 정탐수칙」은 청나라와 전쟁이 벌어질 것에 대비해 적합한 상륙지 선정과 필승의 방법을 강구할 수 있는 자료제공을 핵심으로 하고 있다. 근거 없이 멋대로 꾸며서 적는 일이 없도록 수칙을 정해두었다. 국가 정책상 목표를 달성하기 위한 군사전략 측면에서 정탐, 연구해야 할 내용은 제5관으로 정리했다.

제1관 일본군의 상륙지 선택. 상륙한 뒤 본거지로 삼아 병영으로 사용할 땅, 기타 일반 급양 보급은 모두 적지에서 해결하는 것을 목표로 한다. 먼저 상륙하기 편리한 땅을 선택하고, 상륙이 쉬운 곳이라도 견고한 성과 요새로 방비되어 있거나 물이 적은 곳은 피한다. 만약 부득이 요새가 있는 지점에 상륙하더라도 되도록 포격을 피할 수 있고, 아군에 해가 없는 곳을 선택하는 것이 중요하다.
제2관 아군과 적군의 주력이 될 병력 종류가 다르므로 교전의 방략과 위치 모두 자체적으로 차이가 없게 할 것
제3관 교전 목적에 대한 정탐의 완급. 무릇 한 나라, 한 주州와 교전하게 되더라도 크게 목표로 삼아야 할 점은 반드시 그들의 지세가 험해 방비하기 좋은

곳을 파괴한 뒤 그 수도를 무너뜨리는 데 있다. 모든 나라는 수도와 요충지 방어에 집중하므로 그 지형을 탐지했어도 방법과 책략을 잘 세우는 것을 기본 목표로 삼아야 한다.……일본군이 신속하게 그 수도로 들어갈 수 있는 지역 위주로 정밀하게 정탐하는 것이 가장 중요하다.

제4관 병략상의 요지. 병략상 지리 예측에서 꼭 필요하고 중요한 점은 앞에서 기재한 바와 같아 간략하게 줄거리를 열거했으나 잘 암기해 지리를 연구할 수 있도록 제공할 것

제1 도로를 관할하는 성과 요새나 아군에게 필요하지만 적에게 불리한 지점

제2 철교, 돌다리, 나무다리를 불문하고 모든 큰 강에 놓인 영구 교량을 관할하는 성과 요새

제3 산맥을 끼고 지나가는 적군을 방어해 격퇴할 수 있는 성과 요새

제4 요항要港에 있는 해면을 관할하는 성과 요새

이들 지역은 전략상 요충지이므로 지리를 연구할 때 방리(병방미터), 주변 상황 파악에 주력해 급하게 대강 보아 넘기는 일이 없도록 한다.

제5관 그 나라의 군정상 애초부터 경시할 때는 취득해야 할 것이 있음을 알고, 되돌아보지 않거나 너무 심취할 경우 폐해가 있어도 찾아내거나 지적하지 못할 수 있으므로 허심탄회하게 편견을 배제할 것. 청국 군대의 편제는 예로부터의 병법에 따라 지속되고 있는 것으로, 구미의 법으로 편제하고 있다고 말하나 아직 기율이 정리되었다고는 볼 수 없다.

「청국 파견장교수칙」에서는 정탐 방법을 구체적으로 명기했다. 지형, 풍토, 식량, 땔감, 피복, 진영, 병제, 여러 제조소 등 그 나라의 지리와 풍속을 상세히 조사해 명확히 하여 갑자기 전쟁이 일어났을 때 아군에게 최대한 이익이 되도록 미리 계획하고 일을 맡아서 주관하는 것이 파견장교의 임무임을 강조하고 있다.

「청국 주차장교 파견 및 담임예규」[314]는 제6조로 구성되어 있다.

제1조 정탐을 위해 청국에 파견된 자는 먼저 「파견장교수칙」, 「파견장교 병략상 정탐수칙」을 마음에 간직해 잊지 말고 명심하며 일반 정탐을 행하고 또 여행에서 지리를 자세히 조사해 등급을 결정하는 자로 한다.
제2조 파견장교를 나누어 두 종류로 한다. 공사관부 무관 장교는 외교상 관련된 사건 및 근본이 되는 정탐까지도 감시한다.
제3조 단속해야 할 자는 학식, 재능을 갖추고 청국 사정에 능통한 자, 영국, 독일, 프랑스어에 능통한 자, 또는 이전 파견사관 중에서 선발하여 맡긴다.
제4조 단속은 임기를 통상 5년, 주재자는 3년으로 한다.
제5조 주재자는 파견 전 본부에 출사하여 대략 4년간 제2국 제1과의 사무에 복무한다. 단 이 기간에 그 나라의 병제·지도·지지·인정·풍토 등을 망라하여 연구한다.
제6조 전조 주재자의 만기 귀조 뒤 남은 업무는 종료하고, 일단 부대 업무에 복귀하는 것을 통법으로 한다.

6월 23일, 육군경과 참모본부장은 「육군성 참모본부 내 장교 이하 해외 파견에 관한 취급방법」을 통해 해외 파견 절차 과정을 바꿔버렸다. "참모본부 내 장교 이하 관원을 해외로 파견할 때는 긴급을 요하거나 기밀과 관련된 건이 적지 않다. 타 관원의 파견과 균형을 맞추는 절차만 갖고는 지장을 초래한다. 이에 참모본부 내 장교를 해외로 파견할 때 육군장교에 대한 명령 과정을 면제한다는 예에 따라 육군경과 참모본부장이 서명하여 천황에게 상주, 윤허를 받아 직접 파견하기로 결정되었다."고 외무성에 알렸다.[315]

8월 19일, 해군성도 "일본 군비軍備의 참고를 위해 관리를 청국으로 파견해 실지 정탐을 행하고 있다. 이따금 긴급을 요할 때 종전의 절차대로 이행하게 되면 시기를 놓쳐 기회를 잃을 염려도 있다."[316]며 기밀과 관련된 청국 파견 첩보원에 한하여 해군성이 직접 처리하게 해달라고 천황에게 상주했다.

이로써 참모본부와 육군성·해군성 단독으로 첩보원을 해외로 내보낼 수 있게 되었다.

9월 9일, 청국 전권공사 시시도 타마키(宍戸璣, 1829~1901)는 외무성에 "1875년 5월부터 각 관원이 해외로 파견될 때는 용무와 출발일을 그 나라에 체류하고 있는 공사, 영사에게 알려왔다. 최근 내명內命을 받들어 파견된 자 등으로 인해 외교 업무가 어려워지고 있다."고 불만을 터트렸다. 외무성은 태정관에 이의를 제기했다. 내각 서기관은 다시 이전처럼 체류국 공사·영사에게 출발일과 용무를 알리는 대신 기밀 관련 부분은 밀봉해 전달하라는 명령317을 내려보냈다.

1875년부터 각 정부기관의 관리나 장교, 군인들을 첩보원으로 만들어 해외로 파견할 때는 태정관의 허가를 받아야 했지만, 참모본부가 육군성에서 분리되어 천황 직속(1878년 12월 5일)으로 들어간 뒤 절차 과정까지 흔들고 있었다. 기밀로 파견해야 할 첩보원을 확충하고 활동 영역도 넓어지면서 관리가 어려워지게 되자 외무성의 불만도 고조되었다. 이 점을 고려해 다시 외무성에 파견일을 알릴 것과 기밀 관련 사항은 밀봉해 전하라며 중재했다. 1879년부터 일본정부는 해외로 내보내는 첩보원들의 관리 시스템을 구축하고, 천황의 재가를 얻은 뒤 어떠한 제재도 받지 않고 즉각 간첩대와 첩보원들을 거리낌 없이 해외 각국으로 내보냈다.

육군문고에서 엮은 『병요측량궤전, 소지측량지부』 제5편에도 「정탐」에 대해 규정하고 있다.318 정탐은 측량과 해당 지역의 병요지리 사물 조사가 핵심이었다. 소지측량과 관련된 정탐은 측량지역에 있는 병요 사물을 조사해 지도 사용을 완전하게 만드는 것이 목적이었다. 모든 지도에 땅의 기복, 가옥의 밀집, 도로의 발달, 하천의 맥락, 산림, 못, 벌판, 현재 논밭의 상태를 일목요연하게 표현하도록 규정했다. 정탐 요목으로 천연물 즉 산지, 수지水地의 소재, 지질, 대기의 관계, 작전을 위한 천연 조형물 등. 종교, 풍속, 사람과 가축, 재판, 가옥, 재료, 농사, 공업, 상법, 사람과 말의 서식처, 양식, 기타 군수품. 교통 즉 육로, 수로, 노상의 장애물, 강을 건너는 법, 군수 물품 이동에 필요한 교통수단 등 군사작전의 이해득실을 참작해 정탐하고 기록했으며, 이 규정에 따른 정탐은 1945년까지 이어졌다.

1879년 참모본부 직원 현황

1879년 9월, 참모본부 직원들의 현황은 다음과 같다. 참모본부 본부장부터 외국에 파견되어 있는 첩보원, 어학생까지 한눈에 볼 수 있다.[319] 표로 알 수 있듯이 참모본부 요원 중 많은 직원이 청국으로 집중되었다.

참모본부 설립과 동시에 참모조직이 개편되었다. 개편 당초 관동국(시베리아, 만주, 캄차카), 관서국(조선, 중국 연해)으로 조선은 관서국 관할이었다. 1879년 8월 참모본부 조례가 개정되면서 조선은 관동국, 만주는 관서국으로 관할이 바뀌었다. 이 때문에 「1879년 직원표」에는 조선국에 파견된 공병중위 가이즈미즈오가 관서국과 관동국 양쪽 소속으로 기록되어 있다.

1879년 7, 8월에 관서국장 가쓰라 타로는 정세 판단을 위해 보병대위 와치 쵸닌和智重任, 보병중위 후쿠시마 야스마사福島安正, 공병중위 이쥬인 가네오伊集院兼雄 등과 함께 중국 북부를 정탐했다.

1879년 9월 1일에 작성한 참모본부 직원표

참모본부

본부장·장관 육군중장 야마가타 아리토모山県有朋
본부차관·장관 육군중장 오야마 이와오大山巖

관동국	총무과	관서국
국장 육군 보병대좌 堀江芳介 국원局員 육군 보병중좌 西寬二郎 同同 坂元純熙 同同 山根信成 同同 吉村守廉 同同 大嶋貞恭 同 보병대위 山内長人 同同 後藤常伴 同同 大久保利貞 同同 水野勝毅 同同 土屋光春 同 보병중위 西川政成 同 공병중위 瀨戸口重雄 同 포병중위 伊藤祐義 同 보병중위 中西千馬 同同 澄田定与 同 공병중위 海津三雄	총무과 과장 부관 육군 보병중좌 斉藤正言 전령사 육군 보병대위 岩下長十郎 同 참모중위 小坂千尋 同 기병중위 原田良太郎 차부관 육군 공병대위 古川宣譽 총무과료 육군 보병소위 東条英教 회계관 육군 회계군리 志和池堯行 同 회계군리 副塩谷信好	국장 육군 보병중좌 桂太郎 국원局員 육군 보병소좌 小川又次 同同 青山朗 同同 梶山鼎介 同同 林直英 同同 高橋維則 同 대위 山田有澤 同同 山田正 同同 和智重任 同同 益滿邦介 同同 水島安昌 同 중위 島弘毅 同 공병중위 橫地重直 同 육군중위 中村覺 同同 橋本謙作 同同 林照正 同同 福島安正 同 공병중위 海津三雄

부속제과

지도과	편찬과	번역과	측량과	문고과
과장(겸근) 육군 보병중좌 齊藤正言 과료 육군 공병중위 高瀨精	과장대리 육군출사 秋月新太郎	과장(겸근) 육군 보병소좌 酒井忠照 과료 7등 출사 松見斧次郎	과장 육군 공병소좌 小管智渕 과료 육군 공병대위 小宮山昌壽 同 關定暉 同중위 渡部当次 同同 早川省義 同소위 宇佐美宣勝	과장 육군 공병소좌 酒井忠照 과료 육군 공병중위 坂野助三

· 271

참모본부 어용괘御用掛	참모본부 출사出仕	외국 파견장교
육군 중장 鳥尾小弥太 同 (겸근) 육군 보병대좌 楫斐章 同 岡本兵四朗 同 滋野清彦 해안방어 단속위원 육군 보병대좌 今井謙利 同同 掘江芳介 同同 淺井道博 육군 보병중좌 桂太郞 同 보병중좌 牧野毅 同 黑田久孝 同 공병소좌 長嶺讓 同 小管智渕 同 보병소좌 高橋維則 同 공병중위 渡部当次 同 早川省義 同 보병중위 入江祐義	육군 보병대위 德久之成 同 大原里賢 同 志水直 同 土屋光春 육군 보병중위 島弘毅 同 長瀨兼正 同 공병중위 伊集院兼雄 육군 보병중위 福島安正 同 小泉正保 同 花坂円 同 田中謙介 同 공병소위 山根武亮 同 美代淸曜 同 포병소위 辻春十郞 同 공병소위 高瀨精 同同 福原信藏 同 보병소위 早川怡與造 同 포병소위 酒勾景信 同 玉井朧虎 同 보병소위 渡辺述	러시아 일본공사관부 육군보병중좌 山本淸 독일 유학 육군포병소위 辻春十郞 청국 북부 시찰 육군보병중좌 桂太郞 同 육군보병대위 和智重任 同 육군보병중위 福島安正 청국 福州 파견 육군 보병소좌 渡部当次 金州 파견 육군 보병대위 土屋光春 청국 남부, 新嘉坡로 파견 육군 보병소좌 梶山鼎介 同 육군 보병대위 山內長人 조선 파견 육군 공병중위 工兵中尉 海津三雄 청국 上海 주재 육국 보병대위 志水直 同 漢口 주재 同 大原里賢 同 北京 天津 주재 육군 보병중위 長瀨兼正 同 北京 주재 島弘毅 同 廣東 주재 相良長祐 同 北京 주재 육군 보병소위 花坂円 同 天津 주재 육군 공병소위 山根武亮 同 漢口 주재 同 小泉正保 同 廣東 주재 同 島村干雄 同 寧波 주재 육군 공병소위 美代淸曜 同 福州 주재 육군 보병소위 田中謙介 同 牛莊 주재 육군 공병중위 伊集院兼雄 청국 어학생 川上彦次, 杉山昂丈, 山口五朗太, 紫田晃, 御幡雅文, 關口長之, 大澤茂, 谷信敬, 平岩道知, 瀨戶晋, 原田政德, 小川忠彌, 沼田正宣, 末吉保馬, 西山謹三郞, 富地近思 등 16명

  1880년 2월 9일, 청국 주재 정보장교 이쥬인 가네오 외 2명에게 '올봄 여행 방향'과 구체적인 정탐 내용을 훈시[320]했다. 병부성이 창설되면서 시작된 첩보원들의 현지 조사를 통한 첩보 수집, 정탐을 **'여행'**이라 표현하며 참모본부에서 계획을 세워 목표지역의 물산과 지리, 해안과 항구의 상황, 군사, 병비, 군대 배치, 지도작성 등을 주요 임무로 하달했다. 다음은 『참모본부역사초안』의 기록이다.

공병중위 이쥬인 가네오에게 : 이번 봄 해로가 열리면 바로 톈진을 출발해 뉴좡牛莊에 주재하고 추위가 차츰 누그러들면 뉴좡을 출발해 하이청海城, 가이핑蓋平, 푸저우復州, 진저우金州를 거쳐 다롄만大連灣의 정황을 살필 것. 해당 지역의 물산은 물론 해당 만灣의 너비 등 거대·미세하게 정탐하고, 뤼순성旅順城까지 갔다가 그곳에서 바로 뉴좡으로 돌아올 것. 모든 통과지역의 약식도면과 보고서는 비밀훈령에 따라 수취 장소에서 지급으로 본부에 보낼 것

베이징 주재 보병소위 하나사카 엔花坂円[321]**에게** : 베이징을 출발해 미윈현密雲縣에 도착. 해당 지방에서 동쪽으로 향해 핑구平谷에 도착. 이 지역에서 쑤저우蘇州에 이르는 여정을 조사할 것. 마란관馬蘭關, 석문진石門鎭의 정황을 탐지하고, 여기서부터 쭌화遵化, 롼양灤陽을 거쳐 시펑커우喜峯口, 철문관鐵門關에 도착. 빙하馮河를 따라 쳰안遷安을 거쳐 베이징으로 돌아올 것. 통과하는 각 지역의 병비는 물론이고 물산 등을 정탐. 모든 통과지역의 약식도면과 보고서는 비밀훈령에 따라 수취 장소에서 지급으로 본부에 보낼 것

톈진 주재 공병소위 야마네 다케스케(山根武亮, 1853~1928)**에게** : 톈진을 출발해 바오딩부保定府에 도착. 허젠주河間州를 거쳐 산둥성山東省으로 들어가 웨이하이웨이威海衛에서 항구 내 정황과 해당 지방의 물산 조사, 병비 등을 정탐. 즈푸芝罘, 등주登州 등의 지방을 거쳐 해안을 따라 타이구太沽로 나와 해당 지방의 병영 및 현재 군사 인원, 배치 등을 정탐한 다음 톈진으로 돌아올 것. 모든 통과지역의 약식도면과 보고서는 비밀훈령에 따라 수취 장소에서 지급으로 본부에 보낼 것

1880년 3월, 가쓰라는 청국 재조사를 위해 오가와 마타지(小川又次, 1848~1909)[322]를 파견, 그동안 정탐한 보고문과 지도 등을 토대로 「대청작전책」을 작성했다. 이때 정탐한 루트는 일본이 청국과 전쟁을 치를 때 중요한

거점으로 활용되었다.

참모본부는 청국에서 수집한 정보를 체계적으로 선별 분리하여 1880년 11월 『인방병비략』을 간행했다. 이 책은 청국의 육군에 대한 구별, 각 지역에 배치되어 병력과 인원, 용병, 선로, 교통의 상황 등으로 정리되어 있다. 1889년 부도를 포함한 7권으로 보완해서 재간행했다.

조선어·중국어 유학생의 현지 첩보원화

1879년 1월 21일, 관서국장 육군중좌 가쓰라 타로는 관서국의 주요 임무인 국정을 정탐하고 정밀하게 지리를 조사해 지도를 제작하고, 시사 일반을 상세히 기록해 지리정지를 만드는 일을 더 잘 수행하려면 중국어, 조선어 통역을 양성할 필요를 느꼈다. 그는 통역 양성을 위한 의견서를 야마가타 아리토모 참모본부장에게 제출했다.

"사관학교에서 해당 국어에 능통한 인물을 배출하기 전까지는 먼저 임시로 약간 명의 생도를 모집해 어학생도로 연한을 정해 조선과 청국에 보내 어학을 배우게 하고 학업을 성취하면 육군에서 채용, 참모본부에 출사케 하여 중국어와 조선어 통역관으로 쓴다. 평시에는 사관학교 내에서 조선과 중국 등 어학과를 설치하여 교사로 쓰거나, 현지로 파견할 장교 통역으로 충당한다. 전시에는 참모본부 소속으로 해야 한다."

필요 인원은 "군단 본영 3명, 4사단 본영 8명, 6여단 본영 12명, 16연대 16명 합계 39명"으로 책정하고, 한꺼번에 이 인원을 보내기에는 비용이 많이 들어가므로 절반을 파견하기로 했다.

파견방식은 "절반 가운데 3분의 2는 청국에, 3분의 1은 조선에 보낸다. 조선 통역의 경우 현재 언어가 능통한 자가 있으면 바로 채용한다."

어학생도 파견 비용은 "청국 1인당 1개년 780엔, 총인원 14인 금액 10,920

엔, 조선 1인당 1개년 400엔, 총인원 6인 금액 2,400엔. 합계 13,320엔"으로 책정하고 바로 실행했다. 관서국 소속으로 어학생도를 선발해 1879년 12월 중국, 1880년 2월 조선에 보냈다.[323]

1879년 10월 21일, 관서국장 육군중좌 가쓰라 타로는 8조로 구성된 「청국어학생도 주의사항」을 만들어 제출했다. 청국 유학은 3개년이며, 어학생도로 파견되어 학업을 성취한 자는 반드시 육군에 봉사하며 통역에 복무할 것을 규정했다.

11월 13일, 어학생을 선발[324], 상하이에 주재하고 있는 육군보병 대위 시미즈 다다시(志水直, 1849~1927)가 이들을 관리했다. 11월 25일, 시바타 아키라紫田晃, 오바타 마사부미(御幡雅文, 1859~1912), 세키구치 나가유키関口長之, 오자와 시게무大澤茂, 다니 신케이谷信敬, 히라이와 도지平岩道知, 세토 스스무瀬戸晉, 하라다 마사노리原田政德, 누마타 마사노리沼田正宣, 스에요시 야스마末吉保馬, 구사바 긴자부로(草場謹三郎, 1858~1933), 도미치 긴시宿地近思, 오가와 츄야小川忠彌, 가와카미 히코지川上彦次, 스기야마 다카히로杉山昴丈, 야마구치 고로우타(山口五朗太, 1851~1902) 등 16명에게 청국 유학을 명하고, 12월 3일 베이징으로 보냈다.[325]

1879년은 청국 각지로 첩보원을 보내 조직적으로 정탐을 단행했고, 어학생을 보내 더욱 확대 보강했다. 1880년에는 현지에서 상행위를 하는 일본인을 조사요원의 영역으로 끌어들여 청국의 군사, 국정의 움직임을 은밀하게 정탐·수집했다.

1881년 2월 16일, 육군경은 참모본부에서 해외에 파견한 정보장교와 관리장교, 어학생의 수당금에 대한 의견을 태정관에 제출했다. 청국 주재 관리장교의 수당금은 1년에 은화 1,500엔, 각 지역 장교 1,000엔, 조선국 주재 관리장교 1,000엔, 파견장교 800엔, 러시아, 블라디보스토크 주재 파견관리 1,000엔이었다. 유학생 수당금은 청국과 러시아는 700엔, 조선은 1급 생도 430엔, 2급 생도 360엔, 3급 생도 300엔, 무급 생도 240엔이었다.

1881년 3월 30일, 각국 공사관부 무관 수당금은 러시아, 이탈리아, 독일 대좌 3,400엔, 중좌 3,200엔, 소좌 2,800엔, 대위 2,400엔, 중위 2,200엔, 소위 2,000엔, 이탈리아와 오스트리아 대좌 3,200엔, 중좌 3,000엔, 소좌 2,600엔, 대위 2,200엔, 중위 2,000엔, 소위 1,800엔, 청국 대좌 3,000엔, 중좌 2,800엔, 소좌 2,400엔, 대위 2,000엔, 중위 1,800엔, 소위 1,600엔으로 규정했다.[326]

1881년 7월 19일, 관동국장 호리에, 관서국장 가쓰라는 조선과 청국에서 주재하고 있는 첩보원들이 수집해 만들고 있는 현지 지리조사 도식과 보고문에 어려움이 있다는 의견서를 제출해 주재장교의 지리 실사 수칙서를 제정했다.

9월 30일, 관서국장 가쓰라 타로는 야마가타 아리토모 참모본부 본부장에게 장교들에게 중국어를 가르쳐야 한다는 의견서를 제출, 야마가타는 육군대신 오야마 이와오와 협의(1882년 1월 6일)하여 2월 21일 육군성에 사관학교에서 인접국의 언어를 가르칠 학과를 증설했다.[327]

어학생도 파견 뒤 참모본부는 가지야마(梶山) 소좌를 다시 청국 공사관부 무관으로 보내 주재하고 있는 정보장교와 어학생 등 첩보원들의 활동을 관리하게 했다. 이전에는 주재 정보장교가 어학생을 감독했으나, 공사관부 무관을 파견해 이들을 총괄 관리함으로써 청국 각지에 흩어져 있는 어학생의 학업 성취 여부와 첩보원들의 관리 감독을 위한 규정을 구체화했다.

일본공사관 서울 개설과 어학생의 첩보원 활동 시작

1880년 서울에 일본공사관이 개설되면서 육군장교가 주재하게 되었다. 공사관 주둔 장교의 임무는 1879년 6월에 만든 파견장교 수칙, 병략상 정탐 수칙 등 기본 골격이 적용된 첩보활동이었다.

1880년 2월 25일, 참모본부는 조선에 어학생도 다케다 진타로(武田甚太郎, 나가사키현 사족) 외 9명 쓰요시 쥰사쿠(나가사키현, 가와모토 쥰사쿠川本準作로 불림), 오쿠라 사다하루(小倉貞治, 오카야마현), 후루카와 이타로(古川猪太郎, 나가사키현), 이토 고지(伊東高治, 나가노현), 오카우치 가쿠(岡內恪, 에히메현), 다카야마 아쓰시(高山篤志, 지바현), 아카바네 헤이타로(赤羽平太郎, 도쿄부), 이케다 헤이노신(池田平之進, 가고시마현), 신죠 쥰테이(新庄順貞, 도쿄부)를 보냈다.[328]

10월 23일, 육군경 오야마 이와오는 태정관에 호리모토 레이조堀本禮造의 조선 파견을 신고했다.[329] 호리모토는 1878년 소위로 임관한 뒤 참모본부 요원으로 근무하고 있었다.

11월 11일, 참모본부 부원인 공병중위 호리모토 레이조를 조선 공사관부 무관으로 임명하고 어학생도와 첩보원들을 관리 감독하게 했다.[330]

호리모토 레이조가 일본정부에 낸 의견서 「일한교제론日韓交際論」[331]이 있다. 내용을 살펴보면 조선은 일본이 공업 기술부터 제도문물에 이르기까지 점차 발전하고 있음을 알지 못하고, 고루하며 옛 관습에 안주하면서 오히려 일본을 혐오하고 거부하며 '왜놈'이라 모욕하고 있다고 평했다. 하지만 "조선은 서양 각국이 기회를 엿보며 군침을 흘리고 있는 나라로 가난하고, 군대는 약하며, 지금의 세계 문명에 비해 크게 차이가 난다. 하지만 천연의 지세는 동양 정책과 관련되어 있어서 매우 중요한 위치를 차지하고 있다."며 조선과의 교제를 돈독히 해야 한다고 주장했다. 의견서를 쓴 연도와 날짜는 빠져 있으나 조선으로 건너온 뒤 쓴 것으로 추정된다.

1881년 4월, 조선은 부국강병의 일환으로 신식 군대를 조직하고 있었고, 변리공사 하나부사는 이 계획을 사전에 탐지하고 있었다. 하나부사는 민겸호閔謙鎬와 예조판서 홍우창에게 공병중위 호리모토 레이조를 병사 훈련에 능력이 있다며 추천했다. 참모본부의 첩보원 호리모토가 조선의 관리로 고용된다면 첩보활동을 더욱 원활하게 할 수 있다고 생각했다.

6월 8일, 조선 정부는 호리모토를 훈련교관으로 초빙했다.[332]

일본공사관이 서울에 주재(1880년)하게 된 뒤 공사관부 무관 호리모토, 참모본부에서 보낸 첩보원인 어학생도 등의 정보수집으로 만든 것으로 추정되는 「조선국 호구수 표 1881년 6월 조사」가 있다.

한성부 내를 5구로 나눈 경5부 76,723호, 경기도 228,171호, 충청도 397,223호, 전라도 570,442호, 경상도 816,089호, 함경도 187,909호, 평안도 465,242호, 황해도 296,964호, 강원도 206,815호 합계 3,245,578호로 기록. 인구수는 각 호구 수에 5인 가족으로 가정하여 16,227,890명으로 추정했다.

이어서 훈련도감 5,700명, 총융청〔總戎廳, 북한산성 방어〕2,000명, 금위영〔禁衛營, 수도방위〕2,000명, 어영청〔御營廳, 한양의 중앙 방어〕2,500명, 용호영〔龍虎營, 금군청으로 국왕을 지키는 친위대〕500명으로 기록하고, 병사들이 집에서 생업에 종사하다가 한 달에 4, 5일 교대로 번을 서고 있다고 주를 달아 놓았다.[333]

1881년 6월, 일본정부가 조사한 조선의 총 호구 수는 3,245,578호로 기록되어 있다.

1882년 3월, 호리모토는 조선 별기군 교련관으로 하도감에서 훈련을 맡았다.

4월 24일, 참모본부는 육군 보병대위 미즈노 가쓰키와 육군 포병중위 마쓰오카 도시하루松岡利治를 조선에 보냈다.[334]

6월 6일, 변리공사 하나부사는 호리모토와 마찬가지로 이들을 조선의 교련관으로 고용시키고자 다방면으로 애쓰고 있다고 외무경 이노우에 가오루에게 공문[335]을 보냈다. 하지만 7월 23일 군 개혁에 불만을 품은 무위영, 장어영의 병졸들이 일으킨 임오군란으로 호리모토는 살해당하고, 참모본부가 계획한 미즈노와 마쓰오카, 지하라를 조선 별기군의 교련관으로 밀어 넣으려던 계획은 무산되었다.

임오군란 당시 참모본부에서 보낸 어학생도 가운데 하도감에서 통역을 하며 첩보활동을 하고

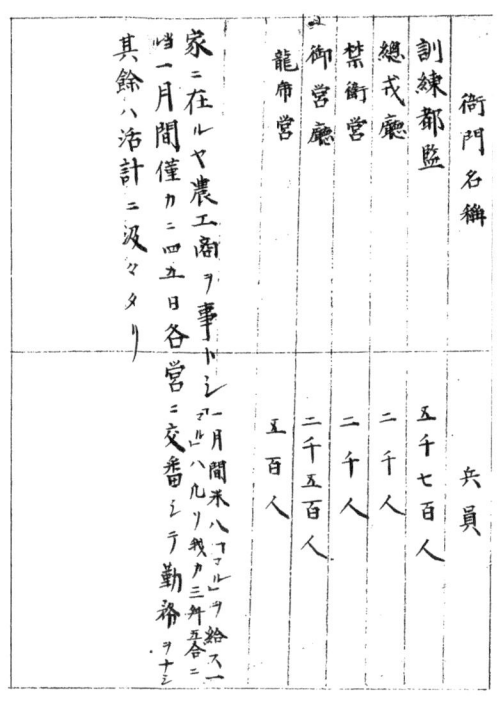

1881년 6월, 일본정부가 조선의 훈련도감, 총융청 등 오군영의 병사 수를 조사해 기록으로 남겨두었다.

있던 이케다 헤이노신, 오카우치 가쿠, 사비 유학생 구로사와 모리노부黒澤盛信가 일본공사관으로 돌아오는 길에 남대문에서 죽었다.[336] 이들 어학생도는 군인 신분은 아니었으나 신일본 정부 최초로 해외에서 일어난 변란으로 사망했다 하여 전사자로 취급, 공사관부 무관이자 국가가 공인한 첩보원 호리모토 레이조와 함께 1882년 11월 2일 야스쿠니 신사에 합사되었다. 전사자로 대우한 이유가 이들이 단순한 어학생도가 아니라 첩보활동을 하다 죽어 공로

를 인정한 것으로 보아야 한다.

어학생도들은 임오군란 이후 조선 여행 자유화 조항을 이용해 일본이 보낸 첩보원들의 통역으로 한반도 정탐조사에 참여했다. 특히 가와모토 쥰사쿠, 다케다 진타로, 아카바네 헤이타로, 신죠 쥰테이 등의 활동이 두드러진다.

1883년 9월 12일, 가와모토와 다케다는 참모본부 어용괘〔御用掛, 궁내성 기타 관청의 명령을 받고 용무를 수행하는 직〕의 직함으로 통역하며 월급 25엔, 여비와 수당은 1880년 조선국 파견장교 급여표 속 통역금액[337]에 따라 지급받았다. 이후 신죠 쥰테이는 1920년에 간행된 『조선어사전』의 집필진으로 참여하기도 했다.

공사관부 무관 호리모토 레이조와 이소바야시 신조, 어학생도 이케다 헤이노신, 오카우치 가쿠, 아카바네 헤이타로 등은 단순히 외교관이나 어학생도 신분으로 조선에 와 있었던 것이 아니다. 참모본부의 명을 받고 조선에서 첩보활동을 하다가 임오군란과 갑신정변〔1885년 4월 28일 야스쿠니 신사에 합사. 갑신정변 때 죽은 이소바야시와 아카바네 등〕 때 조선 민중에 의해 살해당했다.[338] 당시 조선정부는 이들의 간첩행위를 밝히고 일본정부에 항의를 했어야 함에도 오히려 장례를 치러주고 그 죽음에 대해 피해보상을 했다. 오늘의 역사는 그들이 조선에서 첩보활동을 하다가 죽었다는 것을 명확히 밝히고 기록해야 한다.

5. 임오군란, 일본에겐 다시 없는 기회

1881년 4월, 조선은 5군영제를 폐지해 무위영과 장용영 2군영으로 개편하고 신식군대 별기군을 창설했다. 군제 개편으로 5군영 소속 군병 대부분이 일자리를 잃었다. 급료 등에서 별기군을 우대하고 무위영과 장어영 군병들의 대우는 열악했다. 5군영 소속 군병들은 13개월이나 군료를 받지 못해 불만이 들끓고 있었다.

1882년 6월 초, 무위영 소속의 훈련도감 군병에게 한 달분의 군료를 지급했으나 양도 모자라거니와 겨와 모래가 섞여 있는데 항의했다. 시위가 격렬해지자 주동자를 잡아 혹독한 고문을 가한 후 처형했다. 이에 격분한 군병들의 소요가 폭동으로 번져나갔다. 개화파와 수구파의 반목, 관료층의 부패, 군제개혁으로 고조된 불만, 일본의 경제침략에 대한 불안 등이 임오군란의 배경이 되었다.

7월 23일, 군병들은 동별영과 경기감영의 무기고를 습격하고 척신과 개화파 관료의 집을 습격했다. 이어 일본공사관을 포위, 습격해 공사관 소속 순사, 공사관원 등이 죽고, 하나부사 일행은 인천으로 피신했다가 영국 측량선의 도움으로 나가사키로 도망갔다.

공사관부 무관이자 별기군 군관으로 파견되어 있던 호리모토 레이조를 비롯해 참모본부에서 1880년 2월에 파견한 어학생도 오카우치 가쿠, 이케다 헤이노신 등은 하도감에 있다가 죽었고, 이들이 공격받고 있다는 소식을 듣고 달려온 3명의 일본 공사관 순사를 포함해 이 사건으로 14명의 일본인이 죽었다.

위안스카이袁世凱가 이끄는 청군 3,000명이 군란의 진압을 위해 서울에 주둔하게 되면서 청의 지배력이 강화되었다. 일본은 1,500명의 군대를 이끌고 제물포로 들어와 피해보상과 거류민 보호를 내세우며 교섭을 추진했다. 군란을 빌미 삼아 그동안 해결하지 못한 통상 특권, 치외법권, 개항장 요구를 한꺼번에 해결하려 들었다. 일본은 임오군란을 십분 활용해 8월 30일 체결된 제물포조약으로 일본에 대한 배상금 지불, 공사관 경비를 위한 일본군 주둔 허가, 공사와 영사 및 수행원, 그 가족의 조선 내 여행권을 손아귀에 틀어쥐었다. 공사관 경비를 위한 1개 대대 병력의 서울 주둔은 청국과 일본의 무력충돌 위험의 요소를 높이게 되었다.

첩보원이 본 임오군란의 첫날

1882년 4월 24일, 육군 보병대위 미즈노 가쓰키와 육군포병 중위 마쓰오카 도시하루는 첩보원으로 조선에 들어왔다.[339] 두 사람 외에 육군 보병군조 치하라 히데사부로千原秀三郎의 파견은 태정관 기록에 남아 있다.[340] 이들이 조선에 온 목적은 지리 측량과 정보수집이었다. 일본은 저들이 불리할 때는 정부 차원에서 한 일이 아니라 군부가 독자적으로 행한 일이라 발뺌하고 있다. 하지만 신일본 정부 초기 육군성과 참모본부는 독자적으로 움직이지 않았다. 태정관, 외무성, 육군성, 해군성, 대장성 등이 하나가 되어 협의하며 도움을 주고받았다.

4월 22일, 미즈노 대위는 조선에 가라는 공식 명령이 내려오기 전에 휴대할 목록으로「한성도」3엽,「조선 서해안 소릉근방 약도」등을 육군성에 제출했다. 목록은 조선전도와 부록 1첩, 병학교정, 공무정표, 하사복역규칙, 목측(目測, 스케치) 연습법 약칙, 일본 병제연혁지, 서양전법 연혁지 등 1부씩이었다.[341] 이들이 소지할 목록을 보면 모두 지지략을 만드는데 기초가 되는 것들이다. 목측 연습법은 측량을 위한 기본 자료이며, 연혁지는 첩보 수집의 요소를 찾고 기록하기 위한 것이었다.

변리공사 하나부사는 호리모토 레이조처럼 미즈노도 조선 군대에 교련관으로 고용될 수 있도록 공작을 펼치며 시기를 엿보고 있었다.

미즈노 가쓰키, 마쓰오카 도시하루, 치하라 히데사부로는 1882년 「조선경성도」를 만드는 등 조선에 들어온 뒤로 지리 측량과 지도 제작, 정보수집에 열을 올리고 있었다. 지도는 중앙 약간 아래 서울 시가지를 묘사하고 북쪽에는 지세가 험해 적을 막기 편리하고 적이 쳐들어오기 불리하게 만들어진 북한산성을 크게 그려놓았다. "이 지도는 조선 서울 체류 중 북한산성, 남산, 백악산, 원교산 등 산 넘고 물 건너 걸으며 눈으로 직접 보고 스케치하여 상상한 한성도를 교정함으로써 비록 완전하지 않으나 오늘에 이르러 조금이나마 보충되기를 바란다."[342]는 주기가 달려 있다.

1882년 5월, 미즈노는 『도쿄지학협회보고』에 「조선 경성의 풍속」[343]을 기고했다. 내용은 가이즈 미즈오가 1879년 12월 20일 지학협회에서 연설한 「한성풍속」의 내용과 비슷하다. 앞부분은 베낀 듯이 똑같다. 가이즈와 미즈노는 조선 사회를 "조선의 풍속을 개략적으로 말하면 구습을 깨뜨리고 신규를 시작하는 것을 좋아하지 않는다. 대체로 고루한 풍습에 안주하는 자가 많다. 특히 자국을 높이고 외국을 천하게 여기는 정도가 심하다. 인민의 성질은 일반적으로 나태하여 오늘만 있고 내일이 있는지 모르는 것 같다."며 고루하고 나태한 이미지를 전면에 내세우고 있다.

둘 다 참모본부 소속 첩보원이므로 같은 교육을 받았겠지만, 대체로 이 시기 일본인들의 조선 인식의 경향이 이와 같았다. 외무성의 고급 관료들이 창립 핵심 멤버로 구성된 도쿄지학협회는 병요지지 제작과 지도 수집·제작, 첩보 수집의 최전선에 있던 참모본부, 육군성, 해군성과 긴밀하게 공조하고 있었으므로, 첩보원들이 수집한 비밀스러운 내용도 이 협회 내에서 은밀하게 공유하고 있었다.

미즈노, 임오군란 당일 기록

1882년 7월 23일(음6월 9일), 임오군란이 터졌다. 조선에 온 미즈노 대위 일행의 임무가 무엇이었는지는 보고서 「미즈노 대위 필기 조선사변의 개황」[344] 첫머리에 명확하게 적어놓았다.

"7월 23일, 마쓰오카 도시하루 중위 일행이 제물포 측량을 위해 출발하므로 오전 5시에 일어나 앞문 안에서 이들을 보냈다. 나는 2주일간 걷지도 못할 만큼 지병인 치질을 심하게 앓고 있었다. 대략 열흘을 문밖에 나가지도 못했는데 이날 비로소 경쾌해졌다."

보고서의 시작은 미즈노가 평상시 하고 있던 일을 적고 있다. 오전에는 조선사람이 호리모토 레이조 중위를 만나겠다며 청수관에 왔는데 미즈노는 그가 오늘 청수관에 오지 못한다는 전갈을 보내왔다고 답했다. 찾아온 조선인은 하나부사 공사에게 돈을 받기로 호리모토와 미리 말을 맞춰두었다고 했다. 미즈노는 호리모토가 부재중이니 따로 주선하기 어렵다며 액수가 얼마인지를 묻고 답하는 내용이다.

"오늘은 우선 20냥을 가지고 가는 것이 어떻습니까"라고 하니, ○○가 "호의에 감사합니다. 저는 원래 60냥을 바랐지만 20냥 역시 오늘의 어려움을 넘기기에 충분합니다. 40냥은 조만간 호리모토 군과 함께 대형의 주선을 부탁합니다."라고 했다[내가 60냥의 돈을 지불하지 못해서가 아니라 이들 무리를 기르는 것은 마치 매를 기르는 것과 같으므로 일부러 한꺼번에 그의 바람을 채워주지 않았다. 오늘 그가 조선세도朝鮮細図를 가지고 오지 않았기 때문이다]. 그는 가슴에서 서너 장의 경지[經紙; 經文을 베끼는 종이]를 꺼내 "이것은 대원군이 경상도, 강원도의 격당激黨과 비밀리에 계약한 것입니다. 제가 몰래 훔쳐 온 것이니 결코 타인에게 보여주어서는 안 됩니다. 오직 대형과 공사가 몰래 보십시오."라고 말했다.

하나부사를 위시해 호리모토 등은 조선사람을 매수해 정보와 조선의 상세지도를 수집하고 있었음을 보여준다. 대원군과 어떤 무리가 맺은 계약문서를 몰래 훔쳐 일본에 전해주었다. 문서에는 일본과 서양을 쫓아버리기 위한 방책이 들어 있었다.

첫째, 일본이 거함을 갖고 있으나 우리 연해의 수심이 얕아 육지 접근이 어려우며 수군으로 능히 당해낼 수 있다.
둘째, 무기는 조총이 첫 번째이니 초석硝石을 굽고 납을 채굴해서 탄약을 저축해야 한다. 어느 곳에는 초석이 많고 어느 곳에는 납이 많다.
셋째, 지금 급선무는 장병을 모집하는 일이다. 귀족과 대신의 종복은 신체 건강하고 의젓한 인물이니 이들을 모집하면 수천의 정예병을 얻을 수 있다.
만약 이 계약을 위반하는 자가 있으면 천신과 함께 이를 벌하겠다.

이 내용 외 두 가지 책략이 더 있었으며, 크게 얻을 내용이 있는 것으로 보아 결코 평범한 자가 작성하지 않았을 것이라고 써 두었다.
　미즈노와 조선인 간자(?)는 말이 새어나갈 것을 우려하여 통역을 쓰지 않고 필담을 나누었다. 그는 "모레는 지도를 가지고 오겠으니 40냥은 꼭 주선해 주시기 바랍니다."는 말을 남기고 돌아갔다. 미즈노는 그가 준 서류를 참모본부에 보내기 위해 지하라 군조에게 복사를 명했다. 조금 지나 하나부사 공사가 불러서 가보니 윤웅렬과 차비관이 보낸 전갈을 보여주었다.
　윤웅렬이 보낸 전갈은 "난류亂流의 무리들이 군대와 작당하여 지금 싸우려 하고 있다. 공사관의 여러분을 범하려는 생각이 있는 것 같으니 우선 스스로 방비하고, 만약 직접 범하여 사악한 지경에 이르면 총을 쏘고 칼을 사용하여 환난을 피하라."
　차비관(差備官, 李承謨)의 전갈은 "뜻밖의 난리가 일어나 조선 정부가 호위해 줄 수 없을 만큼 사태가 심각하니 스스로 방비하라."는 내용이었다.

조금 지나 성난 군병의 습격으로 공관의 식료품 창고에서 불길이 번지기 시작했다. 미즈노는 이때 검무를 추며 시 한 수를 읊었다고 자화자찬해 두었다.

내가 가진 3척의 보검 날이 서 있다.
몇 해 동안 피 맛을 보지 못했다.
서울의 오늘 밤은 한바탕 꿈
자주빛 칼날에 개와 양이 죽임을 당하리라.

하나부사와 미즈노 등 공사관 직원들은 공당(청수관)에서 버티기 어렵다고 판단하고 훈장을 꺼내 가슴에 붙이고, 중요서류를 담아두는 가죽가방은 불태워 증거를 없앴다. 공사와 함께 서울을 빠져나가기로 하고 욱일기를 꺼내 들고 공당에 석유를 뿌려 불을 지른 뒤 빠져나와 남대문, 양화진, 경기감영, 제물포, 월미도에서 작은 배를 타고 나가 있다가 영국의 측량선 비어호(The Flying Fish號)를 만나 구조되어 7월 29일 밤 11시 반 무렵 나가사키에 도착하는 것으로 보고서는 끝을 맺었다. 30일 미즈노는 참모본부에 임오군란 발발에 대한 보고를 타전함으로써 일본정부에 알려졌다.

4월 조선에 첩보원으로 파견되어 지리 측량과 정보수집을 하다 갑작스럽게 발생한 임오군란으로 일본으로 돌아온 미즈노 일행은 외무성에서 주는 특별수당 300엔, 내각에서 주는 훈장과 사례금을 받았다. 조선에서 전력을 다해 싸운 공훈으로 미즈노 대위는 훈4등 훈장과 사례금 400엔, 지하라 군조는 훈7등 연봉이 인상되어 60엔을 받았다.

이후에도 미즈노는 조선 정부에서 주는 상금도 받았다.

1895년 10월 22일, 고종이 말했다. "일본 육군 보병대좌 미즈노 가쓰키는 병졸들을 훈련시키고 비류들을 진압하느라 여러 해 동안 수고했으니 매우 가

상하다. 그가 귀국하는 때에 상금 200원을 주어라."³⁴⁵

임오군란 이후 체결된 제물포조약은 이전부터 암약해 오던 일본의 첩보원들이 본격적이고 집중적으로 활동할 수 있는 판을 깔아주었다. 이때까지는 사절단으로 조선에 오는 공사의 수행원이나 일행으로 위장해 함께 들어와 소극적으로 활동하며 해안에서 가까운 곳이나 배가 닿는 지역까지 등 제한적으로만 돌아다니던 첩보원들은 조선 전역을 대놓고 돌아다닐 수 있게 되었다.

일본 참모본부 창립 후 첫 동원령 발동

1882년 7월 23일, 임오군란으로 일본공사관에서 몸을 피한 하나부사를 위시하여 수행원, 외무성 관리 등은 인천으로 도주해 영국 측량선을 타고 7월 29일 나가사키에 도착했다. 7월 30일, 미즈노 대위는 소가(曾我) 참모본부 차장에게 전보를 보냈다.

"7월 23일, 오후 5시 역도 수백 명이 화살, 돌, 총을 쏘며 갑작스럽게 공사관을 습격해 불을 질렀다. 전력을 다해 방어하며 7시간이 지났으나 정부의 구원병이 오지 않았다. 밤 12시 그곳을 돌파하고 나와 왕궁에 이르렀으나 문을 열어주지 않았다. 부득이 인천부로 피해 쉬고 있는데 불의의 습격으로 동행한 병사들 중 사상자가 발생, 제물포에서 배를 타고 나갔다. 26일 남양만에서 영국 배의 도움을 받아 나가사키에 도착했다. 23일 역도들이 왕궁과 민왕후와 민겸호의 저택을 습격했다고 들었다. 호리모토 중위와 어학생 이케다 헤이노신, 오카우치 가쿠의 생사를 상세히 알지 못했다. 하사관과 마쓰오카 중위, 지하라 군조, 다케다 진타로는 무사하며 하나부사 공사, 곤도 서기관도 모두 무사함."³⁴⁶

조선 파병 위한 첫 번째 동원령

미즈노의 보고를 받고 곧바로 동원령이 내려졌다.

7월 30일, 비상소집으로 열린 내각회의에서 야마가타 아리토모와 구로다는 즉각 육군을 파병해 개전하자고 주장했다. 반면 외무경 이노우에 가오루는 "먼저 함대만 파견해 담판한 뒤 출병 문제를 다시 논의하자."며 서양 열강을 의식한 발언을 했다.

7월 31일, 변리공사 하나부사와 서부감군부장 육군소장 다카시마 도모노스케(高島鞆之助, 1844~1916, 사쓰마번)에게 1대대의 호위 병력을 이끌고 조선으로 가라는 명령이 내려왔다.

8월 1일, 다카시마의 수행원으로 육군 보병대좌 호리에 요시스케(堀江芳介, 1845~1902, 조슈번), 육군 보병소좌 히시지마 요시테루(比志島義輝, 1847~1927, 사쓰마번)에게 파견 통지가 하달되었다.

8월 2일, 서부감군부에 변리공사 하나부사의 호위 출장을 위한 3중대 중 1중대가 먼저 출발하라는 통첩이 전해졌다.[347] 조선에서 첩보원으로 활동 중 하나부사와 함께 나가사키에 도착해 보고서를 제출했던 미즈노 가쓰키도 함께 조선으로 다시 들어왔다.

8월 5일, 소가 참모본부 차장은 중국의 공사관부 무관 가지야마 소좌에게 전보를 발송했다. "조선 일에 대해 청국 정부와 리훙장李鴻章은 스스로 속국이라 칭하는 관계를 명확히 하기 위해 사절 또는 군대를 파견할 것이다. 이러한 점을 고려해 공사 등과 교제하며 충분히 정탐해 보고하라."[348]

8월 7일, 내각회의에서 야마가타 아리토모는 "빠르게 담판해야 할 때가 되면 우리 군대로 개항장을 점거하고, 또는 시기에 따라 요충지인 여러 섬을 점령하여 배상 요구의 저당으로 삼음은 공법상 허락하는 바"라며 강경 대응을 피력했다. 조선정부에 중요한 과실이 있을 때는 거제도 또는 울릉도를 일본에 할양하게 하고, 인천항 기타 편의적 요충지를 점거해야 한다는 의견을 내놓았다.[349]

8월 9일, 후쿠오카에 있는 구마모토 진대를 주축으로 혼성여단을 편성해 조선 출병을 준비하게 했다. "조선 사건에 대비하기 위해 육군소장 구니시 요리마사(国司順正, 1842~1890, 조슈번. 1882년 2월 당시 육군소장으로 진급 구마모토진대 사령관에 취임)의 지휘하에 도쿄 헌병대 병졸 40명, 약간의 사관과 하사, 도쿄진대 기병대 대대 중 1소대를 후쿠오카 지방으로 출장, 구마모토진대 여러 병력을 후쿠오카 지방으로 행군하게 하고 이들을 합해 혼성여단을 편성하도록 알림. 소가 참모본부 차장의 전보 2통은 구마모토진대 출정 여단편제 때 아사다淺田 대위를 참모로 내정"350

8월 11일, 보병대좌 아자이浅井가 포병국의 지도 대여 여부를 문의했다.

"조선국 팔도이정도, 자한성지제물포약도自漢城至済物浦略図, 자고온포지한성약도自古温浦至漢城略図, 한성도, 종강화도초지진지강화부노상도從江華島草芝鎮至江華府路上図, 종통진지한성목격도從通津至漢城目擊図, 조선강화도 내 강화부성도朝鮮江島内江華府城図, 조선지지, 초고초역草稿抄訳, 종양화진지제물포도楊花鎮至済物浦図"351

모두 강화도를 통해 조선의 수도로 들어가는 지도다. 대부분 가이즈 미즈오와 해군성 측량요원이 1878년부터 1879년까지 하나부사와 개항장 선정을 위해 파견될 때마다 돌아다니며 수집하고 측량해서 만든 지도였다.

이것이 참모본부 창립 후 첫 번째 동원령352이었다. 혼성여단을 편성해 전쟁 준비를 마쳤으나, 출병 전 8월 30일 제물포조약을 조인함으로써 실행되지는 않았다.

1882년 8월, 전시측량반 편성

1882년 8월, "전시측량반 복무 임시 개칙" 13개조를 제정했다.353 이것은 1882년 7월 23일 임오군란에 대한 보복으로 조선에 군대를 파병하기 위해 혼성여단 편성 계획이 세워졌다.

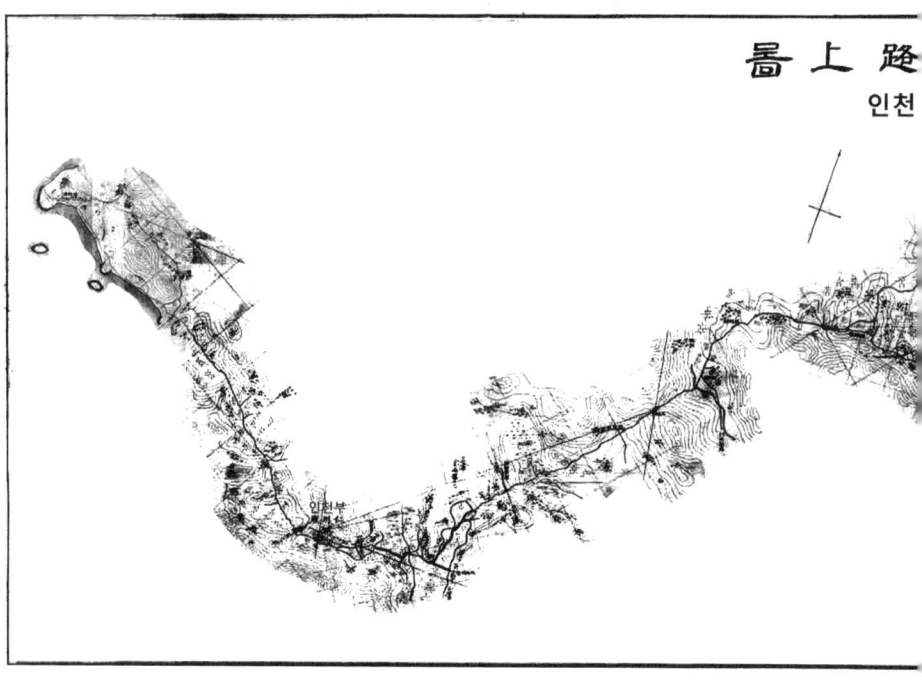

1882년 8월, 임오군란 뒤 일본 전시측량반에서 노상측도법으로 만든 인천에서 서울까지 「종인천 지한성 노상도」

전시측량반 복무 임시 개칙의 주요 내용은 다음과 같다.

제1조 전시측량반은 참모부 소속으로 참모장의 지휘를 받아 적국에 침입해서 지나가게 될 토지, 공략할 요새, 도읍을 측량해 참모 지도를 제조하는 것을 임무로 한다.

제2조 측량반의 인원을 "반장 대위 1명, 측량수 중·소위 4명, 부측량수 하사관 또는 문관 8명, 도수 하사관 또는 문관 2명, 서기 하사 1명"으로 정한다.

제3조 측량반이 측량할 지도의 비례 척도는 총도 1 : 5만, 1 : 2만으로 한다. 가장 중요한 진지陣地의 경우 정밀을 요하는 것이라면 1 : 1만으로 할 것

제4조와 제5조는 측량법에 대한 규정으로, "총도의 도근측량[図根測量, 지형측량의 기준점이 부족할 때 보조 기준점을 결정하기 위한 측량]이 있으면 신속측법에 따

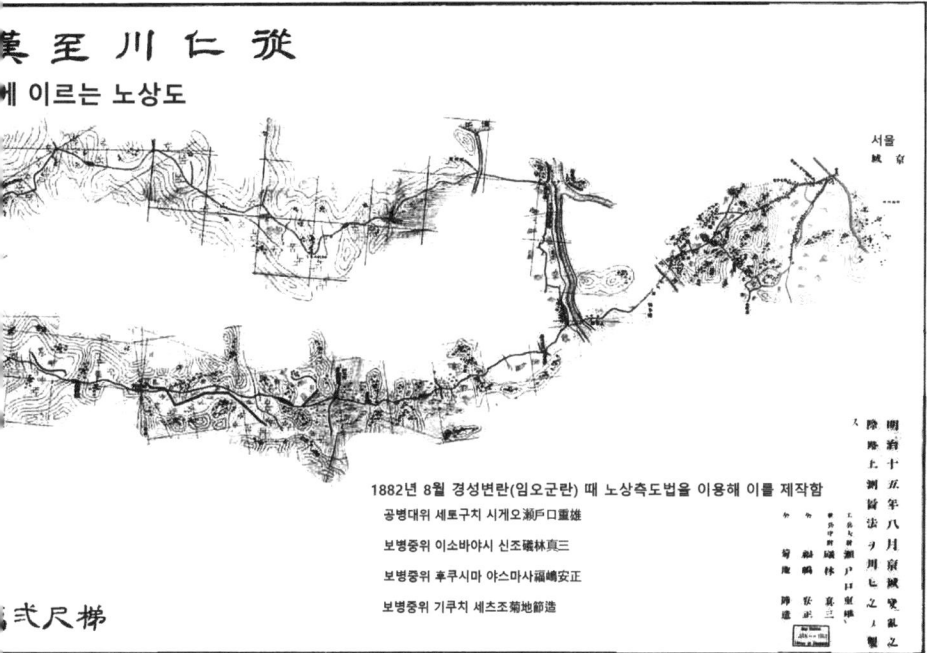

1882년 8월 경성변란(임오군란) 때 노상측도법을 이용해 이를 제작함
공병대위 세토구치 시게오瀨戶口重雄
보병중위 이소바야시 신조礒林真三
보병중위 후쿠시마 야스마사福嶋安正
보병중위 기쿠치 세츠조菊地節造

름. 쇄부측량碎部測量에서는 스케치법〔目測法〕에 따른다. 분도分図는 신속측법과 정탐측법을 이용할 것"

제6조는 반장, 제7조는 측량수, 제8조는 부측량수, 제9조는 도수, 제10조는 서기, 제11조는 측량원의 임무를 규정했다.

전시측량반은 급히 조선에 파견되어 인천에서 서울까지의 「종인천 지한성 노상도從仁川至漢城路上図」를 만들었다. 조선 내 군란으로 서울을 급히 빠져나온 하나부사가 다시 조선에 올 때 수행했던 공병대위 세토구치 시게오瀨戶口重雄, 보병중위 이소바야시 신조礒林真三, 후쿠시마 야스마사福嶋安正, 기쿠치 세츠조菊地節造가 인천에서 서울 진입을 위해 만든 1 : 2만 축척 지도다. 지도에 "1882년 8월 경성변란〔임오군란을 일본은 이렇게 표현〕때 노상측도법을 이용해 이를 제작함"이라 기록되어 있다. 전시측량반의 복무 규칙에 입각해 만든 지도였다.

일본정부는 서울 점령을 목표로 인천에서 서울로 가장 빨리 들어갈 수 있는 길을 찾고 지도를 만드는 데 늘 혈안이 되어 있었다. 1894년 6월 조선 무력 침략 당시 이 지도보다 더 정밀하고 빠르게 들어올 수 있는 육로와 해로 정보와 지도를 만들어 인천과 서울을 점령했다.

8월 16일, 오후 8시 하나부사는 참모본부의 관동국과 관서국의 고위급 간부를 포함한 수행원 일행과 호위병 1중대를 이끌고 인천부를 출발해 양화진을 거쳐 서울로 들어왔다. 임시 공사관을 남부 이현으로 정했다.

이날 호리에 대좌, 마쓰야마 소좌는 조선에서 일어난 사건의 관찰 정황에 대해 야마가타 아리토모 참모본부장에게 상세하게 보고했다. 폭동이 일어난 원인, 폭도들에 의해 살해된 조선 관료 등 서울의 상황과 제물포로 상륙해 수도 입성 과정도 포함되어 있었다. 만약 출병할 경우 서울 점령은 물론이고, 청국과의 충돌 가능성을 예상하며 평양 점령의 필요성을 설파했다.

"만약 담판이 깨져 병력을 보내게 된다면 보병 1연대, 공병 1중대, 산포 1소대면 한성을 도륙하기에 충분할 것이다. 하지만 혹시 과연 청국과 연관된 일이 발생하면 그 여하에 따를 것이니 반드시 약간의 군병과 군함을 대동강 하구(이곳 하구는 늘 중국 상선이 왕래하는 곳이다)에 파견해 평양을 점령할 필요가 있다. 또 간섭 여하에 따라 크게 전함과 군대의 출병이 필요한지 정부가 명료하게 살펴야 한다."[354]

8월 20일, 청나라 군대는 대원군을 납치해 톈진으로 데려갔다. 이날 하나부사는 호위병 3중대와 서울로 들이닥쳤고, 1중대는 제물포와 인천부에 머물게 했다. 군대를 이끌고 서울로 온 하나부사는 고종을 알현한 자리에서 일본의 요구서를 올리고 3일 내로 답변하라고 겁박했다. 다음은 요구서의 내용.

- 조선 정부는 20일 이내에 폭도를 체포해서 주모자를 엄벌할 것. 이들을 심판할 때 일본 관리를 입회할 것
- 피해자 가족의 생계유지를 위해 5만 엔을 지불할 것
- 일본정부에 손해배상금 50만 엔을 매년 10만 엔씩 나누어 낼 것
- 일본공사관 보호를 위해 일본 병력을 주둔시키고 병영건축과 수선 비용을 부담할 것. 단 1년 뒤 일본 공사의 재량으로 병력을 철수할 것
- 조선 정부는 국왕의 친서와 사죄 사절단을 파견할 것
- 원산진, 동래부, 인천부의 조약 규정은 향후 조선의 리里 50리를 2년 뒤 1백리로 확장할 것. 그리고 1년 후 무역을 위해 양화진을 개항할 것
- 공사·영사 그 소속원, 가족은 예조에서 발행하는 여권을 휴대하면 자유롭게 내지를 여행하게 할 것

본 조약 외 2개조의 수호조규 속약은 임오군란과 직접 관련이 없는 내용으로 이루어져 있었다.

> 제1관 부산, 원산, 인천 각 항구의 통행이정을 이제부터 사방 각 50리로 넓히고, 2년이 지난 뒤 다시 각각 100리로 한다. 지금부터 1년 뒤 양화진을 개시한다.
> 제2관 일본국 공사와 영사, 그 수행원과 가족은 마음대로 조선의 내지 각 곳을 유력(遊歷, 여행)할 수 있다. 여행할 지방을 지정하면 예조에서 호조(護照, 여행허가증)를 발급하고 지방관청은 증서를 확인하고 호송한다.[355]

일본정부는 조선과 협의를 거쳤다고 하나 군란의 책임과 일본인 살상에 대해 책임질 것을 물고 늘어졌다. 일본의 요구대로 8월 30일 제물포에서 담판을 끝내고 임오군란의 뒤처리를 위한 내용으로 구성된 본 조약 6개조 외에 수호조규 속약 2개조에 조인했다. 일본 군대의 주둔 항목이 들어 있는 조약과 속약 2개조는 일본의 이권 확보와 첩보원의 정탐 활동에 편리함을 꾀하기

위한 강압적인 요구였고, 불평등조약이었다.

1876년 강화도조약 이후부터 일본정부가 끈질기게 요구했던 조선 내륙여행과 일본이 물고 늘어졌던 문제들이 단번에 해결되었다. 1883년부터 참모본부에서 은밀하게 보낸 첩보원들은 외교관의 수행원으로, 공사관부 무관으로 활동하며 조선 내륙여행 자유화를 이용해 조선의 산과 들, 마을을 마음대로 돌아다니면서 첩보를 수집하고 지도를 제작하는데 날개를 달아준 꼴이 되었다. 이로써 첩보원들의 활동 영역이 조선 팔도로 넓어졌다. 외국인에게 인정되지 않았던 내륙여행과 외교 특권으로 공사와 영사의 수행원, 학자, 학생, 기사를 위장한 첩보원들에게 발급해준 '호조護照'는 조선의 극진한 보호를 받으며 정세, 군사·지리정보 등을 낱낱이 털어갈 수 있는 길을 대놓고 열어주었다.

제물포조약 체결 뒤 참모본부가 보낸 첩보원인 이소바야시 신조는 서울 공사관, 가이즈 미즈오는 원산 영사관, 와타나베 쥬츠는 부산 영사관 소속원으로 위장해 조선 팔도를 헤집고 다녔다. 이후 첩보원들 뿐 아니라 일본 민간인들의 조선 현지 조사와 정탐을 위한 여행과 답사, 정세 파악도 암암리에 이어지고 있었다.

4부

일본 간첩대, 이겨 놓고 침략한다

1. 1883년, 어둠 내리깔린 한반도

'외방도', 비밀에 싸인 침략지도

지리정보는 바로 군사정보다. 일본은 메이지 초기부터 동아시아 지리정보를 수집해 왔다. '외방도'는 신일본 정부 초기부터 1945년 8월까지 일본 육군, 참모본부, 육지측량부가 군사 목적으로 전쟁, 식민지 통치를 위해 비밀리에 제작한 조선, 만주, 몽골, 중국, 시베리아, 아시아 태평양지역 등에서 제작한 수많은 해외 침략지도다.

도미타 제오지冨田穰治는 "외방도는 당시 지리정보를 아주 명확하게 기록한 자료로 독자적인 가치를 갖는 것이므로 익명성이 높은 군사정보로 엄중히 관리되다가 종전 때 대량으로 소각된 것도 있어 베일에 가려진 자료다. 특히 흥미로운 외방도가 「병요지지도」다. 병요지지도는 기본도가 되는 지형도 등에 진지구축, 차량 통행과 주정〔舟艇, 소형 배〕에 의한 상륙의 용이성, 식량과 음료수 확보 등의 정보를 기재하고 있다. 군사행동과 연관된 다양한 지지 정보가 기재되어 있으므로 당시 상황을 보다 선명하게 전해준다."[356]고 설명하고 있다.

일본 육군의 「병요지리 조사 요령」[357]에는 병요지리 조사 목적과 자료수집이 왜 중요한지 기록되어 있다. 조사 목적이 각 지방에서 병요지리적 상황 특히 그 특성을 파악해 작전과 전쟁 수행에 구체적 판단 자료로 제공하는 데 있음을 명확히 하고 있다. 현지 조사 요령을 기초로 하여 정탐과 조사할 수

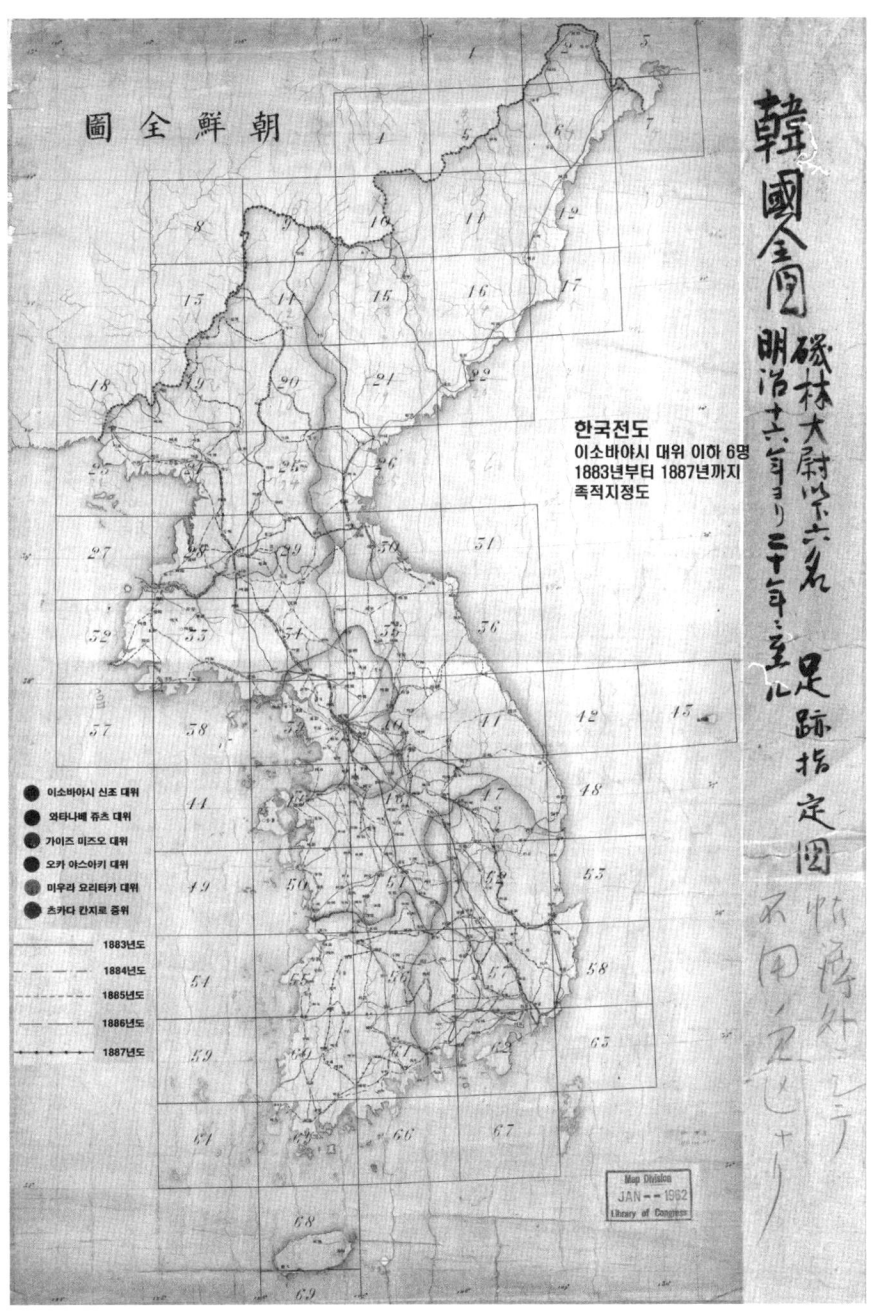

1883년부터 1887년까지 조선팔도를 누비고 다닌 첩보원 「이소바야시 신조 외 6명의 족적지정도」는 조선침략을 위해 얼마나 장기간에 걸쳐 치밀하게 준비했는지를 확실하게 보여준다.

있는 범위, 전쟁터가 될 가능성이 있는 지역 등 바로 작전 수행에 적용해도 될 만큼 세밀하고, 은밀하고, 구체적으로 수집·기록한 것이다. 기타 지역 조사에서는 적대국의 국가정세, 제3국과의 관계 등을 판단하고 확정해 시책으로 이어질 수 있는 자료를 수집하는 것이 가장 긴요하다고 강조하고 있다.

병요지리 조사의 중요한 조목은 작전적·국방적 관찰을 통합·조사하고, 용병적 관찰에서 주의할 점을 세 가지로 규정했다.

- 작전군의 병력, 편제, 편조, 장비 : 작전지방의 지형, 교통, 숙영, 휴게실, 급수, 위생, 기상 등의 특성에 따라 관찰하고, 작전할 수 있는 병력은 어떠한지 그 병력과 후방기관의 성격, 배속은 어떻게 해야 하는지 현재 편제 장비의 적절 여부, 개선책 여부, 특수 편성 장비에 관해 고려해야 할 점 등에 대해 기술할 것
- 작전지방의 특성에 따른 작전 요령 : 작전지방의 지리적, 기타 특성을 교묘하게 파악하고 활용하는 동시에 그 불리함을 제거해야 할 작전 요령에 관해 기술할 것. 기동, 전투, 항공, 숙영, 후방기관, 교통 등에 따라 첩보, 모략, 선전, 치안유지 등까지 호환할 것을 요함.
- 국방적 입지에 따라 전쟁지도로 필요한 병요지리 항목을 연구 조사하고 정략과 전략 수행에 차질이 없도록 할 것

작전에 필요한 항목과 전쟁지도(국방)로 필요한 항목을 명확하게 구별하고 있다.

- 작전에 필요한 항목 : 자연지리와 인문지리로 구분
  자연지리 : 지세, 지형(① 산지, 평지 ② 하천(운하), 호수, 습지 ③ 삼림 ④ 경지·경작물 ⑤ 해안·항만), 지질, 기상
  인문지리 : 교통(① 육상운송 도로, 자동차, 철도, 지방 운반재료 ② 수운), 통신(전신, 전

화, 우편), 항공(비행장, 방공시설, 폭격목표, 민간항공), 축성(진지구축, 요새), 위생, 숙영 급양, 기타 필요사항
- 전쟁지도(국방)에 필요한 항목

　　자원(광물, 연료, 공업약품, 유지류, 동물섬유, 피혁류, 식물섬유 등), 공장사업장, 경제 상태(① 재정, 세제, 금융, 지폐 ② 상업, 농업, 공업, 광업 등의 상태 ③ 상업 무역 등 ④ 주민, 교육, 사상, 종교 ⑤ 행정사법 ⑥ 운수 통신 ⑦ 기타 필요사항)

　참모본부에서 한반도 전역, 만주, 중국, 대만, 러시아, 동남아시아 등으로 '정보장교'라는 이름으로 보낸 첩보원들은 「병요지리 조사 요령」, 해외 「파견장교의 병략상 정탐수칙」, 「조사 파견에서 반드시 지켜야 할 세부사항」 등에 입각해 각 지역을 정탐하고 측량해 지도를 제작했다. 이렇게 제작된 지도는 군사정보, 국방용 자원으로 외부인에게 전혀 알려지지 않았고, 철저하게 관리되었다.

'조선털이 허가증' 호조와 간행이정

　1882년 8월 30일 체결된 제물포조약 속약으로 얻게 된 '호조'[護照, 여행허가증]와 일본인이 이동할 수 있는 거리 즉 '간행이정'[間行里程, 이동거리]의 확대는 참모본부 소속의 첩보원들이 조선팔도 어디든 갈 수 있게 해주었다. 1883년부터 부산, 원산, 인천 각 항구에서 사방 50리, 2년 뒤 다시 100리로 확장되었다. 이동거리 확대는 어떠한 감시도 받지 않고 마음대로 돌아다니며 정보를 수집하고 지도 제작을 위한 측량이 가능하게 되었음을 의미했다.

　이전까지 일본인에게 한반도 내륙여행은 공식적으로 허용되지 않았다. 강화도조약 이후 개항장 협상과 탐색이라는 명분으로 외교사절단이 조선에 파견될 때마다 타고 온 군함과 호위함이 지나오는 지역과 정박지 주변으

로 해군성 수로국과 참모본부 첩보원에 의한 조사와 정탐이 자행되고 있었으나, 내륙의 접근은 거의 불가능한 상태였다. 협상을 위해 제물포에서 서울로 오가는 여정에서 극비리에 정보를 수집하는 정도였다.

하나부사를 비롯한 사절단의 조선 파견 때마다 수행원으로 함께 온 첩보원들은 단거리 트래버스〔traverse, 산허리를 횡단〕측량에 의한 로드맵을 주로 만들었다. 이 시기는 참모본부가 보낸 첩보원이면서 하나부사의 수행원으로 위장한 가이즈 미즈오의 활약이 두드러진다. 그의 활동 범위는 주로 개항장 선정을 위한 해안 탐색이라는 명분으로 행해진 해안지역 위주로 정세와 군사정보, 지세 파악 등이 주를 이루었을 뿐 내륙까지 확장하지는 못하고 있었다.

별기군의 무관으로 있으면서 참모본부에서 파견한 첩보원인 어학생도를 관리·감독하며 정보를 수집하고 있던 호리모토 레이조 외 공사관 소속원과 어학생도의 죽음은 역사의 흐름을 바꿔놓았다. 조선에게는 국가적인 비극을 불러왔고, 일본에게는 절호의 기회를 제공해 주었다. 첩보원들은 '유력〔遊歷, 여러 곳으로 놀러 돌아다님. 관광〕'이라 속이고 외교관의 특권을 이용, 신변 보호를 받으며 한반도 전역을 제집 안마당 드나들듯 마음대로 돌아다니면서 지도 제작과 첩보활동을 할 수 있게 되었다.

임오군란의 여파는 컸다. 망국으로 가는 첫 시발탄이었다. 진압을 위해 끌어들인 청나라 군대의 조선 주둔은 일본 군대까지 한반도로 끌어들였다. 근대화를 위해 개화정책을 추진하려는 고종의 의지는 청나라의 내정간섭에 부딪혔다. 일본과 손잡고 정권을 장악해 청나라를 몰아내려는 개화당 세력은 일본의 두 얼굴을 간파하지 못하고 있었다. 임오군란으로 조선 땅에서 기세가 밀린 일본은 제물포조약을 최대한 이용해 경제적 이권 획득과 침략을 위한 발판을 다지는 데 온 힘을 쏟았다. 임오군란은 일본의 조선 강제병합의 먼 단초가 될 정도로 중대 사건이었다.

일본정부는 조선, 청나라 등 외국으로 특파한 첩보원들의 교대근무와 인방 제국의 지도 편제 조규를 제정하면서 재정비를 시도했다. 1883년 6월 19

일 참모본부 참모장〔히로시마 진대, 나고야 진대, 센다이 진대, 구마모토 진대, 도쿄 진대, 근위참모장, 오사카 진대〕들이 「장교 외국파견 건에 관한 의견서」를 참모본부장 오야마 이와오에게 제출했다.

> 육군 창업 이래 오늘에 이르기까지 군 편제, 군법 제정, 학술 등이 세월과 함께 현저하게 진척될 수 있었다. 옛날에는 인방 외국에 대해 단지 서적을 통한 연구에 그쳤다. 현직에 있는 군인은 서적을 통한 연구조차도 할 짬이 없는 것이 가장 우려되는 일이었다. 마침내 백문이 불여일견이라 유럽 각국의 군사훈련, 주변 나라의 지형, 민정 파악을 위해 육군 가운데 한두 명에서 두세 명, 실제로 보고 오는 자가 늘어났고, 하나하나 고안해 내어 단순히 한 사람만의 지식으로 그치지 않고 육군 전반의 모자라는 부분을 보충하여 의심을 거두게 되었다. 이제 육군을 확장하고, 군비 출자를 늘려 이해를 보완하고자 한다. 1개년에 4, 5명씩 현직을 교대로 바꿔가며 각 지방에 파견해 목적한 바와 지시한 바를 확실하게 얻고자 한다.[358]

12월 21일, 가쓰라 타로 관서국장은 오야마 본부장에게 인방제국 정탐에서 가장 중요한 임무이면서 어려운 것이 지도 편제이며, 십수 년 청나라에 은밀하게 간첩대로 구성된 정보장교 즉 첩보원을 파견해 실측을 해왔으나 정밀한 지도를 만들기 어렵고 전체를 파악한 곳은 일부에 불과하다며 지도 제작의 어려움을 토로하면서 파견장교 방법과 담임 예규를 개정했다.[359]

여기서 잠시 러일전쟁 뒤 통감부가 설치되고 조선의 외교권이 박탈당했던 당시로 옮겨가 보자.

1904년 2월 8일 여순 기습, 2월 9일 인천 앞바다에서 러시아함 격침, 10일 러일전쟁 발발했다. 이 전쟁은 장기전으로 바뀌었다.

1905년 5월 27일, 일본 연합함대 도고 사령관이 발틱 함대를 격파하고 사령관 로제스트벤스키 제독을 포로로 잡으면서 일본의 승리가 확정되었다. 6월 8일과 10일 러시아와 일본은 미국 루스벨트 대통령의 평화제의를 수락하면서 강화조약을 맺었다.

러일전쟁 시작 무렵인 1904년 5월 31일, 일본은 내각에서 대한제국에 대한 보호권 확립 방침을 결정했다.

1905년 10월 27일, 일본은 대한제국에 대한 보호권 확립 방침을 구체화해서 대한제국의 지배권을 확립하게 되었다. 중국과 러시아를 한반도에서 몰아내고 11월 9일 한반도로 들어온 이토 히로부미는 11월 17일 제2차 한

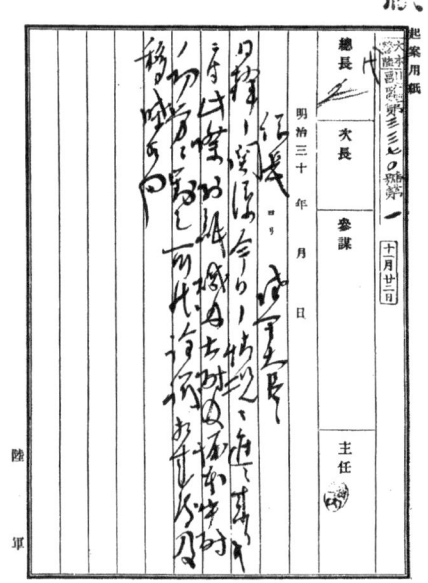

1905년 11월 22일, 대한제국에 통감부를 설치하고 첩보원 호리모토 레이조와 이소바야시 신조의 공로로 오늘이 있게 되었다고 일본 육군에서 기록해 둔 문서

일협약을 강제 체결하고 대한제국의 외교권을 박탈했다.

11월 22일, 대본영 러일전쟁 관련 서류에 임오군란 때 죽은 호리모토 레이조와 갑신정변 때 죽은 이소바야시 신조가 뜬금없이 등장한다.

대한제국에 통감부 설치를 확정한 일본은 좋아 날뛰면서 "한일 관계가 오늘의 정황에 이르게 된 것은 호리모토 레이조와 이소바야시 신조의 공로 덕분이다."[360]며 이들을 추켜세우고 있다.

조선정부는 이들의 첩보활동을 입증하지 못한 채 손해배상을 해주었고, 이들처럼 다른 첩보원들이 조선 땅에서 죽지 않도록 보호해 주면서 중요 정보는 다 내어준 뒤 결국에는 한반도를 일본의 손아귀에 통째로 넘겨주었다. 일본정부는 첩보활동을 하다가 죽은 호리모토 레이조 외 13명, 이소바야시 신조 등은 죽어서 조선을 식민지배할 수 있는 길을 열어주었다며 공을 치하하고 전쟁영웅으로 만들었다.

2. 자근자근 조선밟기

'간행이정' 확대를 최대한 활용

일본정부는 임오군란으로 입은 피해를 앞세워 취득한 '호조'와 '간행이정' 확대라는 절호의 기회를 조선이 변덕을 부리기 전에 최대한 활용할 계획을 세웠다.

1882년 10월 2일, 참모본부장 오야마는 조선국 일본공사관 경비는 히로시마 진대 보병 제11연대 제1대대 중 우반대대右半大隊 대대장이 인솔하라고 통달했다. 이날 소가曾我 참모본부차장은 조선국 일본공사관 경비를 위해 파견할 병력의 재가를 받아 서부감군부로 이첩했다.[361]

10월 3일, 육군경 오야마 이와오大山巖가 태정대신 산조 사네토미에게 이소바야시를 조선 공사관무 무관으로 발령해 줄 것을 신청했다.[362]

10월 4일, 내각에서 외무성으로 "조선사무괘 육군보병 중위 이소바야시 신조 조선국 공사관부, 육군 회계군사부 이마사와 와사부로今澤和三郎를 고용해 조선국으로 보내라."고 명령했다.[363] 임오군란 때 살해당한 호리모토 레이조의 후임은 7월 30일 이소바야시 신조로 정해졌다. 8월 후쿠시마 야스마사 등과 함께 조선에 들어와 있던 이소바야시는 10월 4일 조선 공사관부 무관으로 발령이 났다.

10월 6일, 육군경 오야마는 태정대신에게 공사관부 무관으로 조선에 파견되는 이소바야시에게 "육군 참모과 장교를 공사관에 임명, 외교관계를 맺고 있는 국가로 보내서 체류하게 하는 것의 본뜻은 관광에 있다. 모든 것은 여기에 속한다. 공사의 관리 아래에 속하는 모든 권리는 공사관부 무관의 소속과 다를 바가 없다."는 고유告諭를 하달했다며 외무성에 통보해 달라고 요청했다. 이날 참모본부는 이소바야시에게 관할 수칙과 훈령을 내려보냈다.[364]

"시찰은 그 나라의 병제 군법부터 병가 지리, 병가정표 등을 종래 참모과에서 강구한 방법에 따라 현지에서 시도할 것. 특히 해당국 외에 외교관계를 맺고 있는 타국과의 관계에 주의하고 이해의 강약, 형세 등을 살펴 보고할 것. 보고는 공사관과 일본 외무성에 각각 의탁하고 평상보고와 특별보고로 구별할 것. 평상보고는 번호를 붙여 유사·무사에 상관없이 순차적으로 보고할 것. 만약 지방에 전쟁의 변동 등이 있어 특별보고가 필요할 때는 따로 번호를 붙여서 순차적으로 보고할 것"[365]

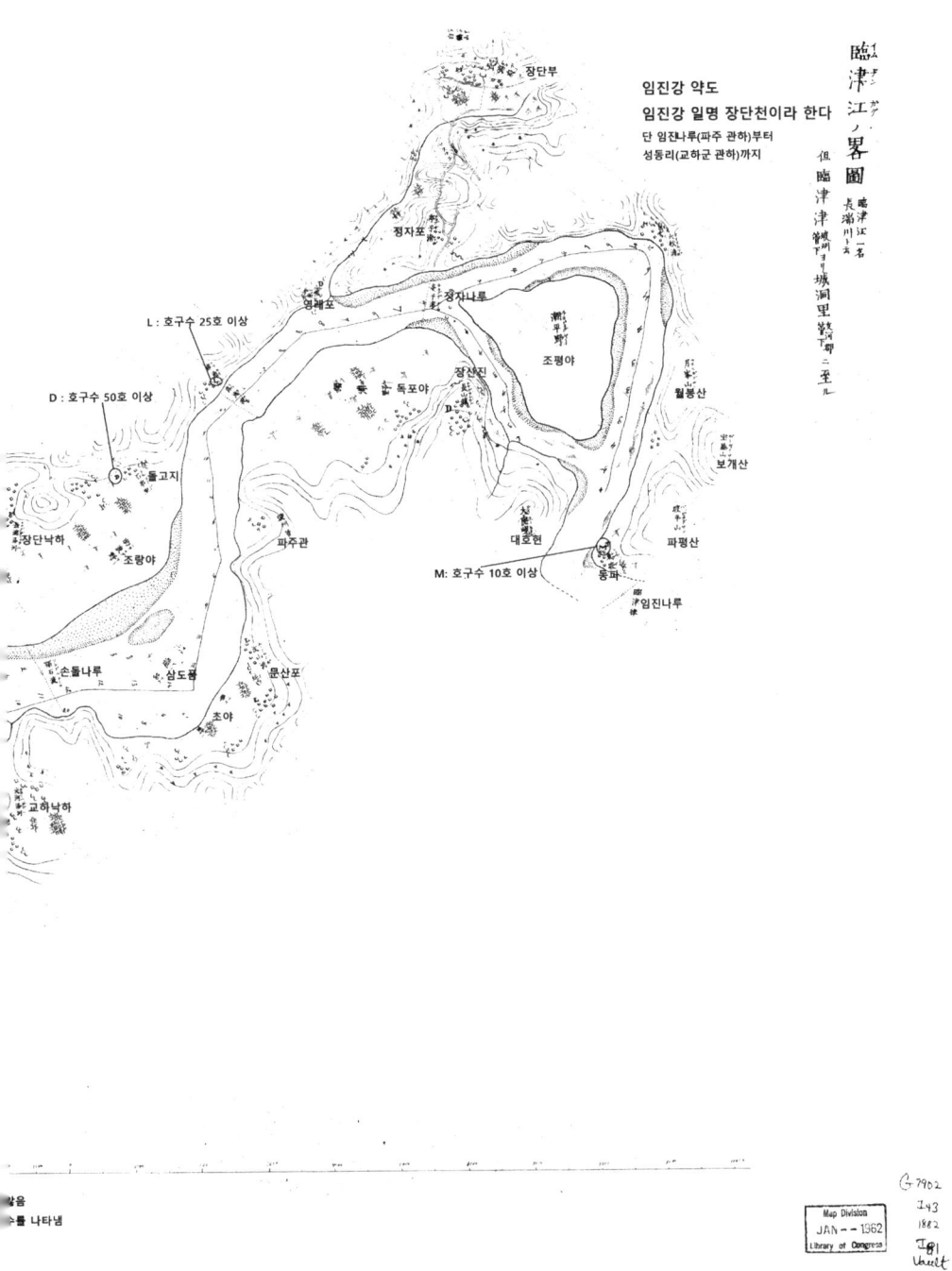

1882년, 첩보원 이소바야시 신조가 부임 뒤 바로 외국인 이동거리 이내를 정탐하고 만든 「임진강약도」

10월 9일, 이소바야시는 참모본부 관동국 부원으로 발령받았다.

10월 10일, 태정대신 산조 사네토미는 외무성과 육군성에 이소바야시 파견에 관한 주의사항을 통첩했다.

10월 30일, 조선의 공사관부 무관으로 어학생도의 관리 단속과 첩보원으로서 첩보활동을 시작했다.366 부임한 즉시 외국인 이동거리 이내를 돌아다니며 만든 「임진강 약도」, 「제물포 거류지 약도」(1882년)가 있다. 정탐 코스는 서울 근방, 인천, 임진강 일대였다.

이즈음 일본이 해외에 파견한 공사관부 무관은 향후 국가 미래비전을 만들어갈 전략적 차원의 군사 목적 달성과 군부의 방향 결정에 중요한 역할을 하고 있었다. 정세 파악을 통한 첩보 수집, 모든 외국 관련 정보수집, 지형지물 파악과 지도 제작은 국가 미래를 설계하는 데 긴요하게 활용되었다. 참모본부에서 특파한 첩보원 이소바야시는 공사관부 무관으로서 일본 공사에 버금가는 외교 특권까지 갖고 있었다.

조선의 특별 보호 아래 대놓고 정탐

참모본부, 조선 정탐지역 배당

일본정부는 임오군란 이후 조선과 청국의 실상을 정확히 파악하기 위해 제물포조약에서 거머쥔 조선 내 정탐을 통한 현지 조사를 최대한 빨리 실행에 옮기려 바쁘게 움직이고 있었다.

1882년 8월 2일, 교도단 보병대대 소대장으로 근무하던 와타나베 쥬츠는 참모본부로 배속되었다.367

11월 17일, 참모본부 차부관次副官 육군 보병소좌 가미료 요리카타上領賴方는 보병대좌 고지마 에키켄児島益謙에게 "조선으로 보낼 보병소위 와타나베

쥬츠에게 권총 2정과 부속품 일체를 신속히 대여해줄 것"을 요청했다.[368]

11월 말, 첩보원 와타나베 쥬츠는 부산을 거점으로 정탐과 조사를 수행하기 위해 조선으로 들어왔다.

12월, 참모본부 관동국장 호리에 대좌는 외국 파견장교 즉 첩보원들이 체류 중 지리 정탐 실사를 위해 순회할 지역을 지정하고 부임지에 도착한 뒤 왕복 순회하라고 명령을 내렸다. 변리공사 다케조에 신이치로竹添進一郞에게는 조선 지리 실제 조사를 위한 적절한 시기를 살펴 의견을 제시하라고 했다. 다케조에는 외무경과 참모본부에 "조선 파견장교들의 지리 실사는 새해가 시작되고 날씨가 좋은 계절에 각 지역을 순회하는 것이 좋겠다."는 의견서를 보냈다.[369]

1883년 2월 12일, 일본정부의 명령을 받은 변리공사 다케조에는 조선의 독판교섭통상사무 조영하에게 이소바야시 외 3명의 호조를 청구했다.[370]

2월 15일, 조영하는 "조선이 변란 후 아직 정돈되지 않았는데 이소바야시가 양주, 파주를 거쳐 평양부에 가는 것에 대해서는 마침 우리나라에서도 서쪽으로 가는 대원이 있어서 함께 갈 수 있으니 의외의 걱정을 면할 수 있을 것이다."[371]며 이소바야시에게만 호조를 발급했다. 가이즈와 와타나베에 대해서는 조선의 민심을 살펴 시기와 상황에 맞춰 발급하겠다며 의심할 필요가 없다고 답했다.

2월 27일, 참모본부는 조선에 있는 이소바야시 신조, 가이즈 미즈오, 와타나베 쥬츠 외 육군성 소속 어학생도 다케다 진타로, 가와모토 쥰사쿠 외 1명에게 각각 정탐할 지역을 지정, 배당했다.

육군 보병중위 이소바야시 신조는 서울을 출발 경기도 여주, 충청도 충주를 거쳐 조령에 이름. 귀로는 충청도 청주, 공주, 홍주, 경기도 죽산을 거쳐 서울로 돌아올 것

공병중위 가이즈 미즈오는 원산을 출발 평안도 영변, 삭주, 창성을 거쳐 의주에

이름. 귀로 중 평안도 정주, 평양, 성천 또는 양덕을 거쳐 원산으로 돌아올 것
보병중위 와타나베 쥬츠는 부산을 출발 경상도 대구, 영천, 의흥, 비안을 거쳐 조령에 이름. 귀로는 상주, 선산, 금산, 성주, 진주를 거쳐 부산으로 돌아올 것
어용괘 다케다 진타로는 부산 체류 근무를 신청하고 와타나베 보병중위 수행.
원산진 주재 어용괘 가와모토 쥰사쿠는 가이즈 공병중위 수행. 조선어학생도 가운데 1명을 선발해 이소바야시 보병대위를 수행할 것[372]

참모본부 문서로 연도와 날짜는 기재되어 있지 않다. 하지만 서울, 원산, 부산에 거주하고 있는 주재관들이 정찰할 지역을 지정하고 비용을 예상한 「예산서」[373]가 있다. 정찰지역으로 보아 1883년에서 1884년 무렵으로 생각된다. 1881년 당시 조선 주재 관리장교 1년 수당 1,000엔, 정보장교 800엔, 조선어학생도의 1달 월급이 25엔이었다. 일본 대장성이 에누마 겐고로의 조선 광물·식물 조사비용으로 160일에 430엔을 지급한 것과 비교해 큰 비용임을 알 수 있다.

서울, 원산, 부산 주재관들의 정탐 지역과 예상 비용

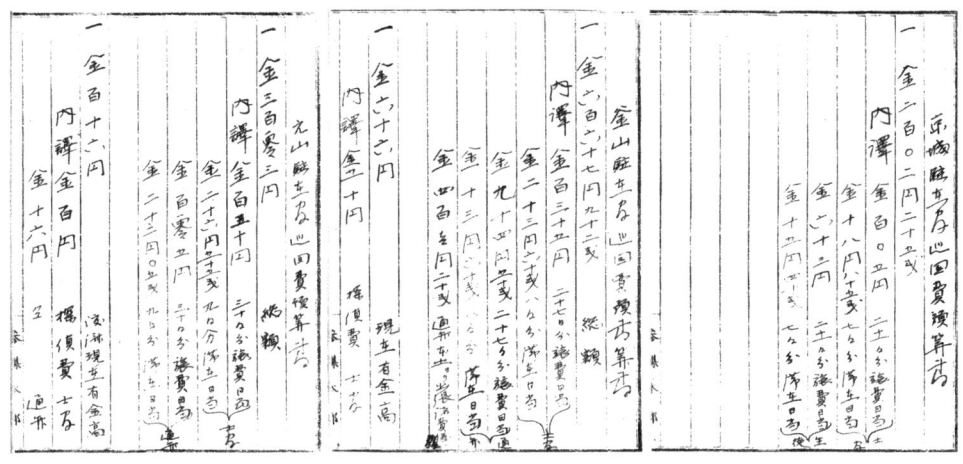

서울, 고양, 기주, 개성, 금천, 평산, 봉산, 중화, 평양, 순안, 숙천, 안주, 가산, 정주, 선천, 철산, 의주, 압록강, 창성, 삭주, 구성, 박천, 영변, 개천, 순천, 자산, 성천, 양덕, 문천, 덕원, 안변, 회양, 금성金城, 김화, 철원, 누원樓院, 서울 : 합계 2,682리

서울, 용인, 직곡, 양성, 죽산, 진천, 청주, 문의, 공주, 옥천, 영동, 황간, 금산, 성주, 고령, 진주, 의령, 영산, 김해, 동래, 부산, 양산, 밀양, 청도, 대구, 선산, 상주, 문경, 충주, 음죽, 이천, 광주, 서울 : 합계 2,355리

서울, 양근, 여주, 지평, 원주, 강릉, 양양, 간성, 고성, 통천, 회양, 양구, 춘천, 가평, 서울 : 합계 1,909리

조선의 서울, 원산, 부산에 무관으로 주재하고 있는 첩보원과 어학생도의 여비와 정탐비를 대략 1개월로 계산해 책정했다.

2월 28일, 와타나베 쥬츠는 참모본부에 「조선 어학생의 조치에 대한 의견」[374]을 제출했다. 와타나베가 조선을 정탐하며 형세를 살피고 경험한 내용을 담았다. 최우선으로 어학생도들의 처우 개선이 필요함을 역설하고 있다.

"▲ 어학생도를 단속하는 관리관에게만 모든 일을 맡긴다면 사사로운 의

조선국 각 주재관 순회비[정탐비] 예산서

총액 1,173엔17전			
	금액		내역
원산 주재 순회비 예산서	303엔	사관[첩보원]	150엔 30일분 여비 일당
			26엔55젠 9일분 체재 일당
		통역[어학생도]	105엔 30일분 여비 일당
			22엔5젠 9일분 체재 일당
	116엔	사관[첩보원]	100엔 정탐비
		통역[어학생도]	16엔 정탐비
	187엔		현재 남아 있는 돈
부산 주재 순회비 예산서	667엔92젠	사관[첩보원]	135엔 27일분 여비 일당
			23엔60젠 8일분 체재 일당
		통역[어학생도]	94엔50젠 27일 여비 일당
			13엔60젠 8일분 체재 일당
		402엔 20젠 통역 출장 여비	
	현재 남은 돈 66엔	사관[첩보원]	50엔 정탐비
		통역[어학생도]	16엔 정탐비
경성 주재 순회비 예산서	202엔25젠	사관[첩보원]	105엔 21일분 여비 일당
			18엔85젠 7일분 체재 일당
		통역[어학생도]	63엔 21일분 여비 일당 생도
			15엔40젠 7일분 체재 일당

견이 개입할 우려가 있음 ▲ 어학생도에게 육군 무관생도에 준하는 규율이 적용되어 활동에 제약을 받고, 궁핍하여 생활용품도 부족한 실정임 ▲ 조선에서의 생활은 일본과는 다른 사정이 있으니 융통성 있게 규율을 적용해 줄 것 ▲ 학자금을 넉넉하게 주고, 의식주부터 교제에 이르기까지 학생이지만 관리처럼 대우해 줄 것 ▲ 외교 업무에 조선어·중국어에 능통한 자를 중요하게 쓰고 있지만, 지금은 그 언어에 능한 자가 부족함. 적임자를 선발해서 보

내 반드시 조선어에 능통하도록 길을 열어주고, 가르치고 이끌어야 통역관으로 쓸 수 있고, 신속히 조선 전국의 정탐과 조사에 투입할 수 있음"

3월 14일, 참모본부는 원산과 부산 영사관에 주재하고 있는 가이즈와 와타나베에게 다시 조선 지리 현지 조사와 정세 파악을 위한 정탐을 명했다.

3월 18일, 아사이 참모본부관은 서울의 이소바야시, 원산의 가이즈, 부산의 와타나베에게 다음과 같은 당부 서한을 보냈다.

(제물포조약) 속약에 공사와 영사, 수행원, 권속, 공사의 내지 유력 조항에 따라 장교도 공·영사의 수행원이라는 명분으로 순회할 것임을 알렸다. 아직 민심이 안정되지 않았고 특히 산간벽지는 외국인을 보고 듣지 못한 자가 많아 인심의 동정 여부를 예측할 수 없으니, 시험 삼아 이번 인원이 귀환한 뒤 순차적으로 발행한다고 했다. 일본정부에서 지정한 지방을 변경하게 되면 매우 의심이 많은 조선은 분명히 의심할 것이다. 한 입으로 두 말을 한다는 지적을 받을 수 있으니 이소바야시, 가이즈, 와타나베는 호조에 신청한 대로 행하고 지방은 변경하지 말라.[375]

조선의 민정, 지형 파악, 현지 조사를 통한 지도 제작, 정탐이 주목적이지만, "이번 여행은 속약 제2조의 특권을 이용하는 실마리로 조선 내륙의 민심과 동정을 살피는 것"이 중요하므로 참모본부에서 각지로 특파해둔 첩보원들에게 미리 지역을 지정해서 보고 듣고 확인하라고 명했다.[376]

4월 24일, 다시 가이즈와 와타나베 등의 호조를 신청했다.

4월 26일, 호조를 발급받은 가이즈는 육군성 어학생도로 1880년 2월 조선에 온 뒤 원산에 배치되어 있던 가와모토 쥰사쿠, 와타나베는 어학생도 다케다 진타로와 함께 정탐을 통한 현지 조사와 지도 제작에 나섰다. 어학생도로 파견된 자들이 조선 땅에서 첩보원으로 활동을 했음을 명확히 보여주고 있다.

1883년 2월, 이소바야시 신조를 시작으로 4월 가이즈 미즈오, 와타나베 쥬츠 등 첩보원들은 호조를 발급받아 조선 팔도를 돌아다니며 정탐에 집중했다. 「이소바야시 신조 외 6명의 족적지정도」는 1883년부터 1887년까지 첩보원 이소바야시 신조, 와타나베 쥬츠, 가이즈 미즈오, 오카 야스아키, 미우라 요리타카, 츠카다 칸지로柄田鑑次郎 등이 참모본부가 해마다 지정한 정탐지역을 따라 조선 팔도를 돌아다닌 흔적을 고스란히 보여주고 있다. 1887년에 이르러 첩보원들의 장거리 현지 조사는 대략 마무리되었다. 이를 토대로 1888년 『조선지지략』을 완간하면서 대대적으로 장거리, 장시간에 걸쳐 봄·가을로 나누어 행하던 정탐조사를 정리했다. 이후부터는 군사 작전에 지원할 수 있는 상세지도 제작, 정세, 민정, 외국과의 관계 파악을 위한 최신의 정확하고 정밀한 첩보 수집으로 조선의 모든 것을 아는 데 집중했다.

1893년부터는 청국에서 첩보원으로 오랫동안 활동한 구라쓰지 아키토시가 육지측량부 부원들을 이끌고 조선으로 들어와서 200일이 넘도록 정밀 측량을 마쳤고, 공사관부 무관

1883년 봄·가을에 이소바야시 신조, 가이즈 미즈오, 와타나베 쥬츠가 현지를 정탐했던 지역. 「이소바야시 외 6명의 1883~1887년 족적도」를 참조, 1883년 부분만 재작성했다.

와타나베 데쓰타로는 조선팔도를 돌며 정세 파악과 정보수집, 지도 제작, 지지략 제작에 집중하게 된다.

희생으로 포장된 이소바야시 신조

『구한국외교문서』에서 확인할 수 있는 이소바야시의 행적은 1883년 2월 15일 호조를 발급받아 3월 중순 서울을 출발 양주, 파주, 평양부, 강서, 장연을 거쳐 서울로 돌아왔다. 5월 7일 호조를 반납했다. 이 무렵 제작한 지도로 「평양상상도」가 있다.

또 다른 기록을 보면 이소바야시는 평양을 지나 더 멀리까지 정탐했음을 알 수 있다. 『육군성 대일기』 1905년 11월 22일 문서 속 그의 약력에 "1883년 3월 16일 조선 황해도, 평안도 정탐을 떠나 4월 26일 돌아옴"이라 기록되어 있다.

평양, 황해도 등 북부지방의 지리 실사와 민심, 정세를 확인하고 돌아온 뒤, 7월에는 조선의 식물학을 최초로 조사한 에누마 겐고로와 함께 서울과 인천의 이동거리 내에서 정탐했다.

"나는 처음 조선 땅을 밟자마자 육군대위 이소바야시 신조 등과 함께 서울을 출발, 양화진 양천현, 김포군을 거쳐 강화부에 이르렀다. 초지진을 넘어 제물포로 와서 부평부를 지나 서울로 되돌아갔다. 뒤이어 일본어에 능통한 조선인을 고용해 서울을 출발, 부평부를 지나 인천부에 도착해 읍 단위를 3일 동안 돌아다녔다. 하동진을 지나 제물포로 와서 한강을 건너기를 전후 6회에 걸쳐 이동이 가능한 50여 리를 돌아다녔다."[377]

이 코스는 1883년 7월 25일 조선국에서 일본인이 통행할 수 있는 이동 가능 거리에 관한 조약 제2조 "인천항은 동쪽으로 안산, 시흥, 과천까지, 동북쪽으로 양천, 김포까지, 북쪽으로 강화도까지로 한다. 원산항은 서쪽으로 덕

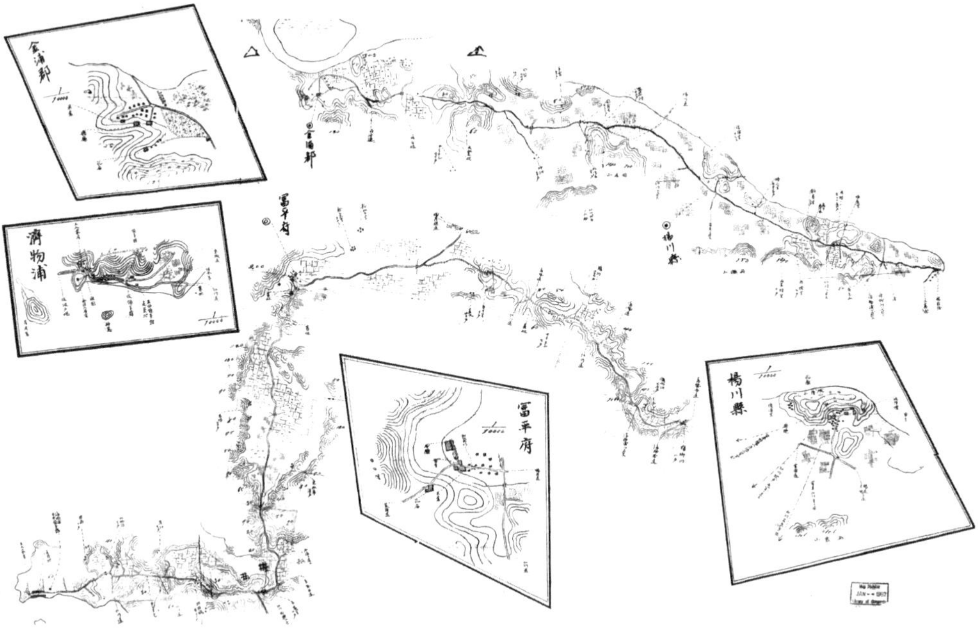

이소바야시 신조가 만든 양화진에서 김포를 거쳐 강화, 제물포, 오류동까지의「자양화진 경김포 강화 제물포 지오류동 노상도」
(1883년 9월). 지도에는 현청, 쌀 창고의 위치 등이 상세히 표시되어 있다.

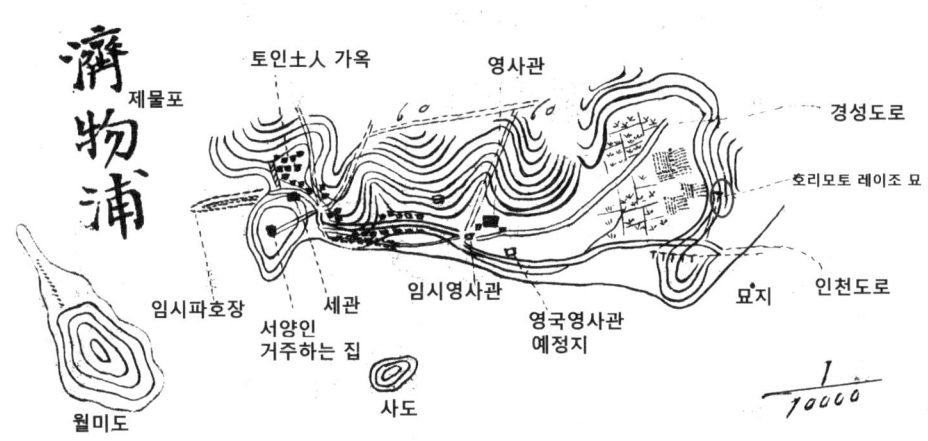

이소바야시 신조는 이 지도에 조선 민중이 사는 집을 미개인[土人]의 가옥으로 써두었다. 임오군란 때 죽어 인천에 묻힌 호리모토 레이조의 묘를 특별히 표기해 두었다.

원부 관할의 마식령까지, 남쪽으로 안변부 관할의 옛 고룡지원까지, 북쪽으로 문천군 관할의 업가직業加直까지로 한다. 부산항은 동쪽으로 기장까지, 서쪽으로 김해까지, 남쪽으로 명호까지, 북쪽으로 양산까지로 한다."378의 인천항 주변과 일치한다.

이소바야시는 양화진에서 김포를 거쳐 양천, 부평, 제물포 등을 정밀하게 정탐 조사하고「자양화진 경김포 강화 제물포지 오류동 노상도自楊花鎭經金浦江華濟物浦至梧柳洞路上図」를 만들었다. 지도에는 초지진의 호구 수 25호가 기재되어 있고, 포문이 있는 자리 등 중요지역이 세밀히 표시되어 있으며, 조선 민중이 사는 집을 '토인 가옥土人家屋'이라고 기재해 두었다. 이소바야시를 포함한 당시 일본인들은 조선인을 더럽고 불결한 미개인으로 여겼다.

에누마가 서신 속에서 기록한 이동 가능거리 50리 안에서 여섯 번에 걸쳐 돌아다닌 지역에 해당한다. 제물포조약 수호조규 속약에 "지금부터 1년 뒤 양화진을 개시한다."는 내용 시행을 위한 정탐으로 볼 수 있다. 이 시기 일본정부와 참모본부는 조약을 활용하기 위해 모든 수단을 강구하고 있었다.

3월부터 4월까지 현지 정탐에 이어, 9월 1일 이소바야시는 다시 호조를 신청해 9월 14일 발급받았다. 이때는 서울을 출발 광주, 이천, 여주, 음죽, 충주, 괴산, 청안, 청주, 연기, 공주, 정산, 홍산, 한산, 서천, 비인, 감포, 보령, 홍주, 면주, 아산, 평택, 진위, 용인, 과천을 거쳐 서울로 돌아왔다.

"1883년 10월 1일 충청도 지방 정탐 11월 3일 돌아옴"379이라는 내용도 확인되고 있다. 에누마가 식물학 조사를 연장했을 때도 일부 지역에 함께 참여했음을 알 수 있다.

1884년에도 이소바야시는 봄·가을에 걸쳐 지방을 정탐했다. 5월 17일 호조를 신청, 21일 발급받았다. 5월 26일부터 7월 7일까지 참모본부 어학생도인 우에노 시게이치上野茂一郎 등 수행원 2명과 함께 함경도와 강원도를 정탐하고 서울로 돌아왔다. 정탐 기간 도중의 일화로 6월 10일, 이소바야시는 평안도 양덕의 외딴 민가에서 불이 난 것을 보고 직접 구조를 하고 돈 100냥을 출연해 거처를 잃은 가난한 백성의 살 곳을 마련해 주었다는 양덕현감의 보고를 받은 평안도 관찰사 김영수가 공문을 받고 일본공사관에 감사의 마음을 전하는 독판교섭 김병시(金炳始, 1832~1898)의 문서가 있다.[380]

10월 18일, 이소바야시는 중부지역 호조 신청과 당일 발급을 받아 어학생도인 아카바네 헤이타로赤羽平太郞와 수행원 사비 어학생도인 이쿠도 규타鑯度久太와 함께 10월 27일 강원도, 경상도, 충청도 지방 정탐과 첩보 수집, 지도 제작에 나섰다. 첩보활동을 대략 마치고 용인을 거쳐 서울로 돌아오는 도중에 갑신정변甲申政變이 일어났다. 이들은 12월 7일 남대문 청파역 부근에서 성난 군중이 던진 돌에 맞아 죽었다. 이소바야시의 조선 여행을 위장한 간첩행위는 묻히고 아무 죄 없는 외교관을 죽인 주범으로 조선의 청년 김대흥과 원한갑이 체포되어 일본 관원과 일본군의 입회하에 무참히 처형당했다. 이 얼마나 부당하고 원통한 일인가.

이소바야시가 죽기 전날의 행적은 여행지 용인에서 수원을 통해 과천에 이르렀을 때 중국 병사의 살해 위협이 있었으나 수원부 관리가 이를 저지해 다행히 모면하고, 공사관의 안위를 확인하겠다며 서울로 들어왔다. 위험한 줄 알면서 왜 서울로 길을 잡고 들어왔을까. 음흉하게 계획한 죽음이 아닌가 하는 의문을 지울 수 없다.

12월 20일, 인천항에서 일본공사 다케조에 신이치로가 외무경 이노우에 가오루에게 보낸 글에도 "12월 5일 참모본부 어학생도 히구치 쇼이치로가 이소바야시 대위에게 변란이 일어났는데 귀경에 대해서는 숙고한 다음 진퇴 여부를 결정하라는 취지의 편지를 보냈다. 이소바야시는 때마침 수원지방에서 편지를 읽고는 서울에서 무슨 일이 일어났다고 하는데 꼭 돌아가겠다면서 말머리를 돌려 서울로 들어갔다."[381]고 전하고 있다.

이즈음 일본은 임오군란으로 조선에서 세력이 약화되어 있었다. 입지를 만회하기 위하여 갑신정변에 개입한 사실이 드러나 국제적으로도 곤란한 지경에 놓였다. 갑신정변의 실패는 조선 내 청나라 세력이 활개를 칠 수 있도록 만들었고, 반면 일본인의 활동은 크게 위축되었다. 일본정부는 조선 정부에 첩보원인 이소바야시 외 어학생도의 죽음에 대한 책임을 물으며 엄중 처벌을 요구했다. 이소바야시를 조선에서 첩보원이 아닌 외교관으로 일하다가 억울하게 죽은 것으로 포장해 일본 민중을 속였다. 조선의 잘못만 크게 떠들어대며 자국민들의 분노를 자극해 저들이 저지른 잘못은 뒤로 묻히도록 조작했다. 기세가 잠시 밀린 일본은 제물포조약에서 거머쥔 조선 여행허가증 '호조'를 십분 활용해 이소바야시처럼 조선팔도를 돌아다니며 정탐하는 첩보원들의 보호에 주력했다. 이소바야시의 일행으로 함께 있다가 죽은 어학생도 아카바네 헤이타로〔1880년 2월 어학생도로 위장해 참모본부에서 보낸 첩보원〕는 1885년 4월 28일 함께 야스쿠니신사에 합사되었다.³⁸²

가이즈 미즈오, 조선을 속속들이 파고들다

가이즈 미즈오는 1877년부터 하나부사 요시모토와 개항지 측량을 위장한 조선 정탐을 시작으로 1878년 4월, 5월, 7월, 8월 등 개항지 탐색과 지리정보, 민정 정탐을 위해 일본 군함을 타고 전라도, 충청도, 함경도 등 참모본부의 조선 전문 첩보원으로 조선팔도를 정탐하고 지도를 제작했다. 1880년 2월에는 첩보원으로 조선에 들어오는 어학생도를 인솔·관리하기도 했다. 정탐을 마치고 일본으로 돌아가서는 조선에서 보고 듣고 확인한 정보를 도쿄지학협회에서 정부 주요 인사들에게 강연하며 직접적인 정보전달자 역할까지도 했다.

가이즈는 1882년 제물포조약 체결 이후 조선 정탐 확대 시기에 본격적으로 첩보활동의 범위를 넓혔다. 1883년 2월 조선 정탐을 위해 철저한 계획을 세우고 신청한 호조는 이소바야시에게만 발급되었다. 이즈음 가이즈는 원산에 머물면서 외국인 이동거리 내를 조사, 정탐하고 거류지부터 문천군까지 1

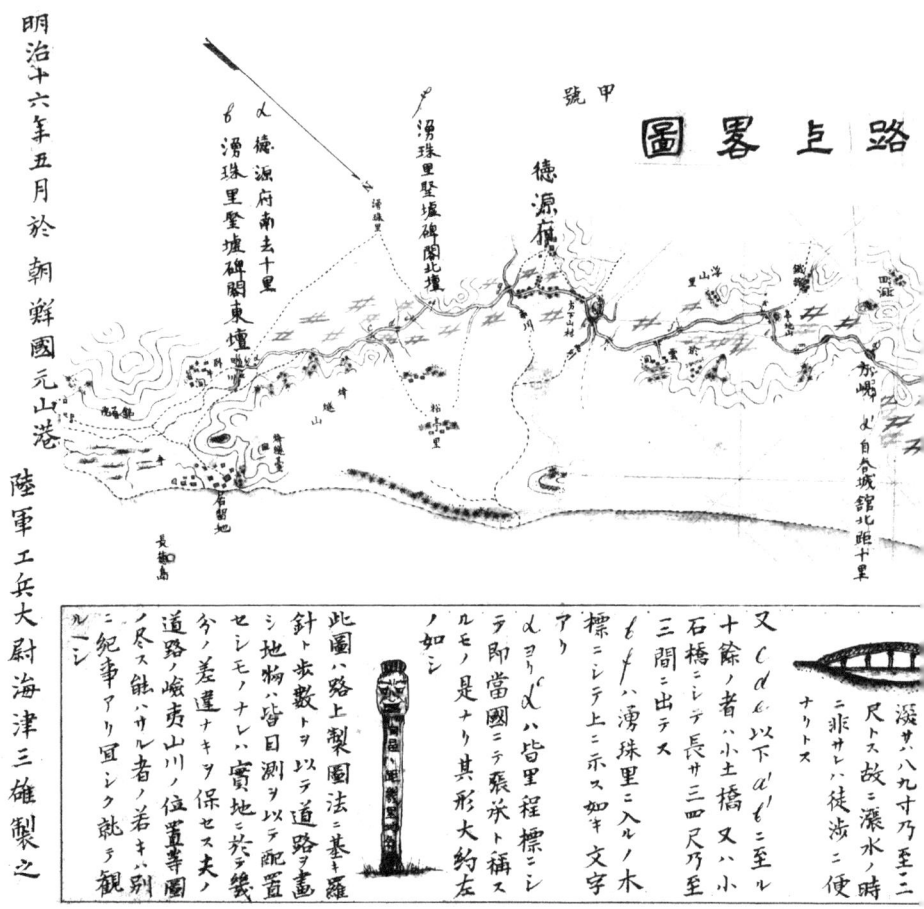

첩보원 가이즈 미즈오가 1883년 5월 원산에 체류하며 거류지에서 문천군까지의 「자거류지 지문천군 노상약도」를 제작했다. "이 지도는 노상제도법에 기초해 나침반과 걸음 수로 지도를 만들었다. 지물은 모두 스케치하여 실제 현지와 약간 차이가 난다. 도로의 험악함, 산천의 위치 등에 대해 그림으로 나타낼 수 없는 것은 별도의 기사를 보기 바람."이라고 기록하고 있다. '노상측도'는 콤파스로 방위를, 걸음 수로 거리를 재는 트래버스 측량으로 도로를 그리는 방식이다.

1883년 6월, 가이즈 미즈오가 원산에서 체류하며 제작한 「원산항 거류지 지도」. 이 지도는 현재 미의회도서관에 소장되어 있으며, 홈페이지를 통해 공개하고 있다. ▶

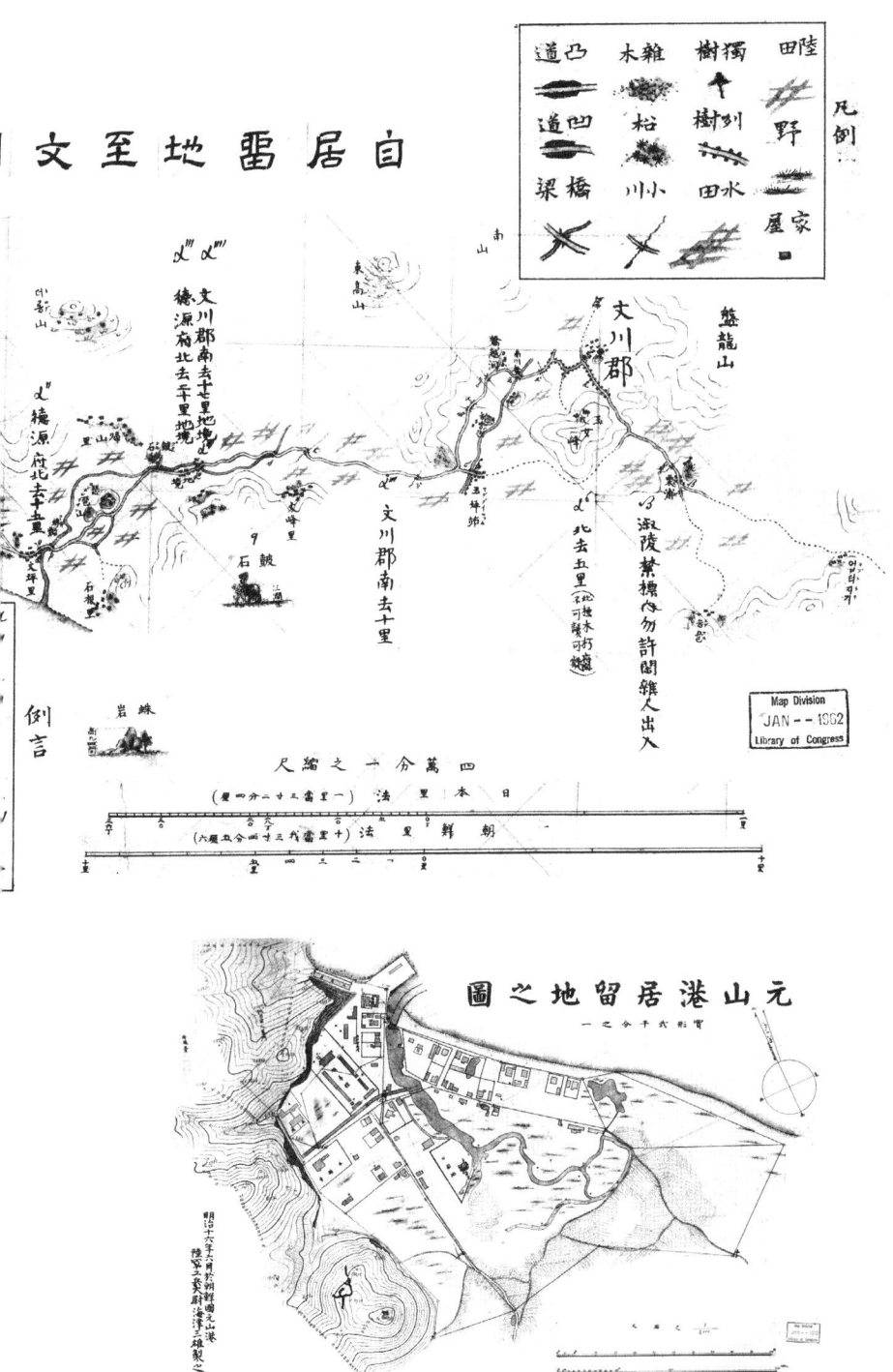

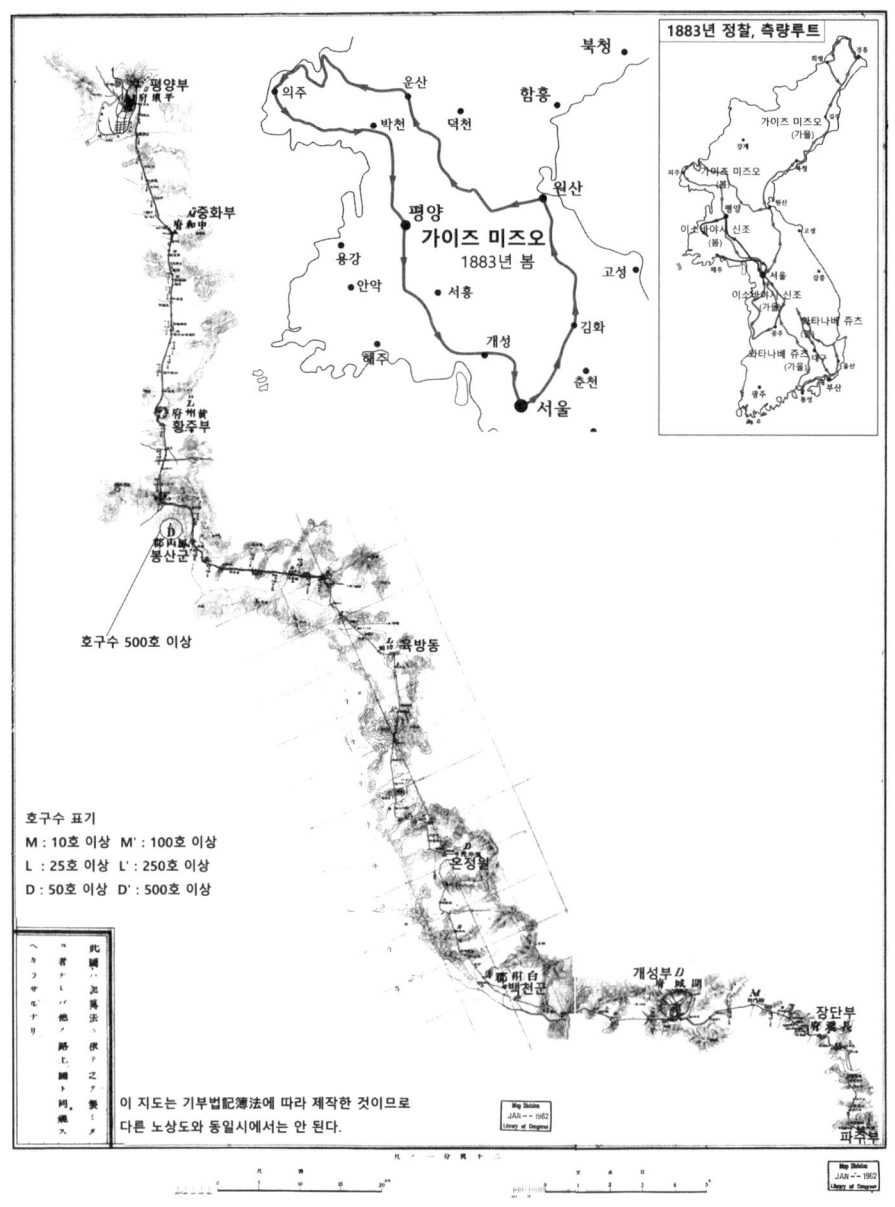

1883년, 첩보원 가이즈 미즈오가 만든 평양부에서 서울까지의 「자평양부 지경성 노상약도」. 이 지도는 명확히 정탐이라는 목적을 갖고 '호조'[여행허가증]를 받아 조선 병사들의 보호를 받으며 정탐한 것이라 빠르고 은밀하게 비밀 측량이 가능한 목측신속도目測迅速図로 만들었다.

: 4만 축척 지도 「자거류지 지문천군노상약도自居留地至文川郡路上畧図 (갑, 을호)」(1883년 5월), 「원산항 거류지지도元山港居留地之図」(1883년 6월)를 만들었다. 원산항 거류지 지도는 1 : 2,000의 대축척이다.

가이즈 미즈오, 1883년 봄 의주 일대 정탐

1883년 봄·가을, 원산 영사관에 주재하고 있던 가이즈는 두 차례에 걸쳐 일본정부 들어 최초로 조선의 북부지방, 중국과의 경계인 압록강, 러시아의 경계와 가까운 두만강까지 면밀하게 정탐했다. 가이즈와 가와모토는 원산 일본관에서 출발, 청국과 국경이 맞닿아 있는 의주에서 남하하며 평양, 서울을 경유해 원산으로 되돌아갔다. 정탐 루트는 원산에서 출발 영등, 마전, 대륜, 석탕지, 대탕지, 석창, 성천, 북창, 개천, 영변, 화옹진, 약수, 신창, 송창, 창성, 북창, 방산리, 의주, 선천, 정주, 가산, 안주, 평양, 중화, 봉산, 온정원, 개성, 장단, 고양, 서울에 들어왔다가 포천, 양문, 김화, 창도, 회양, 안변을 거쳐 원산으로 돌아갔다. 이때 「의주왕복 노상도義州往復路上図」[의주 왕복 노상도는 모두 4장의 지도로 이루어져 있다. 양덕현에서 은산현까지 「자양덕현 지은산현 노상측도自陽德縣至殷山縣路上測図」, 의주부에서 평양부까지 「자의주부 지평양부 노상측도自義州府至平壤府路上測図」, 평양에서 서울까지 「자평양부 지경성 노상약도自平壤府至京城路上略図」, 서울에서 원산진까지 「자경성지원산진노상측도自京城至元山津路上測図」]를 만

義州往復里程表

毎日出發ノ地	晝食ノ地	戶數	里程	宿泊ノ地	戶數	里程	一日里程合計
元山日本館	德源方下山	一五	一五	德源永登	六〇	二五	四〇
永登	安邊馬息洞	三〇	四〇	陽德馬轉	一二	三〇	七〇
馬轉	陽德自介洞	一五	三〇	陽德大倫	三〇	三〇	六〇
大輪	陽德	二六〇	二〇	陽德石湯地	九	二〇	四〇
石湯地	陽德蘇峴洞	一三	四〇	陽德大湯地	九	二五	六五
大湯地	陽德平院	二〇	三五	成川石倉	三三	四〇	七五
石倉	成川鳩岩	一三	四〇	成川	五〇〇	二〇	六〇
成川				成川北倉温井	四〇	四〇	四〇

里法ハ韓里法ニ從フ十韓里ハ我三十八丁四分ニ當ル

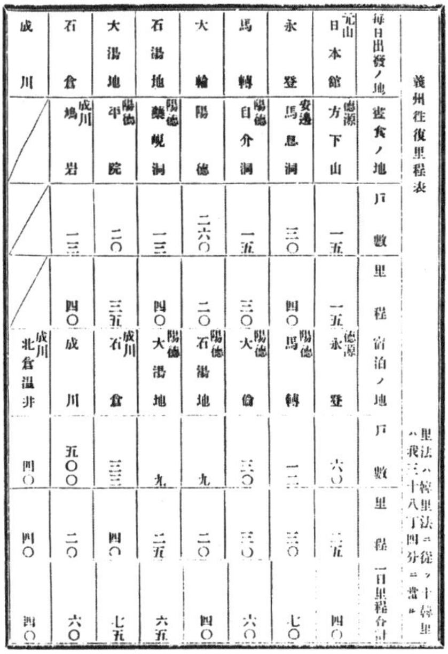

가이즈 미즈오가 1884년 5월, 도쿄지학협회에서 발표한 「의주왕복 이정표」

들었다. 다음 지도는 「의주왕복 노상도」 가운데 하나인 평양부에서 서울까지의 「자평양부 지경성 노상약도」로 지도 안에 가이즈가 정탐했던 지역을 알기 쉽게 한반도 지도를 키맵으로 만들어 넣어 이해를 돕고자 했다.

첩보원들의 정탐, 지리정보 획득과 관련된 자세한 기록은 제작 때부터 극비로 다루어져 확인하기 어려운 것이 대부분이다. 반면 가이즈는 1879년부터 기회 있을 때마다 도쿄지학협회에서 조선에서 활동했던 내용을 발표했다. 가이즈가 정탐한 북방지역 보고서도 당시 일본정부에서 대조선정책을 수립할 때 중요하게 쓰이고 있었다. 때문에 황실과 내각, 육해군 영관급 장교, 고위 관료들이 회원으로 구성되어 1달에 한 번씩 개최하는 강연회를 열어 새로운 정보를 공유하는 자리를 마련하고 있었다.

최초의 북방지역 정탐기록은 1884년 5월 31일 마지막 토요일 도쿄지학협회 5주년 기념에 맞추어 북부지역 실제 현황에 대해 보고했다. 『도쿄지학협회보고』 「조선북부 내지 실황-의주기행」(1883년 6월부터 8월까지)에서 확인할 수 있다. 다음은 그 시작 부분이다.

"이번 내가 돌아다닌 지방은 함경도·평안도·황해도·경기도·강원도의 5도 중 2도 38부현이다. 이동거리 대략 2,780여리, 47일이 걸렸다. 공식적인 조선 내륙여행은 임진란 이후 처음 시도한 것이다. 연도沿道를 보고 들은 사항이 매우 많아 몇 마디 말로 다하기 어려우므로 이번에는 특별히 요약, 발췌하여 지세, 도부都府, 사정事情의 3편으로 나누어 진술했다. 독자의 편의를 위해 서두에 이정표를 게재했다."[383]

가이즈는 강연회에서 일본인 최초로 함경도를 넘어 의주까지 발로 걸으며 정탐 조사하게 된 가슴 벅찬 감회를 드러내고 있다. 조선 북부 내륙의 정보수집과 지도 제작을 위한 여정을 도요토미 히데요시의 조선 무력침략 이후 일본인 최초로 들어가게 되었다고 표현하고 있다. 그의 한 걸음 한 걸음이 침략을 위한 준비행위임을 스스로 밝히고 있다.

의주 정탐에서 주목할 부분은 「의주왕복 이정표」다. 제1편 본론 앞에 배치되어 있다. 통과한 경로 즉 매일 어디서 출발, 점심식사 장소, 그곳의 호구 수, 그곳까지의 거리 수, 숙박지의 호구 수와 거리 수, 당일 지나온 거리를 꼼꼼하게 기록했다. 첫날은 원산의 일본관에서 출발해서 덕원 방하산에서 점심(15호, 15리), 덕원의 영등에서 숙박(60호, 25리), 하루 40리. 이렇게 47일의 정탐 기록으로 채워져 있다.

제1편 '지세'에서는 주요 연도의 지형, 하천 색, 도시 입지 형태에 대해 서술했다. 개항지 선정이라는 명분으로 하나부사와 함께 조선에 자주 파견되어 정탐과 지도 제작 경험이 많은 가이즈 미즈오를 원산에 배치한 것은 청국과 러시아의 국경과 맞닿아 있는 북쪽 지역의 정보에 집중한 일본정부의 의도를 엿볼 수 있다. 특히 마지막 부분의 군대 이동을 위한 도로 설명은 주목할 만하다. 이것은 향후 일어날 전쟁에서 군대 이동을 고려해 지형지물의 편의까지 상세히 조사했음을 살필 수 있는 대목이다.

"도로는 평안도가 첫째, 경기도가 둘째, 황해도·함경도가 그다음이며, 최하가 강원도다. 의주에서 서울에 이르는 길은 조선의 우차가 서로 지나갈 수 있고 도로의 폭도 차량을 늘어세울 수 있다. 일반적으로 효선동선 등이 험악하고 정비되어 있지 않다. 일본 포차砲車는 일부만 지나갈 수 있고, 전부 통과해야 할 경우 이 지형이 매우 중요하다."

제2편 '도부'에서는 정탐한 2도 38부현 가운데 중요한 10도부를 발췌, 주요 중심지 위치, 규모, 경관에 대해 서술했다. 특히 '운산군'은 금광이 많으며 지역주민들이 채굴하는 모습을 서술하고 산간벽지에 위치한 이곳의 부富가 도에서 으뜸이라고 했다. 조선 최대의 금광지대 운산군이 서양 제국에 알려지기 전에 이미 금광지에 대한 정보를 도쿄지학협회 강연회에서 알려 주었다.

제3편 '사정' 첫머리에는 애초 덕원을 출발하자마자 호조 명문에 따라 덕원부에서 나온 병졸 2명과 함께 영등에 도착하는 도중 종종 일행을 비웃거나 꾸짖는 자가 있었다고 서술했다. 하지만 평안도 성천군 지역으로 들어오면

외국인을 접한 경험이 적은 지방관리들이 가이즈 일행을 맞아 극진히 대접했다. 6일째 성천군의 경계에 이르니 대장과 병졸 십여 명이 맞이해 주었고, 7, 8일째는 장수와 관리, 병졸 백여 명이 좌우로 정렬해 절을 하며 아주 극진히 대접해 주었다고 기록하고 있다.

가는 곳마다 우대와 보호를 받으면서 창성군에 도착, 다음날 압록강을 건너려 했다. 부사에게 거절당하자 은밀히 동행하고 있던 자〔통역 가와모토 쥰사쿠〕를 보내 중국어 통역인을 구해 풍속과 관습의 전반을 정탐했다. 압록강 주변과 경계 너머 지형과 가옥과 농가의 모습, 토산물, 조선과 청나라 주민들의 생활풍속 등을 비교하여 서술했다. "청국의 풍속은 매우 순박하고 정직하다. 조선인은 교활하다. 부녀자는 가까이 접근해 왔고 피하지 않았는데 조선과 달랐다. 조선의 부녀자는 외국인을 길에서 보면 바로 피해 집으로 달아난다. 〔…〕 조선의 말은 왜소한데 중국의 말은 비대하다."는 식으로 정세의 파악보다는 민족의 차이를 서술하며 심하게 조선인을 혐오하고 폄훼했다.

몰래 경계를 넘어 청국 땅으로 들어갔다는 말을 들은 창성부사가 "국금國禁과 관련되어 있으니 속히 돌아오라."며 힐책했다. 이에 가이즈는 국가에서 금하는지 몰랐다며 소환장을 만들어 보내 강 건너 청국 땅에 들어간 일행을 되돌아오게 했다.

의주에서 서울로 향하는 길은 해마다 교빙사절이 왕래하고 있어서 각 읍, 말, 여관이 정비되어 있고 음식, 목욕시설 등이 갖춰져 있다. 이 지역의 관리들은 접대에 익숙해서인지 과잉 접대는 하지 않았다고 기술했다. 가이즈 일행이 평양으로 들어왔을 때는 임진왜란의 출병이 있었으므로 일본인을 증오하는 인심이 강하다는 소리를 듣고 미리 경계했으나, 행인이 욕하지도, 어린애가 도망가지도 않고, 지나가는데 꾸짖는 소리도 들리지 않았으며, 관리도 억압하는 자가 없으며, 인정이 상냥하고 부드러웠다고 쓰고 있다.

가이즈는 조선 정부에서 발행한 호조〔1883년 4월 26일 신청, 8월 31일 반납〕를 이용해 일본정부가 수립되고 처음 북부지역과 청국의 접경지역, 국경 상황까지 살핀 뒤 7월 26일 귀국했다. 28일 태정대신, 좌대신 다루히토熾仁 친왕, 참 의 야마가타 아리토모 등 내각의 중요 대신들에게 정탐 결과를 보고[384]한 뒤 다시 조선으로 돌아와 서울에서 내륙을 통해 원산으로 복귀했다.

가이즈 미즈오, 함경도 경성 정탐

1883년 봄 북부지역 정탐과 지리 실사, 민심 파악, 청국과 러시아의 국경 지역을 정탐했던 첩보원 가이즈는 9월 1일 다시 호조를 청구, 9월 14일 발급 받았다.

10월 21일 원산 거류지를 출발해 덕원, 문천, 고원, 영흥, 정평, 함흥, 덕산, 홍원, 북청, 진모로, 이원, 단천, 마곡, 임명, 길주, 관동, 극동, 주촌, 북상리, 경성, 윤성, 부거, 걸산, 녹야, 아오지, 경흥, 아산, 건원, 경원, 황파, 온성, 종성, 방담, 행영, 회령, 고풍산, 허종리를 지나 12월 30일 원산에 도착하는 왕복 총 3,030리에 걸친 정탐이었다. 이때 만든 지도로 「조선국 함경도 노상측도」[제1호 「자덕원부 지이원현自德源府至利原縣」, 제2호 「자이원현 지경성부 윤성역自利原縣至鏡城府輪城驛」, 제3호 「자경성부 윤성역지 온성부 유원진自鏡城府輪城驛至穩城府柔遠鎭」]가 있다.

11월 22일, 경흥에 도착한 가이즈는 두만강이 결빙[12월 말부터 2월 사이 결빙]되기를 기다려 러시아의 경계를 넘어 블라디보스토크항으로 가려 했으나, 경흥부사가 저지했다. 감영의 허락이 있어야 국경을 넘을 수 있고, 조선 내지 유력만 허락한다는 공문을 받았다는 이유로 거절당했다.[385]

보고를 위해 일시 귀국한 가이즈는 도쿄지리학회 5주년 기념 강연회 자리에 섰다. 1884년 5월 31일에 「의주기행」, 6월 28일에 「경성기행」을 강연했다. 내용은 의주기행 보고서와 같은 형식이었다. 「경흥 왕복 이정표」를 뒷부분에 실어 한눈에 볼 수 있게 했다. 정탐의 주목적의 하나인 방어시설에 대해서도 언급했다.

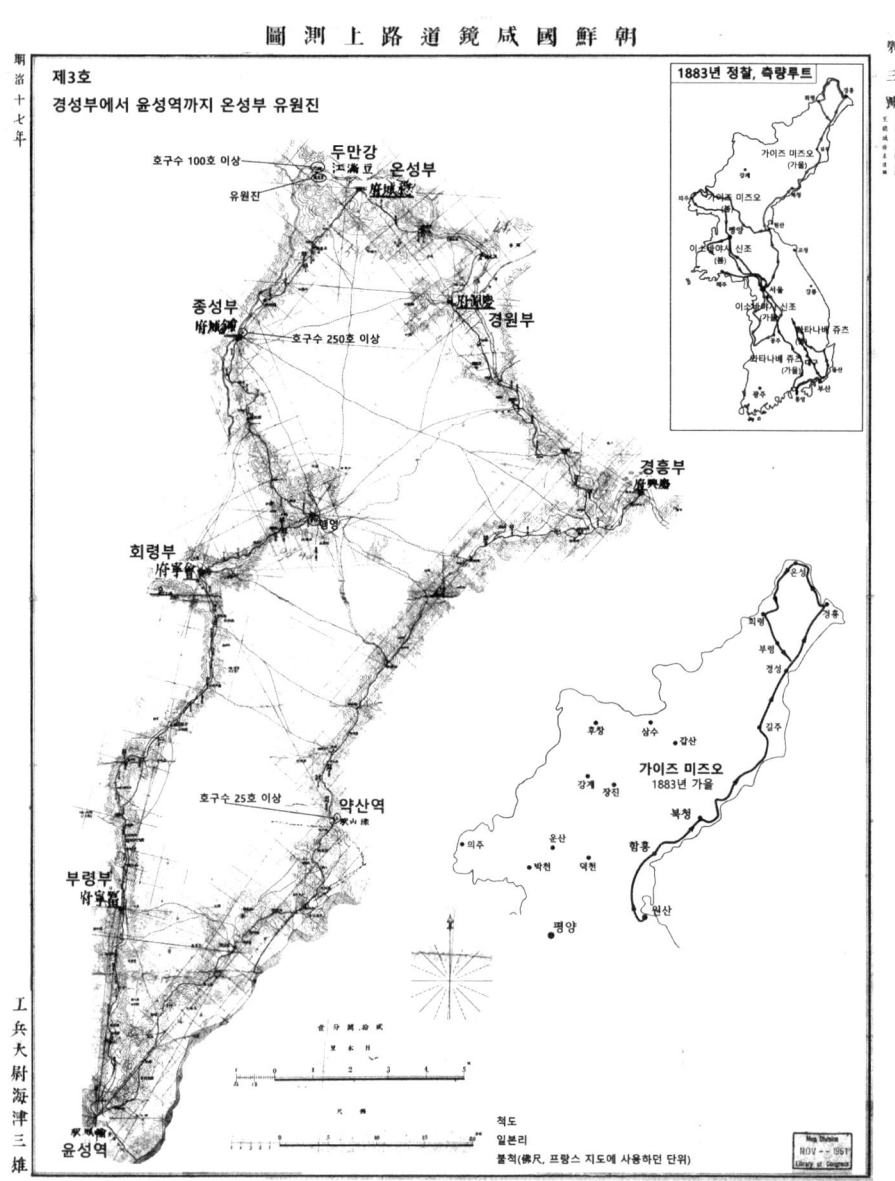

첩보원 가이즈 미즈오가 1883년 함경도 경성 일대를 정찰하고 만든 「조선국 함경도 노상측도」(1884년 12월)

"조선의 국경 방어는 평안도에서는 산맥을 따라 직선법을 사용, 함경도에서는 강의 지세를 따라 원형법을 쓰고 있다. 위치 선정, 보루, 구축물의 구조는 특별하게 언급할 것이 없고 수백 년 동안 이어오는 어모禦侮가 힘쓰고 있는 정도다."[386]

1883년 가이즈는 봄·가을에 걸쳐 원산을 거점으로 두고 청국, 러시아의 국경을 포함한 지역을 따라 내륙도로로 이동하면서 지형지물을 기록하고, 정세, 민정 상황, 현지 모습, 정황을 탐색하고 상세히 지도로 만들어 정보화했다.

가이즈 미즈오가 도쿄지학협회에서 1884년 6월에 발표한 「경흥왕복 이정표」

조선에서 오래 활동한 첩보원 가이즈를 원산에 주재시키고, 청국, 러시아와 국경이 맞닿아 있는 북부지역으로 파견한 것은 이곳이 매우 중요한 곳이었기 때문이다. 그러므로 의주지역 정탐 도중 일본으로 귀국해 정부의 고위 관료에게 보고하고, 다시 돌아와 서울을 통해 원산 일본관으로 돌아간 여정이 그것을 말해준다. 가이즈는 봄·가을 정탐을 마치고 이듬해 다시 귀국했다. 일본에 머무는 동안 도쿄지학협회에서 조선 북부지역 시찰 현황, 즉 의주기행과 경성기행을 발표한 것만 보더라도 당시 일본정부가 조선 정탐에 얼마나 공을 들이고 있었는지를 알 수 있는 행보다.

한편 11월 12일, 참모본부는 가이즈가 자리를 비운 시기에 맞춰 어학생도로 조선에 들어와서 첩보원으로 활동하고 있던 가와모토 준사쿠를 육군성 어용쾌로 원산 근무를 명하고 다음과 같이 명령을 내렸다.

"주재할 장교가 파견될 때까지 군사에 관한 조선의 정략 특히 피아 군제와 관련된 사항을 정밀하게 탐지하고 그 외 이따금 발생하는 사건이나 새로운 정보가 들어오면 진위를 파악하여 크건 작건 모두 보고할 것"[387]

1880년 2월 어학생도로 조선에 온 가와모토 준사쿠는 명확히 첩보원으로 활동하고 있었다. 중국에 파견된 다른 어학생도와 마찬가지로 본격적으로 활동하기 전 먼저 해당국의 언어를 습득하고 문화, 습성을 익힌 뒤 내륙여행을 하도록 규정되어 있었다. 파견되고 1년 반이 지난 1881년 9월 22일 부산영사 곤도 마스키가 하나부사에게 쓴 문서 중에 가와모토가 일본어를 배우고 싶어 하는 박 아무개라는 사람과 의기투합해 몰래 조선 내륙여행을 하기로 약속했다는 기록도 보인다.[388]

이 시기는 임오군란 이후 조선에서 일본의 세력이 후퇴하자 전쟁보다 현재의 군비 확충에 힘쓰며 실상을 정확히 파악하고자 대대적으로 조선과 청국에 첩보원을 내보냈다. 특히 지도 제작과 군사시설, 민정, 국경 상황 등의 정보수집에 집중했다.

1883년 12월 21일, 참모본부의 가쓰라 타로 관서국장은 오야마 본부장에게 「인방지도 편제조규 제정」에 관한 의견서를 제출했다.

"인근 국가 정탐의 가장 중요한 임무이면서 하기 힘든 것이 지도 편제다. 중국의 경우 아직 그 국가에서 제작한 믿을 만한 지도가 없고, 유럽인이 실측한 것은 해안지역에 불과하다. 실지 측량을 해야만 원하는 지도를 얻을 수 있다. 하지만 외교적으로 스파이 행위로 의심받을 부분이 많다. 저 나라는 의심이 깊어 지금의 실측 기량을 발휘할 수 없다. 은밀히 장교들을 파견해 갖가지 수단을 써서 측량하기는 했으나 일정한 수준에 이르지 못했다. 하지만 국지적으로 여러 명을 파견해 전반적인 모습을 파악할 수 있게 되었다."[389]

이 내용으로 알 수 있듯이 외교 문제가 되는 것을 뻔히 알면서도 참모본부는 비밀리에 정탐할 첩보원을 보내 조선과 청국의 지형, 정세, 군사시설,

요충지 등을 파악하고 지도 제작에 주력하고 있었다.

가이즈가 1884년 일시 귀국한 시기 원산 영사관에는 그의 후임으로 1884년 5월 오카 야스아키岡泰鄕 중위가 부임했다.

식물·광물 조사를 위장한 첩보원

와타나베 쥬츠도 가이즈 미즈오와 같은 날인 4월 24일 호조를 재신청, 26일 발급을 받고 경상도와 전라도 일부의 지리 실사와 민심을 정탐하고 6월 27일 호조를 반납했다.[390] 1883년 봄 와타나베와 다케다가 정탐한 지역은 부산에서 출발, 동래, 기장, 울산, 경주, 영일, 영천, 신녕, 군위, 비안, 용궁, 문경, 조령에 이르렀다. 돌아오는 길은 함창, 상주, 칠곡, 대구, 청도, 밀양, 양산, 동래를 거쳐 부산으로 돌아왔다. 와타나베가 봄에 정탐한 지역인 경상도 일대의 로드맵으로「경상좌도 노상측도慶尚左道路上測図」(1883년)가 있다.

1883년 가을 와타나베의 정탐지역은 부산을 출발 김해, 웅천, 진해, 고성, 통영, 사천, 진주, 의령, 초계, 현풍, 무계, 성주, 금산, 황간, 영동, 옥천, 회덕, 문의, 청주, 진천, 죽산, 양지, 광주, 서울로 들어갔다.

9월 6일, 다시 일본 동식물학자의 연구를 위한 여행 허가를 요청했다.

"이번에 본 공사관 외속원인 대학 의학부 동식물학보 에누마 겐고로(江沼元五郎, 1858~1884, 후쿠시마현 사족)가 보고하기를, 부산 영사관 소속원 와타나베 쥬츠와 함께 내지를 유력하며 학술을 연구하고자 한다고 합니다. 귀 아문에서 호조를 발급해주어 여행 편의를 봐주시기 바랍니다. 여정은 와타나베와 같습니다."[391]

이소바야시는 "1883년 10월 1일 충청도 지방 정탐 11월 3일 돌아옴"[392]이라는 기록도 남아 있다. 그의 정탐지역은 서울에서 출발해 광주, 이천, 여주, 음죽, 충주, 괴산, 청안, 청주, 연기, 공주, 정산, 홍산, 한산, 서천, 비인, 감포,

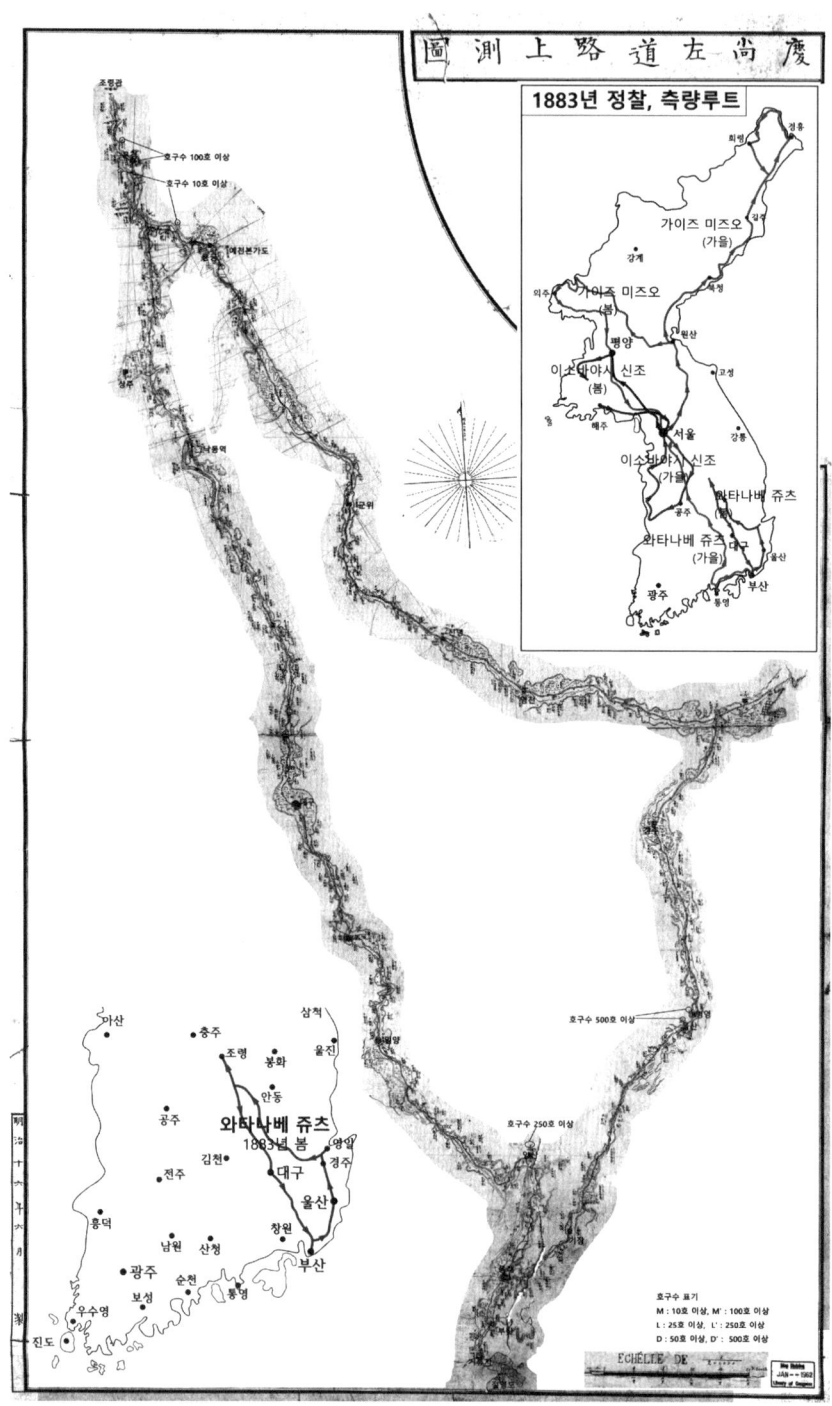

와타나베 쥬츠가 1883년 봄에 정탐하고 제작한 「경상좌도 노상측도」(1883년 6월)

보령, (충청 수영), 홍주, 덕산, 면주洒州, 아산, 평택, 진위, 용인, 과천을 거쳐 서울로 돌아오는 루트였다.393

동식물학자 에누마 겐고로

에누마 겐고로는 1871년 도쿄 외국어학교에서 독일어와 박물학을 배운 뒤 1875년 12월, 도쿄의학교東京醫學校에 입학했으나 이듬해 집안 사정으로 휴학했다. 1877년 3월, 경시의학교警視醫學校에 들어갔지만 폐교되고 여러 곳을 떠돌아 다녔다. 1881년 뜻맞는 사람들과 의학예비교를 만들어 조교수로 활동했다. 1882년 1월, 도쿄대 이학부 동식물 교장보조敎場補助로 채용되어 7월 동식물 연구를 위해 오이타현 분고쿠니大分県豊後国 근해로 출장, 마쓰바라松原를 도와 일본 근해를 연구했다.

1883년 에누마는 문부성에 조선으로 보내달라고 신청했다. 7월, 동식물 수집을 위해 조선에 들어와 내륙을 돌며 현지 조사를 한 뒤 1884년 2월 귀국했다.

도쿄대학의 한반도 식물수집 학술조사는 에누마 겐고로를 효시로 일컫는다. 이 시기 도쿄대학의 학술조사 대상은 일본 국내가 주를 이루었고, 조선 파견은 에누마 한 건밖에 없다. 이 무렵부터 도쿄대학의 교직원이 근대 '국가공무원'으로 제도화되었고, 학술조사의 목적도 국익을 위함이라는 의식이 싹트고 있었다.394

에누마의 조선에서 활동은 출장 도중 대학 조교수 마쓰바라에게 보낸 서신에 잘 드러나 있다. 내용 속에는 그의 조선 인식과 첩보원 이소바야시와 함께 했던 행적이 명확하게 드러나 있다. 다음은 당시 일본인의 조선인에 대한 혐오를 그대로 보여주는 서신의 일부분.

조선 정부는 아직 외국인이 내지로 들어오는 것을 허용하지 않는다. 인민은 교활하고 의심이 많다. 야심을 감추고 움직이지 않으면 동행자가 없는 외국인을 잔혹하게 살해한다. 특히 일본인을 심하게 꺼리고 미워하며 적대시했다. 도요토미 히데요시가 조선을 정벌한 이후 일본인을 보면 불구대천의 원수로 여긴다고 한다. 물론 조선에 온 본뜻은 첫째, 산천을 돌아다니며 팔도의 동식물을 검토 수집해 돌아가 전문가들과 함께 세상에 공표해 대학의 학문 세계를 넓힌다. 둘째, 격물치지의 핵심을 제공하려는 바람이었다.

호랑이를 잡으려면 호랑이굴에 들어가야 한다고 했다. 실제로 조선에서 동식물을 조사하고 채집하는 일은 어려웠다. 조선에 도착해서 만난 인천영사 고바야시 하시히토小林端一는 나의 뜻에 크게 찬성하며 근방의 여러 부현으로 데리고 다니며 편의를 봐주어 사방 10여 리의 땅을 밟을 수 있었다. 발길이 닿는 곳마다 조선인은 더럽기 그지없었고, 집은 초라해 비바람을 겨우 피할 정도였다. 식사는 개돼지나 먹을 수 있을 정도고 모두 악취가 나고 비위가 뒤틀려 먹을 수 없었다. 오직 이 한 몸 희생해 일본에서 불고 있는 박물학의 여명을 동지 여러분에게 제공·배양하기 위해 더러운 집, 거친 음식을 견디며 돌아다녔다. 조선 내륙의 여행에 대한 경계가 심하지만, 동식물을 조사·채집에 여한이 없도록 해야 했다.

조선에 도착한 에누마는 일본인이 이동할 수 있는 거리 즉 간행이정 내에서 첩보원이면서 공사관부 무관인 이소바야시와 함께 돌아다녔다. 양화진, 양천, 김포, 강화, 제물포, 부평 등 전후 6회에 걸쳐 50여 리를 돌아다닌 에누마는 조교수 마쓰바라에게 수집품이 많지 않으니 조선 내륙여행을 더 할 수 있도록 90일 연장해 줄 것을 외무성에 힘을 써달라고 부탁했다. 그의 청원이 받아들여져 이듬해 2월까지 있다가 일본으로 돌아간 에누마는 6월 다시 조선으로 들어왔다.

1884년 6월 13일, 문부성은 대장성에 에누마의 경비 지급을 요청했다.

"학술에 필요한 표본을 만들고 동식물과 금석류 수집을 위해 도쿄대학 어용괘〔御用掛, 궁내성 기타 관청의 명령을 받고 용무를 수행하는 직〕 에누마 겐고로의 조선국 출장 여비는 왕복 대략 160일로 간주하고 수당으로 430엔 지급할 것"395

6월 28일, 동식물 수집을 위한 조선 출장 명령이 내려왔다.

9월 6일, 조선 정부에 호조를 신청했다. "부산 영사관 소속원(실제 참모본부 소속의 보병중위 첩보원) 와타나베와 공사관 외속원 대학 의학부 동식물학보 에누마 겐고로의 탐색 경로는 부산에서 김해, 웅천, 진해, 고성, 통영, 사천, 진주, 의령, 창녕, 현풍, 무계, 성주, 금산, 황간, 영동, 옥천, 문의, 청주, 청안, 진주, 죽산, 양지, 광주 등"396이라 쓰여 있다. 이 문서로도 알 수 있듯이 와타나베와 에누마는 외교관 신분으로 호조를 신청했다.

이때 에누마의 목표는 1883년도 조사에서 획득한 자료에 더해 시베리아령, 중국령에 걸쳐서 동식물을 수집하고, 조선 전국의 동식물 서적을 편찬하는 것이었다. 하지만 조선을 넘어 중국, 러시아로 향하려 했던 그의 계획은 허망하게 끝나고 말았다.

1885년 6월 23일, 태정관 기록으로 문부성 백작 오오키 다카토(大木高任, 1832~1899)가 다음과 같이 고지했다.

"문부성 관할 도쿄대학 어용괘 준판임 에누마 겐고로가 동식물과 금석류 채집을 위해 작년 1884년 7월 조선 출장 중 여행하며 12곳에서 수집한 식물 535종, 그 외 학술 연구에 참고가 될 만한 것 54종을 수집했다. 에누마는 9월 부산항 해수욕장에서 수영하다 물에 빠져 죽었다. 작년 6월 중 재가된 여비와 일체 비용으로 지급된 430엔은 수당으로 건네준 것이니 본인의 사망으로 그대로 불문에 붙임"397

죽은 날은 9월 6일, 호조를 신청한 그날이었다.

에누마가 수집해 도쿄제국대학 이과대학 표본실에 보낸 조선 식물은 1886년 마쓰무라 진조(松村任三, 1856~1928)가 식물표품목록 제3부에 47과 111속 135종 9변종을 발표했다. 1883부터 1884년에 걸쳐 수집한 표본은 도쿄대학교에 소장되어 마쓰무라(1886) 한국 식물목록의 근거가 되었다.398 유고로 몇천 장에 이르는 「한산동식물상해韓産動植物詳解」, 「조선기행」, 「계림만유록」,

「한산약용식물유집韓産藥用植物類集」 등이 있다.[399]

에누마와 함께 움직였던 참모본부 소속 첩보원 와타나베는 영사관 소속 원으로 위장해 학술연구를 위한 여행이라 속이고 호조를 발급받아 편의와 호위까지 제공받았다. 조선 정부는 조선 내에서 관광이라 속이고 돌아다니며 정보수집을 하고 있던 일본 첩보원들의 활동을 파악하지 못했던 것일까. 첩보원들과 에누마는 아무런 제재도 받지 않고 조선 정부의 극진한 보호를 받으며 한반도 전체의 로드맵을 포함한 군사시설, 정세, 민심, 광물, 물산까지 상세히 파악하고 정보를 쓸어 담아 갔다.

해군 첩보원의 정탐보고서

해군 경비함 히에이함比叡艦 함장 해군중좌 가사마 히로타테笠間広盾는 해군 대원을 이끌고 경기도 내륙을 시찰하라는 명령을 받고 조선으로 들어왔다.

1883년 3월 29일, 변리공사 다케조에는 독판교섭통상사무 민영목(閔泳穆, 1826~1884)에게 경기지방 여행을 위한 호조 발급을 신청, 다음날 발급받았다.

"본 영사관 수행원 해군소좌 사메지마 가즈노리鮫島員規와 요시마쓰 호사쿠吉松豊作 2명이 귀국의 내지를 여행하고자 합니다. 인천

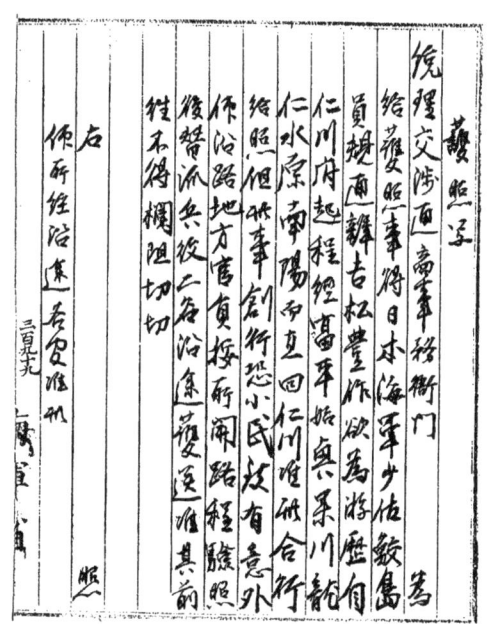

해군소좌 사메지마 가즈노리, 통역 요시마쓰 호사쿠에게 발급된 '호조' 사본, 1883년 4월, 일본인의 조선 내 여행이 허용되자 바로 해군성은 호조를 발급받아 지리 정탐과 정세 파악에 집중했다.

부에서 출발하여 부평부 시흥현, 과천현, 용인현까지 가며, 수원부를 거쳐 남양부와 부근 각 지역까지 가려고 합니다. 이를 위해 귀 독판께 서신을 보내어 알립니다. 호조를 발급, 여행에 편의를 봐주시기 바랍니다."[400]

이때의 '호조'와 관련해 일본 해군성은 1883년 4월 27일, "해군소좌 사메지마 가즈노리, 한어통역 요시마쓰 호사쿠는 조선국 내지 시찰을 위해 제물포에서 인천부, 부평부, 시흥, 과천, 용인 3현을 거쳐 수원부와 남양부로 이어지는 여행에 관해 다케조에 변리공사와 협의해 호조를 송부받음."[401]이라 기록하고 있다.

조선에서 제물포조약 체결 뒤 대외교섭과 통상사무를 담당했던 통리교섭통상사무아문에서 발행한 '호조'의 사본은 남아 있는 것이 거의 없는데, 해군성 정탐기록 「계림기행」에 호조 사본이 들어 있다.

조선의 군사 지리 실제 조사와 정세 파악을 위해 파견된 첩보원들은 공사관과 영사관의 수행원, 연구원이라 속이고 지방관을 포함한 병졸의 안내와 호위를 받으며 첩보활동을 이어갔다. 일본해군의 경비함 히에이함 소속의 해군소좌 사메지마도 영사관의 수행원이라 속이고 호조를 발급받아 경기도 일대를 정탐하고 보고서 「계림기행」을 해군성에 제출했다.

사메지마와 요시마쓰의 정탐 목적은 개항지 선정이라는 명분으로 여행허가를 받고 인천에서 남양까지 육로로 내륙을 정탐하고, 마산포馬山浦에 있는 청국군의 상황을 정탐하기 위한 것이었다. 임오군란 뒤 주둔하고 있는 청국 병력에 예의주시하면서 조선 내에서 청의 세력을 약화시킬 수 있는 수단을 찾으려 고심하고 있던 시기였다.

다음은 「계림기행」 첫머리.

"1883년 4월, 히에이함 함장 해군중좌 가사마 히로타테는 해군을 인솔하고 조선국 경기도 내 시찰을 위한 여행을 명받았다. 조선 정부에서 호조를 발급받아 인천, 부평, 시흥, 과천, 용인, 남양 등을 여행하면서 보고 들은 것, 풍토, 인정에 대해 기록했다."

4월 9일, 쾌청하게 맑은 날 사메지마 가즈노리와 통역 요시마쓰 호사쿠는 오전 7시 제물포 영사관을 나와 8시 30분 인천에 도착했다. 9시 반 인천지부 임영호任榮鎬를 만나 여행증을 받고 인천부를 출발했다. 인천과 부평의 경계를 지나면서 지역민이 경작하는 모습, 호구, 마을의 수를 조사·기록하고 자정 무렵인 0시 30분 부평에 도착했다. 부평부는 인가 200여 호, 72촌읍. 부평도호부사 겸 남양도제사 김호균金灝均이라는 자는 문무관을 겸하고 있다. 임기는 30개월이고, 김옥균의 팔촌에 해당하는 친족이다.

이 무렵 일본은 김옥균, 박영효 등 정부 관료와 유명인사들에 대한 정보까지 수집하고 있었다.

4월 10일, 오전 7시 부평을 출발, 시흥으로 길을 잡아 험준한 산을 넘어 오후 2시 시흥에 도착했다. 때마침 현령 조용구趙容九는 상경해 부재중이었다. 호수 100여 호, 36촌읍. 오후 3시 그곳을 출발했다. 수원가도는 도로가 평탄했고 도로 너비는 4, 5칸. 오후 7시 과천에 도착했다.

4월 11일, 오전 8시 과천을 출발, 용인으로 길을 잡아 오후 4시 30분에 도착했다. 12일 오전 7시 반 용인을 출발 수원에 도착, 그곳에 머물렀다.

4월 14일, 오전 반 수원을 출발, 오후 1시 30분 남양에 도착, 남양부사 윤웅렬(尹雄烈, 1840~1911)[402]을 만났다. 부사 다음 직책에 해당하는 이병휘李秉輝는 사메지마가 남양부에 머문 3일 동안 매일 밤 찾아와 많은 이야기를 나누었다.

위의 기록에 나오는 윤웅렬은 1881년 4월 왜식 별기군 창설 때 별군관의 주역을 담당했고, 왜승 오쿠무라 엔신奧村円心과 접촉해 수신사 김홍집의 수행원으로 일본에 건너간 친일 개화파의 한 사람이었다. 임오군란 때 별기군 영관으로 군중들의 습격 계획을 일본공사관에 통보한 뒤 원산으로 달아났다가 부산에서 첩보원 가이즈 미즈오의 도움을 받아 나가사키로 망명했다. 그 뒤 하나부사와 함께 조선으로 들어왔고 제물포조약이 체결된 뒤 다시 남양부사에 제수되었다.[403] 기록의 시점으로 보아 이 시기에 해당한다.

인천을 시작으로 육로를 따라 걸으며 지나가는 마을, 호구 수, 현직 관리

명, 길의 평탄하고 험준함의 정도, 경과시간, 가는 곳마다 관리들의 접대를 받고 숙소를 제공받았다는 내용이 상세하게 기록되어 있다.

4월 9일, 인천 출발, 14일 오전 남양에 도착한 뒤 친일파 윤웅렬이 있는 남양부에 머물며 현 정세, 청국군의 현황, 개화당의 박영효, 김옥균, 서광범 등의 근황과 성향, 청국 군대, 청국 병사들의 생활상, 민심의 동향, 풍속 등에 대해 정탐했다.

4월 15일, 마산포로 가는 것을 중지하고 시내를 돌아다니다 산 위로 올라가 멀리 섬을 바라보며 정탐했다.

4월 16일, 오전 8시 남양을 출발, 청국군 3,000명이 주둔하고 있는 마산포에 11시 도착, 마을 아전의 집에서 쉬며 사람들에게 청나라 병영의 모습, 군기 상황 등을 정탐하고, 이들의 장기간 주둔이 민심에 어떠한 영향을 미치는지를 확인했다.

4월 17일, 오전 남양부사와 작별하고 9시에 출발 수원부로 길을 잡고 안산에서 하룻밤 묵은 뒤, 18일 인천에 도착한 것으로 기록이 끝나 있다.

1883년 인천에 파견되어 있던 아마기함 함장 해군중좌 다키노 나오토시(滝野直俊, 1847~1913)는 4월 27일부터 첩보원이 알려오는 내용을 모아 정리한 「계림 시정보고」[404]를 함대사령관 해군소장 니레 가게노리(仁礼景範, 1831~1900)와 해군대신에게 보고했다. 조선에 들어와 있는 청국군의 현황과 청국 장군 우창칭(吳長慶, 1834~1884)의 위세와 군인들의 횡포에 불만이 쇄도하고 있다[405]는 내용을 담고 있다.

- 한성부윤 박영효가 최근 건물을 짓는 일로 민심의 불만이 심해져 사직하고 후임은 아직 정해지지 않음.
- 1883년 4월 16일, 남대문의 화약고가 터져 6, 70명의 사상자 발생. 일본인의 피해 없음.

- 인천부백이 최근 교대하여 얼마 뒤 귀경한다고 함.
- 도카이마루東海丸가 지난 24일 입항, 육군 교대병을 태우고 왔고 이전 주재병력을 태우고 간다고 함.
- 모슌함은 25일 입항
- 도카이마루에서 미즈노 3등이 부임해와서 공관 건축에 착수할 예정

인천, 부산, 원산 등지에 정박해 있던 해군 군함의 첩보 수집을 통한 정보화 과정은 1880년대 들면서 더욱 체계가 정비되었다. 조선의 정치 상황, 관료들의 현황, 시정, 군사, 군무와 관련된 사항을 꼼꼼하게 보고하고 있다.

월·년별로 작성되어 있는 해군성·육군성·참모본부·태정관 기록 등의 자료를 치밀하게 찾아내 일본의 조선에서의 첩보 수집 활동이 얼마나 지속적이고 체계적으로 이루어졌는지 확인해야 할 일이 남아 있다. 근대사 특히 일본의 침략으로 찢기고, 빠지고, 사라진 역사의 공백은 일본정부가 생산한 정보문서와 문헌자료를 통해 메워나가야 한다.

3 첩보원들 '한반도 침략준비지도' 완성

1883년 봄·가을에 걸쳐 조선의 지리 실사와 정탐을 위해 조선에 들어온 첩보원들은 일본공사관과 영사관의 수행원, 학술조사 연구라는 명분을 대고 조선팔도를 누비고 다녔다. 1883년부터 1888년까지 조선 내 여행허가증인 '호조' 신청 내역을 살펴보면 첩보원의 내륙 실지조사와 지도 제작을 위한 정탐이 대부분이다.

1884년

1884년 원산 주재 일본영사 소에다 다카시副田節는 간행이정〔통행을 허용하는 지역 / 이동거리〕을 다시 50리 더 확장 논의할 것을 요청하고 세 차례에 걸쳐 현지를 답사했다. 이때 그는 통행을 허용하는 지역을 벗어나 더 멀리까지 조사해 물의를 일으켰다. 이에 대해 감리사무 정현석(鄭顯奭, 1817~1899)은 의정부에 이렇게 보고했다.

"원산항에서 북으로 영흥 금파원까지 170리, 남으로 회양읍까지 150리, 통천읍까지 150리, 흡곡읍까지 120리이고 서쪽으로 양덕읍까지 180리인데, 그곳을 살펴보고 와서 말하기를 '이것이 모두 직선거리로 100리인데 이번에 우리 정부와 귀국 정부에 보고하여 의정할 일이지 지방관과 상의할 일은 아니다.'고 하기에 갖추어 첩보합니다."[406]

이렇듯 일본정부는 부산, 서울, 원산, 인천 주변의 통행 이동 거리 확장을 기회로 주변 시설 특히 군사시설과 행정기관, 요충지, 중요시설 등에 대한 정밀 지도 제작에 집중하는 한편, 첩보원들은 호조를 발급받아 조선 정부의 보호를 받으면서 계속 활동했다. 1884년에는 이소바야시 신조, 오카 야스아키, 와타나베 쥬츠가 주축이 되어 정보수집과 지도 제작에 주력했다.

다음은 1884년 이소바야시, 오카, 와타나베가 정탐·측량한 루트를 나타낸 지도다.

1884년 이소바야시 신조, 오카 야스아키, 와타나베 쥬츠가 봄·가을 두 차례 행한 정탐, 측량을 위한 현지조사 루트

이소바야시는 1884년 봄 5월 17일 호조를 신청, 21일 발급받고, 5월 26일 어학생도 우에노 시게이치로上野茂一郞와 함께 서울을 출발 양주, 연천, 토산, 신계, 곡산, 양덕, 고원, 문천, 원산, 안변, 흡곡, 통천, 회양, 평강, 이천, 안협, 삭녕을 거치는 루트를 정탐하고 7월 7일 서울로 돌아왔다.

10월 27일, 다시 서울을 출발 양근, 여주, 원주, 평창, 강릉, 삼척, 정선, 영월, 영춘, 제천, 단양, 풍기, 예천, 문경, 연풍, 괴산, 진천, 목천, 천안, 익산, 안성, 양성[적성, 지금 안성군에 편입]까지의 루트를 정탐했다. 양성을 지나 용인 즈음에 이르렀을 때 갑신정변의 소식을 듣고 서둘러 서울로 들어오다가 12월 7일 남대문 청파역 부근에서 죽었다.

원산 영사관에 거주하며 첩보활동을 계속하고 있던 가이즈 미즈오는 1884년 잠시 일본으로 돌아가 있었다.

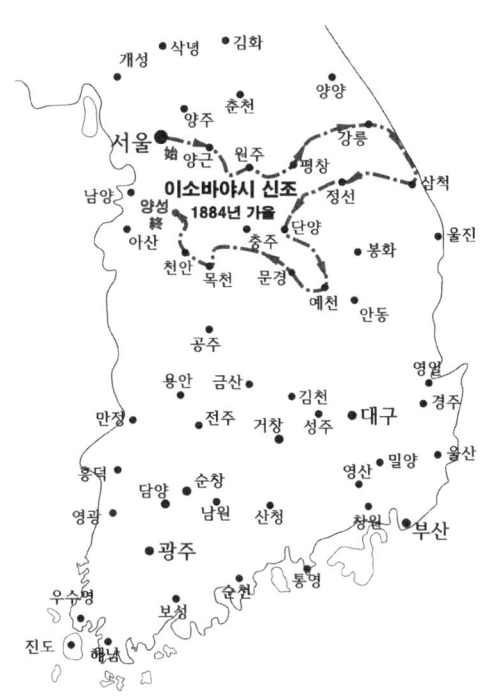

1884년 11월, 이소바야시 신조가 중부지역 정탐을 위한 현지 조사를 실시한 루트

1884년 3월 15일, 후임으로 보병중위 오카 야스아키(岡泰郷, ?~1905)를 조선 공사관부로 임명하고, 5월 17일 원산 영사관 근무를 명했다.[407] 오카가 조선으로 건너올 때 도쿄외국어학교 조선어학과 1기생으로 1880년 7월에 입학한 해군성 급비생 미무라 신지로三村鎭次郞와 후쿠다 요시노스케福田芳之助도 함께 왔다[5월 12일 조선 파견 명령 하달].[408]

전년도 가이즈 미즈오에 이어 북부지방 정탐과 측량을 위해 부임한 오카

는 8월 27일 서북지역의 호조를 신청, 신변의 안전보장을 요청했다. 동행인은 가이즈와 함께 북부지방을 정탐하던 어용괘 가와모토 쥰사쿠였다. 정탐 루트는 함경도, 평안도 중남부로 원산, 덕원, 문천, 고원, 영흥, 정평, 영원, 희천, 강계, 위원, 초산, 벽동, 운산, 태천, 박천, 안주, 영유, 병산, 평양, 강동, 성천, 양덕, 문천을 거쳐 원산으로 되돌아왔다. 이때 「함경 평안 양도 노상도咸鏡平安兩道路上図」(1884년)를 만들었다.

9월 17일, 부산 영사관의 와타나베는 경상도와 전라도 지방 정탐을 위한 호조를 신청, 다음날 발급받았다.[409]

부산에서 동래, 양산, 밀양, 청도, 대구, 성주, 무주, 금산, 여산, 용안, 함열, 임파, 옥구, 만정, 김제, 부안, 흥덕, 무장, 영광, 장성, 담양, 순창, 전주, 진안, 안의, 거창, 합천, 영산. 담양, 광주, 나주, 영암, 남해, 우수영, 진도 (되돌아서) 남해, 강진, 장흥, 보성, 낙안,

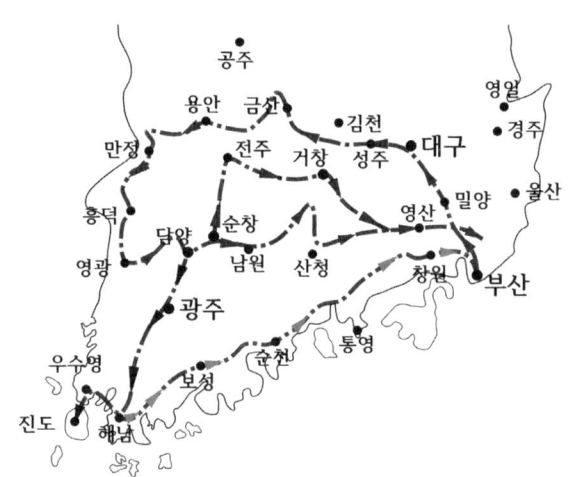

1884년 와타나베 쥬츠가 전라도와 경상도 지역을 정탐한 루트

순천, 광양, 하동, 사천, 함안, 창원, 김해, 부산으로 돌아오는 코스가 있다. 또 창녕, 합천, 거창, 안의, 장수, 임실, 장성, 함평, 무안, 영광, 무장, 흥덕, 부안, 만경, 옥구, 임파, 함열, 익산, 전주, 고산, 진산, 금산, 무주, 금산, 선산, 인동, 칠곡, 경산, 언양, 울산, 기장을 거쳐 부산으로 돌아오는 등 경상도와 전라도 일대를 휘젓고 다니며 광범위하게 정탐했다.

1885년

1883년에 이어 1884년에도 봄·가을로 나누어 행하던 정탐 여행이 갑신정변의 여파로 1885년에 봄철에는 추이를 엿보며 잠시 장거리 정탐은 보내지 않고 있었다. 7월 다시 첩보원들은 활동을 재개했다.

1885년 2월 3일, 참모본부는 갑신정변(1884년 12월) 때 죽은 이소바야시의 후임으로 가이즈 미즈오를 공사관부 무관으로 결정, '기밀'로 1885년 2월 9일 발령을 내렸다. 가이즈는 서울 공사관부 무관으로 복귀했다. 정식 임명을 받은 뒤 이동거리 내의 상세지도 제물포에서 석천원까지의 「자제물포 지석천원 약도自濟物浦至石川院畧図」(4월), 살곶이다리에서 광주까지의 「자전관교 지광주 약도自箭串橋至廣州略図」(6월), 「조선국 제물포 묘지근방도」, 「제물포 거류지 약도」(7월)를 만들었다.

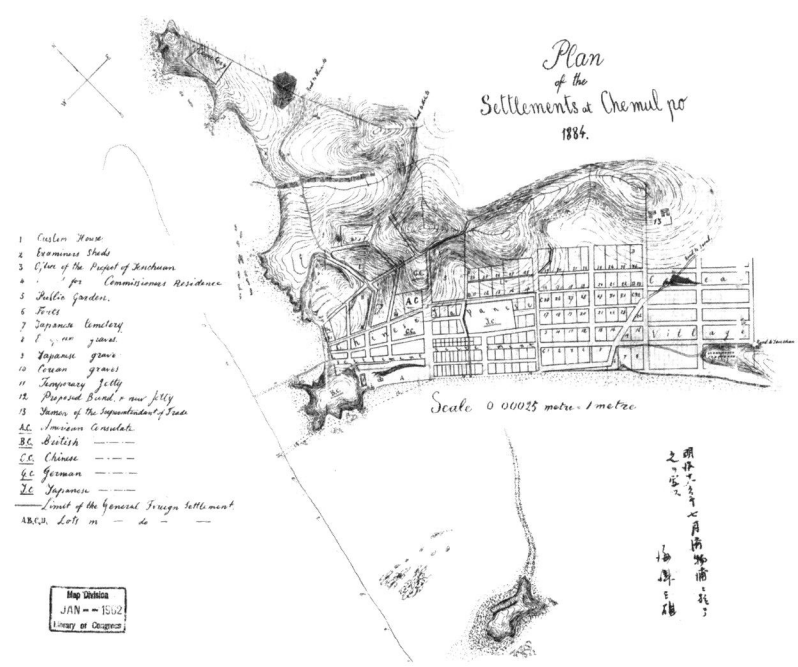

1885년 7월, 가이즈 미즈오가 제작한 「제물포 거류지 약도」

임오군란과 갑신정변 이후 일본과 청나라는 군사적으로 긴장이 높아지고 있었다. 일본정부는 전쟁이 발발하게 될 경우에 대비, 지도 제작에 힘을 쏟고 있었다. 살곶이다리에서 광주까지의 「자전관교 지광주 약도」는 한성의 방어 실태를 조사하면서 서울에서 남한산성으로 향하는 길을 면밀하게 조사, 정탐 했다.

「자전관교 지광주 약도」에는 노상제도법을 사용, 산천과 성곽은 목측目測 으로 만들어 다소 오류가 있으나, 노상의 일반적인 형상은 따로 기록을 하고 빠진 부분은 바로 볼 수 있게 게재했다고 서술, "살곶이다리[箭串橋]에서 광주 로 가려면 두 개의 길이 있다. 신천과 송파의 두 나루를 지나는 길을 본도本道, 광진으로 가는 길을 간도間道라고 한다. 험하고 멀다. 산성의 지세도 남쪽은 약간 험하고, 북쪽은 매우 험하다. 본도는 대략 일본의 4리 정도, 간도는 5리 가 조금 넘는다. 서울에서 광주로 가는 길은 모두 길을 송파를 잡고 약간 보

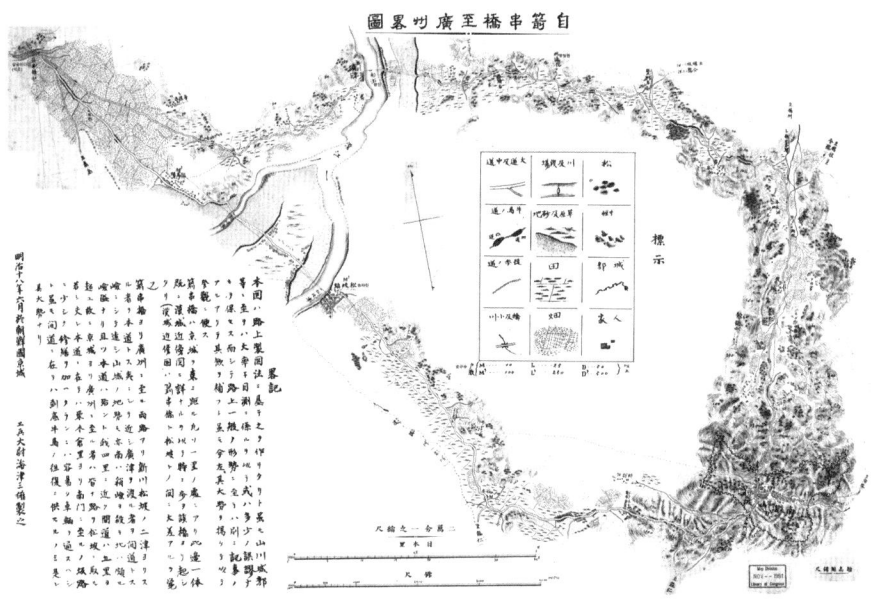

1885년 6월, 가이즈 미즈오가 살곶이다리에서 광주 남한산성까지의 도로를 상세히 조사, 제작한 「자전관교 지광주 약도」

수하면 차량이 쉽게 지나갈 수 있고, 간도는 우마로 왕복할 정도다."고 적어 놓았다. 지도에는 남한산성 안에 거주하는 호구 수를 500명 이상으로 기재하고 있어 당시 취락과 경관을 알 수 있다.

1885년 5월 28일, 부산에 주재하고 있던 와타나베가 귀국함에 따라 후임으로 보병중위 오히라시 세이슈大平正脩가 임명되었다. 6월 8일, 부산에 근무하고 있던 오히라시가 7월 15일 병에 걸려 급사했다. 그의 후임으로 8월 5일 미우라 요리타카(三浦自孝, 1854~1908)가 임명되었다. 미우라는 모리오카 출신이다. 사관학교 제1기 졸업생으로 1880년 참모본부에 출사, 청나라에서 첩보 수집과 지도 제작을 위한 첩보원으로 활동하다가 1885년 조선으로 들어왔다.[410]

1885년 6월 2일, 참모본부 관동국원 공병대위 히라이 타다시平井直와 회계감독보 사와키 야스유키佐脇安之가 조선으로 들어왔다. 히라이가 조선에 온 목적은 갑신정변 때 파견되어 주둔하고 있는 일본 군대의 철수를 위해서였다.[411] 7월 3일, 도착하자마자 어학생도로 일본정부의 명령을 받고 용무를 수행하는 어용괘 신죠 쥰테이[412]와 양주, 철원, 평강, 안변, 원산 지역을 정탐했다.[413]

1885년 가을에는 가이즈, 미우라, 오카 등 세 팀이 주축이 되어 현지를 정탐했다.[414] 이들의 정탐 루트는 모두 한반도 동해안 일대를 관통하고 있다.

가이즈 미즈오와 신죠 쥰테이는 서울에서 경기도 가평을 거쳐 강원도 춘천, 인제, 양양, 강릉, 삼척의 해안을 따라 동해안을 타고 남하하여 경상도로 진입했다. 울진, 평해, 영천, 풍기, 문경을 거쳐 충청도를 지나고 여주, 지평, 광주를 거쳐 서울로 되돌아오는 루트였다. 이때 「강원연해왕복도江原沿海往復図」를 만들었다.

8월 5일, 와타나베 쥬츠의 후임으로 부산에 온 미우라 요리타카는 다케다 진타로와 함께 경상남북도와 전라도 남부지방의 현지답사를 위해 9월 18

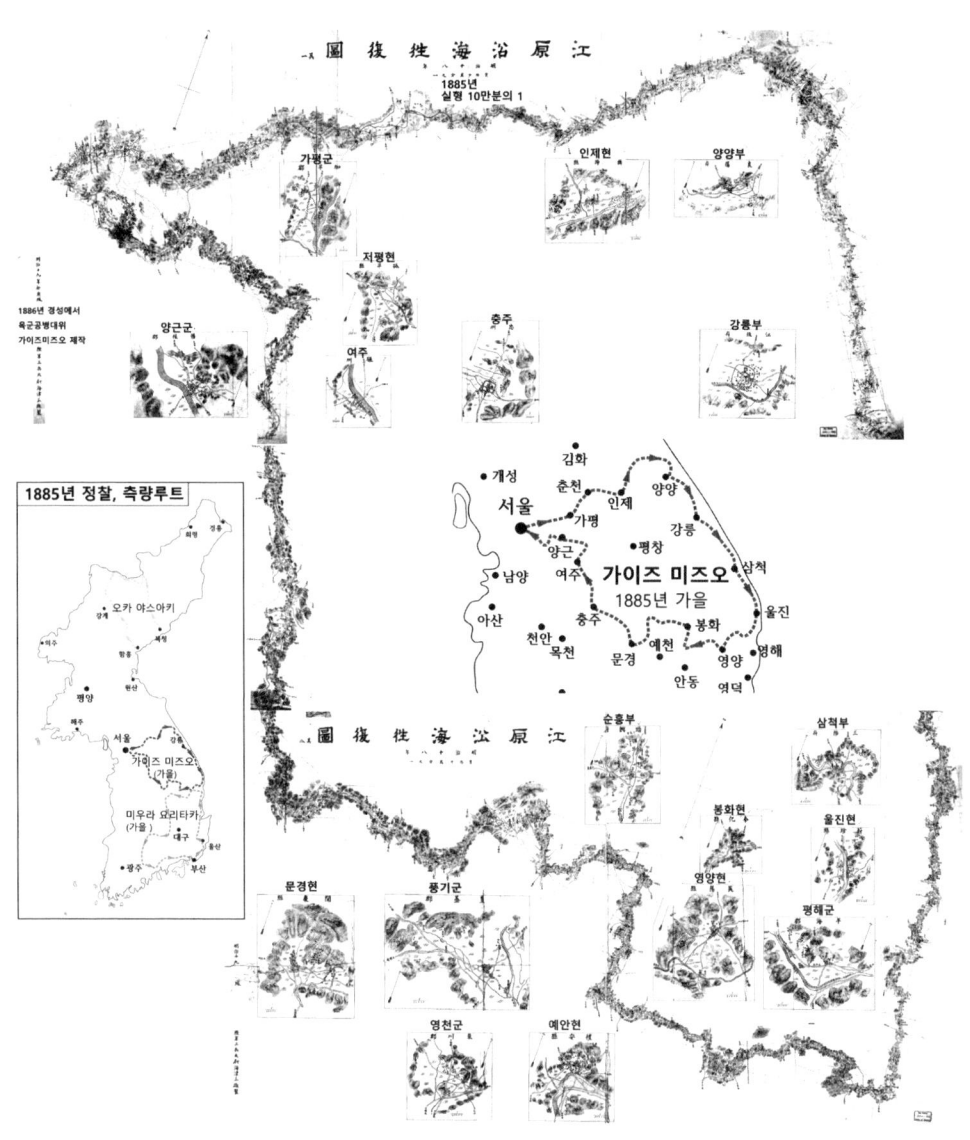

1885년, 가이즈 미즈오가 제작한 「강원연해 왕복도」

일 호조를 신청, 21일 발급받고 정밀 정탐을 마치고 12월 1일 반납했다. 미우라의 정탐 루트도 가이즈와 마찬가지로 부산에서 동해안의 연안을 거슬러 올라 북상하는 코스였다. 부산에서 동래, 언양, 경주, 흥해, 영덕을 거쳐 내륙으로 들어와 안동, 상주, 선산, 성주를 지나 남서쪽으로 방향을 잡아 거창, 함양을 지나 전라도 장수, 남원, 구례를 경유한 뒤 단성, 진주,

1885년 가을, 미우라 요리타카가 경상남북도와 전라도 지역을 정탐한 루트

함안, 창원, 웅천을 통해 부산으로 되돌아갔다.

오카 야스아키와 가와모토 준사쿠는 호조를 신청하지 않았다. 다만 이들은 1885년 가을 원산에서 동해안을 따라 북상하여 북청에서 출발 갑산을 거쳐 삼수, 압록강 연안을 따라 평안도에서 남하하여 후창, 장진의 중령진에 도착한 뒤 함흥으로 내려오면서 국경 일대를 정탐하고 「종북청 경갑산 삼수 후창 장진 지중령진從北青経甲山三水厚昌長津至中嶺鎮」을 제작했다.

10월, 오카 야스아키는 거류지 원산에서 해안도로를 따라 정평부까지 갔다가 내륙을 통해 원산으로 돌아오는 원산만과 함흥만 일대를 정탐하고 전체 모습을 그대로 볼 수 있게 평면상에 스케치한 상세지도 「종거류지 지정평부 견취도從居留地至定平府見取図」를 제작했다. 이 지도는 「1883년부터 1887년까지 이소바야시 신조 외 6명의 족적지정도」에 표시되지 않은 정탐 루트에 해당한다. 간행이정[이동가능 통행거리] 내에서 돌아다니며 만든 것으로 추정된다.

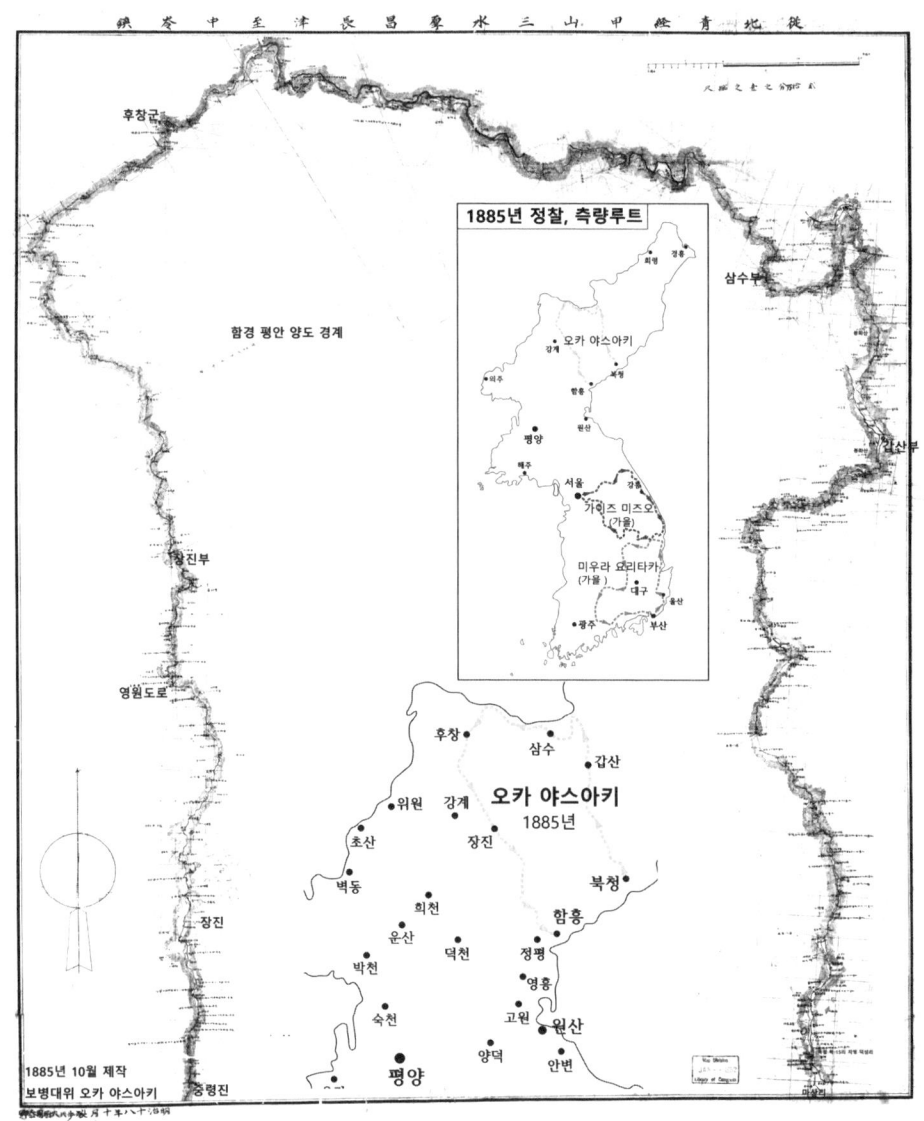

1885년 10월, 오카 야스아키가 북청에서 갑산을 경유하여 중령진까지의 로드맵
「종북청 경갑산·삼수·후창·장진 지중령진」

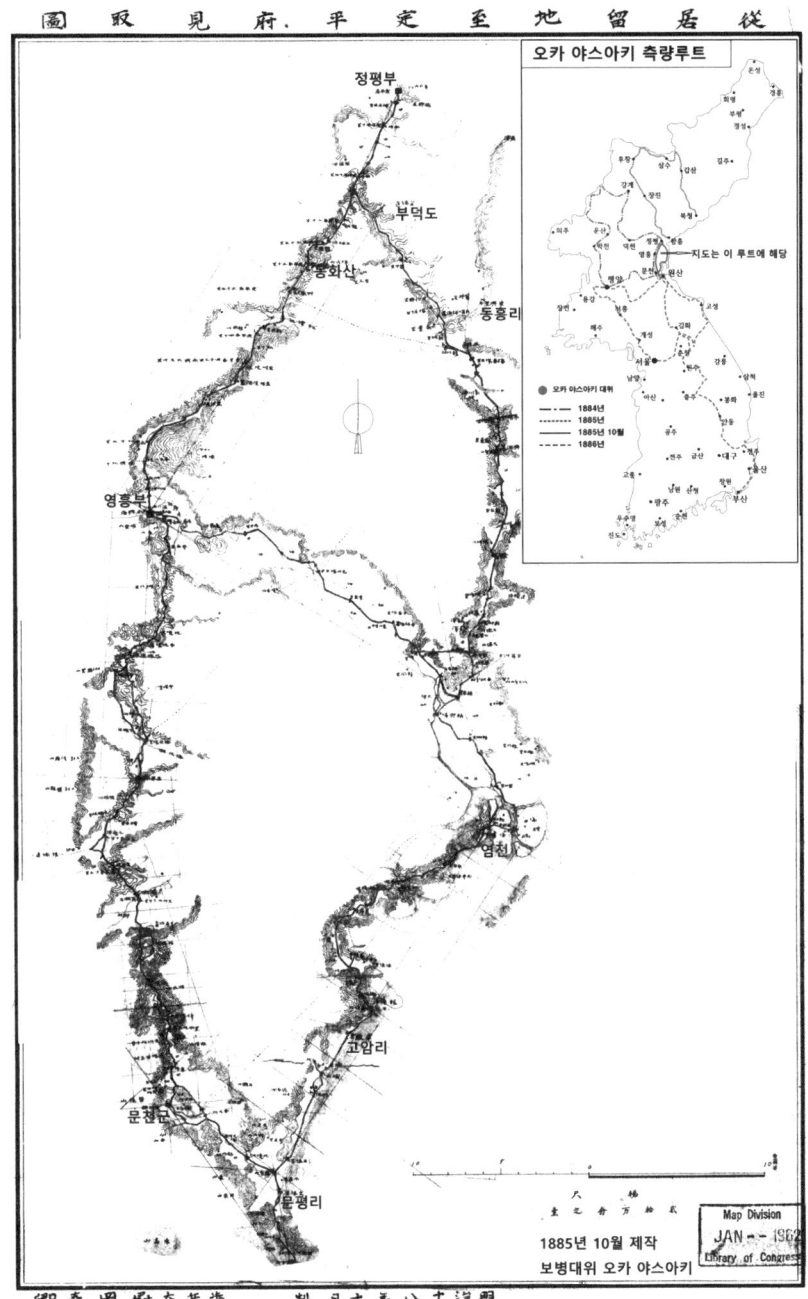

1885년 10월, 오카 야스아키가 거류지부터 정평부까지의 상세지도「종거류지 지정평부 견취도」.
견취도見取図는 입체의 전체 모습을 알 수 있도록 본 모습 그대로를 평면상에 스케치한 지도

1886년

1886년 3월 19일, 참모본부는 원산 주재 오카 야스아키와 수행 가와모토 준사쿠, 부산 주재 미우라 요리타카와 히구치 쇼이치로樋口將一郎, 서울 주재 가이즈 미즈오에게 각각 지역을 지정하고 정탐을 명했다.[415] 1886년 한 해 안에 정탐할 곳으로 중요한 지역과 미정탐 지역을 조합해서 참모본부가 미리 지정해주었다. 모두 동해안과 서해안, 남해안의 해안을 따라 내륙부로 들어갔다 돌아오는 왕복 루트였다.

오카 야스아키와 육군속 가와모토 준사쿠가 정탐할 지역은 "원산, 안변, 흡곡, 통천, 고성, 간성, 양양, 간성, 양구, 낭천, 가평, 서울까지. 다시 서울에서 고양, 교하, 풍덕, 개성, 금천, 서흥, 중화, 병산, 평양, 삼등, 수안, 곡산, 덕원, 원산"이었다.[416] 주재하고 있는 원산을 출발 강원도 해안을 따라 남하, 경기도 가평을 통해 서울로 들어왔다가 다시 북상하여 평양을 거쳐 원산으로 되돌아가는 루트였다. 이 시기 오카와 가와모토가 조선 정부에 호조를 신청한 근거는 보이지 않는다. 하지만 『참모본부역사초안』의 참모본부 명령 하달 기록이 있고, 안변부에서 서울까지 「종안변부 지경성 노상도從安邊府至京城路上図」를 3장으로 나누어 제작한 지도가 남아 있다. 돌아가는 길인 서울에서 원산진까지 「자경성 지원산진 노상도自京城至元山津路上図」를 4장의 지도〔경기도, 황해도, 평안남도, 함경남도〕로 만들었다.

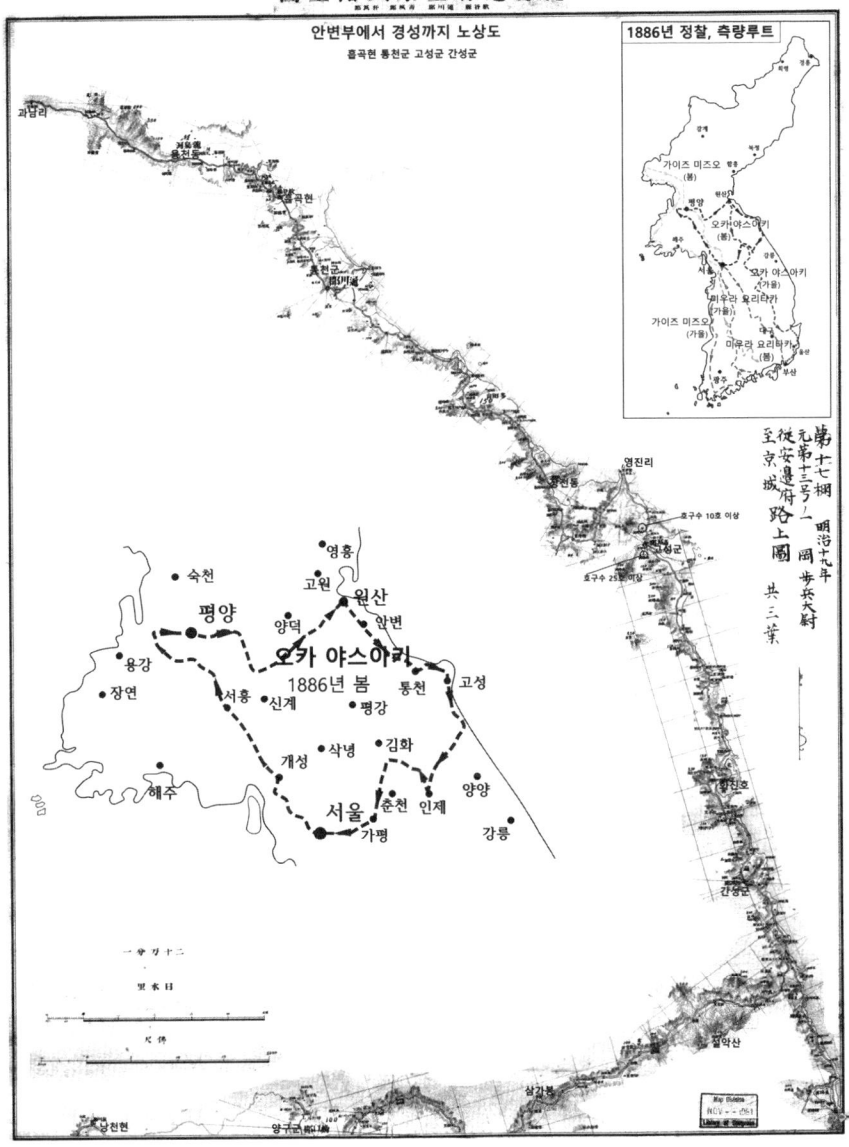

1886년, 오카 야스아키가 제작한 안변부에서 서울까지 「종안변부 지경성 노상도」.
이 지도는 강원도 지역에 집중되어 있다.

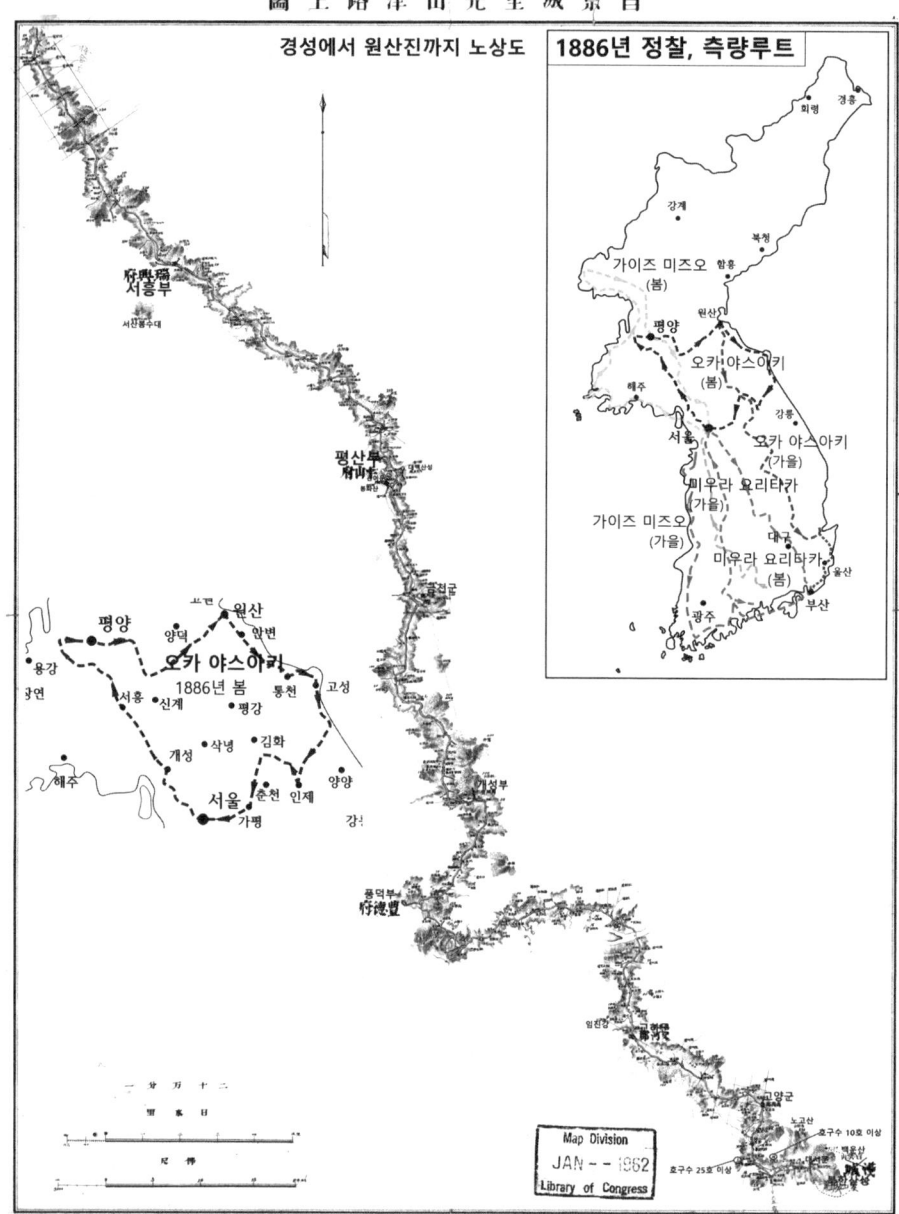

1886년 가을, 서울에서 원산진까지 「자경성 지원산진 노상도」. 이 지도는 1886년 봄 오카 야스아키가 원산에서 출발해 서울까지 도착한 다음, 서울에서 원산으로 되돌아가는 루트로 북한산성에서 서흥부 일대까지의 지도

1886년 1월 12일, 어용괘 히구치 쇼이치로의 조선 파견이 결정되고, 1월 15일 부산에서 근무하라는 명이 내려왔다.[417] 그는 부산에 도착한 뒤 4월 2일 보병대위 미우라 요리타카의 수행원으로 호조를 신청했다. 이들의 정탐 루트는 참모본부에서 지역을 지정해준 명령 그대로 시행되었다. 부산진에서 배를 타고 거제도, 통영, 남해, 좌수영까지 바닷길을 이용했다. 좌수영에서 순천, 구례, 곡성, 남원, 임실, 전주, 여산, 은률, 노성, 공주, 온양, 천안, 진위, 수원, 과천, 서울까지 들어왔다. 돌아가는 길은 서울, 광주, 이천, 음죽, 음성, 괴산, 보은, 청산, 상주, 선산, 인동, 칠곡, 대구, 경산, 청도, 밀양, 김해를 거쳐 부산으로 돌아오는 코스였다. 다음 지도는 부산에서 바닷길로 출발해 거제도, 통영, 남해, 노량, 좌수영까지 정탐하고 「종부산 지전라도 좌수영從釜山至全羅道左水營」을 만들었다.[418] 좌수영의 수군 기지, 봉수대의 위치와 지명이 표기되어 있다.

5월 20일, 서울에 주재하던 가이즈 미즈오는 육군7등속 신죠 준테이와 함께 호조를 신청했다. 이들의 정탐 루트는 양서지방 즉 평안도와 황해도, 서울에서 서해안의 연안을 따라 북상, 청국과 국경이 맞닿은 의주에 이르는 루트였다. 강화, 교동, 해주, 강령, 옹진, 장연, 풍천, 은율, 장연, 삼화, 용강, 증산, 영유, 정주, 곽산, 의천, 철산, 용천을 거쳐 의주에 닿았다. 그곳에서 내륙부로 남하를 시작해 구성, 안주, 숙천, 순안, 평양, 상원, 개성, 파주를 거쳐 서울로 되돌아오며 정탐과 지도를 제작했다.[419]

일본 육군은 해외로 파견하는 첩보원들 가운데 측량도서의 기량을 중시하며 "공병의 학술에 정통하고 측량, 지도 제작 기능이 우수하고 정무 감각이 뛰어난 자"를 발탁하라고 지시했다.

1886년 5월 26일, 츠카다 칸지로에게 조선 현지를 정탐하라는 명이 하달되었다. 28일 임명장을 받은 츠카다에게 다른 첩보원들의 파견 때와 마찬가지로 "시찰은 조선의 병제, 군법부터 병가 지리, 병가 정표 등을 현지에서 시

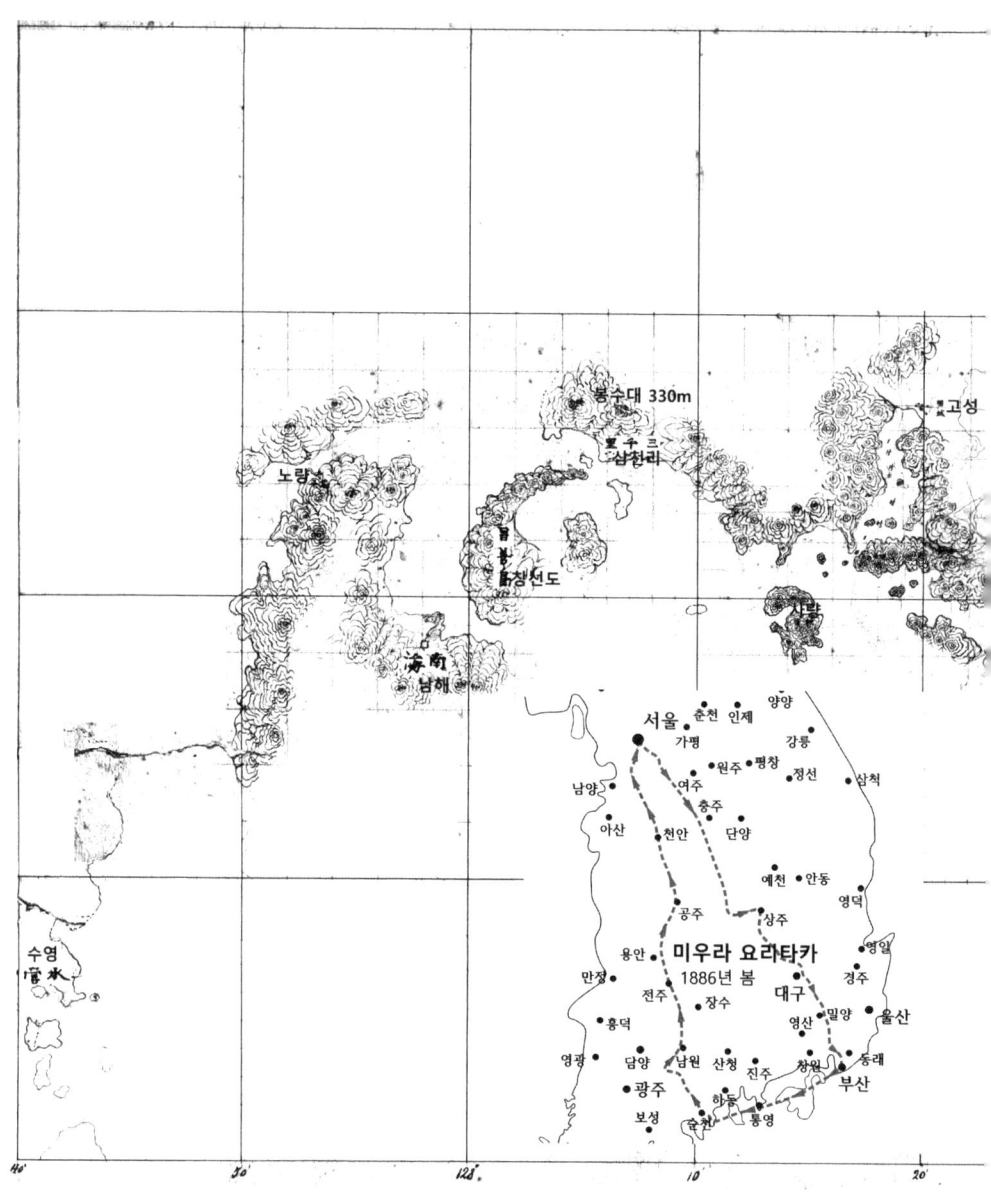

1886년 봄, 미우라 요리타카가 부산에서 전라도 좌수영까지 바닷길로 이동하며 수군기지와 해상로를 정탐하고 제작한 「종부산 지전라도 좌수영」

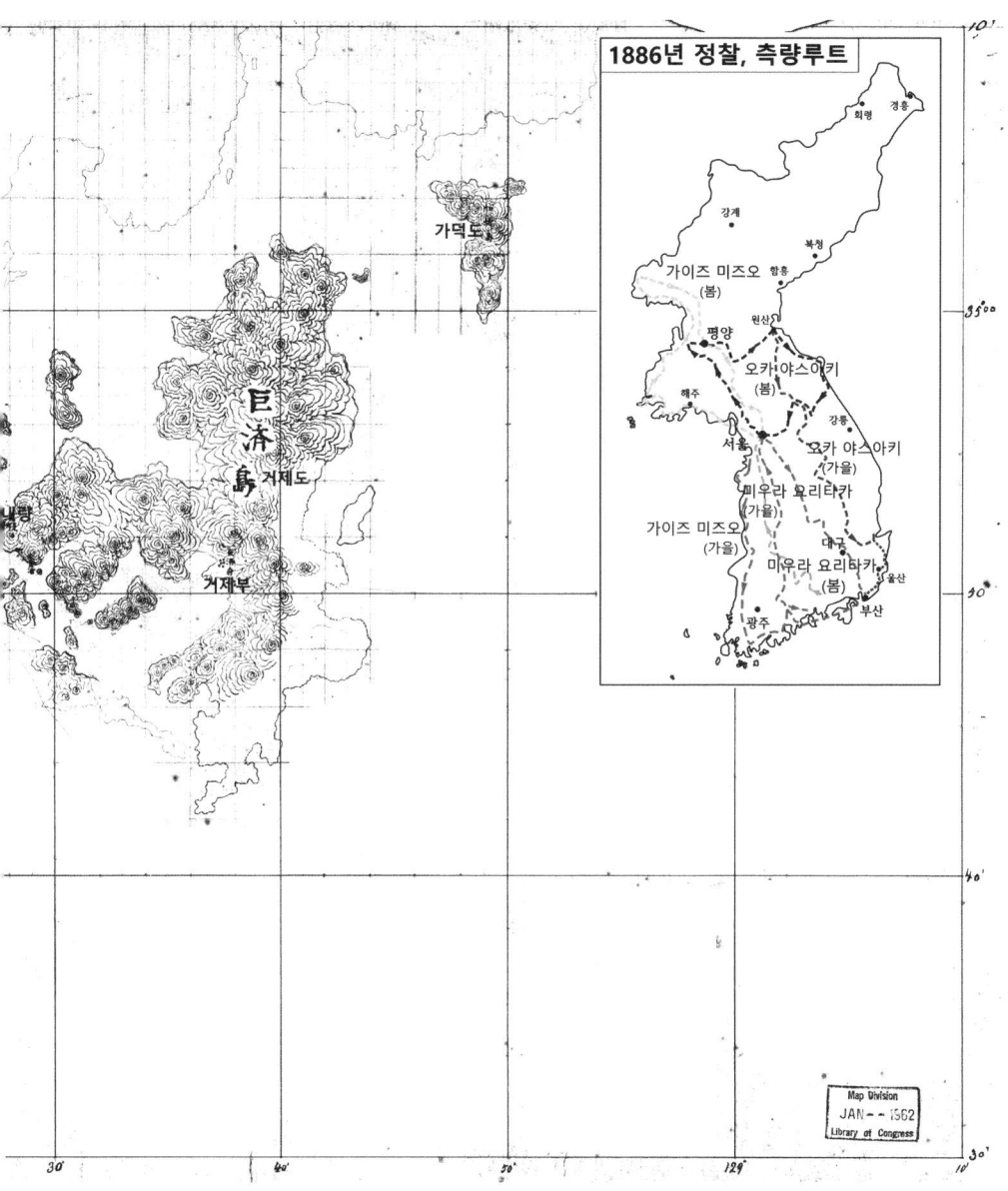

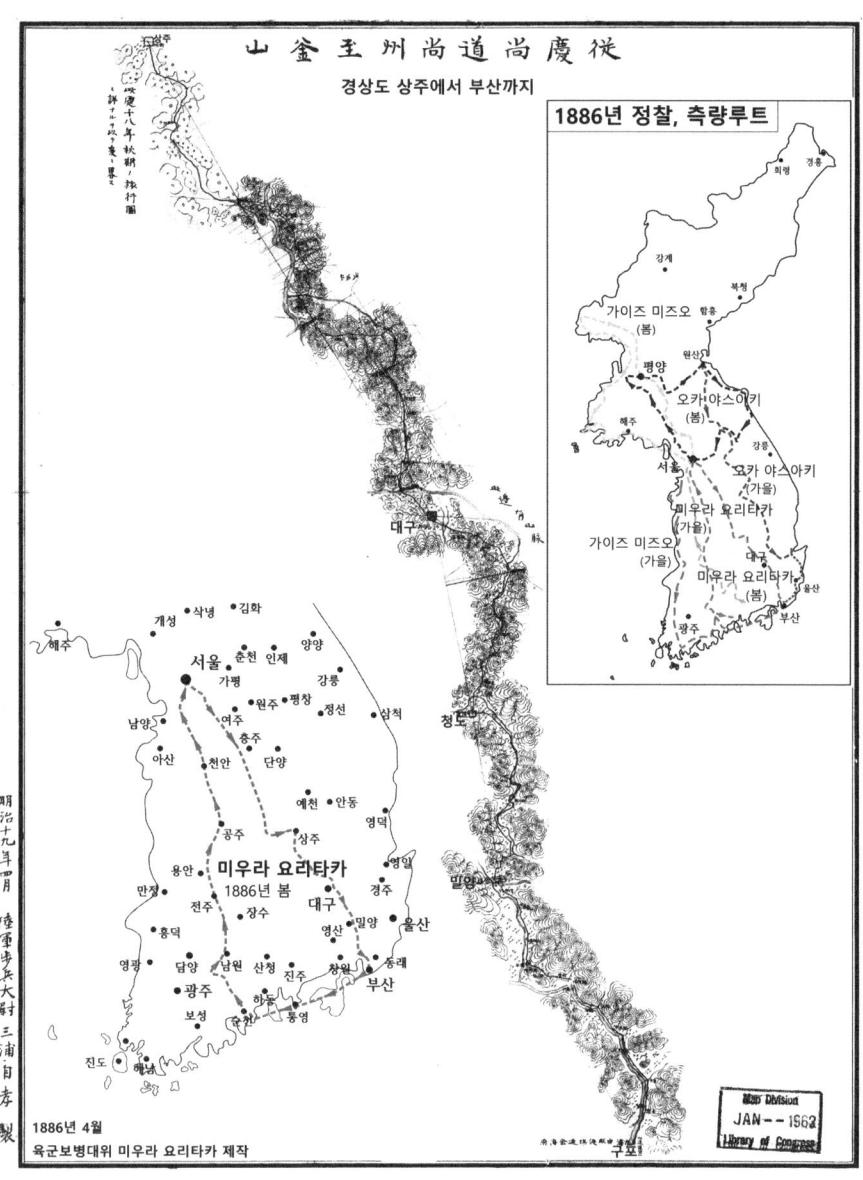

1886년 4월, 미우라 요리타카가 제작한 경상도 상주에서 부산까지「종경상도 상주 지부산」

험하라. 특히 조선과 다른 나라와의 교제상 관계에 주의하며 그 이해 강약의 형세 등이 어떠한지를 보고하라."는 임무와 주의사항이 하달되었다.[420] 츠카다는 부산에 주재하고 있는 미우라의 후임이었다.

오카, 미우라, 가이즈 등은 상반기 봄, 한반도 정탐을 마쳤다. 가을에도 다시 정탐에 나섰다. 이전 정탐은 대부분 왕복 코스였다. 1886년 가을에 행한 정탐의 종착지가 오카와 가이즈는 부산, 미우라는 서울로 되어 있다. 이것은 이취임과 관련되어 있었다. 11월 10일, 참모본부와 외무성은 서울 주재 공사관부 무관으로 미우라 요리타카를 임명하고, 육로를 통해 서울로 부임하게 했다. 가이즈에게는 11월 15일 육로를 남하하며 정탐과 지도 제작을 하고 부산에 도착한 뒤 귀국하라는 명령을 내렸다.[421]

이들의 호조 신청일을 보면 가이즈가 서울을 떠나기 전 미우라가 도착해 임무 수행에 공백이 생기지 않도록 짜여 있다.

미우라와 한 조를 이룬 히구치는 9월 17일 호조를 신청해 당일 발급받았다. 정탐 루트는 부산에서 서쪽으로 진행 진주, 산청, 운봉, 장수, 진안, 전주, 익산 등 전라도 내륙부를 거쳐 용안, 은률, 석성, 청양, 대흥, 예산, 신창, 평택, 수원, 안산, 시흥, 서울로 들어가는 코스였다. 이때 「경성 왕복 노상도」를 만들었다.

오카와 가와모토는 9월 13일 호조를 신청, 다음날 발급받았다. 원산을 출발 강원도, 충청도, 경상도로 이르는 정탐 코스는 내륙부에 집중된 한반도 종단 루트였다. 원산진, 안변, 평강, 철원, 김화, 낭천, 인제, 홍천, 횡성, 평창, 영월, 영춘, 단양, 풍기, 안동, 의성, 의흥, 신령, 영천, 영일, 장길, 울산 병영까지였다.[422] 제작 지도로 원산진에서 울산 병영까지의 「자원산진 지울산병영 노상도自元山津至蔚山兵營路上図」가 있다. 이것이 조선에서 오카와 가와모토의 마지막 정탐이었다.

9월 26일, 오카와 가와모토는 원산을 출발, 육로로 이동하며 정탐을 마치고 11월 5일 부산에 도착했다. 일본으로 가는 배를 기다렸다가 11월 19일 귀

국, 11월 26일 도쿄에 도착해 보고를 마쳤다.[423]

가이즈와 히구치는 11월 9일 호조를 신청, 11일 발급받았다. 1886년 들어 4월과 9월 두 차례에 걸쳐 미우라와 함께 경상도, 전라도, 충청도, 경기도 일대를 정탐하며 현지 정탐을 했던 히구치와 함께 경기도 남양, 충청도 아산, 면천 등 서해안을 따라 남하해서 전라도 옥구, 만경, 김제 등 해안부를 따라 구례, 하동, 진주, 창원, 김해를 거쳐 부산에 이르는 루트였다.[424] 이때 경기도 남양에서 경상도 하동까지의 「종경기도 남양 지경상도 하동 노상도從京畿道南

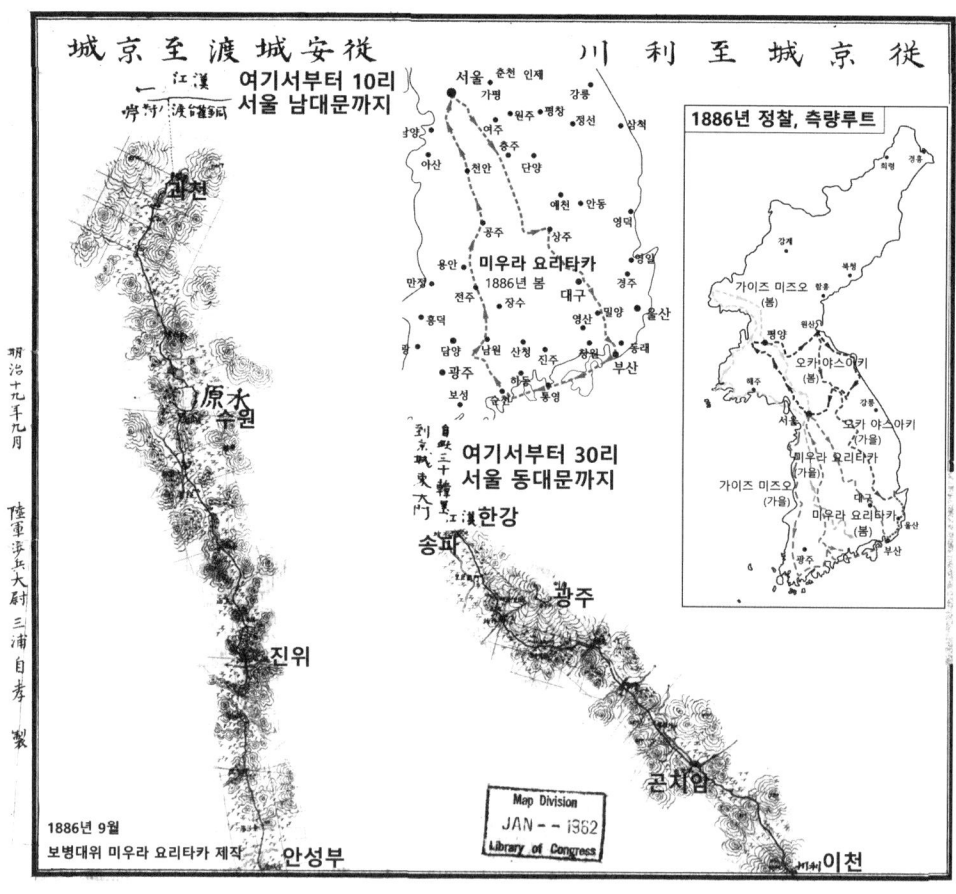

1886년 9월, 미우라 요리타카가 제작한 안성부에서 서울까지의 「종안성부 지경성」과 서울에서 이천까지의 「종경성 지이천」

358 •

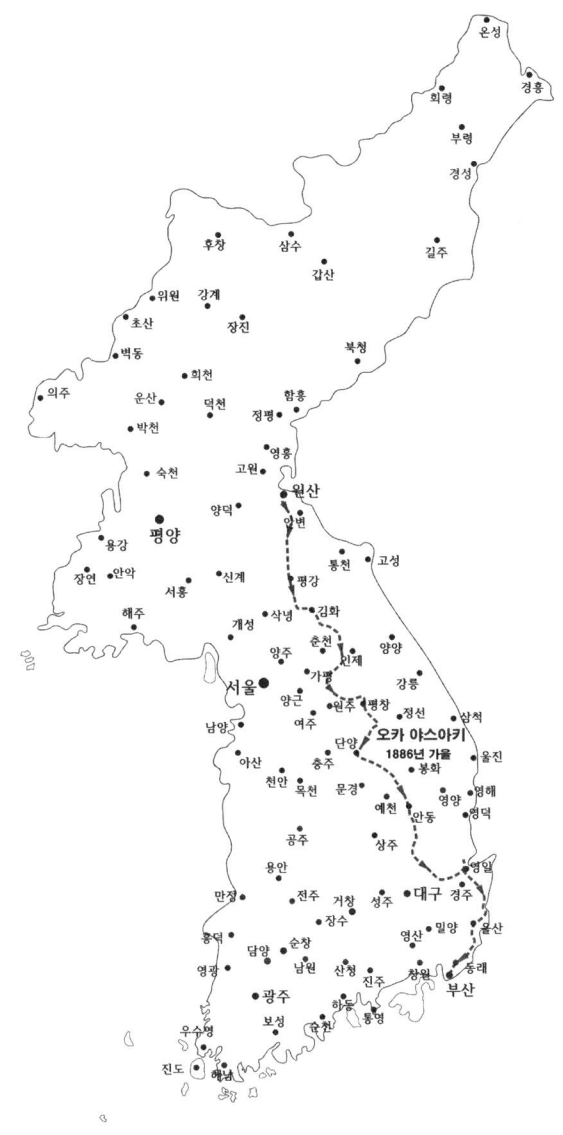

오카 야스아키가 1886년 마지막 정탐 루트인 원산진에서 울산 병영까지 로드맵

陽至慶尙道河東路上図」를 만들었다. 가이즈도 이것이 마지막 정탐이었다.

가이즈와 함께 호조를 신청한 자가 스즈키 미쓰요시(鈴木充美, 1854~1930)

· 359

다. 스즈키는 1886년 2월 인천영사로 부임해 조선에 와 있었다. 그는 서기생 시오카와 이치타로鹽川市太郎와 함께 경기도, 황해도, 평안도 일대를 정탐했다. 시오카와 이치타로는 1880년 7월 도쿄외국어대학 조선어학과 제1기생 외무성 급비생으로 입학, 1884년에 조선에 들어와 서기생으로 근무하며 통역을 하고 있던 자다. 1894년 군국기무처가 설치되었을 때 원외 서기관으로 군국기무처 회의에서 의장을 보좌, 이후 의정부 고문관으로 추대되었다. 어릴 때부터 조선어를 배워 조선에 들어와 일본의 무력침략에 힘을 보탠 자다.

1887년 4월 26일, 보병대위 오카 야스아키와 공병대위 가이즈 미즈오는 조선 공사관부 무관에서 해직되었다. 가이즈는 예비역에 편입되어 고향으로 돌아갔다. 1894년 청일전쟁 때 다시 소집되어 종군했고, 1904년 러일전쟁 때는 평양병참부 사령관으로 임관, 임시철도감부 재료과장을 맡아 경의선 속성 공사를 진행했다. 1905년 『고종실록』에는 1월 18일 육군소좌 가이즈 미즈오에게 특별히 훈3등에 서훈하고 각각 팔괘장을 하사한 기록이 있다. 1906년 8월 30일, 임무 종료와 함께 공병중좌로 임관, 통감부 철도국에 촉탁되어 조선에서 실업가로 행세하며 부귀영화를 누렸다.

가와모토 쥰사쿠는 1886년 이후부터는 실지조사에 참여한 흔적이 보이지 않는다. 1880년 2월 어학생도로 파견된 뒤 한반도 지리 정탐, 현지 조사 때 통역하면서 가이즈와 함께 북부지역의 정보수집에 열을 올렸던 가와모토는 1887년 8월 27일 만성관절염 치료를 위해 3주간 온천 요양을 신청, 1888년 3월 6일 질병으로 면직을 신청했다. 1889년에는 목재상을 할 수 있게 해달라는 청원[425]한 기록이 있다. 이후 그는 상업에 종사하다가 1894년 청일전쟁 때 제5사단 통역으로 종군했다. 이듬해부터 서울에서 정부 납품업자로 종사하고 군산 방면에서 토지를 매수, 쌀장사를 했다. 1910년 이후는 황해도, 황주, 평안도 삭주 등지에서 광업허가를 받아 광산업자가 되었다.

가와모토도 일본정부의 명령을 받아 조선에서 정탐했던 자로 농업, 광산, 철도 등 이권이 큰 사업을 경영하며 부를 거머쥘 수 있었다.

원산 생생의원 원장 고마쓰 스스무 부임

일본은 원산 개항(1880년 5월)에 맞추어 개항에 따른 조선인의 반발을 누그러뜨리고 일본인 거류민의 이주를 촉진하기 위해 원산에 해군성 소속의 '생생병원生生病院'을 개원했다. 1876년 11월 부산에 제생의원을 열고 초대원장으로 세웠던 해군 대군의大軍醫 야노 요시테쓰에게 1881년 3월 25일 원산에서 근무[426]하라는 명이 하달되었다. 야노는 일본의 국익을 위해 조선인에 대한 의료 활동과 종두 보급을 주장했던 자로, 원산 개항에 맞춰 생생병원의 초대원장으로 임명되었다.

1884년 생생병원이 해군성에서 육군성 소관으로 이관되었다. 7월 29일, 외무성은 육군 2등군의 고마쓰 스스무小松運를 원산 근무와 외무성 어용괘로 겸임할 수 있도록 육군성과 협의했다. 7월 31일, 태정관의 명령으로 고마쓰가 생생의원의 원장에 부임했다.[427] 그는 말라리아 등 전염병을 예방한다며 원산 시내에 버드나무를 심기도 했다.[428] 1886년 일본정부는 이 병원을 일본 거류민에게 이관해 공립병원으로 만들고, 고마쓰에게는 5월 31일 귀국[429]하라고 명했다. 고마쓰는 일본으로 돌아온 이듬해『조선팔도지朝鮮八道誌』를 출간했다.

일본정부는 조선의 국정과 민정, 군사 등의 정보수집과 지도 제작을 위해 파견한 첩보원들에 대해서는 여행허가증인 '호조'를 방패로 보호하고 있었다.『구한국외교문서』의 '호조' 신청 내역을 확인해보면 첩보원들에게 발급한 '호조'가 주를 이룬다. 개항과 함께 상업, 의료 등 경제활동을 위해 건너온 일본인들은 '호조' 없이 다녔음을 알 수 있다. 원산

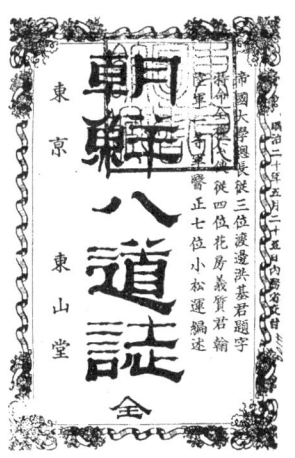

고마쓰 스스무가 원산 생생병원에 근무하면서 조선팔도를 돌아다니며 기록, 고서를 참조해『조선팔도지』를 엮어 1887년 출간

개항 뒤 생생병원에서 근무했던 고마쓰는 일본정부에서 외무성 소속으로 파견했던 자다. 그가 일본으로 돌아간 뒤 출간한 『조선팔도지』에 조선팔도를 돌아다녔다고 했다. 하지만 고마쓰의 '호조' 신청 내역은 찾아볼 수 없다. 이 무렵 일본인의 조선에서의 이동 범위가 꽤 넓고 자유로웠던 것으로 보인다.

고마쓰는 책 머리말에서 조선에 머물며 틈틈이 보고 듣고 정리했다고 밝혀두었다.

"조선은 오래도록 쇄국을 해서 이웃나라 사람들의 입에 오르내리지 않았다. 조선의 산과 강의 형세, 기후, 제도, 인정, 풍속 등은 구름과 안개에 가려 보이지 않는 것처럼 세상 사람들에게 알려진 바가 별로 없다. 원산에 머문 3년 동안 짬을 내어 명산대천을 돌며 뛰어나고 빼어난 경지를 찾았다. 옛 성과 이름난 유적지를 돌아다니며 흥망성쇠의 자취를 엿보며 넋 놓고 들여다보았다. 동양의 난세에 조선이 나아갈 바를 일본이 성쇠를 정할 수도 그 경중도 가늠할 수도 없다. 일본인으로서 조선의 산천, 풍토, 제도, 인정, 고금의 용병, 흥망성쇠, 득실의 자취를 샛별처럼 밝히고 정리하여 세상에 내놓았다. 일본인에게 가장 급선무는 이 책을 주의 깊게 보는 것이다."[430]

이 책은 『상서기문象胥紀聞』, 『징비록』, 『고려사』, 『조선부朝鮮賦』, 『대전회통』, 『정사촬요政事撮要』 등을 자세히 조사해 철저히 밝혀 초역하고, 일본 고금의 도서를 참고, 저자가 현지에서 견문하고 탐구한 바를 참작해 편술했다고 '범례'에 기록해 두었다.

『조선팔도지』의 내용은 지도, 총론, 조선팔도로 구성되어 있다. 앞부분에 「조선전국약도」가 실려 있다. 총론은 위치, 분계, 지세, 지질, 기후, 연혁, 정체, 인정, 풍속, 교법, 학업, 상업, 공업, 의사醫事로 나누어 서술, 조선팔도는 경기도, 경상도, 충청도, 전라도, 강원도, 황해도, 함경도, 평안도 순으로 기술되어 있다.

원산 개항 뒤 생생병원에서 근무했던 고마쓰는 자신의 경험과 고서를 통한 연구로 자연지리와 인문지리, 연혁, 역사, 각 도에 대한 전반적인 내용이

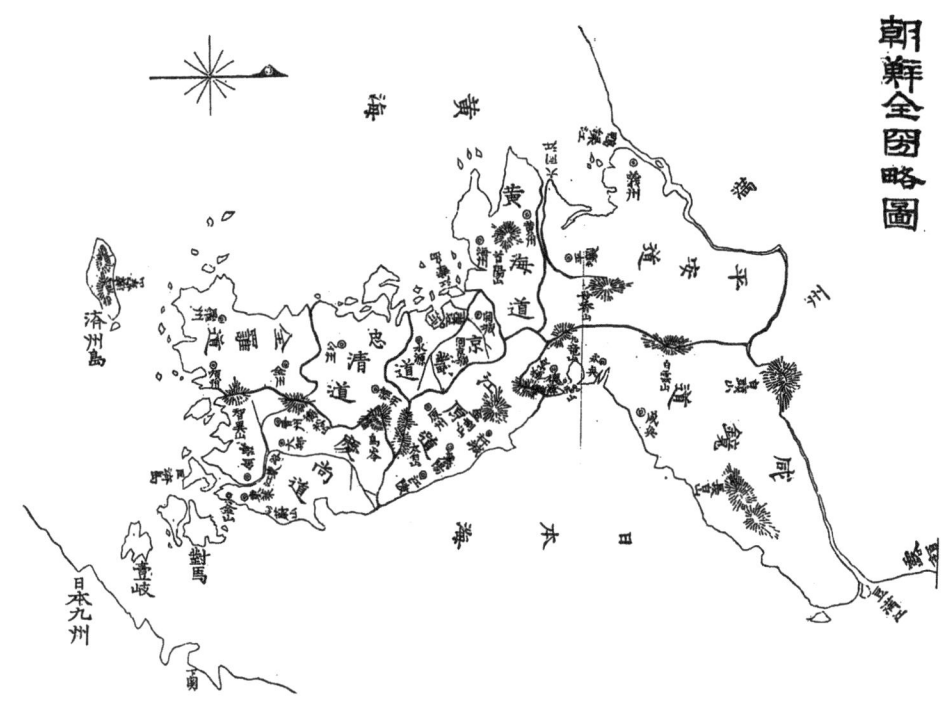

1887년 4월, 고마쓰 스스무가 『조선팔도지』에 실어놓은 「조선전국약도」

들어 있는 지리서를 출간했다. 조선에서 직접 보고 듣고 연구해 세상에 내놓았으니, 조선으로 가려는 자는 가장 먼저 이 책을 길잡이 삼으라고 권장했다.

일본정부의 명을 받고 조선에 들어와 서울과 부산, 원산 등의 병원에서 근무했던 의료인이건, 경제활동을 하던 장사꾼이건, 개인적인 용무로 온 민간인이건 당시 많은 일본인은 일본정부와 한 몸이 되어 조선 사회 전반에 대한 정보를 수집하고 일본 사회에 알리는 정보통으로 활약했다. 책으로 출간을 하건, 정부에 의견서를 내건, 잡지에 조선 사회에 대해 글을 기고하건 대부분이 조선의 사정을 아는 것이 급선무임을 강조했다.

의료행위의 탈을 쓰고 민간인까지 염탐

19세기 후반 영국은 극동지역에서 강력한 군사력으로 힘을 과시하고 있었다. 1885년 3월, 조선의 거문도를 불법 점령하고, 러시아 견제와 공격이 가능한 교두보를 무단으로 확보했다. 거문도는 조선과 일본의 해상통로이며 러시아로 향하는 길목에 위치한 전략의 요충지였다.

1885년 6월, 러시아의 황제 알렉산드르 3세(AleksandrⅢ, 1845~1894)는 첼랴빈스크에서 블라디보스토크까지 연결하는 시베리아횡단철도 부설계획을 발표했다. 기존 철도망의 확장 그 이상이었다. 유럽, 러시아, 극동을 하나로 잇는 거대한 프로젝트였다.

일본은 러시아가 시베리아횡단철도를 통해 극동지역과 가까운 블라디보스토크를 발판으로 일본 영토를 위협할 것이라는 두려움에 떨고 있었다. 잠재적 위협으로만 느끼던 일본에게 막강한 무력을 갖춘 러시아가 지리적으로 가까워지고 있다는 불안감은 직접적이고 절박한 공포로 밀려들고 있었다.

시베리아횡단철도 부설계획 발표와 때를 같이하여 1885년 마쓰다 유키조(松田行蔵, 1856~1912)[431]는 조선으로 들어왔다. 마쓰다는 지금의 가고시마 휴가(日向, 미야자키 현에 해당) 출신[432]이다. 이전부터 지리적으로 가깝고 역사, 정치, 경제, 산업이 이와 잇몸처럼 가까운 관계에 있는 조선에 깊은 관심을 보이고 있었다. 때마침 시베리아횡단철도 부설계획이 발표되자 홀로 조선팔도를 돌며 정보를 수집하겠다며 몰래 들어왔다. 마쓰다와 관련해 정부의 공식문서나 외교문서에 기록이 보이지 않으며, 호조 신청도 하지 않았다.

마쓰다는 북쪽 국경지역의 일부를 제외하고 4년에 걸쳐 조선팔도를 걸으며 정보를 수집했다. 발길 닿는 곳곳마다 지역 사람들에게 의료투약과 행상을 하면서 인심을 얻었고, 몇 번의 위험한 고비도 넘겼다. 산과 들의 형세, 교통, 경제 상황, 민심, 사는 형편을 정탐하고 조사해 1888년 『조선국 경상 충청 강원 여행기사(농상조사표부)』[433], 1891년 『경상도 전라도 여행기사 및 농상황

조사록』[434]을 출간했다. 이것은 철도 루트 답사라기보다 조선의 상업·농업 현황을 일본의 민간인이 직접 눈으로 보고 체험하며 쓴 조사기록이었다. 정탐을 통한 현지 조사의 범위와 분야는 더욱 넓고 정교해졌다고 볼 수 있다. 이후 마쓰다는 부산과 서울의 상업회의소 창립에 힘쓰며 이사로 활약했고 경부철도 창립에 전력을 기울였다.

일본정부의 조선, 만주, 중국으로 향해 있던 첩보와 정보수집이 러시아, 인도 등 동남아시아로 확대되고 있었다. 지리와 정세, 첩보 수집은 참모본부, 육군성, 해군성, 외무성이 주도하고 있었으나, 각 정부 부처별로 수집 연구, 정리 분석이 이루어지고 있었다. 농상무성도 적극 정보를 수집하고 있었으므로 마쓰다가 의료행위로 위장하고 조선팔도를 돌아다니며 수집해 출간한 책 제목을 보면 농상무성의 해외정보 수집과 연관이 있는 것이 아닌가 생각된다.

마쓰다 외에 1886년부터 정보수집원으로 민간인을 이용한 첩보활동이 확대되었다. 다방면에 종사하고 있는 민간인들의 정기적인 활동으로 정보자원은 더욱 정밀해졌다.

일본정부, 1886년부터 중국을 넘어 베트남과 인도로 첩보원 파견

메이지 유신 이후 1873년 일본에게 가장 중요하고 가까운 곳 조선과 청나라에 육군 참모국 정보장교로 구성된 첩보원을 파견해 지리와 정세 정탐의 단서를 열었다. 이후 1879년 참모본부를 재정비하면서 청나라에서의 정보수집 영역을 확장하고 조선, 시베리아에도 주재장교와 어학생도들로 구성된 첩보원을 밀파했다. 아울러 중국의 각 요충지에서 첩보활동을 하고 있는 첩보원과 어학생도를 관리하기 위해 특별히 베이징과 상하이에 관리자를 한 명씩 주재시켰다.

"주재장교의 기한은 3년으로 정했다. 내부규정은 2년째 되는 해에 2개월, 3년째 되는 해는 4개월을 내륙여행을 명하여 부임지에서 주재하는 동안 그 지방의 병제, 시사를 정탐하게 했다. 이때부터 사업이 진척되었고 이후 4년이 지나서는 연해 요충지를 측량해 용병상의 목적을 크게 얻을 수 있었다."고 했다.

하지만 그것만으로는 상세한 병력 사항, 일본정부의 정치적 책략, 외교상의 기밀을 탐지할 단서를 얻지 못해 정략상의 계획을 세우기 어려움을 체감한 참모본부는 핵심에 한 걸음 더 들어가기 위해 병제, 시사 정탐 활동을 위해 주재지와 인원을 확충했다. 1883년 베이징 주재 공사관부 무관 외에 톈진, 상하이, 홍콩 3곳에 첩보원을 관리할 관리관을 두었다.

다음은 1883년 중국 관리관 총 16명에게 1년 동안 쓴 비용이다.

"대략적으로 계산하면 감독 3명의 연금 4,500원, 주재장교 13명의 연금 13,000원, 주재장교 1명당 여행비 1개년 평균 200원으로 13명의 여행비 2,600원 합계 20,100원이다. 단 준비금, 준비에 필요한 비용, 왕복 여비는 별도로 한다."

1883년 이후 베이징에서는 병제, 톈진에서는 시사 정탐에 주력하게 되면서 청국의 병제·정략·외교 기밀을 탐지할 수 있었다. 해가 거듭될수록 정탐거리는 연장, 확대되었고, 용병에 필요한 지리는 빠진 곳 없이 채워지고 있었다.

1886년 1월 25일, 참모본부 제2국장 오가와 마타지는 청국에 보낼 첩보원의 수를 줄이는 대신 이들을 블라디보스토크와 베트남, 인도로 보내야 한다는 의견을 본부장에게 제출했다.[435]

"육로에는 전선을 설치하고, 바다에서는 기선 항해가 편리해져 이해 완급을 조절할 수 있게 된 지금"은 평시에는 주재할 필요가 없는 지역도 있고, 베이징과 톈진 두 곳에서 중요한 요점은 빠짐없이 취득했으니 시각을 다툴 만큼 절박하고 급한 곳이 아닌 지역에서 활동하고 있는 첩보원들을 철수시켜

인도, 베트남의 요충지로 보내야 한다는 내용을 담고 있다. 다음은 정보장교로 구성된 첩보원들을 인도로 보내야 하는 이유다.

> 영국의 재원은 인도에 있다. 동양에서 무위武威를 과시하며 온 지구의 상권을 압도하는 것도 모두 인도가 있어서다. 영국 정부가 인도 관할을 위해 재력을 아낌없이 투자해 20만 대병을 양성하고, 가로와 세로로 철로를 건설해 교통의 편의를 꾀하는 등 모든 정치적인 책략을 이곳으로 집중하는 것은 영국의 성패가 인도의 성패에 달려서다. 일본에서 인도로 들어가는 거리를 계산해 보면 유럽에 가는 절반 정도다. 만일의 경우 일이 발생하면 30일이면 그들의 전쟁터가 우리 탄환의 사정거리 안에 들어온다. 원하건대 지금 중국 주재장교를 줄이고 인도, 베트남으로 나누어 파견하고, 블라디보스토크로 증원하는 것이 급선무다.

오가와의 의견을 받아들여 먼저 중국 주재장교 파견 담임예규를 개정하고, 그의 취지에 따라 점차 외국에 주재하고 있는 장교들에게 확대·실시했다.

블라디보스토크를 비롯한 베트남, 인도 등지의 해외 정탐, 정보수집은 이때부터 본격적으로 확대되었다. 조선과 청나라를 넘어 동남아시아로 범위를 확대해 미래의 어느 날 벌어질 해외 침략 전쟁을 수행하기 위해 지세, 군사, 시사, 국정에 관한 정보수집과 측량, 정탐은 이렇게 확대되었다. 조선과 청나라에 대한 정보는 이 무렵 거의 마무리 단계에 이르렀다. 참모본부에서 파견한 첩보원들의 현지 정탐, 측량과 지도 제작 등을 바탕으로 만들어진 『지나지지支那地誌』는 1889년 완간되었다.

1887년~1888년

1887년 봄·가을, 츠카다 칸지로와 미우라 요리타카의 활동이 두드러진다.

3월 19일, 츠카다와 미우라에게 참모본부장의 정탐 명령이 내려왔다.[436]

부산에 주재하고 있는 보병소위 츠카다 칸지로에게 하달된 정탐지역은 "부산(이 구간 지도 제작 필요 없음), 순천, 동복, 보성, 능주, 나주, 장성, 정읍, 태인, 금구, 익산, 전주, 고산, 용담, 무주, 금산, 개녕, 인동, 대구, 현풍, 창녕, 영산, 창원(이 구간 지도 제작 필요 없음), 부산"으로 되돌아오는 왕복 코스였다. 전라도와 경상도를 순회하는 루트로 부산과 창원의 지도 제작은 하지 말라는 주기가 달려 있다. 특히 "대구, 현풍, 창녕으로 향하는 일대의 땅은 특히 주의해서 시찰하고 지도를 제작하라."고 당부하고 있다. 이것은 이전에 정탐한 지역 가운데 지도 제작이 충실하지 않은 부분을 찾아 지속적으로 보강하고 있음을 보여준다.

보병대위 미우라 요리타카에게 지정된 지역은 "서울(이 구간 지도 제작 필요 없음), 개성, 백주, 해주, 장연, 송화, 귀림곶(귀림곶 근방의 해각[海角, 육지가 바다 가운데로 뿔처럼 뻗어나간 부분]에서부터 평양까지는 대동강 연안을 따라 하천을 정탐할 것. 지도 제작 때 대동강의 우안 남포 또는 좌안 강두포琉頭浦로 연결할 것), 평양, 중화, 수안, 단흥, 토산, 개성, 교하(이 구간 지도 제작 필요 없음), 서울"로 되돌아오는 왕복 코스다. 미우라의 정탐 임무에도 "이 여행[정탐]은 크게 여행거리를 단축하고 간행이정 내에서 지도를 제작하기 위함이다. 여행한 뒤 서울 근방 지역의 지도를 제작하라."는 주의사항이 달려 있다.

이처럼 참모본부는 특히 주의해서 시찰할 곳, 지도를 제작할 곳 등을 지정해 중복되지 않고 부족한 부분을 보충하는 방식을 취했고, 명령에 따라 임무를 수행했음을 알 수 있다. 4월 18일, 츠카다는 육군속 히구치 쇼이치와 함께, 4월 24일, 미우라는 육군속 신죠 쥰테이와 함께 할당된 지역의 호조를 신청했다.[437]

츠카다는 전라도 순천에서 경상도 창원까지 현지조사와 정탐하며 「종전라도 순천지경상도 창원 노상도從全羅道順天至慶尙道昌原路上図」[1. 종순천 지나주 노

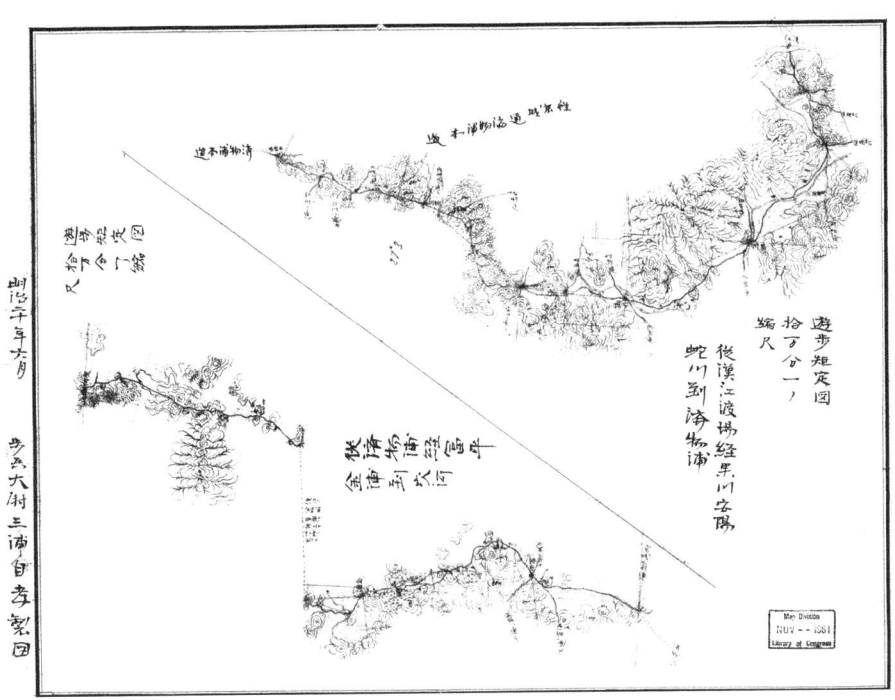

1887년 6월, 미우라 요리타카가 서울 근방 이동거리 내에서 제작한 지도 「경성 근방 유보이정 내 노상도」

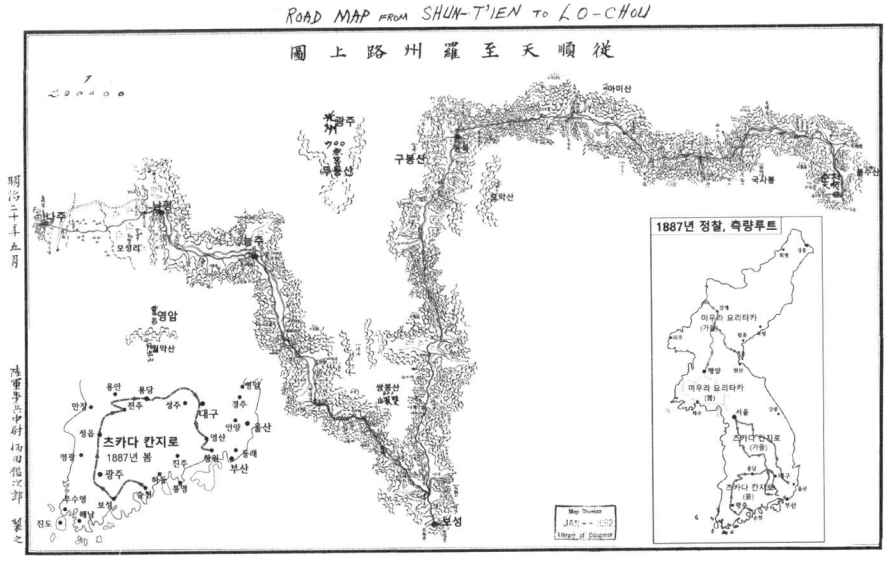

1887년 5월, 츠카다 칸지로가 제작한 순천부터 나주까지의 「종순천 지나주 노상도」

1887년 가을, 미우라 요리타카가 제작한 평양에서 영흥까지의 「종평양 지영흥 노상초고도」

상도從順天至羅州路上図, 2. 종나주 지금구 노상도從羅州至金溝路上図, 3. 종금구 지무주 노상도從金溝至茂朱路上図, 4. 종무수 지대구 노상도從茂朱至大邱路上図, 5. 종대구 지창원 노상도從大邱至昌原路上図]를 제작했다.

　1887년 가을, 츠카다 칸지로는 히구치 쇼이치로와 함께 7월 31일 호조를 신청, 12월 12일 반납했다. 이들은 부산에서 북상하며 언양, 자인, 하양, 신녕, 의흥, 의성, 안동, 예안, 영천, 풍기, 단양, 청풍 등 경상도와 충청도를 가로질러 여주를 거쳐 서울로 들어왔다. 돌아가는 길은 서울에서 용인, 양성, 안성을 거쳐 충청도 천안, 전의, 연기, 회덕, 회인, 보은을 지나 경상도 서부로 들어가 함창, 상주, 개령, 성주, 고령, 합천, 삼가, 의령, 칠원을 거쳐 부산으로 되돌아갔다.

　미우라 요리타카는 다케다 히사시武田尙와 함께 9월 9일 서북지역의 호조를 신청했다.[438] 이들은 서울을 출발, 평양을 거쳐 평안도로 북상한 다음 자산, 순천, 개천, 희천, 강계를 경유하여 압록강 유역에서 다시 남하해 영원, 맹산, 양덕, 원산, 이천, 안협, 삭녕, 마전, 적성을 거쳐 서울로 되돌아왔다. 이때 제작한 평양에서 영흥까지 「종평양 지영흥 노상초고도從平壤至永興路上草稿図」가 남아 있다.

　1887년의 특이사항으로 참모본부 국원 나가오카 가이시(長岡外史, 1853~1933)가 조선을 정탐하고 갔다. 미우라와 함께 했던 신죠 쥰테이는 7월 10일 나가오카 가이시와 함께 교하, 개성, 금천, 평산, 중화, 평양, 강동, 성천, 양덕, 원산지역 정탐을 위한 호조를 신청했다. 신청문서에 나가오카는 참모본부 제2국원의 신분을 감추고 야마구치현 사족으로 위장했다. 5월부터 11월에 걸쳐 조선, 블라디보스토크, 하바로프스크 정찰 임무를 수행 중이었다. 7, 8월은 이 시기에 해당한다. 8월 19일 호조를 반납했다. 이처럼 일본정부는 참모본부의 핵심 간부나 중요 첩보원들은 '호조'를 요청해 특별히 신변 보호에 주의를 기울였다.

　나가오카는 1894년 일본의 조선 무력침략 당시 오시마 혼성여단의 참모

• 371

로 들어와 「혼성 제9여단 보고」를 작성했고, 1904년 러일전쟁 때는 대본영 육군참모차장 등으로 활약한 한반도 식민지배의 핵심 인물이었다.

1887년 7월 13일, 해군대신 사이고 쥬도는 외무성에 해군대좌 구로오카 다테와키(黒岡帯刀, 1851~1927. 사쓰마번)를 청나라, 조선, 러시아령 아시아 연해주로 파견하면서 시찰과 탐정 활동의 관계상 개인적인 여행으로 여권을 교부해 줄 것을 요청했다. 이에 외무성 정무과에서는 구로오카 대좌가 조선, 청나라, 러시아로 향하는 곳마다 아무 지장 없이 통과하며 여행할 수 있게 하고, 긴급할 때 보호해 주라는 '해외여행안'을 발급해 주었다.[439] 구로오카의 예처럼 첩보 수집을 위한 첩보원의 파견은 모두 이런 식으로 진행되었다. 조선 정부에 신청한 모든 호조는 '관광을 위한 여행'으로 발급되었다.

『구한국외교문서』의 호조 관련 문서를 종합해 보면 대부분이 각 지역의 정세 파악과 지리 정탐, 지도 제작을 위해 파견된 첩보원의 호조 신청이 주를 이룬다. 이들은 언제나 1880년 2월 참모본부에서 파견한 어학생도들과 한 조를 이루어 첩보 수집과 지도를 제작했다.

미우라는 1887년 6월부터 1888년에 걸쳐 참모본부의 명령에 따라 간행이정 내 지도와 서울 근방 지도 제작에 주력해 「경성근방·유보이정 내 노상도京城近傍遊步里程內路上図」를 만들었다. 1888년 4월부터 5월까지 경기도 일대인 통진, 김포, 부평, 양천, 시흥, 안산, 남양, 수원지방, 도로의 편리 여부에 따라 교하, 풍덕, 개성지방을 정탐하며 지도를 제작했다. 이 정탐을 끝으로 5월 7일 귀국하라는 명령이 내려왔고, 같은 날 후임으로 보병대위 시바야마 히사노리(柴山尚則, 1854~1892)가 임명되었다.[440]

드러나지 않은 첩보원들

1887년 봄, 미쿠리야 겐지로御厨健次郎는 참모본부의 명을 받고 첩보원으로 조선으로 건너왔다. 이 무렵 조선에서 첩보활동과 측량, 지도 제작을 하고

1888년 5월, 미우라 요리타카가 제작한 「수원에서 남양으로 통하는 도로의 일부, 수원에서 안산으로 통하는 도로의 일부, 경성에서 과천을 거쳐 남양으로 통하는 도로의 일부, 1:4만 축척 지도」

있던 많은 첩보원들이 호조를 신청하지 않고 조선팔도를 누비고 다녔음을 알 수 있다. 미쿠리야의 호조 신청 내역은 없다. 『거류민의 옛날 이야기』에서 미쿠리야는 이렇게 밝혀놓았다.

> 1887년 봄 참모본부의 명을 받고 공사관부 무관에 부속하여 특별한 임무를 수행하기 위해 조선에 왔다. 일행은 6명으로 교도단教導團, 근위대, 히로시마 사단, 도쿄 사단에서 각 1명씩, 구마모토사단에서 2명, 모두 현역 하사 중에서 선발되었다. 임무는 장차 청일간의 교제가 평온함을 잃고 점점 험악해져 동아시아에 전쟁이 일어날 때를 대비해 조선 내 주요 지점을 측량하는 일이었다. 말할 것

도 없이 외국의 토지를 측량하거나 조사하는 일은 공공연하게 내놓고 할 수 있는 일이 아니었다. 때로는 약장사가 되기도 했고, 박물학자가 되어 이름을 적을 때 곤충채집가라 기입하거나 광업시찰꾼이라 칭하며 산지와 임야를 답사했다. 일이 힘들고 어려움은 말로 다 표현할 수 없을 정도였다. 특히 여러 번에 걸쳐서 동학당의 박해를 받으며 죽음의 고비를 넘긴 적이 한두 번이 아니었다.[441]

미쿠리야가 첩보활동에 매달리고 있을 때 일본의 조선 무력침략과 청일전쟁이 터졌다. 미쿠리야는 조선에서 전투가 벌어지고 있을 때는 통역원으로, 이후 중국으로 전선이 확대되자 육군소위로 5연대 야전포병대로 편입되어 전투 중 부상을 입고 히로시마로 돌아갔다. 청일전쟁 뒤 경부철도 노선 측량을 위한 임시측도부가 편성될 때 일원으로 조선으로 들어와 측량에 종사했다.

1883년부터 1888년까지 한반도 전역을 돌며 정세, 군사, 지리정보를 수집해 정보화한 일본의 자료, 첩보원들이 제작한 지도, 그들이 남긴 기록은 대부분 극비로 다뤄 알려진 것은 극소수다. 알려지지 않고 드러나지 않은 수많은 첩보원들은 조선의 모든 것을 알고 싶어 하는 일본정부와 참모본부에 최신의 정확한 첩보를 제공, 군사작전 준비계획을 지원했다. 1894년 일본이 조선을 무력으로 침략하기 전 저들의 사전 준비가 얼마나 철저하게 이루어졌고, 이후 1905년 통감부 설치로 한반도를 실제 지배할 때까지 일본이 우리 땅에서 저지른 불법행위를 밝히기에는 턱없이 부족한 자료들이다. 앞으로 더 많은 침략자료를 발굴해 나가야 할 것이다.

1888년, '알려지면 정말 안 되는 책' 『조선지지략』

1883년부터 1888년까지 일본정부에서 파견한 첩보원들은 조선 팔도를 동시다발적이면서도 일관성 있게 조사했다. 이들이 조선에 들어와 현지 조사와 정탐, 지리 조사, 측량한 내용은 참모본부에 낱낱이 보고되어 분석·평가를 거쳐 정보로 축적되었다.

1888년 참모본부는 조선팔도 각 도에 소속된 부현을 연혁부터 호구 수, 인구, 전답, 관직, 창고, 학교, 명승고적, 시장, 산악, 하천, 교량, 사찰, 물산, 기후 등에 관한 내용을 담아 『조선지지략』 8권을 완간했다. 『조선지지략』은 '알려지면 정말 안 되는 책'으로 태평양전쟁이 끝난 뒤에도 이런 책이 있는지, 어디에 있는지 소재조차 알려지지 않을 정도로 극비리에 관리되고 있었다. 이 책은 참모본부에서 보낸 첩보원들의 지속적이고 집요한 정탐 활동과 보고 내용이 바탕이 되었다. 1888년 일본은 이 책을 활용해 조선팔도를 손바닥 안에 놓고 볼 수 있었다. 1894년 청일전쟁 전 조선 무력침략은 하루아침에 계획되고 실행된 것이 결코 아니었다.

『조선지지략』은 1873년 빈 만국박람회 출시를 위해 편찬되어 개정을 거듭한 뒤 1877년 완성된 『일본지지제요日本地誌提要』의 범례에 따라 집필했다. 다음은 범례의 규정이다.

강역의 직경, 형세의 산맥과 수맥은 개괄적으로 서술한다. 풍속, 기후는 대충 줄거리만 추려서 기재하고, 호구 수, 인구, 호적, 논밭, 조세 등은 전년도를 기준으로 열거한다. 군읍의 수, 학교, 조세, 군진軍鎭, 포대, 역로驛路, 산악, 강, 호수와 못, 폭포, 항만 등은 고을에서 가장 두드러진 곳을 열거한다. 사찰, 관청, 폐사지, 주민의 숭배대상 등은 규모, 장엄, 이력 등을 기재한다. 광산은 산출액을 기록하고, 물산 문물, 시장 등은 번창함의 정도, 지방유지, 능묘와 고분 등을 찾아내 적고 간단하게 요지를 기록한다. 편찬 중 명료하지 않은 것이나 의심스러운 부분

은 비워두었다가 후일 보충하고 교정, 도식은 별도로 기재하라.[442]

지지략은 이 범례의 규정을 충실히 따르며 정확한 사실 파악을 위해 육군 정보장교들로 구성된 첩보원들이 직접 조선팔도를 탐색하여 상세한 지형과 자연조건을 담은 보고문, 지도, 기행문 뿐 아니라 일본해군에 의한 연안과 해안의 조사 측량의 결과물이 기본바탕을 이루고 있다. 조선의 지리서인『동국통감』,『동국문헌비고』,『조선여지지』,『팔역지』,『신증동국여지승람』 등의 통사, 읍지邑誌 등도 인용, 참조했다.

『조선지지략』 원고는 첩보원으로 파견된 장교들이 조사 보고한 것을 토대로 하면서 실지조사 경험이 있거나 풍부한 지식을 갖춘 참모본부 관서국 국원과 편찬부서 요원들의 교정작업을 거쳐 초고를 발간한 뒤 현지 교정작업을 거쳤다. 1886년「경기도지부京畿道之部」출간을 시작으로 충청도, 함경도, 평안도, 황해도, 강원도, 경상도, 1888년 전라도를 마지막으로 8권이 출간되었다.

『참모본부 대일기』에는 1885년 11월 2일 참모본부 제2국장 오가와 마타지가 군사적 목적으로 작성한 조선팔도의 지리서인『조선지지략』가운데 첫 번째로 완성한「경기도지부」를 탈고해 조선에 파견되어 있는 관리에게 보내 대조해서 교정할 것을 명하고 나머지 조선의 7도는 차츰 탈고될 예정[443]이라고 밝혔다. 이 문서로 보아『조선지지략』은 참모본부의 관동국과 관서국이 국외 관련 업무를 담당하고 있던 제2국이 탈고를 한 뒤 현지로 보내 첩보원과 주재 장교들에 의한 교정작업이 이루어졌음을 알 수 있다.

1888년 11월 19일, 참모본부 부관 가미료 요리카타(上領賴方, 1852~1914)[444]가 출판조례 제4조에 의거해 "조선지지략 전라도지부를 편찬 출판하여 해당본 3부를 내무성에 송부했다."[445]고 기록했다. 두 문서는『조선지지략』이 1885년에 출간되기 시작해 1888년 조선팔도의 지지략을 완간했다.

1883년부터 1888년까지 지속적이고 체계적으로 조선팔도를 정탐해 정보

수집과 지도 제작을 마친 일본정부는 언제 전쟁이 벌어져도 이길 수 있는 군사작전 준비가 마무리되고 있었다. 전쟁을 벌이기 전 꼭 필요한 이겨 놓고 싸우기 위한 조선의 모든 정보를 거머쥐게 되었다.

『조선지지략』 완성 이후 더 치밀해진 첩보 수집

『조선지지략』이 완성된 뒤에는 그동안의 조사에서 부족하고 모자라는 부분을 보충해야 했으므로 더 세밀한 정탐이 이어졌다.

시바야마 히사노리柴山尚則는 가나자와 출신으로 사관학교 졸업 뒤 1880년 참모본부에 출사, 미우라와 함께 청나라에 파견되어 정탐기록과 견취도를 제작했다.

1888년 5월 7일, 미우라의 후임으로 서울 공사관부 무관에 임명[446]되어 3년간 근무하라는 명령을 받고 조선에 들어왔다.

1889년 5월 20일, 일본정부는 대동강 측량을 위해 올 7월부터 군함 이와키磐城를 파견한다고 해군성, 각 해당국, 인천영사관 등에 알렸다.

6월 11일, 측량에 착수하라는 일본정부의 승인이 내려왔다.

6월 13일, 조선국 대동강 근방 지리 형세 조사를 위해 보병대위 시바야마 히사노리를 보내기로 결정되었다.[447]

6월 21일, 시바야마는 나가사키현 사족 가와쿠보 쓰네키치川久保常吉와 함께 황해도, 평안도 일대 정탐을 위한 호조를 신청, 22일 발급받았다.

6월 28일, 대리공사 곤도 신스케近藤真鋤는 조선 정부에 "서해안 천심淺深의 위치를 아직 자세히 살피어 조사하지 못한 곳을 항해하는 데 꼭 필요하다. 7월 중 군함 이와키를 타고 삼화·용강·은율·장련·안악·황주 등 연해에서 정밀 측량한다."[448]고 알려왔다. 이렇게 일본정부는 대동강 일대의 하천 측량을 서해안 항해에 필요한 정밀 측량이라 거짓말로 속이고 있다. 시바야마는 대동

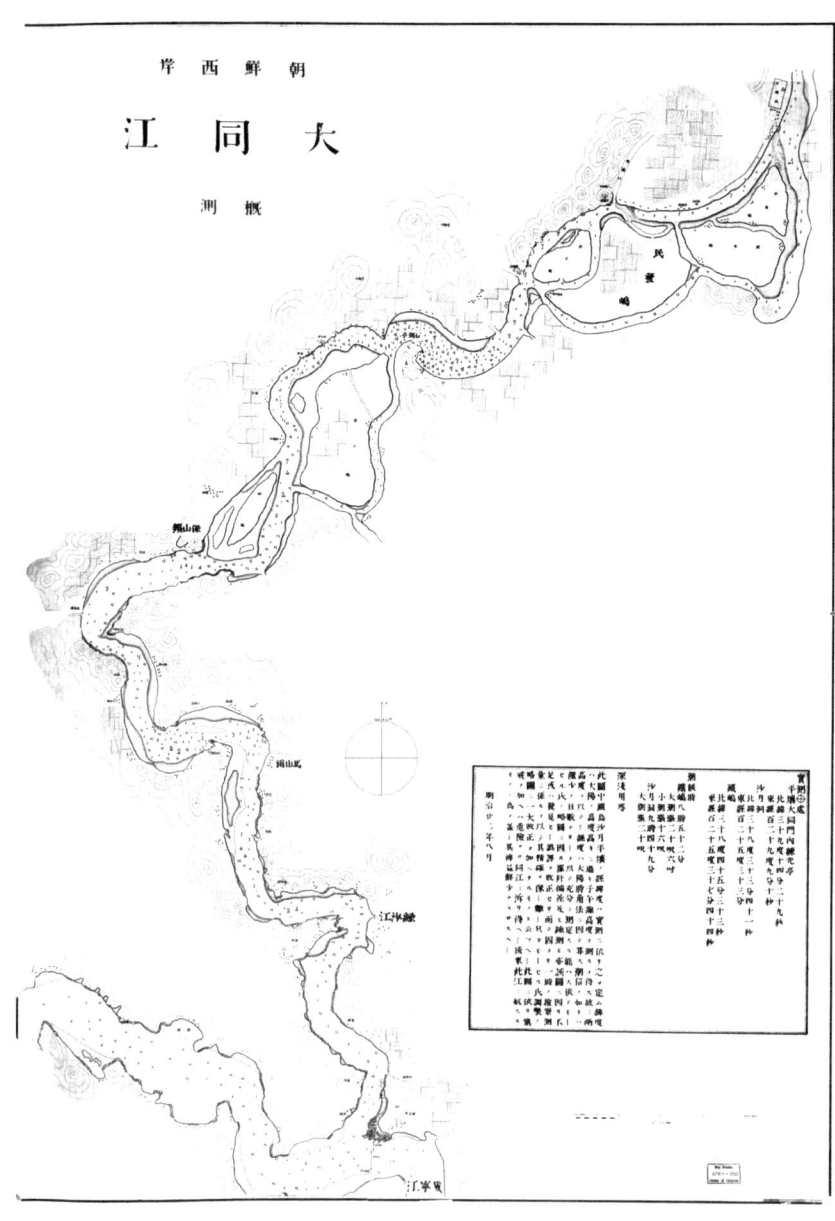

1889년 8월, 시바야마 히사노리가 제작한 「조선 서안 대동강 개측」

강 일대를 정탐, 측량하고 「조선서안 대동강 개측도」(1889년)를 만들었다.

시바야마의 이번 정탐에는 평안도와 황해도에서 행해지고 있는 청국인의 밀매 현황 실태조사를 위해 일본정부와 인천상법회의소에서 파견한 에나미 데쓰오江南哲夫, 히라야마 후사키치平山房吉도 동행했다. 이들은 '호조' 신청 없이 극비리에 함께 움직이고 있었다.

『구한국외교문서』에는 8월 9일 호조를 반납하면서 "의주와 평양 등지에

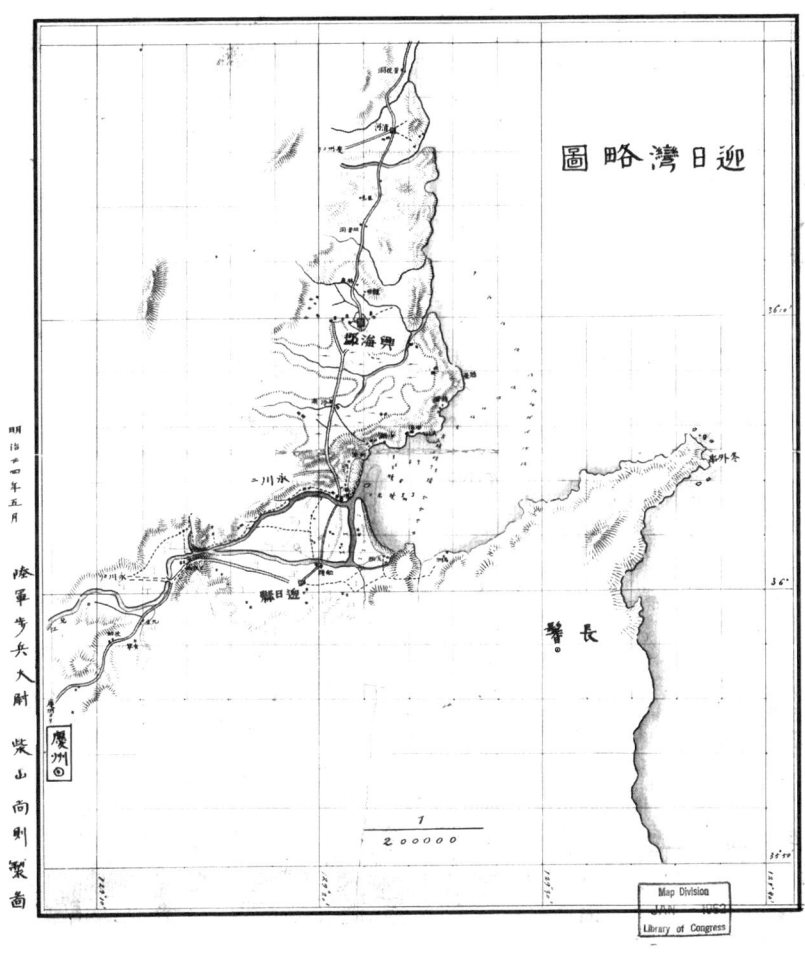

1891년 5월, 시바야마 히사노리가 제작한 「영일만 약도」

· 379

서 감사와 부윤의 환대를 받았는데 너무도 감격했다."[449]며 비웃고 있다. 호조 관련 기록 대부분이 첩보원들을 극진히 대접하며 보호한 모습만 보인다. 교활하고 비열한 일본정부는 정밀 측량과 은밀한 정탐은 기밀로 감추고, 조선 정부를 속여 보호받을 수 있는 '호조'를 발급받았다. 조선에 온 외교관으로 보고 호의와 예를 다했던 조선의 무지한 관리들을 멋대로 농락하며 교묘하게 이용하는 일본정부 관료를 비롯한 군사·외교 첩보원들. 죽어나는 건 죄 없는 조선의 백성뿐. 무지의 죄로 받은 형벌은 가혹하기 짝이 없었다.

1890년 10월 21일, 시바야마와 가와쿠보는 충청도, 경상도, 전라도 각 읍지 정탐을 위한 '호조'를 신청, 다음날 발급받았다. 이때 정탐지도 「영일만 약도」(1891년)가 남아 있다. 발급받은 '호조'는 8개월이 지난 1891년 6월 20일에 반납했다.[450]

그가 제작한 지도와 도쿄지학협회의 보고 내용을 보면, 말에 식량과 침구 등을 싣고 조선의 중요 하천, 북으로는 두만강, 압록강, 대동강, 남으로는 한강, 낙동강 등의 수운 형태, 주변 지세를 정탐하고, 보부상에 대해서도 조사했음을 알 수 있다. 정탐의 주목적은 해안 항만 실태와 내륙부로 이어지는 수로 측량, 상업행위를 위한 수운 상황, 민심을 살피기 위한 실태조사였다.

11월 13일, 시바야마는 조선 현지 정탐 도중 폐늑막염에 걸려 조선의 기후가 부적당하여 요양이 필요하다는 의사의 권고가 있으니 처분을 내려달라고 참모본부에 요청했다. 다음날 그를 나가사키로 보내기로 결정, 11월 16일 급히 일본으로 돌아갔다.

1891년 9월, 시바야마는 이때의 현지 정탐과 측량을 바탕으로 『도쿄지학협회보고』에 「조선의 하류」를 발표했다.

서두에 "조선 전체의 지형은 지지류地誌類에 기록된 것처럼 북에서 남으로 돌출, 동서로 짧고 남북으로 긴 하나의 반도"로 소개하고 있다. 내용은 '제1 지세·운반의 편리 여부', '제2 압록강', '제3 대동강', '제4 한강', '제5 낙동강', '제6 두만강', '제7 보부상'으로 구성되어 있다.[451]

'제1 지세·운반의 편리 여부'에서는 도로와 하천에 대한 내용이 주를 이룬다.

"조선의 도로는 하나도 인공으로 축설한 것이 없고 오직 오가는 사람들로 자연스럽게 난 길이 대부분이다. 짐을 싣고 이동할 수 있는 수단은 소와 말이 전부이고, 말은 하루 평균 10리, 소는 대략 50관 정도의 짐을 싣고 6, 7리를 가는데 이동 수단은 대개 소를 이용한다. 〔시바야마 일행이〕 강과 도로를 정탐할 때 아주 가벼운 차림으로 침구, 음식물을 싣고 이동하는데 말 3마리가 필요했다. 〔…〕 조선의 도로는 실제로 험악하며 운반으로 매우 불편하고, 조선의 선비는 사람의 힘으로 천연의 장애를 타파하고자 시도하지 않는다. 또 힘을 사용하지 않고 문명의 이기를 사용하려고도 않아 그 결과 오직 행상인이나 여행자들이 어려움을 느낀다. 뿐만 아니라 전국 각지에서 나는 산물의 자유로운 교환을 어렵게 만들어 국가 경제 발달에 방해되는 점이 말로 다하기 어려운 지경이지만, 전국의 하천을 활용해 선박으로 운송해 편리함을 꾀하고 있어 육지 운반의 불편함을 어느 정도 메꾸고 있다."며 길의 불편함과 하천의 이용 상태를 중점적으로 정탐했다고 적었다.

'압록강, 대동강, 한강, 낙동강, 두만강' 부분에서는 지역의 형세, 강 이름의 유래, 강의 너비, 수심, 출입 가능한 선박의 크기, 무역 상황, 강이 차지하는 위상, 강 인근에 거주하고 있는 호구 수, 연안에 거주하는 주민들의 생활과 민심의 정황, 도로와 하천의 운반 상황 등을 상세히 적어두었다. 시바야마의 현지 정탐의 목적이 조선 내륙부 하천의 항만 실태와 수로 측량, 수운 상황 조사에 있었으므로 그는 세밀하게 정탐하고 살폈다고 했다.

마지막으로 '보부상'에 대한 기록도 남아 있다.

"보부상은 전국 팔도의 짐을 운반하는 것을 직업으로 삼는 자이며, 유사시 부역에 쓸 목적으로 지켜야 할 규약을 정하여 늘 정부에서 감독하고 있다. 상업에 종사하게 되는 자에게 정부는 종이로 만든 출입증명서를 발행해 보부상임을 증명하고 관세나 영업세를 면제해준다. 그 근원은 몇백 년 전에 도요토미 히데요시의 조선정벌 때 평양의 보부상 김정황金鼎璜이라는 자가 의병을 이끌고 일본 진영을 습격한 적이 있다. 또 청나라 침입 때 국왕이 남한산성으로 들어갔을 때 보부상 몇십만 명이 합심하여 식량을 운반하고 성을 방어하는 데 힘쓰며, 국가에 도움을 주어 대대로 국왕이 그들을 우대하고 또 친병으로 대우하고 있다. 보부상은 조선 사회에서 하나의 사회집단으로 구성되어 있다. 〔…〕 보부상의 수는 1885년 무렵 조사에 따르면 경기도 6만3천, 황해도 1만8천, 충청도 2만7천, 평안도 5만1천, 경상도 5만8천, 강원도 1만6천, 전라도 1만5천, 함경도 3만6천으로 총 28만이다. 이들의 움직임은 장차 크게 주목할 가치가 있다."

보부상은 소규모 자본 행상을 전국적인 상단으로 묶어 지역적으로 각기 정해진 규율을 통해 통솔하고 있었고, 조선팔도 전역에서 다양한 계층을 상대하고 있어서 각처의 소문과 정보를 전국적으로 전파하는 기능을 하고 있었다. 또 새로운 고객과 새로운 시장 확보를 위한 정보수집 기능을 중시하는 집단이었다. 보부상의 정보수집 기능을 활용한 곳은 조선 정부였고, 이들을 움직여 민심의 동향을 파악하기도 했다. 나라가 위급할 때는 봉수나 파발로 활용했고, 기상 조건이 좋지 않거나 급보가 있을 때 발 빠른 보부상을 비상 연락망으로 썼다. 암행어사가 왕의 특명을 받고 지방을 암행하면서 감찰할 때, 그 지역으로 들어가기 전 보부상을 통해 지역 동향을 미리 살피기도 했고, 보부상으로 변장해 민심 파악이나 관리의 부정을 정탐하기도 했다. 보부상은 국가의 보호를 받는 대신 유사시에 국가에 동원되어 정치적으로 활동하기도 했다. 임진왜란 때 행주산성 전투에서 수천 명의 보부상이 식량과 무기를 운반하고 보급했고, 직접 전투에도 가담했다. 병자호란 때는 인조가 남한산성으로 피난갔을 때 보부상들이 식량을 운반해 성을 방어했다. 정조가 수원성을 축조할 때 보부상을 징발해 석재와 목재를 운반했다. 병인양요 때는 전국의 보부상이 동원되어 전투에 참여했다. 일본은 보부상의 이런 기능을 잘 알고 있었고, 보부상 조직에 대한 정보수집이 필요했다. 보부상 조직에 주목하고 있던 일본정부와 참모본부는 1890년대부터 정보원을 보부상 속으로 잠입시켜 정보와 소문의 진상, 이들의 움직임 등을 파악하고, 내부 균열을 조장하기도 했다. 조선 정부의 보호와 관리를 받으며 전국적으로 강대한 조직을 갖추고 있으며, 나라가 위급할 때는 협력해 외세에 항거했던 보부상은 일본에 강제 병합을 당한 이후 일본의 말살정책으로 전국의 보부상 단체들은 소멸되었다.

시바야마가 『도쿄지학협회보고』에서 1891년 9월 21일 발표한 이 내용은 첩보원들의 조선 현지조사의 실태를 또렷하게 보여준다. 일본이 한반도를 무력으로 점령하기 위해 얼마나 집요하고 지속적으로 첩보 수집과 정보화에 집착했는지 알 수 있다. 시바야마와 함께 정탐에 참여했던 가와쿠보 쓰네키치는 이후 명성황후 살륙 관련자로 1895년 10월 18일 조선에서 쫓겨났다.

『구한국외교문서』에 호조 신청 내역은 보이지 않으나 일본 외무성 외교사료관의 『제국육해군 장교 해외파견 잡건』, 「육군부」(제1권) 1888년 8월 23일에는 "블라디보스토크에 주재하고 있는 육군보병 중위 하기노 스에키치(萩野末吉, 1860~1940)에게 시베리아, 만주, 조선 정탐을 하달하면서 만주와 조선 지방을 통과할 때는 청나라와 조선 정부에 보호를 요청하라."고 육군성에서 외무성으로 보낸 기록이 있다.[452]

하기노 스에키치는 1881년 육군사관학교를 졸업한 뒤 1885년 참모본부 관동국 요원이 되어 정보장교로 블라디보스토크로 유학해 시베리아부터 몽골까지 정탐하는 첩보원으로 활동하다 1888년 만주와 조선을 정탐하고 11월에 귀국했다.

제일은행 인천지점장 에나미 데쓰오, 민간인 첩보원 시바야마와 동행

에나미 데쓰오(江南哲夫, 1853~1916)[453]는 민간인이면서 비밀리에 평안도와 황해도의 청국인의 밀매 현황 실태조사를 위해 첩보원 시바야마와 함께 움직이면서 안전과 보호를 도모했다.

『도쿄지학협회보고』 1889년 6~7월호는 인천에 거주하는 에나미 데쓰오, 히라야마 후사키치平山房吉 외 몇 명이 평안도와 황해도의 사업 정탐하고 인천상법회의소에 보고서로 제출한 복명서 내용에서 중요한 부분을 발췌, 기재했다. 에나미는 도쿄지학협회 회원 신청을 해서 1891년 4월 의결을 거쳐 회원 가입이 허락되었다. 비싼 회비는 차치하고 명망 있는 기존 회원의 추천과 의결을 거쳐야만 회원이 될 수 있었는데 에나미는 도쿄지학협회의 회원이 되었다.

1891년 4~9월의 지학잡지 3권은 회원들에게만 공유되고 매매금지로 표기할 만큼 엄격하게 관리했다. 일본정부의 고위층 관료들과 경제의 유력인사들이 포진되어 있던 협회 회원들은 "지금의 급선무는 말할 것도 없이 조선 사정에 통달하는 것이며, 특히 사업 시찰은 긴급을 요하는 일이다."고 강조했다.

보고서에는 「평양기사략」(4월, 5월), 「조선리 표고朝鮮里標考」(5월), 「조선 내지 여행 주의사항」(6, 7월), 「조선 황주기사략」(9월)의 내용을 발췌, 4번에 걸쳐 잡지에 싣고 회원들만 공유했다.

「평양기사략」을 보면 일본이 조선의 모든 상황, 사정을 알기 위해 백방으로 힘쓰고 있음을 여실히 보여주었다. 지형과 연혁은 『조선지지략』을 인용하면서 평양은 자연이 수려한 경승지로 시가지가 정비되어 있고 화려하고 깨끗하며 다른 지역에 비해 규모가 크고 번성해 있다고 소개했다.

"상업은 서울에 비하면 특히 더 활발하고, 문 밖에 바로 선박을 정박할 수 있는 땅으로 오방 왕래의 요충지에 해당했다. 가옥은 대부분 기와집이고 종종 이층집이 보이는데 이것은 조선에서 거의 볼 수 없는 것으로 고니시 유키나가小西行長[454]가 이 땅을 점령했을 때 비롯된 유풍이라고 한다."며 297년 전 조선침략〔임진왜란(1592년)〕을 추억으로 떠올리며 동경했다.

옛 고도 평양은 오늘날 북방의 상업중심지로, 지리적으로 동서 안팎의 만물이 평양을 통해 집산하고 있는 상업선 확대에 중요한 지역으로 주목했다. 한편으로 상품의 출입에서 육지로 이동하는 무역이 대부분이고 강이나 연해 통상과 같은 무역이 희소함을 강조하고, 향후 기선을 통한 연안무역으로 운반하면 운임비와 비용이 절감되어 더욱 번성할 수 있을 것이라 했다. 평양에서 거래되고 있는 곡류(쌀, 현미, 콩, 보리), 사금과 순금, 면의 가격, 의주 근방 대동강 주변에서 활동하고 있는 청국 상인의 출입 현황 등이 자세히 기록되어 있다.[455]

에나미 데쓰오는 아이즈번 출신으로 보신전쟁 때 15살의 나이에 백호대 무사로 활약했다. 메이지유신 뒤 1870년 오사카 개성소開成所에서 영어를 배운 뒤 각지를 떠돌았다. 1874년 게이오기쥬쿠慶應義塾 입학, 졸업한 뒤 1877년 미쓰비시 합자회사에 입사해 사장 이와사키 야타로岩崎弥太郎 수행, 고베, 나가사키 지점을 거쳐 1878년 상하이 지점에서 근무했다. 이후 홋카이도 개척 사업에 뜻을 두고 사직, 이와사키 야타로의 측근으로 흥아회에 들어가 활동하기도 했다. 1884년 도쿄 제이십국립은행第二十國立銀行에 입사, 1888년 제일은행으로 전임한 뒤 인천지점 지배인이 되어 조선으로 건너왔다. 1891년 귀국한 뒤 조선 정찰과 경험을 바탕으로 『조선재정론朝鮮財政論』을 출간했다. 1897년 도쿄화재보험회사에 입사해 오사카 지점 지배인으로 부임, 이후 회사를 사직. 1900년 남산합자회사를 설립해 황해도 철광을 채굴해 에다미쓰枝光 제광製鑛에 판매하다가 이후 매각했다. 1902년 경부철도에 입사해 서울지점장으로 부임, 1904년 9월 경부철도 속성령이 발포되자 휴직간사休職幹事로 있다가 이듬해 8월 해임되었지만, 1908년 러일전쟁 공로로 훈6등 서보장勳六等瑞宝章을 받았다.[456]

에나미에 대한 기록으로 1905년 8월 31일, 도쿄에 있는 가쓰라 타로가 조선에 있는 하야시 공사에게 「재녕載寧 철산鐵山의 채굴권에 관한 문의 건」이 있다.

"에나미 데쓰오는 지난해 황해도 재녕 철광 조사에 종사했고 최근 2년에 걸쳐 다시 2회 조사를 하고 실제로 작년 7월 중 공공연히 귀관에게까지 동 광산의 채굴을 출원했다는 것이 사실인지. 또 에나미가 현재 한인 명의로 동 광산의 채굴권을 획득하고 있는데 그 채굴권을 획득한 연월에 대해서도 전보로 회답 바람."[457]

에나미는 일본 제일은행 인천지점장으로 1888년 조선에 건너와서 경제 관련 전반, 상행위 관습 조사, 상품과 상업 상황 등을 담당하며 일본정부에 자문하는 단체인 인천상법회의소 위원으로도 활동했다. 1889년 7월 청국인의 밀매 행위에 대한 조사를 위해 평안도와 황해도로 가서 한 달에 걸쳐 조사했다. 이후 에나미는 조선에서의 경험을 토대로 광산사업, 경부철도 부설에 직접적으로 관여하며 일본이 조선을 침탈하는 데 일조했다.

일본은 전쟁 준비를 위해 가장 중요한 지리, 군사, 국정조사, 작전지나 점령지가 될 곳를 예상하며 대놓고 호조 발급을 요청해 신변 보호를 받으면서 정탐을 계속 이어갔다. 이외에도 상업인, 의료인, 경제인, 행상인 등 민간인들도 정탐에 가담했다. 비밀 측량과 정탐 외에도 조선과 중국 전역에 걸쳐 다량의 지도, 지지략 획득에 오랜 시간에 걸쳐 실행에 옮겼다. 이렇게 입수한 정보와 지도를 제작, 번각하는데 전력을 기울였으며, 이를 토대로 조선 무력 침략과 청국, 러시아와의 전면 전쟁으로 확대해 갔다.

4 조선, 외세의 일본 침략을 막아주는 방벽

최초의 일본총리 야마가타 아리토모, "조선은 일본의 생명선"

조슈번의 최하위 무사 가문에서 태어난 야마가타 아리토모(山県有朋, 1838~1922)는 1858년 쇼카손주쿠松下村塾에서 교육받고 존왕파의 일원이 되었다. 1863년 조슈번의 비정규군 기헤이타이奇兵隊의 대장으로 활동, 1867년 도쿠가와 바쿠후幕府를 무너뜨리고 1868년 메이지정부 수립 뒤 막부 지지자들의 대항에 앞장서 반란군을 진압했다. 야마가타는 일본군 근대화를 위해 해외의 군사제도를 연구하고 1870년 귀국, 병부소보가 되었다.

1871년 2월, 사쓰마, 조슈, 도사 세 번에서 제공한 약 1만의 병력으로 천황 직속군대를 만들어 병부대보로 승진했다. 이때 야마가타는 병부소보 가와무라 스미요시(川村純義, 1836~1904, 해군 수뇌), 병부소보 사이고 쥬도西鄕從道와 함께 일본 영토방어를 목적으로 침략해 오는 적의 공격을 방어할 연해 포대구축 외 해군 확장을 위한 군함을 조성해 영토 보호와 국내 치안유지에 주력하자는 내용을 담은 「병비의견서」를 정부에 건의했다.

1875년 1월, 야마가타 아리토모는 외적 침입 시 수도방어 최우선의 도쿄만 봉쇄가 가능한 해안방어를 위한 연해 포대축조에 대한 의견서 「연해포돈축조건의沿海砲墩築造建議」, 1876년 1월 「포보건축위치주상砲堡建築位置奏上」 등을 올려 국내 방어에만 치중했다.

1877년, 일본 규슈 서남단 가고시마에서 발생한 '세이난 전쟁'을 끝으로

• 387

일본 내 내전의 불안은 사라졌다. 이후 참모본부의 대외정보, 군사 작전의 목적은 해외 정벌에 초점이 맞춰지고 있었다.

1880년 11월 30일, 야마가타 아리토모는 멀게는 유럽의 대세를 살피고 가까이는 이웃 나라의 정황을 서술한 「진인방병략표進隣邦兵略表」[458]를 천황에게 올렸다. 글머리에 "지금 세계는 서로 대치하면서 각기 강역을 그어놓고 스스로를 지키고 있다. 강력한 병력 없이는 독립할 수 없다."며 하루라도 빨리 군비를 확충해 청국과의 전쟁에 대비해야 한다고 강조했다.

신일본 정부의 건국 초기에는 해안방어를 주축으로 하는 일본 고유영토 방어에서 해외 공략으로 국방전략을 바꾸었다. 이전부터 러시아가 호시탐탐 일본의 영토를 노리고 있다는 불안감이 차츰 확대되고 있었다. 이런 상황에서 1885년 6월 러시아는 시베리아횡단철도 부설계획을 발표했다. 러시아의 수도와 멀리 떨어져 있다고 여겼던 극동의 블라디보스토크가 철도로 직접 연결되면서 요충지로 부각되고 있었다.

1887년 유럽과 아시아 두 대륙을 연결하는 첼리아빈스크에서 블라디보스토크에 이르는 시베리아횡단철도 건설을 위한 조사에 착수, 1891년 프랑스의 차관으로 철도공사 착공에 들어갔다. 황태자 니콜라이는 직접 블라디보스토크 극동지구로 가서 성대한 철도 기공식을 거행했다. 이를 발판으로 일본 영토를 위협할 것이라는 두려움은 현실이 되고 있었다. 러시아의 시베리아횡단철도 착공에 이어, 1892년 영국은 베이징에서 봉천奉天에 이르는 경봉京奉철도 건설에 들어감으로써 러시아와 영국의 대립은 격렬해지고 있었다.

조선은 일본의 다시 없는 목숨줄

야마가타 아리토모는 시베리아횡단철도의 진행 상황을 살피면서 국내외 정세를 파악하는 등 일본의 미래전략 수립에 고심했다. 1888년 1월, 육군중장으로 재직하며 「군사의견서」[459]를 내각에 제출했다. 야마가타는 러시아의 철도 구상을 강력하게 경계하며, 러시아의 시베리아횡단철도가 완성되면 조선을 침략해서 병략의 요충지로 삼을 것이므로 일본에 큰 위협이 될 것이라 주장했다. 메이지정부 초기부터 러시아의 남하정책과 위협에 신경을 곤두세우고 있던 일본은 러시아의 위협에 방패가 되어줄 조선 정복을 위한 걸음을 재촉했다.

"지금의 세계정세로 보아 영국과 러시아의 갈등으로 인해 수년 내에 아시아에서 일대 파란이 일어나게 될 것이다. 정세가 이렇게까지 급박해진 것은 무엇 때문인가. 캐나다의 태평양철도와 러시아의 시베리아횡단철도 부설로 인해 영국의 동양 항로는 단축되었고 러시아 군대의 동방 진출은 빨라지고 있다. […] 시베리아횡단철도는 러시아 내륙의 각 요충지와 지역을 긴밀하게 연결시켜 태평양 연안으로 철길을 열게 된다면, 동양에서 일이 발생할 때 며칠 내로 군대를 블라디보스토크로 이동할 수 있게 된다. 만약 영국과 러시아가 인도의 경계에서 전쟁을 일으키면 러시아는 철도로 신속히 많은 병력을 보내 조선을 침략, 병략의 요충지를 점유하고 동양함대는 승승장구하며 침입해 마음놓고 공격하게 될 것이다. […] 시베리아횡단철도가 준공되는 날이 바로 러시아가 조선으로 침략을 시작하는 날이 될 것이다. **조선 침략을 시작하는 날 바로 동양에 일대 파란이 일어날 것이다.**"

비슷한 시기에 제출한 의견서 「외교정략론」[460]에서는 국가의 '주권선과 이익선'에 대해 명확하게 분석해 두었다.

"국가의 독립·자위의 길은 두 가지가 있다. 첫째, 주권선을 지켜 타국의 침략을 용인하지 않는 것이다. 둘째, 이익선을 방어하여 나의 요충지를 잃지 않는 것이다. 국토가 바로 주권선이다. 이익선이 무엇인가 하면, 이웃 나라와 서로 접해 있으면서 그 형세가 우리 주권선의 안위와 긴밀하게 관련된 지역을 말한다. 국가라면 주권선 없는 나라 없고 동시에 이익선 없는 나라도 없다. 외교와 국방력은 오직 이익선과 주권선의 기초 위에서 존립하는 것이다. […] 일본 이익선의 초점은 실로 조선에 있다. 시베리아횡단철도는 이미 중앙

아시아로 진출했고, 몇 년 내에 완공되면 러시아의 수도를 출발해 십 여일이면 흑룡강에서 말에게 물을 먹일 수 있다. 시베리아횡단철도가 완공되는 날이 바로 조선에 많은 일이 벌어질 때임을 우리는 잊어서는 안 된다. 또 조선에 많은 일이 벌어질 때가 바로 동양에서 지각변동이 시작될 시기임을 잊지 말아야 한다. 우리가 이익선에 가장 격렬하게 반응하는 이유는 어떤 것으로도 조선의 독립 유지를 보장할 수 없기 때문이다."

야마가타는 「외교정략론」을 1888년 1월 발표하고, 1890년 3월 보충해서 다시 내놓았다. 일본의 국방방침은 수비가 아니라 공격으로 전환했음을 「군사의견서」와 「외교정략론」이 명확히 말해주고 있다. 일본 이익선의 초점인 조선이 독립을 유지할 수 없다고 보고 일본이 정복해야 한다는 인식이 깊게 깔려 있다.

1890년 12월 6일, 일본 최초의 총리대신이 된 야마가타 아리토모는 제1회 제국회의(「중의원의사속기록」) 권두연설에서 국가 독립과 경영의 길에 대해 강조했다.

"국가 독립과 직접 경영에는 두 갈래의 길이 있다. 첫째, 주권선을 수호하는 것, 둘째, 이익선을 보호하는 것이다. 주권선은 나라의 강역, 이익선은 그 주권선의 안위와 밀착 관계가 있는 지역을 말한다. 강대국 사이에 끼어 있는 한 나라가 독립을 유지하려면 주권선을 지키고 방어하는 것만으로 충분치 않으며 반드시 이익선을 보호해야 한다. 일본의 득실에 가장 절박하고 긴요한 것이 조선의 중립이다. […] 조선의 독립은 시베리아횡단철도가 완성되는 날 살얼음판의 운명이 닥칠 것이다. 조선이 독립을 유지하지 못하고 베트남, 미얀마의 뒤를 잇게 된다면 동양의 상류 지역은 모두 타국이 차지하게 되고, 청과 일본이 직접적으로 위협받게 된다. 일본의 주권선인 쓰시마제도의 머리 위에서 칼날이 날아다니는 형국이 될 것이다."

야마가타는 제1회 제국회의 권두연설 자리에서도 '국가의 주권선과 이익선'을 명확히 규정하고, 밖에서 쳐들어오는 적의 침입을 막는 것만으로는 한

나라의 독립을 유지하기 어려우니, 일본의 생명선인 조선을 반드시 수중에 넣어야 한다고 거듭 강조했다. 이것은 19세기 후반 서구 중심의 국제정세에 일본의 위치를 어디에 두고 어떻게 관계를 맺고 대응해 나갈지에 대한 태도를 명확히 밝힌 것이다. 국가의 주권선 수호하면서 이익선을 확대해나가겠다는 구체적인 발언은 일본을 중심에 두고 조선을 비롯한 주변 국가로 정치적, 경제적, 군사적 지배를 확장해 제국주의로 나가겠다는 명확하고 구체적인 의지 표현이었다.

'새 사냥'을 빙자한 무력침략 루트 확정

일본정부 내 정치 일선에서 국가 미래전략을 구상하는 자 뿐만 아니라 열도 전체의 왜놈들은 조선을 반드시 일본의 것으로 만들어야 한다고 작정하고 있었다. 때문에 조선 철도부설도 저들의 무력침략의 계획 속에 담겨 있었다. 조선철도 부설을 기획하며 도둑놈처럼 측량에 들어간 것은 1892년이었다.

시베리아횡단철도 조사가 단행된 1887년부터 1890년까지 부산영사로 재임 중이던 무로다 요시아야(室田義文, 1847~1938)[461]도 조선에서 철도를 부설한다면 반드시 일본이 해야 한다고 생각하고 있었다.

1890년, 참모차장 가와카미 소로쿠(川上操六, 1848~1899)가 부관들과 함께 조선과 청국으로 정탐을 나가 암행할 때 무로다를 만나 서울·부산 간 정밀 측량 방안을 찾으라고 했다.

"만일의 경우 일이 발생했을 때, 군대 군수품 수송은 해상권과 복잡하게 얽혀 있으므로 선박을 이용하기 어렵다고 보아야 한다. 그러니 어떻게든 부산에서 서울 방면으로 육상을 통해 수송해야 한다. 그렇게 하려면 반드시 일본이 경부철도를 놓아야 한다. 아무래도 조선은 외국 영토여서 측량하기가 쉽지 않을 것이다. 뭔가 묘안을 짜보라."[462]

이때부터 무로다는 조선의 철도부설을 군사적으로 이용하는 것에 중점을 두고 경제적 이득까지 고려하며 서울·부산 간 철도부설을 위한 방법을 모색했다.[463]

1892년, 무로다는 부산총영사로 부임해 다시 조선으로 들어왔다. 조선으로 가기 전 참모차장 가와카미를 만났다. 가와카미는 무로다에게 특별 명령을 내렸다.

"향후 일본은 필연적으로 중국과 한판 전쟁을 벌일 운명에 처해 있다. 그 전에 반드시 조선에 철도를 놓아야 한다. 그대가 간다면 어떠한 일이 있어도 철도부설 문제를 최우선 과제로 생각하라."

무로다는 "러시아의 동방정책, 청일 양국 관계를 고려해 볼 때 조선에 철도부설은 반드시 필요할 것이고, 끝내 전쟁이 터지면 철도뿐 아니라 지리도 명확히 파악해야 하므로 꼭 실지 측량을 하겠다."고 마음먹었다.[464]

무로다는 조선에 가기 전 철도국장 이노우에 마사루(井上勝, 1843~1910)를 만나 전후 사정을 이야기하고 철도국에서 측량이 가능한 기술자 알선을 의뢰했다. 즉석에서 공학박사 센고쿠 미쓰구(仙石貢)를 추천받아 만났다. 하지만 센고쿠는 "다른 나라의 영토를 비밀리에 측량하는 것은 싫다. 무로다의 하수인으로 따라다니는 일 따위는 하지 않겠다."며 거절했다. 다시 센고쿠 밑에서 일하고 있던 고노 다카노부(河野天瑞, 1858~1925)에게 제안해서 그에게 측량을 맡겼다.

1892년 4월, 외무대신 에노모토 다케아키(榎本武揚, 1836~1908)의 허락을 받아 부산·서울간 예정선을 실측하기로 했다.

5월 12일, 무로다는 부산총영사로 부임했다.

가와카미는 철도 예정선 측량임을 공표하게 되면 양국간에 물의를 빚을 우려가 있다며 부산총영사 무로다를 통해 조선주차 변리공사 가지야마 데이스케[465]에게 "상행위를 위한 현황 시찰과 미국 스미소니안 인스티튜션에 기증하기 위한 진귀한 조수(鳥獸) 포획"을 위한 '새 사냥'으로 답사 허가를 신청하라는 명령을 내렸다. 무로다는 조선국 독판교섭통상사무 민종묵(閔種默, 1835~1916)과 교섭하며 따로 한 통의 서신도 첨부했다.

"일본은 지난해부터 미국과 새를 교환하고 있다. 일본은 섬나라이므로 진기한 새가 적다. 반면 조선은 대륙으로 이어져 있어 진기한 새가 매우 많다. 부산에서 서울까지 허락을 받고 미국 박물관에 기증할 새를 잡고 싶다. 무기는 총을 이용할 것이므로 위험하다. 새 포획 장소에 붉은 기를 꽂아놓을 터이니 이 깃발이 있는 곳으로 사람들이 들어가지 않도록 정부에서 명령을 하달하기를 바란다."

민종묵은 이렇게 답신했다.

"이와 같은 취지라면 별 무리가 없으니 자유롭게 새를 잡을 수 있도록 하겠다. 서신의 내용처럼 붉은 깃발이 꽂혀 있는 동안에는 아무도 출입하지 않도록 빨리 알려놓겠다."

6월 3일, 변리공사 가지야마 데이스케는 해당 각 지역에 새 사냥꾼들의 보호를 요청했다.

"영사관 관리 고노 다카노부 등 4명이 경기도, 충청도, 경상도, 전라도 각 도를 향해 출발한다는 '호조護照' 발급 요청 조회가 있었으므로 연도의 각 관리는 이들의 도착을 기다렸다가 잘 보호하고 식사, 숙박 등을 잘 살펴 대우해 줄 것."[466]

고노를 포함한 철도기사와 측량대원들은 영사관 관원으로 위장해 미국 박물관에 기증할 진귀한 새를 잡는다는 교활한 술책으로 조선 정부를 속이고 보호와 우대를 요청했다.

7월 26일, 조선 정부에 무로다 총영사와 그의 수행원들의 관광 여행으로 '호조'를 신청했다.[467]

8월 말부터 1개월 반에 걸쳐 부산·서울 간 철도 예정선을 비밀리에 실측했다. 부산총영사 무로다는 붉은 기를 세워놓고 측량하면서 대구까지 이들과 동행한 뒤 부산으로 돌아갔다. 이것이 경부철도 부설에 관한 첫 측량기록이다. 하지만 이것은 철도부설을 핑계로 전쟁이 벌어졌을 때 부산으로 상륙해 내륙을 통해 서울로 치고 올라갈 지름길을 확보하겠다는 속셈이 깔려 있었다. 조선 정부에 대놓고 '새 사냥'이라 거짓 신고를 하고 철도 예정선 측량과 침략 루트를 확보하고 있었다.

10월 10일, 무로다는 외무대신 무쓰 무네미츠에게 결과를 보고했다.

"기밀 제14호. 지난번 기밀 제12호로 말씀드렸던 당국 철도선로 답사를 위한 출장으로 고노 공학사, 니시오西尾 기수 등이 조사를 마치고 10월 6일 부산항에서 출발해 귀국함. 처음 작성한 보고서는 고베에서 작성해 사관이 보낸 것으로 받은 즉시 바로 보내드립니다. 고노의 말에 따르면 부산·서울 간 경상도, 전라도, 충청도를 거쳐 경기도에 도착하는 도로는 평지가 많아 철도 선로를 설치하기 가장 적당한 땅이라고 합니다."468

10월 30일, 측량을 마친 고노 다카노부는 외무대신 무쓰에게 「부산에서 서울까지 철도선로 답사 보고서自釜山至京城鉄道線路踏査報告書」를 제출했다.

> 기밀 : 다카노부天瑞는 일찍이 에노모토 다케아키 전외무대신의 은밀한 지시를 받아 부산에서 서울까지의 철도선로 답사를 계획하고 1892년 8월 16일 조수 니시오 마사노리西尾政典와 함께 고베항을 출발, 19일 부산 일본거류지에 도착. 8월 25일 조선 내륙으로 들어갈 때 무로다 총영사는 통역으로 조선어가 능숙한 순사장 손보 지로村房次郎를 붙여주었다. 서울로 향하는 중로中路를 먼저 선택해서 밀양, 대구, 상주 등을 거쳐 청주로 나왔고, 다시 서로西路를 선택해 죽산, 용인 등의 여러 부현을 거친 다음 9월 13일 서울로 들어가 며칠 체류하고, 18일 인천, 제물포로 갔다. 19일 제물포를 출발해서 바닷길로 부산에 도착했다. 지금 연도沿道 조사를 마쳤으므로 보고서 1책, 약도 1엽葉을 정리해 삼가 각하에게 복명서를 올립니다.469

측량 답사 뒤 명세도, 상세한 보고서를 완성해 1부는 참모본부, 다른 1부

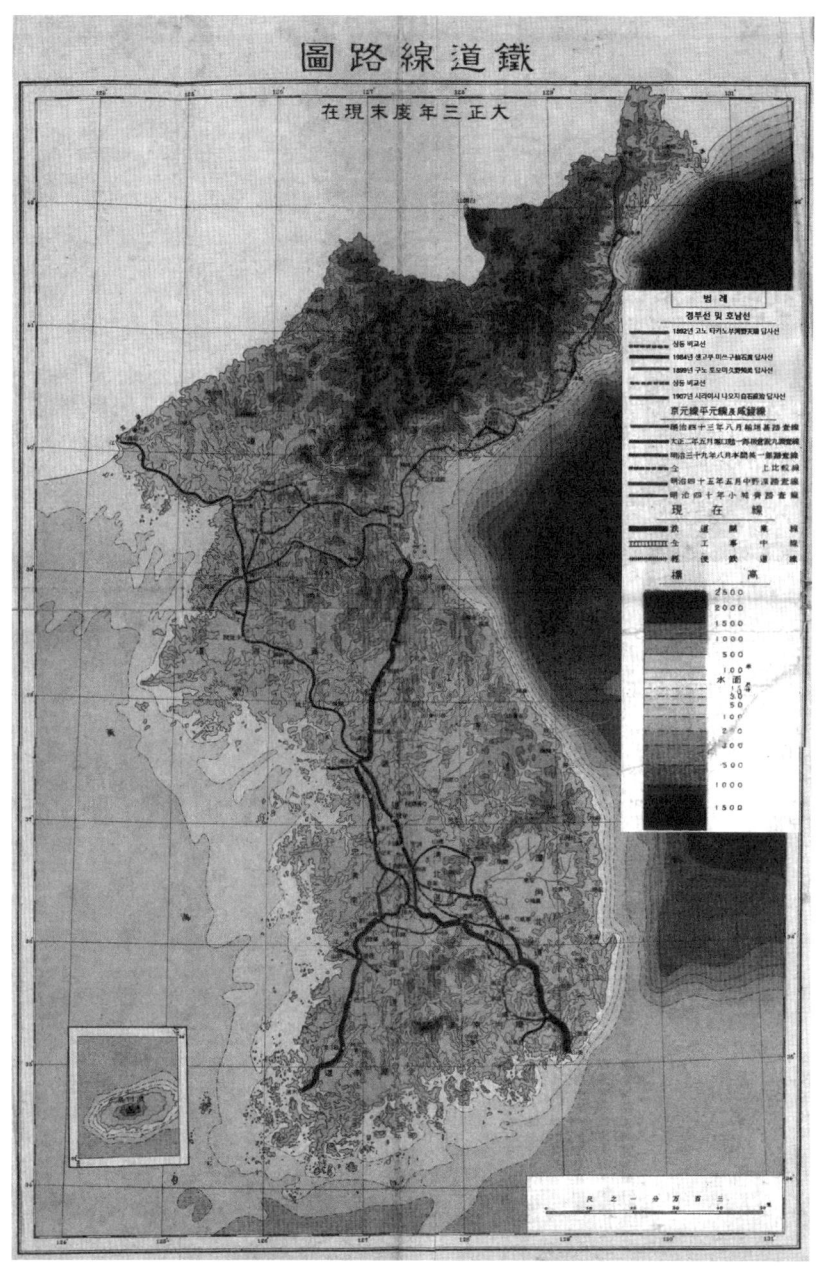

「조선 철도선로도」(1914년 말 현재)

는 외무성에 제출했다. 보고서를 본 무로다는 향후 철도건설 추진에 참고하라며 시부사와 에이이치〔渋沢栄一, 1840~1931. 실업가, 재계의 지도자〕에게 1부를 기증했다. 당시 고노가 선정한 철도선로는 부산에서 부산진을 지나 낙동강 왼쪽 연안을 따라 올라가 삼랑진, 밀양, 대구, 상주를 거쳐 충청도로 들어와 문의, 청주를 거쳐 서울 숭례문에 도달하는 것으로 총연장 386킬로미터였다. 이것은 일본이 조선 철도 경영의 첫걸음이었다.[470]

이때 만든 측량지도는 1894년 6월 조선 무력침략과 청일전쟁 초기부터 무서운 위력을 발휘했다. 일본군의 작전 수행에 막대한 편의를 제공했다고 하여 육군성은 무로다의 업적에 깊은 감사를 표했다. 일본정부는 고노의 답사가 그 뒤 이은 경부철도 부설에 큰 밑바탕이 되었다며 공로를 인정해 특별히 훈5등을 하사했고, 경부철도회사에서도 금시계를 선물했다.[471]

5. 일본, "가즈아, 조선을 먹으러"

참모본부 최고 사령탑, 이름까지 바꾸고 조선 정세 재정탐

가와카미 소로쿠는 1884년 1월부터 1885년 1월까지 유럽 각국의 병제를 시찰, 연구했고, 1888년에는 6개월 동안 베를린에 체류하며 독일 병제를 정밀하게 연구하고 정세를 파악하고 돌아왔다. 1889년 참모차장으로 임명되었고, 참모본부 정보수집의 최고 사령탑으로 군림했다. 1890년 초 참모본부는 중국과의 전쟁에 대비해 첩보원을 조직화해서 첩보 수집, 지지략, 지도 제작 등 만반의 준비를 끝내놓고 있었다.

1893년 1월, 가와카미는 한반도에서의 이권을 둘러싸고 청국과의 관계가 긴박해지자 현지에서 직접 정세 파악과 개전 여부를 정탐하기 위해 먼저 조선 각지 시찰을 위한 '호조' 발급을 외무성에 요청했다.

2월 15일, 외무대신 무쓰 무네미쓰가 조선 변리공사 오이시 마사미(大石正巳, 1855~1935, 1892년 변리공사 부임)에게 가와카미 육군중장과 수행원 세 명은 이름을 바꾸어 조선국 내륙여행

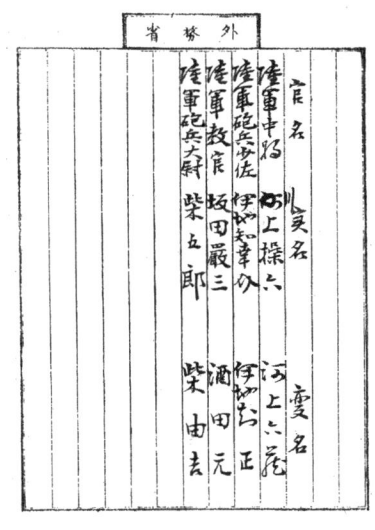

조선 정부에 제출한 호조 신청 명단에는 일본 육군 수뇌부의 정점인 참모차장 가와카미 일행의 조선 정탐이 알려지지 않게 하려고 이름을 바꾸는 속임수를 썼다.

· 397

을 할 예정이므로 "부산에서 대구, 상주, 충주를 거쳐 서울에 이르는 '호조'를 신청하여 본년 4월 1일까지 부산영사관에 송부할 것. 각 여행지의 숙박, 수송 등에 편리를 꾀하며 기밀에 부칠 것"을 요청했다. 본명과 바꾼 이름으로 육군중장 가와카미 소로쿠川上操六는 에가미 로쿠조江上六蔵, 육군포병소좌 이지치 고스케伊地知幸介는 이지치 다다시伊地知正, 육군교관 사카타 이와조坂田巌三는 사카다 겐酒田元, 육군포병대위 시바 고로柴五郎는 시바 요시키치柴由吉다. 이름을 바꾼 이유는 조선 정부에 "여행의 취지나 이유를 밝힐 필요가 있겠지만, 의심 많은 조선 관리가 이름을 듣고 속으로 불쾌하게 여길 것이 우려되니 조심하라."472는 내용도 들어 있다.

『구한국외교문서』에는 조선 정부에 1893년 3월 1일 "기사技師 에가미 로쿠조河上六蔵, 이지치 다다시伊地知正, 사카다 겐酒田元, 시바 요시키치柴由吉 등이 경상도의 대구, 상주, 충청도 충주지방 연로를 관광하고 경성으로 들어간다."며 호조를 신청, 다음날 발급받았다.473 참모차장 일행은 기사로 둔갑해 있었다.

일본은 우리가 무엇을 상상하든 그 이상으로 교활하고 야비한 인종들이다. 조선에서 어떠한 규제도 받지 않고 마음대로 돌아다니며 첩보활동을 하면서도 철저히 보호받으며 안전은 꾀하겠다는 속셈을 만천하에 드러내고 있다. 스파이 행위를 하다 잡히면 조선 정부에서 중형에 처해도 무방한데, 저들은 오히려 조선인을 의심이 많고 교활하다고 낮잡고 있다. 외교관의 편의와 보호를 위해 만든 '호조'는 애초부터 한 번도 제대로 쓰이지 않았고, 일본이 특파한 첩보원들을 보호하는 목적으로만 활용당했다. 외교 원칙도 국가 간의 약속도 지키지 않고, 끝내 무력침략으로 약탈과 살육을 벌인 저들은 지금까지도, 단 한 순간도 변하지 않고 있다. 오늘까지도 일본이 저지른 전쟁에 대해 사죄는커녕 저들이 저지른 참혹한 행위가 자손들에게 들키지만 않으면 그만이라는 생각으로 감추고 숨기는 데만 몰두하고 있다.

3월 14일, 가와카미는 수행원과 함께 도쿄를 출발했다. 조선에서의 행적을 명확히 밝힐 수 있는 자료는 찾기 어렵지만, 남아 있는 자료는 저들이 극비 정탐을 마치고 서울로 들어온 뒤에는 다시 본명으로 고종을 알현했다.

5월 3일, 알현 명단을 제출했다. "참모차장 육군중장 가와카미 소로쿠·참모본부 제1국 국원 육군소좌 다무라 이요조(田村怡與造, 1854~1903)[474]·참모본부 제2국 국원 육군소좌 이지치 고스케(伊地知幸介, 1854~1917)·육군경리학교 교관 육군3등감독 사카타 이와조坂田嚴三·참모본부 제2국국원 육군포병대위 시바 고로(紫五郎, 1860~1945)"

5월 4일, 가와카미 일행과 변리공사 오이시 마사미가 입궐했다. 경복궁 집경당에서 고종을 알현하고 가와카미는 "연발탄 1정, 탄약 250개"를 올렸다.[475] 이 자리에서 오이시는 함경도 방곡령 배상 건을 물고 늘어졌다.

1888년 큰 흉년으로 각지에서 곡물가가 폭등하고 흉년의 피해로 굶주리는 백성들이 속출하자 식량난 해소를 위해 곡물 수출을 금지하는 방곡령이 각지에서 시행되었다. 개항 후 곡식이 일본으로 빠져나가고 잇따른 가뭄과 흉년, 굶주림은 민중에게 눈앞에 닥친 생존의 위협으로 다가왔다. 1889년 들어 배일사상이 더욱 고조되었다. 9월, 함경도 관찰사 조병식(趙秉式, 1823~1907)이 원산항을 통해 일본으로 반출되는 미곡, 콩 수출을 금지한 뒤 양국의 갈등이 3년 넘게 이어졌고, 교섭을 담당했던 인물들의 잦은 교체로 조선과 일본이 갈등을 겪고 있던 민감한 현안이었다.

조선 서울 주재 공사관부 무관 해군소좌 니이로 도키스케新納時亮는 가와카미 참모차장과 오이시 공사가 고종을 만난 이유를 방곡령 담판을 하기 위함이었다고 이렇게 기록했다.

"5월 참모차장 육군중장 가와카미 소로쿠가 조선과 중국을 돌아보았다. 그가 궁궐에 입궐할 때 공사가 한 통의 글을 품고 들어가 고종에게 올렸다. 즉 방곡령 담판 재결을 진정한 것이다. 지난 4일 가와카미 중장 일행이 고종을 알현한 뒤 오이시 공사는 다시 알현을 원했다."[476]

고종을 알현한 다음 날 오이시 공사는 외무대신 무쓰 무네미쓰의 훈령에 따라 독판교섭통상사무 조병직에게 "현재 외무성의 전신 훈령을 받들어 함경도의 방곡 배상과 황해도 방곡 사안에 대해 14일 안으로 모두 처리해달라."477고 요청했다.

『경성부사』에는 방곡령 사건과 참모차장의 조선 출현에 대해 이렇게 쓰고 있다.

"오이시 공사는 개인적으로 일본 재야 정계의 거물 삿사 도모후사佐佐友房와 고노 히로나카河野廣中와 연락해 조선 정부의 태도를 관찰하는 동시에 일본에 적절한 여론 조성을 부탁했다. 한편 용감하다고 소문난 참모본부 차장 육군중장 가와카미 소로쿠는 위관 6명을 거느리고 4월 28일 서울에 들어가 수일간 머물며, 한양도성과 근교를 답사 정탐한 뒤 오이시 공사와 고종을 알현했다. 그런 뒤 위안스카이袁世凱를 만나 일본과 청국의 개전 가능성에 대한 이야기를 꺼내 잠시나마 서울 관민에게 큰 충격을 안겨주었다."478

1892년부터 일본 참모본부의 핵심 멤버들의 조선과 청국의 정탐이 빈번해졌다. 조선과는 방곡령으로 갈등이 깊어졌고, 청국과의 관계도 급변하고 있었다. 갑신정변 실패 후 조선에서 일본의 영향력이 쇠퇴한 데 대한 반전을 노리며, 청국의 간섭과 세력 약화를 위해 전쟁의 불씨를 찾고 있던 일본은 대청전쟁론을 언급하면서 조선 왕실과 관민을 위협했다. 한반도를 둘러싼 정세는 언제 터질지 모르는 화약고로 변해가고 있었다. 참모차장 가와카미 소로쿠는 3개월 동안 조선과 중국 현지를 정탐하며 사태 흐름을 파악해 침략 준비 계획을 구상하고 첩보원 조직망을 재정비했다.

조선 무력침략 전 대놓고 한반도 정밀 측량

신일본 정부에서 만주 일대를 정탐하기 위해 보낸 첩보원 중 다음 세 명이 특히 두드러진다. 1871년 이케노우에 시로가 최초였고, 1878년부터 시마 히로타케 중위가 장기간에 걸쳐 광범위하게 현지 정탐을 했으며, 1883년 구라쓰지 아키토시(倉辻明後, 1854~1917)가 뒤를 이었다.

구라쓰지는 1875년 사관학교에 들어가 1879년 2월 제2기생으로 졸업, 1882년 4월 공병중위로 임명된 뒤 참모본부에 들어가 중국으로 밀파되었다. 9월 20일 도쿄를 출발, 마키노牧野 중위와 함께 상하이, 톈진을 거쳐 10월 베이징으로 들어가 사카와酒匂, 다마이玉井, 시바야마柴山 등 먼저 파견된 정보장교의 지휘 아래 중국어를 배우고 중국의 정세와 군대의 흐름을 포함한 군사 전반에 대한 정탐에 매달렸다. 차츰 첩보원으로서의 실력이 무르익자 단독으로 만주 오지로 들어가 시마 히로타케의 만주기행을 참고하며 잉커우를 기점으로 지린吉林을 거쳐 닝구타寧古塔에 도착, 동행한 청국인 심부름꾼의 밀고로 이곳 관헌에 붙잡혔다. 노상에서 견취도를 그리거나 심부름꾼을 시켜 말을 탄 군대의 대열을 몰래 정탐하는 등의 첩보원이라는 혐의로 몇 개월 투옥되어 베이징에서 외교 문제를 일으키기도 했다. 이후 첩보원들은 신분을 감추고 활동했다. 구라쓰지는 1885년 5월 귀국 명령을 받고 7월 20일 도쿄로 돌아온 뒤, 1888년 공병대위로 진급한 뒤 교관이 되었다. 1892년 1월 참모본부 편찬과 부원으로 조선에 들어온 적이 있다.

1893년 9월 8일, 육군대신 오야마 이와오는 참모본부 편찬과 육군 공병대위 구라쓰지 아키토시와 육지측량수 후지타 고로타藤田五郎太에게 조선 파견을 명했다.[479] 구라쓰지와 후지타는 조선과 만주를 정밀 측량하기 위해 조선에 들어왔고, 조선 정부에 2회에 걸쳐 '호조'를 신청했다.[480] 이들은 8개월에 걸쳐 조선팔도를 대대적으로 대놓고 측량했다.

9월 25일, "본국 기사 구라쓰지 아키토시가 수행원 2명과 함께 서울에서 황해, 평안, 함경까지 갔다가 원산으로 돌아와 그곳에서 직로를 이용해 서울로 복귀하는 경로로 관광을 할 것이니 호조를 발급, 여행의 편의를 꾀해줄 것"을 신청, 9월 27일 '호조'를 발급받았다.

1894년 1월 22일, "구라쓰지는 수행원 3명과 함께 서울에서 출발해 충청도, 전라도, 경상도를 경유해 부산에서 강원도, 함경도, 원산 각 지역 관광을 하겠다"고 신청, 다음날 '호조'를 발급받았다.

조선 정부에 '호조' 발급을 의뢰한 자의 대부분은 참모본부에서 파견한 첩보원과 해군성의 측량대원들이었다. 신청문서에는 참모본부에서 파견한 첩보원임을 숨기고 기사나 학자들의 여행으로 위장했다. 구라쓰지는 '일본기사', 참모총장 예하에서 측량, 병요지도 등을 제작하는 육지측량부의 측량요원 후지타는 '수행원'으로 '호조'를 신청했다. 이처럼 일본은 야누스의 두 얼굴로 한반도에서 첩보활동을 계속 이어갔다. 조선 정부의 극진한 보호를 받으며 외교관의 권리를 최대한 활용해 정보를 수집하고, 지도를 제작하면서 경제적 이권을 넘어 조선을 통째로 삼키려 매달렸다.

구라쓰지와 후지타는 조선 팔도는 물론이고 국경을 두 번이나 넘으며 정밀 정탐과 측량을 이어갔다. 『대지회고록』은 구라쓰지가 두 차례 호조를 발급받아 무슨 일을 했는지 상세하게 기록하고 있다.

"1893년 조선 출장 때 구라쓰지는 2명의 수행원을 데리고 서울을 출발해 임진강을 건너 개성을 거쳐, 평양 목단대에 올라 기자묘를 참배하고 순안, 정주를 거쳐 의주에 도착했다. 그곳에서 압록강을 건너 안동현安東縣에 도착, 다시 주롄청九連城을 거쳐 의주로 되돌아와 창성, 만포 등을 거쳐 다시 만주로 들어갔다. 성경성盛京省 통화현通化縣의 통구洞溝에 도착해 고구려비를 보고 조선으로 되돌아왔다. 아덕령을 넘어 함경도로 들어가 백두산에 오르려 했으나 폭설로 오르지 못하자, 다시 북설령을 넘어 동쪽으로 가려 했으나 폭설로 오르지 못했다. 동남쪽으로 남설령을 넘어 길주로 나와 경성鏡城을 거쳐 동유령을 넘어 아산(莪山, 茂山을 말함), 두만강을 따라 동쪽으로 내려왔다. 경흥에서 강계 서수라반도를 거쳐, 해안을 따라 원산에 이른 뒤 서울로 되돌아왔다. 서울에서 인천으로 내려갔다가 경기, 충청, 전라, 경상 각 도를 거쳐 부산에 도착, 다시 동해안을 따라 원산으로 거꾸로 올라가 두 발로 걸으며 계림팔도의 산하를 섭렵하는 여정을 마쳤다. 여정은 2백여 일이 걸렸다. 도중에 엄동설한의 눈보라를 맞기도 하고, 삼복더위의 혹서를 견디며 변경, 산간벽지를 지나며 식량 부족, 봉두난발에 목욕 못한 날이 1백일이 넘어 사람의 몰골이 아니었다. 하지만 이 답사는 청일·러일전쟁에 많은 도움이 되었다."[481]

구라쓰지는 자신의 의견을 담은 보고서「조선국 내지 탐험 이유」를 참모본부에 제출했다. 보고서에는 첩보원이면서 공사관 수행원이나 기사 등으로 위장하여 조선 관광이라 속이고 조선팔도를 돌아다닌 목적이 분명하게 기록되어 있다.

현재 서구 각국 모두가 조선의 지리, 통치 형태, 풍토, 민심을 정탐해서 연구하기를 열렬히 바라고 있다. 하지만 조선에 대해 아는 나라는 일본제국과 중국제국을 제외하고 동방에 이 왕국이 존재하고 있음을 알려진 지 얼마 되지 않아 내부 사정에 아는 바가 없음을 유감으로 여기고 있다. 근세 들어 조선 사정을 세상에 알린 사람은 프랑스 선교사 '다레'씨가 효시라고 하는데, 그는 여러 내용을 담아『고려사』 2권을 저술해 구미인의 주의를 크게 환기시켰다. 영국인의 저술로 1880년 '오퍼트'의『조선기행』, 1882년 '굿히스'의『조선사』, 1888년 '칼스'의『조선생활』외 외국인이 쓴 두세 종류의 기행·간략하게 적은 역사 등이 있다고 한다. 이 기록들은 대부분 어느 한 부분에만 한정되어 있어서 고작 일부분만을 엿본 것에 불과하다. 작년 이후 편찬과에서『조선지지』에 착수했다. 조선은 일본과 겨우 해협 하나를 사이에 둔 이웃 나라이면서 여러 사정도 서로 관련된 것이 많다. 오늘 조선의 지지를 만들어 가장 긴요하고 으뜸이 되는 골자는 물론이고 국부적으로도 충분히 탐구해 세상 사람들을 만족시키지 않으면 안 된다. 참모본부는 이전에 파견장교〔간첩대, 첩보원〕를 보내 도로의 험하고 편리함, 군사상 필요한 것의 유무, 기상의 차이, 기타 민심, 풍속 상황을 정탐해 보고를 받아왔다. 말할 것도 없이 재료의 일부로 제공하기에는 부족하고 한 부분에만 한정되어 있어서 지지地誌 전체에 꼭 필요하고 가장 긴요한 부분이 부족하다고 하지 않을 수 없다. 국가의 통치 형태, 연혁, 역사 등의 경우는 조선의 장정章程, 국사를 통해 연구할 수 있었지만 산맥, 하수河水의 경우에는 실제의 높낮이, 얕고 깊음은 경계 안에서 측정하고, 직접 보고 시찰하지 않으면 가장 긴요하고 으뜸 되는 골자를 알기 어려웠다. 오로지 이것이 정탐에 종사한 까닭이다.[482]

1888년 육지측량부가 만들어진 이후 1893년 참모본부 편찬과 구라쓰지와 함께 온 육지측량수 후지타 고로타는 조선팔도를 돌면서 행한 것이 육지측량부에서 외방측량에 관여한 최초로 기억했다. 이것은 1936년 7월 25일 구단九段 군인회관에서 열린「외방측량 연혁에 관한 좌담회」에 수록되어 있다. 좌담회에서 후지타 고로타는 구라쓰지와 조선팔도 지도 제작에 앞서 1892년 참모본부가 소장하고 있는 조선팔도의 측도를 베껴왔다고 했다. 이전에는 참모본부의 정보장교들이 노상 측도를 만들기는 했으나 노상측량을 했다는 서류를 발견하기 어렵다는 말도 했다.[483]

1871년 병부성을 창설하자마자 시작한 간첩대의 활동과 그들이 수집해 분석·평가를 거쳐 만들어진 정보는 극비사항으로 다루어졌으며 은밀하게 소수만이 접할 수 있는 정보의 영역이었다. 참모본부에서 1894년 조선 무력침략 전후에 만들어진 수많은 기록은 정보 기밀을 다루는 담당자나 고위 관료 외에는 접근이 어려웠고, 측량요원 당사자들조차도 문서의 일부만 열람 신청을 거쳐야만 볼 수 있었다.

각 부처의 정부 문서를 하나하나 확인하지 않고는 일본의 침략 근성을 바로 보기 어렵다. 과거의 행적은 결코 사라지지 않으며, 해결되지 않은 역사의 진실은 아직 지나가지 않은 현실의 문제로 또렷이 남아 있다. 일본이 뱀 꼬리 감추듯 역사의 진실을 은폐하고 감추며 사라져 버리지 못하도록 저들이 뱀 혓바닥 날름대며 눈알을 번득이는 모습을 그대로 보여줘야 역사의 실체에 다가갈 수 있다.

해군성 쓰쿠바함, 1893년 12월 발동 걸다

1893년 11월 8일, 사령장관 이노우에 요시카(井上良馨, 1845~1929)는 쓰쿠바함 함장 구로오카 다테와키에게 인천에서 서울에 이르는 육해로 교통에 관해 수정하여 추가로 보고하라고 명을 하달했다.

12월 15일, 인천항에 파견되어 있던 경비함 오시마함 대신 겨울철 거친 파도를 견딜 수 있는 쓰쿠바함으로 교체되었다. 인천에 도착한 쓰쿠바함은 1894년 1월부터 3월까지 조선 해안 해운에 관한 첩보, 인천에서 서울에 이르는 육로와 해로의 모든 교통 상황, 조선의 병력, 인천 기타 항구의 석탄, 조선인의 생활 습관 등을 조사했다.

1894년 1월 16일, 경인도로 지형을 시찰하라는 명령이 내려왔다.

1월 17일, 오전 8시 쓰쿠바함 육전대 소대장 해군대위 다나카 모리히데田中盛秀, 육전대 소대장 해군소위 다카기 도타로高木東太郎, 해군소위 후보생 기도 고마지로城戶駒次郞는 제물포를 출발했다. 인천에서 서울로 향하는 세 개의 길 가운데 가장 가깝고 양호한 제1로를 택해 육상과 해상의 교통, 도로 사정, 보병과 포병의 행군에 걸리는 시간, 겨울 한강이 얼었을 때와 여름 홍수 때 강물이 불어났을 때, 남대문을 통해 도성으로 진입할 수 있는 방법 등을 상세히 조사해「쓰쿠바함 인천·경성간 도로 시찰보고」를 3월 1일 제출했다.[484]

보고서 내용 안에 인천에서 서울을 바로 치고 들어올 수 있는 지도도 첨부되어 있다. 다음은 내용의 일부.

"보병 행군은 보통 속도로 10리를 가는 데 7시간 걸리나 해군 수병의 걸음으로는 조금 어려울 것이다. 그러므로 제물포에서 공사관까지 한강, 남대문에 장애가 없으면 7시간 반이 걸리며 8시간 반이면 충분할 것이다. 하지만 만약 포대를 인솔하고 행군하기는 조금 어려우며 소총부대가 신속하게 움직이기에는 장애가 될 것이다. […] 급히 병력을 서울로 보내길 원한다면 야전포병부대를 인솔하지 말고, 단독으로 움직여야 할 것이다. 향후 제2, 제3로도 우리가 시찰할 것이다. 만약 유사시에 육전대원을 서울로 들여보내게 될 경우 제1로를 택하면 좋은 계책을 얻을 수 있다."

이 과정을 거쳐 「인천 경성 간 도로시찰 보고 부도」가 만들어졌다. 이 지도를 통해 1894년 6월 일본의 오토리 게이스케 공사와 육전대의 서울 진입, 혼성여단의 서울과 인천 점령이 전광석화처럼 가능했다.[485]

일본정부는 1893년과 1894년 초 중국, 조선과 언제 전쟁이 터져도 수행 가능할 정도로 준비가 완료된 상태였다. 3월 3일 보고서 "개전 때 앞서 서술

1894년 3월 1일, 「인천·경성 간 도로시찰 보고 부도」를 제출. 6월 이 길을 통해 혼성여단을 이끌고 들어와 인천과 서울을 점령했다.

한 공미貢米를 점탈하여 서울 인구 20만 명을 아사 혹은 항복시키는 데 필요하므로 각지의 쌀 창고 위치를 조사했다. 마찬가지로 수영의 위치 2곳을 조사하여 급히 작전계획을 세우는 데 참고하기 위해 보고한다."[486]는 내용은 전국

의 미곡 창고와 도성 내 쌀 창고 위치, 지도까지 확보하고 있었다.

지도는 1883년부터 1888년까지 첩보원들의 조선팔도 정보수집과 로드맵 제작이 완료된 뒤부터는 전쟁과 침략을 위한 군사전략상 필요한 첩보 수집으로 이행했음을 명확히 보여준다.

참모본부에서 첩보원으로 보낸 서울 공사관부 무관 포병대위 와타나베 데쓰타로는 조선팔도의 정세와 민심 파악에 집중하고 있었다. 조선 정부에 3차례에 걸쳐 호조를 신청했다.

- 1893년 5월 2일 와타나베는 참모본부의 고급무관 포병소좌 이지치 고스케와 함께 "5월 6일 경성 출발하여 원산에 도착, 함경, 평안도를 경유 후 경성으로 돌아오는 여정"의 북부지역 정탐[487]
- 서울로 돌아온 그는 8월 23일 호조 반납과 동시에 "수행원 곤도 스스무近藤漸, 조선인 1명과 함께 경기, 황해, 강원, 충청 주요 도시"를 정탐[488]
- 1894년 3월 17일 경기, 강원, 함경, 충청, 경상도의 정세와 민정 파악[489]

1893년 5월 3일, 이노우에 도시오猪植俊雄는 국경을 넘어 의주를 지나 평안, 황해도의 연도를 따라 서울에 도착했다.

8월 11일, 원산에 주재하고 있는 영사대리 나카가와 쓰네지로中川恒次郞는 수행원을 대동하고 함경도 정평, 함흥, 북청, 단천, 길주, 명천의 각 지역을 정탐했다.

구라쓰지 아키토시와 후지타 고로타가 조선팔도를 포함한 만주와 중국, 러시아 국경을 넘나들며 수집한 정보와 측량 지도는 곧바로 유용하게 쓰였다. 『참모본부역사초안』에는 1894년 6월 1일 조선 무력침략을 위한 출병 전 참모본부가 조사한 내용을 참고하라며 다음 내용이 첨부되어 있다. 괄호 안의 내용은 『구한국외교문서』에 수록된 '호조' 신청 내역.

조선국[490]

- 공병대위 구라쓰지 아키토시는 조선국 지지편찬 재료 수집을 위해 9월[491]부터 8개월간 팔도를 순시함. (구라쓰지는 1893년 9월 25일 수행원 2명과 서울에서 황해도, 평안도, 함경도를 거쳐 원산에서 직로로 서울 복귀. 1894년 1월 22일 수행원 3명과 함께 서울에서 충청도, 전라도, 경상도를 경유, 부산에서 강원도, 함경도, 원산 각지를 정탐[492])
- 공사관부 무관 포병대위 와타나베 데쓰타로渡邊鐵太郎는 지난 4월 1일 조선 서울을 출발 원산에서 러시아령 블라디보스토크에 갔다가 동해안을 따라 육로로 원산으로 돌아옴. 바닷길로 부산에 잠시 들렸다가 거제도를 정탐하고, 육로로 부산에서 서울로 들어갈 목적으로 여행중임 (와타나베는 1894년 3월 17일 경기도, 강원도, 함경도, 충청도, 경상도 각지의 유람을 위한 호조를 신청해 당일 발급[493])
- 동학당 사건에 대해 좌관 1명(이지치伊地知)은 5월 15일 도쿄를 출발해 해당 지역으로 향함, 3일 안에 돌아올 것임
- 지도재료 수집을 위해 공사관부 무관 주재로 측도에 적당한 자를 선정하고 현재 6명의 측수測手를 업무에 종사시킴 (1894년 2월 20일 공학사 나카무라 에렌中村永廉 평안, 황해도 호조 발급, 3월 12일 외무성 유학생 사이토 히코지로齊藤彦次郎 원산을 기점으로 평안도, 황해도를 거쳐 서울 도착[494])
- 이 사업은 점차 확장하여 9명에 이르게 될 예정임
- 위관 1명(이지치伊地知) 소속관 1명은 군사 및 지형정탐을 위해 조선과 동부 시베리아에 파견되어 있음
一. 위관 1명(가지카와梶川)은 지형정탐을 위해 조선국에 파견되어 있음

이것은 일본정부가 전쟁 수행을 위해 간첩대를 보내 조선 외 청국, 블라디보스토크, 동부 시베리아까지 지형정탐과 정세를 파악하고, 비밀리에 요충지의 지도를 보강하고 있음을 명확하게 보여준다.

보고서의 내용으로 보아 1893년 이전 첩보원들을 파견해 수집한 정보와 조선의 역사서 등을 토대로 연구하여 『조선지지략』(1888년)을 완성했으나, 몇

년이 흐르고 국내외 정세와 민심, 측량을 통한 지도 없이 전쟁을 일으키기엔 정보가 턱없이 부족하므로 그것을 보충하기 위해 1893년 가을부터 1894년 초까지 한반도와 주변 경계 지역까지 측량을 단행했다. 전쟁은 이겨 놓고 싸우는 것이니, 남은 것은 전쟁의 불씨가 될 불쏘시개만 있으면 되었다. 한반도는 어디선가 불티 하나만 날아와도 화약창고 터지듯 걷잡을 수 없는 상황에 놓여 있었다.

1894년 6월 3일, 대본영을 설치하고 조선출병을 결정하는 동시에 참모본부 편집과 공병대위 구라쓰지 아키토시에게 다시 조선 출장 명이 내려왔다.

6월 4일, 혼성여단 편성에 관한 절차가 아리스가와노미야 다루히토 친왕 有栖川宮熾仁親王 참모총장에서 오야마 이와오 육군대신에게 이첩되었다.[495] 전쟁의 기운이 감돌고 있던 1894년 6월 오토리 게이스케 공사와 함께 서울에 들어온 구라쓰지는 대본영부의 직책으로 외교 사항, 전쟁 관련 기밀업무를 다루었다.[496]

1872년부터 파견되기 시작한 첩보원은 임오군란 이후 본격적으로 한반도의 지형도, 로드맵을 제작하기 시작해 1894년 6월 조선 무력침략 전에 병요지지략을 완성했다. 일본이 보낸 첩보원들이 1883년부터 1888년까지 자국의 영토가 아닌 남의 나라 땅 조선에서 자행한 광범위한 정탐, 측량, 지도 제작 사례는 유례를 찾아볼 수 없다. 한반도 전역과 중국, 러시아 국경지대에 걸쳐 지도가 완성되어 있었다.

1904년 10월 20일, 대한제국의 보호국화가 결정될 때까지 첩보원들의 첩보 수집과 지도 제작은 이어졌다. 5년의 통감부를 거쳐, 1910년 8월 29일 대한제국은 일본의 강제 식민지로 전락했다.

강제 병합을 단행하고 조선의 군사기밀 지도의 비밀을 해제했다. 이로써 조선의 기밀지도는 더 이상 비밀일 필요가 없어졌다.

1910년 10월 9일, "조선 1 : 5만 축척 지도 중 대부분과 서울 근방 1 : 1,200,

서울 근방 1 : 5천, 성환·평양 근방 1 : 2만 축척 지도의 군사기밀과 비밀을 해제함. 다만 국경에 속하는 부분은 이에 포함하지 않는다. 생각건대 한국병합 이후 각 방면에서 해당 지방 지도의 수요가 더욱더 급해졌다면 그 대부분을 군사기밀이나 비밀로 할 필요가 없어졌으므로 앞서 기술한 여러 지방에 적당한 수정을 가해 바로 이를 발행하고 조선 1 : 5만 축척 지도라 명명한다."[497]고 발표했다.

부록 '조선털이 허가증' 호조

― 조선을 몽땅 털어가자 ―

조선 정부가 일본 첩보원에게 발급한 '호조' 내역

1883년 2월 12일, 임오군란 뒤 맺은 제물포조약 속약의 규정에 따라 조선을 돌아다니기 위해 최초로 신청한 '**호조**護照**는 첩보원의 현지 정탐 허가증**'이었다. 이어진 호조 신청도 같은 맥락이었다. 대부분 조선의 정세 확인과 정탐, 지도 제작이 주목적이었다. 1883년 처음 발급한 호조에서부터 조선이 무력으로 점령당한 1894년까지 일본 외무성이 신청한 호조의 내역을 뽑아보면 실체를 명확하게 확인할 수 있다.

1883년부터 1894년 조선 무력침략 전까지 '호조' 신청 / 발급 / 반납 내역

호조 청구 관련 문서	신청 / 발급 / 반납 일시	내용
이소바야시 등 3명 〔문서번호 104, 111, 143, 145〕	1883년 2월 12일 신청 2월 15일 발급 5월 7일 반납	경성 공사관 수행원 이소바야시 신조, 원산진 영사관 소속원 가이즈 미즈오, 부산포 영사관 소속원 와타나베 쥬츠. 각각의 경로는 이소바야시의 경우 양주와 파주를 거쳐 평양에 갔다가 돌아오는 길에 강서와 장연으로 들어갔다 서울로 돌아옴. 가이즈의 경우 원산진에서 의주로 갔다가 평양으로 돌아오는 길, 와타나베의 경우 부산포에서 동래와 대구, 상주를 거쳐 조령에 닿을 것
해군소좌 사메지마 등의 경기지방 〔문서번호 133, 134, 143〕	1883년 3월 29일 신청 3월 30일 발급 5월 3일 반납	영사관 수행원 해군소좌 사메지마 가즈노리와 요시마쓰 호사쿠 2명. 인천부에서 출발해서 부평부 시흥현, 과천현, 용인현까지, 수원부를 거쳐 남양부와 부근 지역
보류된 가이즈 등 〔문서번호 137, 138, 171, 172, 175〕	1883년 4월 24일 청구 4월 26일 발급	본관 수행원 이소바야시 신조는 얼마 안 있어 평양에서 귀경 예정. 원산과 부산 각 영사관 소속 가이즈 미즈오, 와타나베 쥬츠가 유력하고자 하니 호조 발급 청구

• 411

호조 청구 관련 문서	신청 / 발급 / 반납 일시	내용
이소바야시 등 3명 재신청 [문서번호 177, 178]	1883년 9월 1일 신청 9월 14일 발급	본관 수행원 이소바야시 신조, 원산 영사관 소속원 가이즈 미즈오, 부산 영사관 소속원 와타나베 쥬츠 재유력. 이소바야시 본년 10월 상순 광주, 이천, 여주, 음죽, 충주, 괴산, 청안, 청주, 연기, 공주, 정산, 홍산, 한산, 서천, 비인, 감포, 보령, 홍주, 면주, 아산, 평택, 진위, 용인, 과천을 거쳐 서울로 돌아옴. 가이즈 미즈오는 10월 상순 덕원, 문천, 고원, 영흥, 정평, 함흥, 홍원, 북청, 이원, 단천, 길주, 명천, 경성, 부녕에 이르러 경흥, 블라디보스토크에서 경흥으로 되돌아와 경원, 운성, 종성, 회령 등을 거쳐 경성鏡城에서 원산으로 돌아옴. 와타나베는 김해, 웅천, 진해, 고성, 통영, 사천, 진주, 의녕, 창녕, 현풍, 성주, 금산, 황간, 영동, 옥천, 문의, 청주, 청안, 진천, 죽산, 양지, 광주에서 서울로 들어옴
동식물학자 에누마의 연구여행 [문서번호 181, 182, 185]	1883년 10월 6일 청구 10월 8일 발급	공사관 외속원 대학 의학부 동식물학보 에누마 겐고로, 부산 영사관 소속원 와타나베 쥬츠와 함께 내지 유력하며 학술 연구
이와키 함장 시나가와 등 [문서번호 183, 184]	1883년 10월 8일 동일 호조 발급	인천에 정박하고 있던 호위함 이와키磐城함 함장 시나가와 시호品川四方, 함대원 이다 도쿠노신飯田篤之進 수원, 남양 등지 유력 청구
시마무라 히사시 부임 [문서번호 197, 198]	1883년 12월 2일 청구 12월 3일 발급	일본부사 다케조에 귀국과 서리署理 시마무라 히사시 부임 서기관 시마무라 11월 30일 부임. 초6일 이임
인천 간행이정 재확장 [문서번호 237]	1884년 4월 11일	이제 올해 시행해야 할 간행이정間行里程, 이동거리] 확장을 위해 인천영사 고바야시 단이치小林端一가 외무성의 지시를 받들어 가까운 시일에 직접 이하에 열거한 각 지방을 답사. 북, 부평·김포·통진·강화 / 동, 교하·파주·광주 / 남, 용인·수원·남양·진위·안산
이소바야시 등 [문서번호 243, 244, 282]	1884년 5월 17일 청구 5월 21일 발급 8월 5일 반납	이소바야시 신조, 학생 우에노 시게이치로 대동, 종복 2명을 거느리고 내지 유력. 양주, 연천, 삭녕, 곡산, 양덕, 고원, 문천, 덕원, 원산 안변, 흡곡, 통천, 회양, 평강, 윤천 등 각 지방 유력, 삭령에서 출발해 서울로 돌아옴
모슌함 대동강 항행 [문서번호 254, 255]	1884년 6월 22일	호위군함 모슌함이 서해를 항해하며 조사 위해 이번 달 24일에 닻을 올려 평안도 대동강으로 향함. 함장에게 호조 발급
오카 중위 서북지방 [문서번호 296]	1884년 8월 26일	본관 수행원 보병중위 오카 야스아키 9월 6일 원산에서 덕원, 문천, 고원, 영흥, 정평, 영원, 희천, 강계, 위원, 초산, 벽동, 운산, 태천, 박천, 안주, 영유, 증산, 평양, 강동, 양덕 등 지방 유력. 해당 관리의 호조 속히 발급 청구
와타나베 대위 외 경상도·전라도 [문서번호 298, 299]	1884년 9월 17일 요청 9월 18일 발급	와타나베 쥬츠 부산을 출발해 동래, 양산, 밀양, 청도, 창녕, 협천, 거창, 안의, 장수, 임실, 장성, 함평, 무안, 영광, 무장, 흥덕, 부안, 만경, 옥구, 임파, 함열, 익산, 전주, 고산, 진산, 금산錦山, 무주, 지례, 금산金山, 개령, 선산, 인도, 칠곡, 경산, 언양, 울산, 기장 등 유력 호조 요청

호조 청구 관련 문서	신청 / 발급 / 반납 일시	내용
이소바야시 등의 중부지방 [문서번호 311]	1884년 10월 18일 청구 당일 발급	이소바야시 신조는 학생 아카바네 헤이타로, 종자 이쿠도 규타와 서울에서 출발, 양근, 여주, 원주, 평창, 강릉, 삼척, 정선, 영월, 영춘, 단양, 풍기, 문경, 연풍, 청주, 목천, 천안, 익산, 안성, 양성, 용인 등을 지방 유력
가이즈 대위 부임 [문서번호 448]	1885년 3월	가이즈 미즈오 경성 공사관 부임
참모본부원 히라이 대위 원산 [문서번호 510, 511]	1885년 7월 3일 청구 7월 4일 발급	참모본부 관동국 부원 공병대위 히라이 다다시𭅗井直 근일 참모본부 어용괘 신죠 쥰테이와 양주, 철원, 평강, 안변, 원산 등지 유력
가이즈 대위·미우라 중위 중부와 남부지방 [문서번호 552, 558, 599]	1885년 9월 18일 청구 9월 21일 발급	본관 수행원 공병대위 가이즈 미즈오, 보병중위 미우라 요시타카 내지 유력. 가이즈는 어용괘 신죠 쥰테이 대동. 서울을 출발, 가평, 춘천, 인제, 양양, 강릉, 삼척, 울진, 평해, 영양, 예안, 봉화, 영천, 순흥, 풍기, 문경, 충주, 여주, 지평, 양근, 광주에서 귀경. 미우라 대위는 어용괘 다케다 히사시를 대동하고 부산에서 출발, 동래, 언양, 경주, 흥해, 영덕, 영해, 영양, 진보, 청송, 안동, 상주, 선산, 성주, 거창, 함양, 장수, 남원, 구례, 단성, 진주, 함안, 창원, 웅천에서 부산으로 돌아옴
미우라 대위 등 삼남지방 [문서번호 665, 666, 686]	1886년 4월 2일 동일 발급 6월 10일 반납	본관 수행원 보병대위 미우라 요시타카 내지 유력 호조 청구, 육군성 7등속 히구치 쇼이치로 대동. 부산에서 거제, 고성, 남해, 좌수영, 순천, 곡성, 남원, 임실, 전주, 여산, 은율, 노성, 공주, 온양, 천안, 진위, 수원, 과천을 거쳐 서울로 들어옴. 다시 광주, 이천, 음죽, 음성, 괴산, 보은, 청산, 상주, 선산, 인동, 대구, 경산, 청도, 밀양, 김해를 거쳐 부산으로 돌아옴
가이즈 대위 등의 양서지방 [문서번호 676, 679, 716]	1886년 5월 20일 청구 5월 22일 발급 8월 18일 반납	본관 수행원 공병대위 가이즈 미즈오 내지 유력 호조 청구, 육군 7등속 신죠 쥰테이 대동. 서울을 출발, 강화, 교동, 연안, 해주, 강령, 옹진, 장연, 풍천, 은율, 장연, 삼화, 용강, 함종, 병산, 영유, 정주, 곽산, 의천, 철산, 용천, 의주, 구성, 안주, 숙천, 순안, 평양, 상원, 신계, 금천, 개성, 파주를 경유하여 서울로 돌아옴
부산 미야모토 영사대리 [문서번호 720]	1886년 8월 27일 청구 동일 발급	부산 영사대리 미야모토 히구마宮本羆 유력. 창원, 함안, 칠원 등
오카 대위 등 [문서번호 738, 739]	1886년 9월 13일 청구 9월 14일 발급	본관 보병대위 오카 야스아키 내지 유력 호조 청구, 육군성 6등속 가와모토 쥰사쿠 대동, 원산에서 덕원, 평강, 철원, 김화, 낭천, 인제, 홍천, 평창, 영월, 영춘, 영천, 안동, 의성, 의흥, 흥해, 연일, 장기, 울산, 동래 등지 부산 도착
미우라 대위 등 [문서번호 740, 741, 780]	1886년 9월 17일 청구 당일 발급 1886년 12월 7일 반납	본관 보병대위 미우라 요리타카 내지 유력 호조 청구, 육군속 히구치 쇼이치로 대동. 부산에서 진주, 산청, 운봉, 장수, 진안, 전주, 익산, 용안, 은진, 석성, 청양, 대흥, 예산, 신창, 평택, 수원, 안산, 시흥에서 서울 도착

호조 청구 관련 문서	신청 / 발급 / 반납 일시	내용
가이즈 대위 등의 삼남지방 [문서번호 768, 770, 794]	1886년 11월 9일 청구 11월 11일 발급 1887년 1월 7일 반납	본관 수행원 공병대위 가이즈 미즈오 내지 유력 호조 청구, 육군속 히구치 쇼이치로 대동. 경기도 남양, 충청도 아산, 면천, 당진, 서산, 해미, 홍주, 결성, 감포, 비인, 서천, 전라도 옥구, 만경, 김제, 고부, 흥덕, 고창, 영광, 함평, 무안, 영암, 당진, 장흥, 보성, 흥양, 낙안, 순천, 구례, 경상도 하동, 진주, 위안, 창원, 김해 등 경유 부산 도착
가이즈·스즈키 등 [문서번호 770, 780]	1886년 11월 11일 발급 12월 7일 반납	본관 수행원 공병대위 가이즈 미즈오, 육군속 히구치 쇼이치로의 경기, 충청, 전라, 경상 등 유력. 인천영사 스즈키 미쓰요시鈴木充美 서기생 시오카와 이치타로鹽川市太郎 경기, 황해, 평안 등 유력 호조 2매 발급
사토 등 아산행 [문서번호 783]	1886년 12월 9일 청구 당일 발급 12월 27일 반납	인천영사관 경부 사토 잇케이佐藤一景, 서기생 다카오 겐조高雄謙三 충청도 아산현 평신성에 지난 1879년에 매장된 해군 병졸 유해 개장하여 반출 위한 호조 청구
스기무라 등 [문서번호 837]	1887년 3월 14일 청구 3월 23일 반납	공사관 서기관 스기무라 후카시 내지 유력, 서기생 가와카미 다쓰이치로川上立一郎 본월 15일 발행 개성, 인천 경유 호조 발급 의뢰
츠카다 대위 등의 전라도 경상도 [문서번호 861, 862, 914]	1887년 4월 18일 청구 당일 발급 6월 21일 반납	본관 수행원 육군소위 츠카다 칸지로, 육군속 히구치 쇼이치로 대동 김해, 창원, 진해, 사천, 하동, 광양, 순천, 동복, 보성, 능주, 여주, 장성, 정읍, 태인, 금구, 익산, 전주, 고산, 용산, 용담, 무주, 금산, 개녕, 인동, 대구, 현풍, 창녕, 영산 지방 유력 호조 청구
미우라 대위 등 관서지방 [문서번호 871, 872, 894]	1887년 4월 24일 청구 4월 25일 발급 5월 26일 반납	본관 보병대위 미우라 요리타카 내지 유력 호조 청구, 육군속 신죠 준테이 동반. 개성, 백천, 해주, 장연, 송화, 귀림곶, 평양, 중화, 수안, 단흥, 토산, 개성, 교하지방 여행
신죠 등 서북지방 [문서번호 937, 938, 965]	1887년 7월 10일 청구 당일 발급 8월 19일 반납	육군속 신죠 준테이, 야마구치현 사족 나가오카 가이시 내지 교하, 개성, 금천, 평산, 중화, 평양, 강동, 성천, 양덕, 원산지방 여행
츠카다 등 경북 충청 [문서번호 948, 949, 1028]	1887년 7월 31일 청구 당일 발급 12월 12일 반납	본관 수행원 육군소위 츠카다 칸지로, 육군속 히구치 쇼이치로 동반. 언양, 자인, 하양, 신녕, 의흥, 의성, 안동, 예안, 영천, 풍기, 단양, 청풍, 여주, 서울, 용인, 양성, 안성, 천안, 전의, 연기, 회덕, 회인, 보은, 함창, 상주, 개녕, 성주, 고령, 합천, 의녕, 칠원지방 여행
미우라 등의 서북지방 [문서번호 969, 974, 1003]	1887년 9월 9일 청구 9월 18일 발급 11월 10일 반납	본관 보병대위 미우라 요리타카, 육군속 다케다 히사시 서울, 평양, 자산, 순천, 개천, 희천, 강계, 영원, 맹산, 양덕, 원산, 이천, 안협, 삭녕, 마전, 적성 여행
일본인 시바 [문서번호 1023, 1024]	1887년 12월 5일 동일 발급 1888년 3월 23일	일본인 시바 요시키치芝由吉 종자 2명 청국 성경盛京 유력, 의주에서 서울로 올 때 연로로 통행

호조 청구 관련 문서	신청 / 발급 / 반납 일시	내용
하시구치 영사 부산, 원산 〔문서번호 1112, 1113〕	1888년 3월 24일 동일 발급	경성의 영사 하시구치 나오스케橋口直右 종자 1명 3월 27일 출발 육로로 부산, 선편으로 원산으로 돌아옴
미우라 대위 등의 경기지방 〔문서번호 1117, 118, 1142〕	1888년 4월 13일 청구 당일 발급 5월 23일 반납	본관 수행원 보병대위 미우라 요리타카, 육군속 다케다 히사시 동행. 통진, 김포, 부평, 양천, 시흥, 안산, 남양, 수원지방, 도로의 편리 여부에 따라 교하, 풍덕, 개성지방
시바야마 대위 등 황해도·평안도 〔문서번호 1431, 1432, 1457〕	1889년 6월 21일 청구 6월 22일 발급 8월 9일 반납	본관 무관 보병대위 시바야마 히사노리, 가와쿠보 쓰네키치 동행. 황해도, 평안도 각 읍
서해안 측량 일본 함장 평양 〔문서번호 1460, 1461〕	1889년 8월 14일 청구 당일 발급	서해안 측량 일본 함장 평양 유력
이노우에 소좌 등 황해도, 평안도 〔문서번호 1499, 1501〕	1889년 9월 27일 청구 9월 28일 발급	본관 수행원 해군소좌 이노우에 요시토모井上良智 종복 대동하고 황해도, 평안도 유력
쓰쿠시 함장 등 평양지방 〔문서번호 1500, 1501〕	1889년 9월 27일 청구 9월 28일 발급	군함 쓰쿠시筑紫 함장 우마노후이토 세이헤이馬史生平 평안도, 황해도 사관 약간 명 유람
야마자키 순사 양주 등 〔문서번호 1521, 1522, 1562〕	1889년 10월 19일 청구 10월 20일 발급 11월 18일 반납	영사관 야마자키 히데오山崎英夫 양주, 적성 등지 유력
원산영사 히사미즈 부임 〔문서번호 1612, 1614〕	1890년 2월 4일 청구 당일 발급	원산 영사 히사미즈 사부로久水三郎 육로 왕복
원산 관리 나카무라 함경도 〔문서번호 1613, 1614〕	1890년 2월 4일 청구 2월 5일 발급	원산 영사관원 서기생 나카무라 쇼지로中村庄次郎 함경도 함흥, 정평, 길주 일대 유력
시바야마 대위 등 삼남지방 〔문서번호 1771, 1772〕	1890년 10월 21일 청구 10월 22일 발급 1891년 6월 20일 반납	본관 무관 육군보병 시바야마 히사노리, 가와쿠보 쓰네키치 동행. 충청도, 경상도 전라도 각 읍
학생 히다카日高 등 〔문서번호 1932, 1937, 1951〕	1891년 6월 29일 청구 당일 발급 8월 12일 반납	일본학생 히다카 이타로日高偉太郞 경기도, 강원도, 함경도, 평안도의 4도 유력, 통사 사카이 헤이조堺平造 호조 청구

호조 청구 관련 문서	신청 / 발급 / 반납 일시	내용
쵸카이함 함장 등 개성 [문서번호 1936, 1937]	1891년 7월 1일 청구 동일 발급	쵸카이鳥海함 함장 시나가와 시호品川四方, 수행원 해군소위 사토 데쓰타로佐藤鉄太郎 개성부 유람
다케토미 대위 등 [문서번호 1939, 1940]	1891년 7월 5일 청구 동일 발급	본관 수행원 해군대위 다케토미 구니카네武富邦鼎 종복 1명 대동. 경기도, 황해도 등지 유력
부산영사 나카가와 전라도와 경상도 [문서번호 1995, 1998]	1891년 12월 2일 청구 12월 4일 발급	부산주재 부영사 나카가와 쓰네지로中川恒次郎 전라도와 경상도 유력
야에야마 함장 히라야마의 황해도, 평안도, 전라도 [문서번호 2029, 2030]	1892년 2월 3일 청구 2월 4일 발급	야에야마八重山 함장 해군대좌 히라야마 도지로平山藤次郎 부산 수로에서 황해도, 평안도, 전라도 3도 및 제주 상륙 연안 유람 속히 발급 요청
관원 하야시 황해 평안도 [문서번호 2036, 2037]	1892년 3월 2일 청구 3월 3일 발급	교제관 시보 하야시 다케카즈林武一 평안도, 황해도 유력
무로다 영사 등 지방 [문서번호 2080, 2081]	1892년 7월 26일 청구 동일 발급	무로다 총영사 수행원 몇 명 대동 대구 유력. 총영사관 소속원 고노 다카노부 등 4명 경상도, 전라도, 충청도, 경기도 유력
야시로 대위 함경지방 [문서번호 2102, 2103]	1892년 9월 26일 청구 동일 발급	해군대위 야시로 로쿠로八代六郎 경흥 육로 함경도 일대 지방 경유. 서울로 돌아오며 함경지방 유력
다케토미 대위 등 서북지방 [문서번호 2104, 2107]	1892년 9월 27일 청구 9월 27일 발급	경성주재 무관 해군대위 다케토미 구니카네 수행 종복 2명 대동. 황해도, 평안도, 함경도, 강원도, 경기도 등 서북지방 유력
쵸카이함 함장 대동강 연안시찰 [문서번호 2105, 2106]	1892년 9월 27일 청구 9월 27일 발급	인천 정박 경비함 쵸카이함 함장 이토 쓰네사쿠伊藤常作 대동강에서 함대원을 내려주고 연안 시찰
가와카미 기사의 충청도, 경상도 지방 [문서번호 2226, 2227]	1893년 3월 1일 신청 3월 2일 발급	일본기사 에가미 로쿠조河上六蔵, 이지치 다다시伊地知正, 사카다 겐酒田元, 시바 요시키치柴由吉 등 경상도 대구, 상주 충청도 충주지방 연로 관광. 서울에서 돌아감
와타나베 대위 등 함경도, 평안도 [문서번호 2284, 2285]	1893년 5월 2일 신청 5월 3일 발급	공사관 수행직 해군 무관 와타나베 데쓰타로 대위 본 월 초6일 서울 출발 원산 도착한 뒤 함경도, 평안도 경유 뒤 서울로 돌아옴. 육군 포병소좌 이지치 고스케 동일
도시오 기사의 평안도, 황해도 [문서번호 2291, 2292]	1893년 5월 8일 신청 동일 발급	일본 기사 이노우에 도시오猪權俊雄 청나라 경계 의주로 나와 도강, 평안도, 황해도를 거쳐 서울 도착. 연도로 유력
원산영사 나카가와 등 함경도 [문서번호 2381, 2382]	1893년 8월 11일 신청 8월 12일 발급	원산 영사 나카가와 쓰네지로 영사 대리, 수행원 동반 함경, 정평, 함흥, 북청, 단천, 길주, 명천 각지 유력

호조 청구 관련 문서	신청 / 발급 / 반납 일시	내용
와타나베 대위 중부 각지 [문서번호 2398, 2399]	1893년 8월 23일 신청 당일 발급	서울 주차 육군 포병대위 와타나베 데쓰타로가 곤도와 조선인 1명을 데리고 경기도, 황해도, 강원도, 충청도 등 유력
서울 주재 시오카와 경기도, 충청도, 황해도, 평안도 [문서번호 2449, 2451]	1893년 9월 14일 신청 당일 발급	서울 주재 영사관 서기생 시오카와 이치타로 경기도, 충청도, 황해도, 평안도 각 지방 유력
외무성 유학생 황해도, 평안도 [문서번호 2450, 2451]	1893년 9월 14일 신청 당일 발급	외무성 유학생 다카시마 고하치高嶋吾ハ 황해도, 평안도 각지 유력
구라쓰지 등 서북지방 [문서번호 2467, 2468]	1893년 9월 25일 신청 9월 27일 발급	일본 기사 구라쓰지 아키토시 수행원 2명, 서울에서 황해도, 평안도, 함경도까지 도착. 원산 출발해 직로로 서울로 돌아옴
구라쓰지 등 삼남, 관동 등 [문서번호 2659, 2664]	1894년 1월 22일 신청 1월 23일 발급	일본 기사 구라쓰지 아키토시 수행원 3명 서울에서 충청도, 전라도, 경상도 경유. 부산에서 강원도, 함경도, 원산 각지 관광
공학사 나카무라 황해도, 평안도 [문서번호 2687, 2688]	1894년 2월 20일 신청 당일 발급	공학사 나카무라 에이렌中村永廉 평안도, 황해도 관광
외무성 사이토 서북지방 [문서번호 2712, 2713]	1894년 3월 12일 신청 3월 13일 발급	외무성 유학생 사이토 도라지로斎藤彦次郎 원산 기점으로 평안도, 황해도를 거쳐 서울 도착. 연도로 관광
와타나베 대위 경기도 등 5도 [문서번호 2717, 2718]	1894년 3월 17일 신청 당일 발급	무관 포병대위 와타나베 데쓰타로 경기도, 강원도, 함경도, 충청도, 경상도의 5도
함정 남해안 측량 [문서번호 2767, 2769]	1894년 3월 19일 당일 발급	함정 오시마호大島號가 남해안 거제도 부근 측량하는 건. 해당 함정 며칠 내로 해당 각 지방 측량, 함장과 사관 몇 명과 해안에 상륙해 직접 돌아다니며 유력
니이로, 마에마 충청도 등 [문서번호 2782, 2783]	1894년 5월 4일 당일 발급	해군소좌 니이로 도키스케新納時亮가 마에마 교사쿠前間恭作 외 1명을 데리고 충청도, 전라도 유력
쓰쿠시 함장 등 전라도, 충청도 연안 [문서번호 2805, 2806]	1894년 5월 21일 유보	군함 쓰쿠시가 전라도 충청도 연안을 지나갈 것, 간혹 해당 함장 미요시 가쓰미三善克己가 군인 몇 명이 곳에 따라 상륙하여 관광

주

1부 메이지 원년, 신의 나라 선포하다

1　太政官編, 『復古記』第1冊, '卷20 明治元年正月15日' 内外書籍, 1931年, 583~584쪽
2　『日本外交文書』1, 문서번호 288
3　『고종실록』1870년(고종 6) 12월 13일
4　奈良勝司, 『明治維新と世界認識体系』, 有志舍, 2010年, 163~167쪽
5　木戸公伝記編纂所編, 『松菊木戸公伝』下, 明治書院, 1927年, 제6장 ; 円城寺清, 『大隈伯昔日譚』, 立憲改進党々報局, 1895年, 545쪽 ; 『近代日鮮研究』 상권, 300~301쪽
6　妻木忠太編, 『木戸孝允日記』第1, 早川良吉, 1932年, 159쪽
7　波平恒男, 『近代東アジア史のなかの琉球併合』, 岩波書店, 2014年, 184쪽
8　円城寺清, 『大隈伯昔日譚』, 앞의 책, 684~685쪽
9　『日本外交文書』2-2, 문서번호 488
10　미야모토 고이치(宮本小一, 1836~1916). 옛 이름 고이치로小一郎. 도쿄 출신 사족, 1868년 11월 10일 외국관 어용괘 6등관 직무대리로 상근
11　『日本外交文書』2-2, 문서번호 488
12　JACAR(アジア歴史資料センター) Ref.B03030163300, 対韓政策関係雜纂/朝鮮事務書 第一巻
13　JACAR(アジア歴史資料センター) Ref.B03030163400, 対韓政策関係雜纂/朝鮮事務書 第一巻
14　JACAR(アジア歴史資料センター) Ref.A01100123900, 派遣ノ者ヘ心得方御達案外務省伺
15　이익, 『성호전집』 권 17, 「書」, 日本忠義
16　출처: https://ko.wikipedia.org/wiki/조선통신사에서
17　JACAR(アジア歴史資料センター) Ref.A03023620400, 外務省出仕佐田白茅外二名朝鮮国交際始末内探書 ; 『日本外交文書』3, 문서번호 87
18　JACAR(アジア歴史資料センター) Ref.A03023620300, 外務省出仕佐田白茅建策 ; 『日本外交文書』3, 문서번호 88
19　『日本外交文書』3, 문서번호 88
20　JACAR(アジア歴史資料センター) Ref A03023620500, 外務省出仕斎藤栄建議 ; 『日本外交文書』3, 문서번호 88
21　『日本外交文書』3, 문서번호 89
22　田保橋潔, 『近代日鮮関係の研究』上巻, 朝鮮総督府中樞院, 1940年, 305~306쪽
23　『日本外交文書』3, 문서번호 95
24　『日本外交文書』7, 문서번호 107~109
25　JACAR(アジア歴史資料センター)Ref.B03030114900, 台湾征討関係一件/外交史料 台湾征討事件 第一巻
26　宮内庁, 『明治天皇紀』第3(明治6年1月-明治9年12月), 吉川弘文館, 1969年, 245쪽
27　波平恒男, 앞의 책, 205쪽
28　JACAR(アジア歴史資料センター)Ref.B03030119400, 台湾征討事件/ 6 5 七〇 太政大臣布告/七一 互換条款
29　波平恒男, 앞의 책, 207쪽

2부 일본정부, 간첩대를 두다

30　JACAR(アジア歴史資料センター) Ref.C14020155500, 第1編 維新前後より陸地測量部成立に至る(1)
31　JACAR(アジア歴史資料センター) Ref.C15120000400, 參謀本部歷史草案(1~3) 明治4~13 1/29
32　JACAR(アジア歴史資料センター) Ref.C14020155500, 第1編 維新前後より陸地測量部成立に至る(1)
33　JACAR(アジア歴史資料センター) Ref.A03030099400, 外務省ヨリ清国視察福島九成台湾聞見録上申
34　JACAR(アジア歴史資料センター) Ref.A01100021100, 清国留学生処分ニ付申立
35　JACAR(アジア歴史資料センター) Ref.C14020155500, 第1編 維新前後より陸地測量部成立に至る(1)
36　JACAR(アジア歴史資料センター) Ref.C15120000400, 參謀本部歷史草案(1~3) 明治4~13 1/29
37　초병은 메이지 초기에 일본 육군과 해군에 설치되어 공병 임무를 담당했던 병사
38　JACAR(アジア歴史資料センター) Ref.C15120000400, 參謀本部歷史草案(1~3) 明治4~13 1/29
39　JACAR(アジア歴史資料センター) Ref.C14020155500, 陸地測量部沿革誌 大正11年5月

40 성보는 적을 막으려고 성밖에 임시로 만든 소규모의 요새. 포루는 포를 설치하여 쏠 수 있도록 견고하게 만든 시설물
41 JACAR(アジア歴史資料センター) Ref.C15120000400, 参謀本部歴史草案(1~3) 明治4~13 1/29
42 기무라 노부사토(木村信郷, 1840~1906). 일본 최초의 육군도식陸軍図式인「노상도식路上図式」을 만들었다. 1872년 육군성 7등 출사, 1873년 편찬과장 겸 지도과장으로 병어사전을 편찬. 1875년 육군 참모국 제5과 지리과장. 1877년 시부에 노부오와 육군참모국에서 발행한 1:116만 지도「대일본전도」를 완성. 하지만 1878년 지도밀매 혐의로 해직. 1881년 1월 무직이던 기무라와 참모본부 지도과원 시부에 노부오, 기노시타 다케히로 외 2명이 일본전도를 중국공사관에 밀매한 혐의로 구속되었다.
43 가와카미 토가이(川上冬崖, 川上寛, 1827~1881) 서양화가. 육군성 참모본부 지도과 8등 출사, 지지편수 겸 내국박람회 심사관. '清国沿海各省図製作の方法'(防衛省防衛研究所『参謀本部大日記』, 明治12年自1月至6月「大日記部内申牒 1 参水」)이 있다. 육군성에서 일본지도 제작에 참여 서양화를 가르쳤으나, 지도밀매 사건이 발생, 도카이는 열해熱海에서 의문의 자살로 생을 마감. 저서, 일본에서 간행된 최초의 서양화법 교과서「西画指南」이 있다.
44 JACAR(アジア歴史資料センター) Ref.C14020155500, 陸地測量部沿革誌 大正11年5月
45 宗孟寬製図,『日清韓三國輿地全図』, 鈴木常松, 1894年
46 小野寺淳外,「明治期における民間地図製作技術の継承と革新」, 公益財団法人国土地理協会 第17回学術研究助成, 8쪽
47 牛越国昭,『対外軍用秘密地図のための潜入盗測―外邦測量·村上手帳の研究』, 同時代社, 2009年, 30쪽
48 JACAR(アジア歴史資料センター) Ref.C15120025500, 参謀本部歴史草案(1~4) 明治11~14
49 藤原彰編·解説,『外方兵要地図整備誌』, 不二出版, 1992年, 3~4쪽
50 『日本外交文書』4, 문서번호 171
51 『日本外交文書』4, 문서번호 173
52 『日本外交文書』4, 문서번호 174
53 『日本外交文書』4, 문서번호 175
54 JACAR(アジア歴史資料センター) Ref.C13071358100, 明治5年3月15日 巡検参謀将校職務大略
55 『明治天皇紀』3, 吉川弘文館, 1969年, 117쪽
56 『日本外交文書』4, 문서번호 211
57 「고종실록」권9, 1872년(고종 9) 6월 7일.『日本外交年表竝主要文書』上, 64~70쪽
58 JACAR(アジア歴史資料センター) Ref.A01100126500, 同上(花房大丞ヨリ報知書外務省上申)復命書及ヒ応接書取同書翰周急一件
59 黒龍會編,『東亞先覺志士記傳』上, 原書房, 1966年, 38쪽
60 花房義質,「韓國懷舊談」,『地學雜誌』20(1), 1908年
61 花房義質, 위의 책, 3쪽
62 다케치 구마키치武市熊吉로도 불렸다.
63 東亞同文會編,『對支回顧錄』下卷, 原書房, 1966年, 40쪽
64 黒龍會編,『東亞先覺志士記傳』下卷, 原書房, 1966年, 43쪽
65 東亞同文會編, 앞의 책, 41쪽 ; 加治木常樹編,『西鄉南洲書簡集』, 實業之日本社, 1911年, 175쪽
66 JACAR(アジア歴史資料センター) Ref.A03023010900, 外務省十等出仕池上四郎外二名清国牛荘ニ遣往探察ノ要件
67 JACAR(アジア歴史資料センター) Ref.C09111110000, 丙4号大日記 外務省ヘ依頼 魯国軍艦より朝鮮海岸図借用方件他18件
68 도오타케 히데유키(遠武秀行, 1842~1904, 사쓰마번) 메이지유신 뒤 병부성으로 들어옴, 1877년 요코스카横須賀 조선소 소장, 1882년 공동운수 부사장. 해군대좌. 이후 전역하여 일본주철제조소 창설
69 JACAR(アジア歴史資料センター) Ref.B03030170100, 2. 明治五年ノ六／巻之十六 係于花房大丞渡韓
70 小林武編,『近代日本の海外地理情報蒐集と初期外邦図』, 大阪大学出版会, 2017年, 26, 46쪽
71 JACAR(アジア歴史資料センター) Ref.B03030170100, 対韓政策関係雑纂／朝鮮事務書 第五巻
72 『태정유전太政類典』은 1867년부터 1881년까지 태정관 일기와 일지, 공문록에서 전례조규를 채록해 제도, 관제 등 19개 부문으로 나누어 연대순으로 편집해서 만든 일본 내각의 기록
73 JACAR(アジア歴史資料センター) Ref.A01000019400, 花房外務大丞外数名差遣
74 JACAR(アジア歴史資料センター) Ref.A07062089000, 記録材料·海軍省報告書第一
75 JACAR(アジア歴史資料センター) Ref.C09110639100, 無名 同通達 春日艦朝鮮航海日記並外務省応接書抜率(2)
76 JACAR(アジア歴史資料センター) Ref.C08010381700, 明治5年 陸軍省日誌 坤 坤丙 第16号従6月同年第36号至12月
77 黒龍會編,『東亞先覺志士記傳』上, 原書房, 1966年, 37~38쪽
78 黒龍會編,『東亞先覺志士記傳』上, 原書房, 1966年, 657쪽
79 정원正院 : 메이지정부의 최고 정치기관. 1871년 관제개혁으로 태정관 내에 좌원左院·우원右院과 함께 설치, 태정대신·좌대신·우대신·참의 등으로 구성. 1877년 폐지
80 JACAR (アジア歴史資料センター) Ref.A01000046200, 池上外務省十等出仕外二名清国牛荘差遣御用金日

	当金等同上(魯国公使館附書記見習ノ者手当金ヲ定ム)・二条
81	黒龍會編, 『東亞先覺志士記傳』上, 原書房, 1966年, 39쪽
82	JACAR (アジア歴史資料センター) Ref.A01000009700, 牛荘在留武市外務省十一等出仕外一名帰朝
83	黒龍會編, 『西南記伝』上巻, 黒龍會本部, 1911年, 부록 22쪽
84	黒龍會編, 『東亞先覺志士記傳』上, 原書房, 1966年, 열전 43쪽
85	黒龍會編, 『西南記伝』上, 黒龍會本部, 1911年, 부록 「만주시찰복명서」
86	JACAR (アジア歴史資料センター) Ref.A01000015900, 外務省十等出仕池上四郎清国ヨリ帰朝
87	西南戦争薩軍将士列伝 / 池上四郎伝
88	黒龍會編, 『東亞先覺志士記傳』上, 原書房, 1966年, 39쪽
89	丸山幹治, 『副島種臣伯』, 大日社, 1936年, 240~241쪽
90	西郷隆盛, 『西郷隆盛文書』, 日本史籍協会, 1923年, 99쪽
91	육군참모본부편, 『조선지략』, 村上勝彦 해설
92	大山梓編, 『山県有朋意見書』, 原書房, 1966年, 218쪽
93	福島安正, 「單騎遠征報告總論第一」
94	近世名将言行録刊行会編, 『近世名将言行録』第1巻, 吉川弘文館, 1936年, 420쪽
95	東亞同文會內對支功勞者傳記編贊會編, 『對支回顧錄』下, 1936年, 45~46쪽 ; 『朝日日本歴史人物事典』, 朝日新聞出版, 1994年
96	東亞同文會內對支功勞者傳記編贊會編, 『對支回顧錄』下, 1936年, 115~121쪽
97	JACAR(アジア歴史資料センター) Ref.C08052181400, 明治6年 卿官房 12月
98	東亞同文會內對支功勞者傳記編贊會編, 『對支回顧錄』下, 1936年, 115~116쪽
99	東亞同文會內對支功勞者傳記編贊會編, 위의 책, 115쪽
100	太政類典·第2編·明治4年~明治10年, 美代陸軍少尉外五名同国ヘ差遣(明治6年11月28日)
101	JACAR(アジア歴史資料センター) Ref.C15120000500, 參謀本部歴史草案(1~3) 明治4~13
102	東亞同文會內對支功勞者傳記編贊會編, 위의 책, 126~127쪽
103	近世名将言行録刊行会編, 『近世名将言行録』第2巻, 吉川弘文館, 1934年, 355~360쪽
104	東亞同文會內對支功勞者傳記編贊會編, 위의 책, 126~127쪽
105	JACAR(アジア歴史資料センター) Ref.C15120002100, 參謀本部歴史草案(1~3) 明治4~13
106	東亞同文會內對支功勞者傳記編贊會編, 위의 책, 120~126쪽
107	東亞同文會內對支功勞者傳記編贊會編, 위의 책, 127~128쪽
108	東亞同文會內對支功勞者傳記編贊會編, 위의 책, 128~129쪽
109	『日本外交文書』 7, 문서번호 206
110	JACAR (アジア歴史資料センター) Ref.A01000020700, 森山六等出仕国情探索トシテ差遣二付達条件 ; 『日本外交文書』 7, 문서번호 208
111	『조선사무서』 권27, 明治7年 6月 21日
112	JACAR (アジア歴史資料センター) Ref.A01000020900, 森山茂ヨリ来信及近情探聞書応接書
113	『日本外交文書』 7, 문서번호 212
114	『日本外交文書』 8, 문서번호 23
115	『고종실록』 권11, 1874년(고종 11) 6월 24일
116	『고종실록』 권11, 1874년(고종 11) 6월 29일
117	『고종실록』 권11, 1874년(고종 11) 7월 3일
118	『고종실록』 권11, 1874년(고종 11) 8월 9일
119	『朝鮮事務書』 권29, 明治7年 9月 5日, 「森山の交渉前對策報告」
120	『日本外交文書』 8, 문서번호 16
121	『日本外交文書』 8, 문서번호 18
122	『龍湖閒錄』 21 乙亥年 日本書啓
123	『고종실록』 권12, 1875년(고종 12) 3월 4일
124	JACAR(アジア歴史資料センター) Ref.B03030133200, 7. 朝鮮理事日表(副本)
125	國立公文書館デジタルアーカイブ, 朝鮮国釜山港(1875년)
126	신헌, 『沁行日記』, 1876년 2월 22일
127	有終会編, 『海軍逸話集』第1輯, 有終会, 1930年, 7~14쪽
128	徳富猪一郎編, 『公爵山県有朋伝』中巻, 山県有朋記念事業会, 1933年, 412~413쪽
129	『日本外交文書』 9, 문서번호 3의 부기 1
130	山辺健太郎, 『日本の韓國併合』, 太平出版社, 1966年, 30~32쪽
131	河野太郎@konotarogomame 2020年 5月 18日
132	JACAR(アジア歴史資料センター) Ref.C15120000500, 參謀本部歴史草案 1 參謀本部歴史草案總論
133	JACAR(アジア歴史資料センター) Ref.C06083336000, 明治33年坤『貳大日記2月』
134	JACAR(アジア歴史資料センター) Ref.C13110020300, 外邦測量沿革史 草稿·初編·前編 明28~39

135　JACAR(アジア歴史資料センター) Ref.C13110020500, 外邦測量沿革史 草稿・初編・前編 明28~39
136　藤原彰編・解説, 『外邦兵要地図整備誌』, 不二出版, 1992年, 6쪽 ; 牛越国昭(李国昭), 『對外軍用秘密地図のための潛入盜測』, 同時代社, 2009年, 11쪽
137　JACAR(アジア歴史資料センター) Ref.C06061159200, 明治27年自7月27日至9月25日「臨着書類綴 庶」
138　JACAR(アジア歴史資料センター) Ref.C06061187200, 明治27年自9月30日至11月13日「臨発書類綴 庶」
139　JACAR(アジア歴史資料センター) Ref.C13070079800, 「朝鮮全国(1/100万) 明治27年製」
140　小林 茂, '初期外邦測量の展開と日清戦争', 史林 = THE SHIRIN or the JOURNAL OF HISTORY(2010), 93(4)
141　JACAR(アジア歴史資料センター) Ref.A01100094600, 御雇仏人ガストンカリー朝鮮地図献納二付御賞賜伺
142　小林茂, 岡田郷子, '19世紀後半における朝鮮半島の地理情報と海津三雄', 待兼山論叢, 日本學篇, 2008年, 4~6쪽
143　牛越國昭, 『対外軍用秘密地図のための潛入盜測』, 同時代社, 2009年, vi쪽
144　구양근, 일본 외무성 7등 출사 瀬脇壽人과 외국인고문 김인승, 한일관계사연구 7, 1997년 12, 125~126쪽
145　『日本外交文書』 4-1, 351쪽
146　JACAR(アジア歴史資料センター) Ref.B16080698600, 一.外務省七等出仕瀬脇寿人外一名商況視察トシテ露国領「ポシエット」へ派出ノ件　自明治八年／分割1
147　JACAR(アジア歴史資料センター) Ref.B16080698700, 一.外務省七等出仕瀬脇寿人外一名商況視察トシテ露国領「ポシエット」へ派出ノ件　自明治八年／分割2
148　JACAR(アジア歴史資料センター) Ref.A01100100900, 旧朝鮮人当時露国籍金麟昇雇入ノ儀二付上申
149　日本外交史料館『外務省外國人雇入一件』附契約書, 『露国籍鮮人金麟昇雇入』. 구양근, 앞의 논문, 한일관계사연구 7, 1997년 12, 138~139쪽 재인용
150　日本外交史料館『外務省外國人雇入一件』附契約書, 甲第238号. 外務省寺島宗則, 太政大臣三條實美殿, 明治8年10月20日. 日本外交史料館『外務省外國人雇入一件』附契約書, 露國入籍金麟昇, 1875年10月15日. 구양근, 앞의 논문, 143~144쪽
151　日本外交史料館『外務省外國人雇入一件』附契約書, 甲第222号. 구양근, 앞의 논문, 143~144쪽 재인용
152　JACAR(アジア歴史資料センター) Ref.B03030139500. 3. 隋行員ノ任命及差免ノ件／1 明治8年12月12日から明治8年12月30日
153　JACAR(アジア歴史資料センター) Ref.B03030139500. 3. 隋行員ノ任命及差免ノ件／1 明治8年12月12日から明治8年12月30日
154　심헌, 『심행일기』, 푸른역사, 2010년, 72~73쪽
155　『日本外交文書』 9, 문서번호 9
156　瀬脇寿人, 林深造編, 『鶏林事略』 初編1, 吉田清兵衛, 1876年
157　瀬脇寿人, 林深造編, 『鶏林事略』 初編2, 吉田清兵衛, 1876年
158　日本外交史料館『外務省外國人雇入一件』附契約書, 1巻, 金麟昇兼保町17番地大坂屋. 구양근, 앞의 논문, 160~161쪽
159　인종국, 『실록친일파』, 돌베개, 1991년, 23쪽
160　高宗 32년, 乙未(1895年, 清德宗光緒 21年, 日本 明治 28年) 3月 12日(癸未). 新聞集成 明治 編年史 第9巻 232面 明治 28年 4月 6日
161　対支功労者伝記編纂会編, 『対支回顧録』 上巻, 対支功労者伝記編纂会, 1936年, 186~188쪽
162　対支功労者伝記編纂会編, 앞의 책, 186쪽
163　『고종실록』 권13, 1876년(고종 13) 2월 6일
164　『陸軍省年報』 第8年報, 又6쪽
165　박해순, 『1894 일본조선침략』, 나녹, 2019년
166　渡辺孝蔵編, 『順天百五十五年史』, 順天学園, 1990年. https://www.junten.ed.jp/kousi/160nen-13.htm
167　JACAR(アジア歴史資料センター) Ref.C14020155500, 第1編 維新前後より陸地測量部成立に至る(1)
168　JACAR (アジア歴史資料センター) Ref.A10110077600, 陸軍歩兵大尉従六位勲四等功五級福田半一特旨ヲ以テ位一級被進ノ件
169　『日本外交文書』 9, 문서번호 3의 부기1
170　國立公文書館デジタルアーカイブ, 済物浦泊地略測図
171　『을병일기』 上, 1月 4일, 21쪽
172　國立公文書館デジタルアーカイブ, 朝鮮西岸漢江口頂山泊地略測図
173　JACAR(アジア歴史資料センター) Ref.A01100145800, 朝鮮近海測量ノ儀伺
174　JACAR(アジア歴史資料センター) Ref.A01000041500, 朝鮮海岸測量
175　小林茂, 『外邦図―帝国日本のアジア地図』, 中公新書, 2011年, 34쪽
176　JACAR(アジア歴史資料センター) Ref.A01000041600, 朝鮮国沿海島嶼測量心得書
177　JACAR(アジア歴史資料センター) Ref.A01200751800, 朝鮮国沿海島嶼測量心得書ヲ廃止ス
178　JACAR(アジア歴史資料センター) Ref.C09114252300, 公文類纂 明治13年 前編 巻21 本省公文 図書部1

179　JACAR(アジア歴史資料センター) Ref.C09110159200, 公文類纂 明治5年 巻6 本省公文 黜陟部2
180　일본 내각부 대신관방 정부홍보실(2006년 11월 2일). "安倍総理のライブ·トーク官邸 第4回「教育再生」". 「정부 홍보 온라인」 2007년 9월 28일 원본 문서에 보존된 문서
181　『日本外交文書』 9, 문서번호 68
182　JACAR(アジア歴史資料センター) Ref.B03030161200, 7. 宮本大丞朝鮮理事始末 七／3 外務卿及丞ヨリ諸省ト往復
183　JACAR(アジア歴史資料センター) Ref.C04026773800, 外務へ勝田大尉外1名朝鮮行に付告諭差回し
184　JACAR(アジア歴史資料センター) Ref.C04026774000, 海軍へ勝田大尉外1名朝鮮行に付云口
185　JACAR(アジア歴史資料センター) Ref.C09112211200, 往901浅間艦韓地行に付乗組中村大尉等測量日記等差出の件水路局へ達
186　1876년 9월, 미야모토 고이치가 외무경 데라시마에게 부산에 의관 파견을 건의하는 의견서(출처 : 市川正明編, 『일한외교사료』 1, 511～512쪽)를 제출. 의견서에는 의관 파견의 목적을 향후 일본인이 늘어나게 되면 환자가 늘어날 것이므로 실력 있는 의사가 필요하고, 조선인을 회유하여 일본을 존경하고 우러르는 마음을 갖게 해 국민 개화의 단서를 여는 첩경으로 삼고자 한다고 되어 있다. 이 건의로 11월 외무성 직할 부산거류지 관리관청 부속 부산 재생의원이 창설, 해군 대군의 야노 요시테쓰가 임명되었다. 야노는 1876년 7월 미야모토 고이치에게 일본의 국위 선양과 조선 개화를 이끄는 데 서양 의술을 활용해야 한다는 의견을 제시하며, 부산에서 조선인에게 종두 실시를 건의한 인물이다.(출처 : 『釜山府史原稿』 5권, 164～165쪽)
187　JACAR(アジア歴史資料センター) Ref.B03030154800, 4. 宮本大丞朝鮮理事始末 四／1 朝鮮理事日記／37
188　『日本外交文書』 9, 문서번호 86
189　『日本外交文書』 9, 문서번호 66, 부속서 1
190　『日本外交文書』 9, 문서번호 81
191　『日本外交文書』 9, 문서번호 85
192　『倭使日記』 5, 丙子 7월 5일
193　『倭使日記』 5, 丙子 7월 5일(양 8월 24일)
194　『한국사』 37, 국사편찬위원회, 2003년, 258～261쪽
195　『日本外交文書』 9, 문서번호 35
196　JACAR(アジア歴史資料センター) Ref.B03030157500, 対韓政策関係雑纂／宮本大丞朝鮮理事始末 第二巻)
197　JACAR(アジア歴史資料センター) Ref.B03030155000, 対韓政策関係雑纂／宮本大丞朝鮮理事始末 第一巻
198　JACAR(アジア歴史資料センター) Ref.C06090210500, 水路局 中村大尉外2名より朝鮮國出測量日誌他差出に付上申
199　伴正利著, 『海軍振興論』, 1890년 ; 伴正利編, 『兵商論』, 1891년
200　『日本外交文書』 9, 문서번호 95
201　『日本外交文書』 9, 문서번호 96
202　『日本外交文書』 9, 문서번호 99
203　『舊韓國外交文書』 1, 日案 1, 고종 13년 9월 28일, 문서번호 15
204　『倭使日記』 6, 丁丑 10월 27일

3부 일본 첩보원들, 활개를 치다

205　大江志乃夫, 『日本の参謀本部』, 吉川弘文館, 2018年, 41～43쪽
206　JACAR(アジア歴史資料センター) Ref.C15120001200, 参謀本部歴史草案(1～3) 明治4～13
207　『日本外交史辞典』(外務省外交資料館)에는 1840년 출생으로 되어 있다.
208　JACAR(アジア歴史資料センター) Ref.B03030184100, 対韓政策関係雑纂／花房代理公使渡韓一件 第二巻
209　『倭使日記』 6, 1877년(고종 14) 10월 8일(음9월 2일)
210　관문은 조선시대에 동등한 관부 상호 간 또는 상급 관부에서 하급 관부로 보내던 공문서
211　JACAR(アジア歴史資料センター) Ref.C09100501600, 公文原書 巻78 本省公文 明治10年9月19日～明治10年9月21日
212　JACAR(アジア歴史資料センター) Ref.B03030183700, 対韓政策関係雑纂／花房代理公使渡韓一件 第一巻
213　시모무라 슌스케는 1884년 『支那地誌』권1-6을 편찬 출간할 당시 육군11등 출사로 기록되어 있다. 『支那地誌』 巻15上(満洲部), 巻15下(蒙古部)는 기노시타 가타마가(木下賢良, 1857～1922) 함께 편찬. (支那地誌(巻1-6) 総体部, 参謀本部, 1889년). 시모무라는 1877년에는 해군성 13등출사, 1884년에는 육군11등 출사 기록되어 있다. 측량기술을 갖춘 자라서 해군과 육군에서 파견 때마다 직위를 바뀌가면서 함께 파견된 것일까?
214　JACAR(アジア歴史資料センター) Ref.B03030183400, 対韓政策関係雑纂／花房代理公使渡韓一件 第一巻
215　花房義質, 「韓國懷舊談」, 『地學雜誌』 20(1), 1908年
216　JACAR(アジア歴史資料センター) Ref.B03030183700, 対韓政策関係雑纂／花房代理公使渡韓一件 第一巻
217　JACAR(アジア歴史資料センター) Ref.B03030184400, 対韓政策関係雑纂／花房代理公使渡韓一件 第二巻
218　JACAR(アジア歴史資料センター) Ref.B03030183700, 対韓政策関係雑纂／花房代理公使渡韓一件 第一巻

219　JACAR(アジア歴史資料センター) Ref.B03030184300, 1. 花房代理公使渡韓一件／3 朝鮮復命概略
220　櫻井義之, 花房義質代理公使「入京路程槪測図」について,『朝鮮學報』第14輯, 1959년
221　櫻井義之, 앞의 책, 375쪽. 견취도見取図는 전체를 한눈에 볼 수 있도록 도로 사정을 평면상에 스케치한 지도
222　國立公文書館 內閣文庫, 177-226, 52.0×62.0cm
223　小林茂編著,『近代日本の海外地理情報收集と初期外邦図』, 大阪大学出版会, 2017年, 58쪽
224　『日本外交文書』 10, 문서번호 130
225　花房義質演述,「仁川開港の始末」国家学会雑誌, 第4권 3호, 1890년 3월
226　JACAR(アジア歴史資料センター) Ref.B03030184100, 対韓政策関係雜纂／花房代理公使渡韓一件 第二巻
227　『日本外交文書』 10, 하나부사 대리공사「복명개략 별기」제2
228　JACAR(アジア歴史資料センター) Ref.B03030183800, 2. 代理公使朝鮮日記／3 明治10年12月1日から明治11年1月21日
229　『倭使日記』 6, 정축 11월 14일
230　『日本外交文書』 11, 문서번호 139 ; JACAR(アジア歴史資料センター) Ref.B07090444300, 帝国軍艦天城号朝鮮国沿岸測量一件
231　『倭使日記』 7, 1878년 4월 17일(양 5월 18일)
232　JACAR(アジア歴史資料センター) Ref.B07090444400, 分割2
233　JACAR(アジア歴史資料センター) Ref.B07090444300, 앞의 문서
234　JACAR(アジア歴 史資料センター) Ref.C09101535600, 公文原書 巻95 本省公文 明治11年12月21日~明治11年12月23日
235　『日本外交文書』 11, 문서번호 145
236　강동진,『일본근대사』, 한길사, 1985년, 74쪽
237　『승정원일기』 1877년(고종 14) 8월 4일
238　『明治11年 代理公使渡韓始末』, 明治11年 11月 19日
239　『倭使日記』 9, 1878년 12月 4日
240　『明治11年 代理公使渡韓始末』, 明治11年 12月 4日
241　JACAR(アジア歴史資料センター) Ref.C15120025500, 参謀本部歴史草案(1~4) 明治11~14 4/29
242　『日本外交文書』 11, 문서번호 150
243　『明治11年 代理公使渡韓始末』, 明治11年 12月 27日
244　『日本外交文書』 12, 문서번호 125
245　필자는 행간의 흐름을 읽고 본문【】으로 처리했다. 저들이 은밀하게, 아무 짓도 하지 않은 것처럼 적어둔 글의 원문은 "이들을 제대로 다루려면 애초부터 싸우겠다 결심하고, 신속히 요구하고, 다시 그들이 변하지 못하도록 하면서 차츰 개화시켜 나가는 식의 밑그림을 그려야 한다."
246　『朝日新聞』 1879년 3月 23日
247　『日本外交文書』 12, 문서번호 120 ; JACAR(アジア歴 史資料センター) Ref.B03030245600, 3. 明治十二年代理公使朝鮮事務始末抜粋 1
248　JACAR(アジア歴史資料センター) Ref.A03023631000, 花房代理公使外一名鮮国へ派遣并ニ花房公使ニ付与スル訓条
249　『舊韓國外交文書』 1, 日案 1, 1879년(고종 16) 3월 8일, 문서번호 34
250　『일성록』 1879년(고종 16) 윤3월 12일(양력 5월 2일)
251　『비변사등록』 1879년(고종 16) 윤3월 13일(양력 5월 3일)
252　『讀賣新聞』 1879년 5월 10일
253　『승정원일기』 1879년(고종 16) 4월 10일(양력 5월 30일)
254　JACAR(アジア歴史資料センター) Ref.B03030245600, 3 明治十二年代理公使朝鮮事務始末抜粋 1
255　『舊韓國外交文書』 1, 日案 1, 1879년(고종 16) 4월 15일, 문서번호 35
256　『舊韓國外交文書』 1, 日案 1, 1879년(고종 16) 4월, 문서번호 37
257　『明治12年代理公使朝鮮事務始末』 巻2 日記, 明治12年 6月 12日
258　『고종실록』권 16, 1879년(고종 16) 4월 30일(양력 6월 19일)
259　『舊韓國外交文書』 1, 日案 1, 1879년(고종 16) 5월 17일(양력 7월 6일), 문서번호 46
260　『倭使日記』 11, 己卯 5월 18일, 5월 19일
261　『同文彙考』附編, 通商 一,「代理公使復論徵稅書譯漢文」, 明治12年 7月 9日,『舊韓國外交文書』 1, 日案 1, 고종16년 5월 20일, 문서번호 47
262　『同文彙考』附編, 通商 一,「禮曹判書答書」, 己卯 5월 21일
263　『舊韓國外交文書』 1, 日案 1, 1879년(고종 16) 6월 7일, 문서번호 48, 6월 11일, 문서번호 51, 문서번호 49
264　『同文彙考』附編, 通商 一,「代理公使答録紙」, 明治12年 8月 11日,「代理公使再次答録紙」, 明治12年 8月 18일, 8월 21일
265　『舊韓國外交文書』 1, 日案 1, 1879년(고종 16) 7월 4일, 문서번호 57
266　『고종실록』 1879년(고종 16) 7월 9일

267 『同文彙考』附編, 通商 一,「元山預約後代理公使請與我委員妥辦書」, 明治12年 8月 26日
268 『舊韓國外交文書』1, 日案 1, 1879년(고종 16) 7월 11일, 문서번호 58
269 『고종실록』1879년(고종 16) 7월 13일
270 『同文彙考』附編, 條約 二,「代理公使請早習其國文, 以備不具譯漢文時需用書」, 明治12年 8月 31日
271 JACAR(アジア歷史資料センター) Ref.B03030245600, 3 明治十二年代理公使朝鮮事務始末拔粹 1
272 일본국립공문서관, 내각문고, 청구번호 177-0233, 50.2×121.2cm
273 JACAR(アジア歷史資料センター) Ref.A01000052600, 鳳翔高雄両艦長仁川灣濟物浦ノ開港場ト成スヘキ 意見
274 『고종실록』1879년(고종 16) 4월 24일, 『승정원일기』, 1879년(고종 16) 4월 20일과 24일, 『일성록』4월 17일과 24일
275 JACAR(アジア歷史資料センター) Ref.B03030245600, 3 明治十二年代理公使朝鮮事務始末拔粹 1
276 JACAR(アジア歷史資料センター) Ref.C04030276800, 朝鮮八道里程図其外渡方照会
277 일본국립공문서관, 내각문고, 청구번호 177-0201
278 JACAR(アジア歷史資料センター) Ref.C09102111100, 外出572鳳翔高雄両艦長朝鮮国開港場竟見外務省通知
279 일본국립공문서관, 내각문고, 청구번호 177-0253
280 JACAR(アジア歷史資料センター) Ref.B03030245600, 3 明治十二年代理公使朝鮮事務始末拔粹 1
281 JACAR(アジア歷史資料センター) Ref.C07080184300, 11.26 六典条例外購求申出
282 『도쿄지학협회보고』1권 6호
283 『도쿄지학협회보고』1권 7호
284 『도쿄지학협회보고』1권 9호
285 『도쿄지학협회보고』1권 7호
286 『고종실록』1876년(고종 13) 12월 17일
287 『도쿄지학협회보고』1권 6호
288 青華山人著, 近藤真鋤和解, 『朝鮮八域誌』, 日就社, 1881年
289 青華山人著, 앞의 책, 212쪽
290 『東京地学協会報告』, 東京地学協会, 제1권 제1호~3호
291 石田龍次郎, 「東京地學協會報告」(明治12~30年), 12쪽
292 1883년 첩보원 포병대위 사코 가케아키酒勾景信가 광개토대왕비 비문을 탁본해서 참모본부에 제출했다. 아오에 슈는 1884년 비문을 해독해「동부여 영락대왕 비명 해解」를 썼다. 이 글은 광개토대왕 비문을 알리는 데 결정적 역할을 했다.
293 『도쿄지학협회보고』6권 2호, 3호
294 『도쿄지학협회보고』6권 2호
295 JACAR(アジア歷史資料センター) Ref.C09114710900, 外入504 水路局進達 朝鮮国修信使へ同国沿海々図差贈
296 JACAR(アジア歷史資料センター) Ref.A03023613300, 朝鮮国南陽麻山浦ハ開港場ニ不適当ニ付仁川港ニ定メ渡航通商等差許方ノ件
297 坂本箕山, 『公爵桂太郞』, 大江書房, 1913年, 75쪽 ; 德富猪一郎編, 『公爵桂太郞伝』(乾卷), 故桂公爵記念事業会, 1917年, 344~345쪽 ; 外務省百年史編纂委員會編, 『外務省の百年』下, 原書房, 1969年, 1400~1427쪽
298 外務省百年史編纂委員會編, 『外務省の百年』下, 原書房, 1969年, 1411~1412쪽
299 미즈노 가쓰키가 제작한「조선경성도」(국립공문서관, 1882년 8월 제작)는 현재 內閣文庫에 소장[본관, 청구번호 177-0209]
300 마쓰미츠 구니스케의 셋째 형. 사쓰마번 고려마을 출생. 메이지유신 뒤 육군중좌로 임명되어 1873년 독일로 유학해 참모본부 조직 조사를 하던 중 1878년 11월 병사
301 다사가 도라노스케는 일본에서 측지측량의 기초를 구축한 인물
302 JACAR(アジア歷史資料センター) Ref.C15120000400, 參謀本部歷史草案(1~3) 明治4~13
303 德富猪一郎編, 『公爵桂太郞伝』乾卷, 故桂公爵記念事業会, 1917年, 353~356쪽
304 鈴木健二, 『在外武官物語』, 芙蓉書房, 1979年, 13쪽
305 參謀局へ福原大佐淸国公使館付勤中其局管轄達(C04026352200)
306 JACAR(アジア歷史資料センター) Ref.C15120000500, 參謀本部歷史草案(1~3) 明治4~13
307 JACAR(アジア歷史資料センター) Ref.C15120015500, 參謀本部歷史草案(9~11) 明治19~21
308 東亞同文會內對支功勞者傳記編贊會編, 『對支回顧錄』下, 原書房, 1936年, 180~184쪽
309 東亞同文會內對支功勞者傳記編贊會編, 위의 책, 179~180쪽
310 JACAR (アジア歷史資料センター) Ref.A01100157900, 福原陸軍大佐淸国ヨリ帰朝ニ付
311 外務省百年史編纂委員會編, 『外務省の百年』下, 原書房, 1969年, 1427~1428쪽
312 JACAR(アジア歷史資料センター) Ref.A01000054700, 向陸軍中尉淸国在留中病死返納不足金下賜
313 JACAR(アジア歷史資料センター) Ref.C15120002100, 參謀本部歷史草案(1~3) 明治4~13
314 JACAR(アジア歷史資料センター) Ref.C15120030700, 參謀本部歷史草案(9~11) 明治19~21

315　JACAR（アジア歴史資料センター）Ref.A01000053800, 陸軍省参謀部内将校以下海外派遣取扱方
316　JACAR（アジア歴史資料センター）Ref.A01000053900, 支那地方派遣機密ニ関スル者ニ限リ海軍省於テ処分
317　JACAR（アジア歴史資料センター）Ref.A01000053700, 諸官員海外派遣ノ事由等駐剳公使領事へ告知
318　陸軍文庫編,『兵要測量軌典, 小地測量之部』第5, 1881年
319　JACAR(アジア歴史資料センター) Ref.C15120002200, 参謀本部歴史草案2 明治12年 参謀本部職員表
320　JACAR(アジア歴史資料センター) Ref.C15120026000, 参謀本部歴史草案(1~4) 明治11~14
321　하나사카 엔花坂円은 모리오카번盛岡藩 사족. 17세 때 메이지유신이 일어남. 싸움에 강하고 학문을 겸비, 청일전쟁 때 앞으로만 진격해간다고 '교우사香車장군'으로 불림. 1875년 사관학교에 지원, 1878년 23세로 사관학교 졸업, 근위부사관일 때 다케바시 사건이 터짐. 이때 진두에서 오카모토 류노스케 등을 잘 진압한 공으로 고이스小泉 소장에게 발탁되어 참모본부부사관이 됨.(출처 :『陸海将校の書生時代』, 51~57쪽)
322　오가와 마타지(1848~1909). 오구라번小倉藩. 1870년 7월 병학료 생도. 1872년 소위. 1874년 4월 대만정벌, 1877년 세이난 전쟁 참전. 1878년 3월 구마모토진대 참모부장에서 참모본부 관서국원으로 이동. 1880년 4월부터 7월까지 청국 파견. 1885년 5월 참모본부 관서국장. 작전 입안 능력이 탁월했으므로 가와카미 소로쿠로부터 우에스기 겐신(上杉謙信, 전국시대 무장)에 비유되며 '오늘의 겐신'으로 불림. 1894년 8월 제1군 참모장으로 청일전쟁 출정. 1895년 8월 세이난 전쟁, 청일전쟁 공로로 남작 수여
323　 참모本部歴史草案 2(資料) 明治12年2~6月
324　JACAR(アジア歴史資料センター) Ref.C07080181200, 明治12年自6月至12月「大日記部内申牒 2 参水」
325　JACAR(アジア歴史資料センター) Ref.C15120001200, 参謀本部歴史草案(1~3) 明治4~13. JACAR(アジア歴史資料センター) Ref.C15120025700, 参謀本部歴史草案(1~4) 明治11~14
326　JACAR(アジア歴史資料センター) Ref.C15120026300, 参謀本部歴史草案(1~4) 明治11~14
327　JACAR(アジア歴史資料センター) Ref.C15120026800, 参謀本部歴史草案(5~6) 明治15~16
328　JACAR(アジア歴史資料センター) Ref.C07080344200, 武田甚太郎他九朝鮮国語学生徒申付等の件
329　JACAR(アジア歴史資料センター) Ref.A01100196500, 少尉堀本礼造朝鮮国へ差遣ノ件
330　JACAR(アジア歴史資料センター) Ref.C15120004700, 参謀本部歴史草案 3 明治13年 海外時事
331　JACAR(アジア歴史資料センター) Ref.C13110349100, 堀本禮造謹白 日韓交際論
332　『고종실록』1881년(고종 18) 4월 23일,『日本外交文書』14, 문서번호 153
333　JACAR(アジア歴史資料センター) Ref.C13110349200, 朝鮮国戸数表 明治14年6月調査
334　JACAR(アジア歴史資料センター) Ref.C15120026900, 参謀本部歴史草案(5~6) 明治15~16
335　JACAR(アジア歴史資料センター) Ref.C15120027000, 参謀本部歴史草案5(資料) 明治15年5~6月
336　JACAR(アジア歴史資料センター) Ref.A03023634400,『公文別録·朝鮮事変始末』1
337　JACAR(アジア歴史資料センター) Ref.C04031117900, 朝鮮国派遣の御用掛に両旅費手当の件照会
338　JACAR(アジア歴史資料センター) Ref.C08070090100, 昨17年朝鮮国京城事変の節戦死 歩兵大尉磯林真二以下靖国神社に於て招魂式同社へ合祀相成候致
339　JACAR(アジア歴史資料センター) Ref.C15120026800, 参謀本部歴史草案(5~6) 明治15~16
340　JACAR(アジア歴史資料センター) Ref.A15110071300, 水野陸軍大尉外二名朝鮮国へ差遣
341　JACAR(アジア歴史資料センター) Ref.C07080785900, 明治15年3月4月 大日記 部内申牒 2 参水 自446号至902号
342　國立公文書館內閣文庫, 177-0207, 4만분의1 지도, 60.0×48.8cm, 미즈노 가쓰키 외, 1882년
343　『도쿄지학협회보고』4권 2호,「朝鮮京城の風俗」(1882년 5월 29일)
344　JACAR(アジア歴史資料センター) Ref.A03023634400, 公文別録·朝鮮事変始末·明治十五年·第一巻·明治十五年, 水野大尉筆記朝鮮事変ノ概況
345　『고종실록』,『승정원일기』1895년(고종 32) 10월 22일
346　JACAR(アジア歴史資料センター) Ref.C15120027400, 参謀本部歴史草案 5 明治15年 朝鮮事件(壬午事変)
347　JACAR(アジア歴史資料センター) Ref.C15120027200, 参謀本部歴史草案5(資料) 明治15年8月(1)
348　JACAR(アジア歴史資料センター) Ref.C15120027200, 위와 같은 문서
349　山辺健太郎,『日本の韓國併合』, 太平出版社, 1966년, 77~82쪽
350　JACAR(アジア歴史資料センター) Ref.C15120027200, 위와 같은 문서
351　JACAR(アジア歴史資料センター) Ref.C04030276800, 朝鮮八道里程図其外渡方照会
352　師橋辰夫·佐藤侊,「明治初期測量史試論」―伊能忠敬から近代測量の確立まで―,『地図』Vol.19 No.1 1981
353　JACAR(アジア歴史資料センター) Ref.C15120007500, 参謀本部歴史草案(4~7) 明治14~17
354　JACAR(アジア歴史資料センター) Ref.C15120007400, 参謀本部歴史草案 5 明治15年 朝鮮事件(壬午事変)
355　JACAR(アジア歴史資料センター) Ref.C15120007400, 위와 같은 문서

4부 일본 간첩대, 이겨 놓고 침략한다

356　冨田穣治,「『兵要地誌図』にみる中島敦がいた時代のパラオ」, 일본국립국회도서관「월보」(2018년 9/10월

(689/690호)
357　JACAR(アジア歴史資料センター) Ref.C12122510200, 兵要地誌に関する進駐軍との折衝資料
358　JACAR(アジア歴史資料センター) Ref.C15120010100, 参謀本部歴史草案6 明治16年6月19日 将校外国派遣の件に付き近衛各鎮台参謀長より参謀本部長へ献言
359　JACAR(アジア歴史資料センター) Ref.C15120012000, 参謀本部歴史草案6 明治16年12月21日 隣邦地図編製条規制定の義に付き上申
360　JACAR(アジア歴史資料センター) Ref.C06040759700, 11.22 陸軍大臣より磯林大尉及堀本中尉功労詮議方移牒
361　JACAR(アジア歴史資料センター) Ref.C15120007700, 参謀本部歴史草案(4~7) 明治14~17
362　JACAR(アジア歴史資料センター) Ref.A03023644600, 陸軍歩兵中尉磯林真三朝鮮国公使館附ヲ命ス並告諭
363　JACAR(アジア歴史資料センター) Ref.B07090446200, 帝国陸海軍将校海外派遣雑件／陸軍ノ部 第一巻
364　JACAR（アジア歴史資料センター) Ref.A03023644600, 陸軍歩兵中尉磯林真三朝鮮国公使館附ヲ命ス並告諭
365　JACAR（アジア歴史資料センター) Ref.A15110067600, 陸軍中尉磯林真三朝鮮国公使館附被命発遣ニ付告諭
366　JACAR(アジア歴史資料センター) Ref.C06040759700, 11.22 陸軍大臣より磯林大尉及堀本中尉功労詮議方移牒
367　JACAR(アジア歴史資料センター) Ref.C10072670400, 8月2日 歩兵少尉渡辺述参謀本部出仕被仰付之事
368　JACAR(アジア歴史資料センター) Ref.C07080897400, 拳銃朝鮮国へ差遣に付き貸渡の件
369　『참모본부 역사초안』 6
370　『舊韓國外交文書』 1, 日案 1, 1883년(고종 20) 1월 5일, 문서번호 104
371　『舊韓國外交文書』 1, 日案 1, 1883년(고종 20) 1월 8일, 문서번호 111
372　JACAR(アジア歴史資料センター) Ref.B07090446200, 帝国陸海軍将校海外派遣雑件／陸軍ノ部 第一巻
373　JACAR(アジア歴史資料センター) Ref.C13110348500, 朝鮮国各駐在官巡回費予算書(防衛省防衛研究所)
374　JACAR(アジア歴史資料センター) Ref.C13110348900, 朝鮮語学生措置私議
375　JACAR(アジア歴史資料センター) Ref.B07090446200, 帝国陸海軍将校海外派遣雑件／陸軍ノ部 第一巻
376　JACAR(アジア歴史資料センター) Ref.C15120009300, 参謀本部歴史草案6 明治16年3月 本部より派遣将校の朝鮮内地旅行の件
377　'江沼元五郎氏の書翰', 『東洋學藝雜誌』 第36號, 東京社, 192~194쪽
378　『고종실록』, 1883년(고종 20), 6월 22일 기사
379　JACAR(アジア歴史資料センター) Ref.C06040759700, 11.22 陸軍大臣より磯林大尉及堀本中尉功労詮議方移牒
380　『舊韓國外交文書』 1, 日案 1, 1884년(고종 21) 5월 29일, 문서번호 256
381　JACAR(アジア歴史資料センター) Ref.C15120029300, 参謀本部歴史草案7(資料) 明治17年12月(1)
382　JACAR(アジア歴史資料センター) Ref.C06040759700, 11.22 陸軍大臣より磯林大尉及堀本中尉功労詮議方移牒 ; JACAR(アジア歴史資料センター) Ref.A01100288700, 歩兵大尉磯林真三朝鮮国変乱ノ際被殺ノ件
383　『도쿄지학협회보고』 6권 2호, 1884년 5월
384　JACAR(アジア歴史資料センター) Ref.A01100259400, 朝鮮国公使館附工兵大尉海津三雄帰朝被命ノ件
385　JACAR(アジア歴史資料センター) Ref.B07090446200, 3. 磯林歩兵大尉外四名ヲ朝鮮へ派遣
386　『도쿄지학협회보고』 6권 3호, 1884년 6월
387　JACAR(アジア歴史資料センター) Ref.C15120028300, 参謀本部歴史草案6(資料) 明治16年11~12月
388　『花房義質關係文書』 MF 110-45
389　JACAR(アジア歴史資料センター) Ref.C15120012000, 参謀本部歴史草案6 明治16年12月21日 隣邦地図編製条規制定の義に付き上申
390　『舊韓國外交文書』 1, 日案 1, 1883년(고종 20) 6월 27일, 문서번호 171
391　『舊韓國外交文書』 1, 日案 1, 고종 20년 9월 6일, 문서번호 181
392　JACAR(アジア歴史資料センター) Ref.C06040759700, 11.22 陸軍大臣より磯林大尉及堀本中尉功労詮議方移牒
393　『舊韓國外交文書』 1, 문서번호 177, 178
394　全東園, 「韓国文化財」形成過程に関する史的考察：植民地期「朝鮮文化財」研究の成立と言説空間の形成, 박사학위논문(東京外国語大学), 2017년, 25~27쪽
395　JACAR(アジア歴史資料センター) Ref.A07062703200, 文部省 学術上ノ標本ニ備フル動植物及金石ノ類採集ノタメ朝鮮国ヘ出張者旅費ノ件
396　舊韓國外交文書, 문서번호 181
397　JACAR(アジア歴史資料センター) Ref.A01100287000, 朝鮮国ヘ派遣ノ者手当金ノ件･御用掛江沼元五郎ニ

398 이상태, '근대 식물 분류학의 국내 도입에 관한 연구', 1994년, 37~38쪽
399 '江沼元五郎の略傳' '江沼元五郎氏の書翰', 『東洋學藝雜誌』第36號, 東京社, 192~194쪽
400 『舊韓國外交文書』1, 日案 1, 1883년(고종 20) 2월 21일, 문서번호 133
401 JACAR(アジア歴史資料センター) Ref.C10101015500, 4월 27日 比叡艦副長鮫島少佐内地旅行紀行の義御届
402 윤웅렬(1840~1911) 친일 개화파의 한 사람. 1880년 제2차수신사 김홍집의 수행원으로 일본 건너감. 1881년 조사시찰단 파견 때 아들 윤치호를 추천해 사찰단에 합류시킴. 1881년 별기군 창설 가담해 별기군 운영. 이후 신식군대 양성하며 일본과 유착. 임오군란 때 윤웅렬의 집은 파괴되고 일본공관을 습격하자 한성부를 탈출해 원산을 거쳐 부산, 박제경朴齊絅과 가이즈 미즈오의 주선으로 나가사키로 망명. 1882년 12월 19일 다시 남양부사 제수. 이후 귀국해 개화당 내각의 형조판서가 되고 갑신정변 실패로 귀양, 1894년 조선 무력침략 뒤 친일 김홍집 내각 때 풀려나 경무사, 군부대신. 명성황후 살육 뒤 정부 개조 쿠데타 계획에 가담하나 안경수 이진호의 밀고로 실패 상하이로 망명한 춘생문사건의 주역. 정치적으로 이용익과 대립 러일전쟁 무렵 정계 은퇴
403 임종국, 『실록친일파』, 돌베개, 1991년, 44~45쪽
404 JACAR(アジア歴史資料センター) Ref.C10101015600, 5월 9日 天城艦朝鮮事情報告
405 JACAR(アジア歴史資料センター) Ref.C10101015700, 5월 9日 西中尉報告の件
406 『漢城旬報』1884년 7월 11일(甲申 七月 十一日)
407 JACAR(アジア歴史資料センター) Ref.C15120028800, 参謀本部歴史草案(7~8) 明治17~18
408 JACAR(アジア歴史資料センター) Ref.A01100274000, 公文録·明治十七年·第百九十六巻·官吏進退(海軍省)
409 『舊韓國外交文書』1, 문서번호 298, 299
410 東亞同文會内對支功勞者傳記編贊會編, 『對支回顧錄』下, 1936년, 239~240쪽
411 JACAR(アジア歴史資料センター) Ref.A01100294500, 工兵大尉平井直外一名朝鮮国へ差遣ノ件
412 『조선지략』 현지 파견 첩보원들에 의한 교정작업이 행해졌다. 1888년 9월 편찬과(육군속 판임 7등) 육군속 편찬자로 교정작업을 행했을 것으로 추정. 『조선어사전』(1920년 간행) 집필에 참여
413 『구한국외교문서』1, 문서번호 511
414 『구한국외교문서』1, 문서번호 448, 552, 558, 599, 『参謀本部歴史草案』8(資料)
415 JACAR(アジア歴史資料センター) Ref.C15120018800, 参謀本部歴史草案9 明治19年 海外事項(駐在武官, 視察など)
416 JACAR(アジア歴史資料センター) Ref.C15120018800, 위의 문서
417 JACAR(アジア歴史資料センター) Ref.C15120030700, 参謀本部歴史草案(9~11) 明治19~21
418 『구한국외교문서』1, 문서번호 665, 666, 686
419 『구한국외교문서』1, 문서번호 676, 679, 716
420 JACAR(アジア歴史資料センター) Ref.A01200746700, 同朝鮮国公使館附歩兵小尉柄田鑑次郎
421 JACAR(アジア歴史資料センター) Ref.B16080254000, 7. 在韓帝国公使館附陸軍大尉三浦自孝着任之件
422 『구한국외교문서』1, 문서번호 738, 739
423 JACAR(アジア歴史資料センター) Ref.C09060065200, 官房 省内各局 砲工兵両会議 各監軍部 憲兵本部 参謀本部 屯田兵本部 日報 陸軍省(10)
424 『구한국외교문서』1, 문서번호 768, 770, 794
425 JACAR(アジア歴史資料センター) Ref.C07081438800, 参貞第949号第1; JACAR(アジア歴史資料センター) Ref.C06080658200, 川本陸軍属組織の件; JACAR(アジア歴史資料センター) Ref.C06080879200, 川本非職属材木商営業願の件
426 JACAR(アジア歴史資料センター) Ref.A01100199400, 大軍医矢野義徹朝鮮国元山港に勤ノ件
427 JACAR(アジア歴史資料センター) Ref.A01100271500, 陸軍二等軍医小松運本省御用掛兼勤朝鮮国在勤同上
428 三木栄著, 『朝鮮醫學史及疾病史』, 三木栄, 1963年, 271쪽
429 JACAR(アジア歴史資料センター) Ref.C03030075200, 小松軍医外1名朝鮮在勤ひ免通知
430 小松運編, 『朝鮮八道誌』, 東山堂, 1887年 1~2쪽. 小松運著, 『鶏林の風雲:一名·朝鮮八道志』, 1894年
431 나카무라 사이조中村再造와 마쓰다 유키조로부터 조선인 홍대성洪大成·박기인朴基仁과 김용준金容俊 등이 궁내부 宮內府에서 얻어낸 충남 오천군鰲川郡 안면도에서의 개간사업과 어업 등을 위한 특권에 근거하여 이 사업의 공동경영 승인을 출원하고 있음. 본 건은 일단 특허 유무와 그 특허에 대한 조선정부의 승인 여하를 조사할 필요가 있으므로 현재 조선정부에 조회 중임.(출처: 統監府文書 1권, 一·二. 農工商務部事務公債一·二, (8) 조선정부와의 교섭사항)(출처: 松田行藏, 『朝鮮國慶尚·忠清·江原道旅行記事』, 1888年, 14~15쪽)
432 朝鮮総督府鉄道局編, 『朝鮮鉄道史』第1巻, 朝鮮総督府鉄道局, 1929年, 3쪽
433 松田行藏編, 『朝鮮国慶尚忠清江原道旅行紀事(農商調査表附)』, 商法会議所, 1888年
434 松田行藏編, 『慶尚道全羅道旅行記事並農商況調査録』, 商法会議所, 1891年
435 JACAR(アジア歴史資料センター) Ref.C15120030700, 参謀本部歴史草案 9(資料) 明治19年 1~2月;

JACAR(アジア歴史資料センター) Ref.C15120015500, 参謀本部歴史草案(9～11) 明治19～21

436　JACAR(アジア歴史資料センター) Ref.C15120022300, 参謀本部歴史草案10 明治20年 海外事項
437　『구한국외교문서』1, 문서번호 861, 862, 871, 872, 894, 914
438　『구한국외교문서』1, 문서번호 948, 949, 969, 974, 1003, 1028
439　JACAR(アジア歴史資料センター) Ref.B07090467600, 帝国陸海軍将校海外派遣雑件／海軍ノ部 第一巻 2. 黒岡大佐視察ノ為 メ清国朝鮮及沿海州ヘ派遣ノ件
440　『구한국외교문서』2, 문서번호 1117, 1118, 1142. Ref.C15120025100, 参謀本部歴史草案11 明治21年 海外事項 (駐在武官, 視察 など)
441　藤村徳一編, 『居留民之昔物語』, 朝鮮二昔會事務所, 1927年, 37쪽
442　正院地誌課編, 『日本地誌提要』卷之1-7. 日報社, 1877年
443　JACAR(アジア歴史資料センター) Ref.C07081354900, 参水第1591号
444　육군 보병대좌, 아리스가와노미야 다루히토 친왕有栖川宮熾仁親王의 고급 부사관, 도쿄 출신. 저서로「일본국방론」이 있음.
445　JACAR(アジア歴史資料センター) Ref.C07081543300, 参天第366号第1
446　東亞同文會內對支功勞者傳記編纂會編, 『對支回顧錄』, 下, 1936年, 238～239쪽
447　JACAR (アジア歴史資料センター) Ref.B10073398600, 分割2
448　JACAR (アジア歴史資料センター) Ref.B10073398600, 위의 문서
449　『구한국외교문서』2, 문서번호 1431, 1432, 1457
450　『구한국외교문서』2, 문서번호 1771, 1772, 1916
451　『도쿄지학협회보고』明治24年, 6호, 3～18쪽
452　JACAR (アジア歴史資料センター) Ref.B07090447000, 11. 萩原中尉ノ鮮, 満視察
453　1890년 당시 제물포 조계지에서 활동하고 있던 일본상인. 저서『홋카이도 개척론 개략北海道開拓論槪略』(江南哲夫, 1882), 『조선재정론朝鮮財政論』(慶雲堂, 1895)/ 일본인 지주의 강매 독촉 건과 관련한 소지 및 그 처분. 1904년 경부철도주식회사 경성지점 사무장으로 활동
454　1592년 조선 무력침략 선봉에서 부산진, 동래성, 상주, 충주전투, 서울 점령 뒤 북진해 평양 공략
455　『도쿄지학협회보고』1890년 4월～5월
456　三田商業研究会編, 『慶應義塾出身名流列伝』, 実業之世界社, 1909年, 713～714쪽
457　『駐韓日本公使館記錄』26권, '載寧 鐵山의 채굴권에 관한 문의 건', 문서번호 206
458　JACAR(アジア歴史資料センター) Ref.C15120026100, 参謀本部歴史草案(1～4) 明治11～14
459　大山梓編, 『山県有朋意見書』, 原書房, 1966年, 175～185쪽.「군사의견서」는 1888년 1월 당시 제출되지 않고 1890년 3월「외교정략론」과 함께 야마가타 내각의 각료에게 회람했던 것
460　大山梓編, 『山県有朋意見書』, 原書房, 1966年, 196～201쪽.「외교정략론」은 아오키青木 외무대신에게 건의했을 때는 날짜가 없고, 무쓰무네미쓰陸奥 문서의 날짜에 따라 1890년 3월을 보충했다. 또한 동시에 회람된 1888년 1월 의견서의 두서기頭書朱記에서 제목이「외교정략론」으로 판명
461　무로다 요시아야(室田義文, 1847～1938). 미토번水戶藩, 1872년 외무성에 들어옴. 1878년 외무2등 서기생, 1887년 8월 4대 부산영사, 1890년 이임. 1890년 외무성 회계국장, 1892년 5월 12일 6대 부산총영사, 1894년 11월 8일 이임. 후임 가토 마스오加藤増雄. 12월 26일 멕시코로 발령. 1900년 10월 10일 이임 귀국, 1904년 귀족원 의원, 1909년 하얼빈역에서 이토 히로부미가 저격당할 때 수행. 1938년 92세로 사망
462　朝鮮総督府鉄道局編, 『朝鮮鉄道史』第1巻, 朝鮮総督府鉄道局, 1929年, 96～97쪽
463　田保橋潔, 「国際関係史上の朝鮮鉄道利権」, 『歷史地理』, 吉川弘文館, 57巻4號, 1931年, 224쪽
464　室田義文翁物語編纂委員編, 『室田義文翁譚』, 常陽明治記念会, 1939年, 182～188쪽
465　가지야마 데이스케(梶山鼎介, 1848～1933). 막부말 조슈번 무사, 메이지시기 육군 군인, 외교가, 정치가. 1879년 참모본부 직원으로 중국 파견되어 있음. 1891년 3월부터 1892년 12월까지 조선국 변리공사 역임, 1893년 퇴임
466　「연도각군안」(沿途各郡案, 중앙관서에서 지방관서에 보내는 공문-지방관아 기록물)
467　『구한국외교문서』문서번호 2080, 2081
468　JACAR(アジア歴史資料センター) Ref.B04010886900, 京釜鉄道敷設一件附京釜鉄道線路保護ノ為メ巡査常派ノ件, 京釜鉄道線路ニ沿ヒ我利権扶殖計画ノ件 第一巻
469　JACAR(アジア歴史資料センター) Ref.B04010886900, 위와 같은 문서
470　朝鮮総督府鉄道局編, 『朝鮮鉄道史』第1巻, 朝鮮総督府鉄道局, 1929年, 94쪽
471　室田義文翁物語編纂委員編, 『室田義文翁譚』, 常陽明治記念会, 1939年, 182～188쪽, 朝鮮総督府鉄道局編, 『朝鮮鉄道史』第1巻, 朝鮮総督府鉄道局, 1929年, 94～97쪽, 182～189쪽 ; 田保橋潔, 「国際関係史上の朝鮮鉄道利権」, 『歷史地理』, 吉川弘文館, 57巻 4號, 1931年, 224쪽
472　JACAR(アジア歴史資料センター) Ref.B07090447500, 16. 川上中将外七名ノ清, 韓各地視察
473　『구한국외교문서』2, 日案 문서번호 2226, 2227
474　다무라 이요조는 1893년 4월 조선에서의 이권을 둘러싸고 중국과의 관계가 긴박해지자 정세 파악을 위해 참모차장 가와카미 소로쿠 등과 조선으로 건너가 강남지방까지 순회했다. 귀국 후 군사정세 분석과 대청전쟁을 상정하고 육군의 전시편성을 입안. 1894년 대본영이 설치되자 가와카미는 전략을 담당하고, 다무라 이요조는 동원령 책정과 작전 실무를 맡았다.

475 『구한국외교문서』 2, 日案 문서번호 2286
476 『征淸海戰史』 권2, 近因
477 『統理交涉通商事務衙門日記』, 고종 30년 3월 19일
478 京城府編, 『경성부사』 1, 564~565쪽
479 JACAR(アジア歴史資料センター) Ref.A04010007000, 工兵大尉倉辻明俊外一名朝鮮国ヘ差遣及淸国派遣ノ歩兵大尉小沢徳平帰朝被命ノ件
480 『구한국외교문서』 2, 문서번호 2467, 2468, 2659, 2664
481 東亞同文會內對支功勞者傳記編纂會編, 『對支回顧錄』 下, 1936年, 309~310쪽
482 JACAR(アジア歴史資料センター) Ref.C15120035900, 参謀本部歴史草案17(資料) 明治27年6月(1)
483 JACAR(アジア歴史資料センター) Ref.C04121449200, 外邦測量の沿革に関する座談会の件(1)
484 JACAR(アジア歴史資料センター) Ref.C10125476900, 27年3月5日 筑波艦仁川より京城に至る海陸両路交通の件 ; JACAR(アジア歴史資料センター) Ref.C10125477300, 27年3月1日 筑波艦仁川京城間道路視察報告外の件
485 1894년 6월 조선 무력침략 과정은 『1894 일본조선침략』(나녹, 2019년)에서 상세히 다루고 있다.
486 JACAR(アジア歴史資料センター) Ref.C10125477800, 27年3月3日 筑波艦朝鮮国諜報
487 『구한국외교문서』 2, 문서번호 2284, 2712
488 『구한국외교문서』 2, 문서번호 2398, 2399
489 『구한국외교문서』 2, 문서번호 2717, 2718
490 JACAR(アジア歴史資料センター) Ref.C15120035900, 参謀本部歴史草案17(資料) 明治27年6月(1)
491 JACAR(アジア歴史資料センター) Ref.A04010007000, 工兵大尉倉辻明俊外一名朝鮮国ヘ差遣及淸国派遣ノ歩兵大尉小沢徳平帰朝被命ノ件
492 『구한국외교문서』 2, 문서번호 2467, 2468, 2659, 2664
493 『구한국외교문서』 2, 문서번호 2717, 2718
494 『구한국외교문서』 2, 문서번호 2687, 2712
495 JACAR(アジア歴史資料センター) Ref.C15120035900, 参謀本部歴史草案17(資料) 明治27年6月(1)
496 東亞同文會內對支功勞者傳記編纂會編, 『對支回顧錄』 下, 1936年, 307~308쪽
497 JACAR(アジア歴史資料センター) Ref.C14020156000, Ref.C14020156100, 第4編 明治39年より大正改元に至る(1~2)

그림출처

28쪽 公文錄・明治八年・第三百五卷・朝鮮講信録(一一附交際書類), A01100123900, 派遣ノ者ヘ心得方御達案外務省伺
46쪽 田代幹夫編, 『台湾軍記』1, 堺屋仁兵衛等, 1874년
55쪽 宗孟寬製図, 『日清韓三國興地全図』, 鈴木常松, 1894년
65쪽 일본국회도서관, 手札版写真. 写真(花房義質) / 平田粲著, 『これぞ日本人』, 三光社, 1942년 / 高橋淡水著, 『坂本竜馬と板垣退助』, 元文社, 1932년 / 平田粲著, 『これぞ日本人』, 三光社, 1942년
70쪽 JACAR(アジア歴史資料センター) Ref.C09111110000, 丙4号大日記 外務省ヘ依頼 魯国軍艦より朝鮮海岸図借用方件他18件
72쪽 일본국회도서관(YG-アジア-乙-2-32) 64.6×86.0cm
73쪽 小笠原長生著, 『偉人天才を語る』, 実業之日本社, 1933년, 71쪽
74, 75쪽 JACAR(アジア歴史資料センター) Ref.A07062089000, 記録材料・海軍省報告書第一
76쪽 미의회도서관 소장. 청구번호 G7900 1873.J3 / http://hdl.loc.gov/loc.gmd/g7900.ct001312
77쪽 미의회도서관 소장. 청구번호 : G7900 1785.H3 /http://hdl.loc.gov/loc.gmd/g7900.ct001430
78쪽 미의회도서관 소장. http://hdl.loc.gov/loc.asian/ainu1264.00292987845
80쪽 미의회도서관 소장/청구번호 : G7960 s000 .H3 / https://lccn.loc.gov/2002531173
82쪽 近世名将言行録刊行会編, 『近世名将言行録』第1巻, 吉川弘文館, 1934년
93쪽 JACAR(アジア歴史資料センター) Ref.C08052181400, 明治6年 卿官房 12月」
101쪽 大蔵省印刷局編, 『官報』, 1897년 7월 13일
113쪽 JACAR(アジア歴史資料センター) Ref.B03030133200, 7. 朝鮮理事日表(副本)
114쪽 國立公文書館デジタルアーカイブ, 朝鮮国釜山港
122쪽 河野太郎@konotarogomame 2020년 5월 18일
127쪽 JACAR(アジア歴史資料センター) Ref.C06061187200, 明治27年自9月30日至11月13日「臨発書類綴 庶」
129쪽 미의회도서관 소장. 청구번호 G7900 1875 .J3 / http://hdl.loc.gov/loc.gmd/g7900.ct003506
131쪽 JACAR (アジア歴史資料センター)Ref.C13070079800, 朝鮮全国(1／100万) 明治27年製(防衛省防衛研究所)
139쪽 公文錄・明治八年・第二十九巻・明治八年八月・外務省伺
143쪽 瀬脇寿人・林深造編, 『鶏林事略』初編2, 吉田清兵衛, 1876년
149쪽 叙位裁可書・明治三十四年・叙位巻十, A10110077600, '陸軍歩兵大尉従六位勲四等功五級福田半一特旨ヲ以テ位一級被進ノ件'
150쪽 國立公文書館デジタルアーカイブ, 済物浦泊地略測図
151쪽 國立公文書館デジタルアーカイブ, 朝鮮西岸漢江口頂山泊地略測図
152쪽 國立公文書館デジタルアーカイブ, 朝鮮國巨濟島猪仇味略測圖
153쪽 國立公文書館デジタルアーカイブ, 朝鮮國巨濟島加背梁略測圖
154쪽 國立公文書館デジタルアーカイブ, 朝鮮南岸全羅道順天浦略測圖
155쪽 國立公文書館デジタルアーカイブ, 朝鮮南岸巨濟島及閑山海
168쪽 JACAR(アジア歴史資料センター) Ref.B03030157500, 対韓政策関係雑纂／宮本大丞朝鮮理事始末 第二巻)
169쪽 상동
171쪽 國立公文書館デジタルアーカイブ, 月尾島海峡略測図
188쪽 JACAR(アジア歴史資料センター) Ref.B03030184400, 対韓政策関係雑纂／花房代理公使渡韓一件 第二巻
189쪽 櫻井義之, 花房義質代理公使「入京路程概測圖」について, 『朝鮮學報』第14輯, 1959년
191쪽 國立公文書館 內閣文庫, 177-226, 52.0×62.0cm
203쪽 JACAR(アジア歴史資料センター) Ref.B07090444300, 帝国軍艦天城号朝鮮国沿岸測量一件
205쪽 상동
206쪽 國立公文書館デジタルアーカイブ, 朝鮮国徳源湾・新浦錨地・永興湾, 特77乙 - 0001
209쪽 國立公文書館デジタルアーカイブ, 朝鮮国長浦江略図 / 미의회도서관 http://hdl.loc.gov/loc.gmd/g9237y.ct003507
210쪽 國立公文書館デジタルアーカイブ, 朝鮮国 忠清道淺水湾門 / 미의회도서관, 朝鮮國淺水灣略圖 http://hdl.loc.gov/loc.gmd/g9237y.ct003507
211쪽 미의회도서관, 朝鮮國沃溝灣略圖 http://hdl.loc.gov/loc.gmd/g9237y.ct003507
233쪽 미의회도서관, 朝鮮國牙山江略圖, http://hdl.loc.gov/loc.gmd/g7902a.ct003508
234쪽 國立公文書館デジタルアーカイブ, 朝鮮国忠清道牙山錨地, ヨ558-0078
235쪽 國立公文書館デジタルアーカイブ, 自古温浦至漢城略図

245쪽 도쿄지학협회보고 1권 6호 / 靑華山人著, 近藤眞鋤和解, 『朝鮮八域誌』, 日就社, 1881년
252쪽 도쿄지학협회보고 3권 3호
255쪽 國立公文書館デジタルアーカイブ, 朝鮮全岸, YG26-Z-1720 / 東北大學附屬図書館, 外邦図デジタルアーカイブ, 朝鮮全岸
256쪽 東北大學附屬図書館, 外邦図デジタルアーカイブ, 朝鮮西岸牙山錨地及附近
257쪽 國立公文書館デジタルアーカイブ, 朝鮮西岸大同江, YG4-Z-M166
259쪽 坂本箕山, 『公爵桂太郎』, 大江書房, 1913년
261쪽 德富猪一郎編, 『公爵山県有朋伝』中卷, 山県有朋公記念事業会, 1933년
278쪽 JACAR(アジア歴史資料センター)Ref.C13110349200, 朝鮮国戸数表 明治14年6月調査
279쪽 상동
290쪽 미의회도서관 소장, 從仁川至漢城路上圖, G7904.137 1882
297쪽 미의회도서관 소장, 朝鮮全圖, http://hdl.loc.gov/loc.gmd/g7900.ct003084
302쪽 JACAR(アジア歴史資料センター)Ref.C06040759700, 11.22 陸軍大臣より磯林大尉及堀本中尉功労詮議方移牒
305쪽 미의회도서관 소장, 臨津江ノ畧圖, http://hdl.loc.gov/loc.gmd/g7902i.ct003514
308쪽~310쪽 JACAR(アジア歴史資料センター)Ref.C13110348500, 朝鮮国各駐在官巡回費予算書(防衛省防衛研究所)
314쪽 미의회도서관 소장, 自楊花鎭經金浦江華濟物浦至梧柳洞路上圖, http://hdl.loc.gov/loc.gmd/g7904s.ct004020
318쪽 미의회도서관 소장, 自居留地至文川郡路上畧圖, http://hdl.loc.gov/loc.gmd/g7908h.ct003512
319쪽 미의회도서관 소장, 元山港居留地之圖, http://hdl.loc.gov/loc.gmd/g7909w.ct003513
320쪽 미의회도서관 소장, 自平壤府至京城路上略圖, http://hdl.loc.gov/loc.gmd/g7903k.ct003983r / http://hdl.loc.gov/loc.gmd/g7903k.ct003983v
326쪽 미의회도서관 소장, 朝鮮國咸鏡道路上測圖, http://hdl.loc.gov/loc.gmd/g7908h.ct004012
330쪽 미의회도서관 소장, 慶尚左道路上測圖, http://hdl.loc.gov/loc.gmd/g7904p.ct003516
334쪽 JACAR(アジア歴史資料センター)Ref.C10101015500, 4月27日 比叡艦副長鮫島少佐内地旅行紀行の義御届
343쪽 미의회도서관 소장, 濟物浦居留地略圖, http://hdl.loc.gov/loc.gmd/g7904i.ct004021
344쪽 미의회도서관 소장, 自箭串橋至廣州畧圖, http://hdl.loc.gov/loc.gmd/g7904s.ct003510
346쪽 미의회도서관 소장, 江原沿海往復圖, https://lccn.loc.gov/2008489729
348쪽 미의회도서관 소장, 從北青經甲山・三水・厚昌・長津至中[嶺]鎭, http://hdl.loc.gov/loc.gmd/g7908h.ct003518
349쪽 미의회도서관 소장, 從居留地至定平府見取圖, https://lccn.loc.gov/2008486375
351쪽 미의회도서관 소장, 從安邊府至京城路上圖, http://hdl.loc.gov/loc.gmd/g7903k.ct004016a
352쪽 미의회도서관 소장, 自京城至元山津路上圖, http://hdl.loc.gov/loc.gmd/g7903k.ct003984a
353쪽 미의회도서관 소장, 從釜山至全羅道左水營, http://hdl.loc.gov/loc.gmd/g7901pm.gct00477
354쪽 미의회도서관 소장, 從慶尙道尙州至釜山, http://hdl.loc.gov/loc.gmd/g7901pm.gct00477
356쪽 미의회도서관 소장, 從安城渡至京城_從京城至利川, http://hdl.loc.gov/loc.gmd/g7901pm.gct00477
359쪽 小松運編, 『朝鮮八道誌』, 東山堂, 1887年
361쪽 小松運著, 『鷄林の風雲: 一名・朝鮮八道志』, 1894年
367쪽 미의회도서관 소장, 京城近傍・遊步期程內路上図, http://hdl.loc.gov/loc.gmd/g7903km.gct00476 / 從順天至羅州路上圖, http://hdl.loc.gov/loc.gmd/g7901p.ct004009a
368쪽 미의회도서관 소장, 從平壤至永興路上草稿圖, http://hdl.loc.gov/loc.gmd/g7903p.ct004015r
371쪽 미의회도서관 소장, 水原ヨリ南陽二通ズル道路ノ一部・水原ヨリ安山二通ズル道路ノ一部・京城ヨリ黒川ヲ経テ南陽二通ズル道路ノ一部
376쪽 미의회도서관 소장, 朝鮮西岸・大同江概測, http://hdl.loc.gov/loc.gmd/g7907t.ct004014
377쪽 미의회도서관 소장, 迎日灣略圖, http://hdl.loc.gov/loc.gmd/g7902y.ct003519
393쪽 朝鮮總督府鉄道局編, 『朝鮮鉄道史』第1卷, 朝鮮總督府鉄道局, 1929年
395쪽 JACAR(アジア歴史資料センター)Ref.B07090447500, 16. 川上中将外七名ノ清, 韓各地視察
404쪽 JACAR (アジア歴史資料センター)Ref.C10125476900, 明治27年 公文雑輯 巻5 艦船下

찾아보기

「강원연해왕복도江原沿海往復図」 345
「경기도 교동묘지 약측도京畿道喬桐錨地略測図」 238
「경상좌도 노상측도慶尚左道路上測図」 329
「계림기행」 335
「계림 시정보고」 337
「고려서안 소능하지도」 160
「군사의견서」 388, 390, 428
「대리공사 조선일기」 187
「대만견문록」 52
「대일본전도」 56, 419
「만주기행발서滿洲紀行拔書」 102
「메이지10년 조선기사」 183, 184, 196
「메이지12년 대리공사 조선사무시말」 232
「미즈노 대위 필기 조선사변의 개황」 259, 284
「병비의견서」 387
「복명개략 별기」 187, 194, 423
「부산에서 서울까지 철도선로 답사 보고서自釜山至京 城鉄道線路踏査報告書」 394
「부산항해도」 153
「블라디보스토크 견문잡기」 133
「삼국통람여지노정전도三国通覧輿地路程全図」 78
「순검 참모장교 직무 대략」 62
「신무神武 태평책」 90
「아마기함 승조 중 일지」 208
「아산묘지측량도牙山錨地測量図」 235
「야마노조 관리관의 의견서」 216
「영일만 약도」 379, 380
「외교정략론」 389, 390, 428
「원산진지기元山津之記」 242
「원산항 거류지도元山港居留地之図」 321
「월미도 해협약측도月尾島海峡略測図」 170
「육군사관 조선기행」 147, 167, 172
「육군성일기」 160
「의주 왕복 노상도義州往復路上図」 321
「인천·경성 간 도로시찰 보고 부도」 406
「인천제물포지측仁川済物浦地測」 235
「일청한삼국여지전도日清韓三国輿地全図」 56
「일한교제론日韓交際論」 277
「임진강 약도」 306
「자강화도 초지진 지강화부 노상도自江華島草芝鎮至 江華府路上図」 147

「자경성 지원산진 노상도自京城至元山津路上図」 350
「자고온포 지한성 약도」 235, 236
「자양화진 경김포 강화 제물포지 오류동 노상도自楊 花鎮經金浦江華済物浦至梧柳洞路上図」 315
「자원산진 지울산병영 노상도自元山津至蔚山兵営路上 図」 357
「자전관교 지광주 약도自箭串橋至廣州略図」 343
「자제물포 지석천원 약도自済物浦至石川院畧」 343
「자평양부 지경성 노상약도自平壌府至京城路上略図」 321
「자한성 지제물포 약도自漢城至済物浦略図」 237
「장교 외국파견 건에 관한 의견서」 301
「장백산 국방 제일선長白山國防第一線」 90
「제국군함 아마기호 조선국 연안측량 1건」 204
「제물포 거류지 약도」 306, 343
「조선강신록朝鮮講信録」 28
「조선경성도」 283, 424
「조선 경성의 풍속」 283
「조선교제사의朝鮮交際私議」 32
「조선국 거제도 가배량 약측도朝鮮國巨済島加背梁略測 図」 152
「조선국 거제도 저구미 약측도朝鮮國巨済島猪仇味略測 図」 152
「조선국 남안 거제도 및 한산해朝鮮國南岸巨済島及閑 山海」 155
「조선국 부산항」 114, 115, 149
「조선국 서안 제물포박지 약측도」 150, 151, 160
「조선국 서해안 탐항 경황」 237
「조선국 아산강 약도」 232, 233
「조선국 옥구만 약도」 208, 211
「조선일건사서朝鮮国一件伺書」 23
「조선국 장포강 약도」 208, 209, 210
「조선국 제물포 묘지근방도」 343
「조선국 진강약도朝鮮国鎮江略図」 232
「조선국 출측일지出測日誌」 161
「조선국 충청도 천수만문」 208, 210, 211
「조선국 한성지형 개략」 239, 252
「조선국 합경도 노상측도」 325, 326
「조선 남안 전라도 순천포 약측도」 153, 154
「조선도부약도朝鮮都府略図」 98
「조선론」 24, 25, 42

「조선복명개략」 186
「조선북부 내지 실황 의주기행」 253
「조선 서안 대동강 개측」 256, 257, 378
「조선서안 대동강 개측도」 379
「조선 서안 아산묘지와 부근牙山錨地及附近」 256
「조선 서안 한강구 정산박지 약측도」 151, 152, 160
「조선 어학생의 조치에 대한 의견」 309
「조선 원산진 거류지와 부두 약도朝鮮元山津居留地及埠頭略図」 238
「조선이사일기朝鮮理事日記」 162
「조선전도」 76, 77, 122, 128, 129, 130, 131, 160, 163
「조선전안」 254, 255, 256
「조선 진강기」 239
「조선팔도전도」 128
「조선팔도지도」 76, 77, 78
「종거류지 지정평부 견취도從居留地至定平府見取図」 347
「종경기도 남양 지경상도 하동 노상도從京畿道南陽至慶尙道河東路上図」 358
「종부산 지전라도 좌수영從釜山至全羅道左水營」 353
「종안변부 지경성 노상도從安邊府至京城路上図」 350
「종인천 지한성 노상도從仁川至漢城路上図」 291
「종전라도 순천지경상도 창원 노상도從全羅道順天至慶尙道昌原路上図」 368
「종평양 지영흥 노상초고도從平壤至永興路上草稿図」 371
「진강기鎭江記」 244
「진인방병략표進隣邦兵略表」 388
「참모국 조례」 53
「참모본부 창립」 57
「청국 체재 중 견문사건淸國滯在中見聞事件」 83
「평양기사략」 384
「평양상상도」 313
「한국회구담」 66
「한성 풍속」 239, 241, 253
「함경 평안 양도 노상도咸鏡平安兩道路上図」 342

ㄱ

가노우 오슌狩野應春 115
가미료 요리카타上領賴方 306
가사마 히로타테笠間広盾 334
가스가함春日艦 71
가와모토 쥰사쿠川本準作 277
가와무라 히로요河村洋与 67
가와카미 소로쿠川上操六 398
가와카미 후사노부河上房申 163

가와카미 히코지川上彦次 275
가와쿠보 쓰네키치川久保常吉 377
가이즈 미즈오海津三雄 183
가토 도시유키加藤利往 54
가토 시게나리加藤重成 204
게이오기주쿠慶應義塾 249, 385
겐부함玄武艦 145
고노 다로河野太郎 122
고노 히로나카河野廣中 400
고다마 겐타로児玉源太郎 148
고마쓰 스스무小松運 361
고스게 도모히로小菅智淵 148
고야스 다카시子安峻 132
고지로 엔쵸神代延長 84
고지마 에키켄児島益謙 306
곤도 신스케近藤真鋤 377
구이자이루사鯤仔用社 44
기도 고마지로城戶駒次郎 405
기무라 노부사토木村信鄉 54
기시오오지 모치신岸大路持愼 54
기쿠노 시치로菊野七郎 54
기쿠치 세츠조菊地節造 291
기타자와 마사나리北沢正誠 249
기헤이타이奇兵隊 51, 90, 158, 387
김학우金鶴羽 140

ㄴ

나가미네 유즈루長嶺讓 148
나가세 가네마사永瀨兼正 92
나가오카 모리요시長岡護美 249
나카가와 쓰네지로中川恒次郎 407, 416
나카네 기요시中根淑 54
나카무라 에렌中村永廉 408
나카무라 요시히로中村義厚 92
나카무라 유히中村雄飛 161
누마타 마사노리沼田正宣 275
뉴좡牛莊 118, 273
니이로 도키스케新納時亮 399, 417
닛신함日進艦 41

ㄷ

다나베 다이치田邊太一 207
다나카 모리히데田中盛秀 405
다니 신케이谷信敬 275
다시로야 야헤이田代屋彌平 84

다이세이 사다타카大生定孝 127
다카기 도타로高木東太郎 405
다카노 세렌高野瀨廉 115
다카스기 하루키高杉春祺 157
다카시마 슈항高島秋帆 132
다카하시 다쿠야高橋琢也 54
다케다 히사시武田尙 371
다케바야시 야스나오竹林靖直 54
다케우치 세이조竹内精三 73
다케조에 신이치로竹添進一郎 307
다케후지 헤이키치武藤平古 134
다테미 겐立見研 113
대만정벌 88, 96, 97, 99, 100, 116, 179, 425
도리이 다다아키鳥居忠章 115
도미치 긴시富地近思 275
도미타 제오지富田積治 296
도오타케 히데유키遠武秀行 71
도카이마루東海丸 338
도쿄 지학협회 102, 196, 239, 242, 244, 245, 246, 248, 249, 250, 251, 252, 254, 283, 317, 321, 322, 323, 327, 380, 383, 384, 424, 425, 426, 428, 431
도쿠오카 슈우키德岡輯熙 54
드 롱(C.E. De Long) 61

ㄹ

류큐琉球 38
리헝창李鴻章 230, 288

ㅁ

마쓰미츠 구니스케益滿邦介 92
마쓰미츠 규노스케益滿休之助 98
마쓰미츠 유키타카益滿行敬 98
마쓰오카 도시하루松岡利治 279
마야하라 가네모토馬屋原務本 96
마에다 기쿠前田利 115
메가타 다케시目賀田健 147
모로오카 미치요시諸岡通義 132
모리카와 우에루森川植 151
모치하라 오모이餅原惟懿 157
무라카미 다모쓰村上保 54
미무라 신지로三村鎭次郎 341
미야모토 고이치宮本小一 24
미야이 사다노스케宮居定之助 54
미우라 시게사토三浦重鄕 115
미우라 요시후카三浦義深 157

미즈노 가쓰키水野勝毅 259

ㅅ

사가라 마사키相良正樹 63
사메지마 가즈노리鮫島員規 334
사와노 다네카네澤野種鉄 213
사와키 야스유키佐脇安之 345
사이고 쥬도西鄕從道 387
사이토 사카에斎藤栄 33
사카이 요시모토酒井善素 54
사카이 효죠酒井彪三 56
사카타 이와조坂田巌三 398
삿쵸동맹 50
생생병원生生病院 361
세키구치 나가유키関口長之 275
세키 사다테루関定暉 54
세토구치 시게오瀬戸口重雄 291
세토 스스무瀬戸晋 275
센고쿠 미쓰구仙石貢 392
셋쓰함攝津艦 116
소도 고시치로宗道幸七郎 115
소에다 다카시副田節 339
쇼카손주쿠松下村塾 157, 387
스기야마 다카히로杉山昂丈 275
스미나가 신타住永辰姿 204
스에요시 야스마末吉保馬 275
스즈키 미쓰요시鈴木充美 414
시로야마城山 89
시마자키 요시타다島崎好忠 206
시마 히로타케島弘毅 59, 95
시모무라 슌스케下村修介 183
시바 고로柴五郎 398
시바타 아키라柴田晃 275
시오카와 이치타로鹽川市太郎 360, 414

ㅇ

아라카와 도쿠지荒川德滋 163
아리스가와노미야 다루히토 친왕有栖川宮熾仁親王 409, 428
아사마함浅間艦 161
아오야마 요시타카靑山良敬 125
아카바네 헤이타로赤羽平太郎 316
야나기타 구니조柳田邦造 54
야나기하라 사키미쓰柳原前光 42
야노 요시테쓰矢野義徹 163

야마가타 아리토모山県有朋 271
야마노조 스케나가山之城祐長 159
야마모토 이마와리山本居周 147
어용괘御用掛 272
에나미 데쓰오江南哲夫 379
에다 구니타카江田国容 92
오가와 츄야小川忠彌 275
오루이 요시나가大類義長 115
오야마 이와오大山巖 124, 271
오에 시노부大江志乃夫 178
오오키 엔켄大木延建 115, 157
오자와 시게무大澤茂 275
오카베 긴지岡部勤二 54
오쿠기 이사무奥義制 104
오쿠보 도시미치大久保利通 85
오타니 시게오大谷重雄 115
오하라 사토켄大原里賢 88, 252
오히라시 세이슈大平正脩 345
와카후지 무네노리若藤宗則 54
와타나베 데쓰타로渡邊鐵太郎 408
와타나베 도우지渡部當次 54
와타나베 이치로渡辺一郞 54
와타 다이노스케渡大之助 260
외방도外邦図 123
요시노 세이죠芳野正常 95
요시다 쥰신吉田重親 115
요시마쓰 호사쿠吉松豊作 334
우라세 사이스케浦瀨最助 42, 115
우라세 히로시浦瀨裕 163
우시고에 구니아키牛月国昭 56
우에노 시게이치로上野茂一郎 341
윤협尹峽 140
이노우에 노리유키井上敎之 147
이노우에 도시오猪植俊雄 407, 416
이다 미치토시井田道壽 157
이마사와 와사부로今澤和三郎 303
이시바타 사다石幡貞 163
이쥬인 가네모伊集院兼母 270
이지치 고스케伊地知幸介 398
이치카와 겐사쿠市川元作 125
이케키요시 류와池清劉和 83
이쿠도 규타幾度久太 316
잉커우營口 68

ㅈ

정원正院 73, 83, 419

정한론 정변 21, 85, 87, 91, 97, 116, 179
제2정묘함第二丁卯艦 113
쥬이치로金木十一郎 115
쥬죠 고우키中條弘毅 147
쥰텐토쥬쿠順天堂塾 148
즈지하루 쥬로辻春十郎 260
즈푸芝罘 59, 273

ㅊ

츠카다 칸지로柄田鑑次郎 312

ㅍ

판적봉환版籍奉還 22

ㅎ

하나사카 엔花坂円 273, 425
하라다 마사노리原田政德 275
하세가와 요시미치長谷川好道 99
하야시 신조林深造 142
호리모토 레이조堀本礼造 277
호쇼함鳳翔艦 222
호조護照 126, 294, 393, 411
후루카와 노부요시古川宣譽 96
후지모토 하루노부藤本治信 161
후지타 고로타藤田五郞太 401
후쿠다 요시노스케福田芳之助 341
후쿠다 한福田半 54
후쿠바라 가즈카쓰福原和勝 261
후쿠시마 야스마사福島安正 270
히가시쿠제 미치토미東久世通禧 16
히구치 데쓰시로樋口鐵四郎 18
히구치 쇼이치로樋口將一郎 350
히라야마 후사키치平山房吉 379, 384
히라이와 도지平岩道知 275
히라이 타다시平井直 345
히사쿠니向郁 92
히에이함比叡艦 213, 334